복지국가의 사회이론

고전이론부터 현대이론까지

조영훈

KNOWLEDGE COMMUNITY 공동체

이 저서는 2013년 정부(교육부)의 재원으로 한국연구재단의 지원을 받아 수행된 연구임
(NRF-2013S1A6A4018281)

This work was supported by the National Research Foundation of Korea Grant funded by the korean Government(NRF-2013S1A6A4018281)

머리말

이 책은 복지국가 이론들에 대한 체계적인 소개서이자 평가서이다. 이 책이 쓰인 이유는 국내외적으로 이런 식의 책이 없기 때문이다. 지난 1990년대 이래로 한국사회에서는 복지국가와 사회정책에 대한 관심이 크게 늘어났고, 이를 반영하듯 학계에서도 복지국가 연구서와 소개서가 다수 발간되었다. 그럼에도 불구하고, 복지국가에 대한 다양한 이론들을 체계적으로 정리하고 그것들을 고전이론들과 연계시키려고 시도한 전문적인 연구서는 없었다. 어떤 사회현상을 올바로 이해하기 위해서는 그것의 원인과 결과를 둘러싼 상반된 이론적 견해들을 먼저 알아야 하며, 이것은 복지국가라는 사회현상도 마찬가지이다. 복지국가이론들에 대한 소개와 평가를 목적으로 한다는 점에서 이 저서는 복지국가와 사회복지정책을 이해하고 연구하기 위한 기초가 된다.

이 책을 저술한 직접적인 동기는 지난 20여 년 동안 학생들에게 사회복지정책론과 복지국가론을 가르치면서 복지국가이론에 대한 전문적인 연구서적의 필요성이 간절해진 데 있다. 사회복지정책론이나 복지국가론의 이름이 붙은 교과서류의 저서들은 다양한 복지국가이론들의 일부만을 소개하거나 그것들을 상세하게 소개하지 않는다는 문제가 있다. 게다가, 그런 교과서류의 저서들에는 다양한 복지국가이론들의 사상적 원천에 대한 언급이 거의 없다는 문제가 있기도 하다. 그렇다고 학생들에게 복지국가이론가들의 원전이나 전문적인 논문들을 읽도록 할 수는 없는 일이다.

이 책을 저술한 또 하나의 동기는 사회복지정책학의 학문적 체계를 확립하는 데 기여하고 싶다는 나의 욕심이다. 사회학, 정치학, 경제학 등 사회과학의 다른 모든 분과학문들은 각각의 고전이론들을 토대로 하여 발전했고, 이들 분과학문의 입문서나 이론서들은 고전이론들에 대해 비교적 상세하게 소개한다. 반면에, 신생학문으로서의 사회복지정책학은 자신의 이론적 뿌리에 대해 다소 무관심하며, 복지국가의 고전이론과 현대이론의 관련성에 대해 관심을 두지 않는다. 사회과학의 분과학문으로 제대로 정착하려면 사회복지정책학은 자신의 사상적 원천을 찾아내고 그것을 바탕으로 자신의 이론틀을 체계화할 필요가 있다.

복지국가의 사회이론에 대한 저서를 써야 하겠다는 생각은 이미 20여 년 전 박사논문을 준비할 때부터 가져왔지만, 그동안 다른 연구주제들에 매달리느라 그 작업에 착수할 수 없었다. 다행히도 2013년에 한국연구재단에서 인문사회분야 저술지원 사업을 통해 3년 동안 연구비를 지원해 주었고, 이에 힘입어 이 저서의 저술에 몰두할 수 있게 되었다. 이런 좋은 기회를 제공해 준 한국연구재단에 감사의 말씀을 전하고 싶다.

이 책을 준비하는 데 있어서 오래전 박사논문을 준비하면서 복지국가이론들을 정리하고 평가해 놓은 나의 노트가 많은 도움이 되었다. 다른 저서들에서도 언급한 바 있지만, 이 자리를 통해 다시금 당시 UCLA 사회학과에서 나를 지도해 주신 이반 셀레니 교수님, 모리스 자이틀린 교수님, 루쓰 밀크만 교수님께 감사드린다. 또한, 세미나를 통해 나의 학문적 소양을 길러주신 사회학과의 마이클 만 교수님과 역사학과의 로버트 브레너 교수님, 박사논문프로포절 단계에서 초고를 읽고 논평해 주신 경영대학원의 샌포드 자코비 교수님과 정치학과의 마이클 월러스틴 교수님께도 감사의 말씀을 드린다.

이 저서는 10여 년 전 계획된 「복지국가의 사회학 프로젝트」의 일부이다. 2004년에 출간된 『변화하는 사회, 변화하는 복지국가』에서는 세계화와 탈물질주의 등 거시사회적인 요인들의 등장과 확산에 따른 복지국가의 변모에 대해 다루었다. 2006년에는 박사논문을 기초로 한 『일본복지국가의 어제와 오늘』이 발간되었는데, 이 책에서는 일본사례를 중심으로 하여 노동운동과 국가복지 간의 관련성을 밝히고 다양한 복지국가이론들을 평가하였다. 2011년에 쓰인 『캐나다 복지국가 연구』는 복지국가발달에 있어서 특이한 사례로 간주되는 캐나다를 중심으로 복지국가를 둘러싼 다양한 이론적 논점들에 대해 검토하였다. 복지국가의 고전이론과 현대이론을 다루는 이 저서는 제일 나중에 출간되지만, 복지국가연구의 기초를 제공한다는 점에서 「복지국가의 사회학 프로젝트」의 제일 첫 머리가 된다.

이 저서를 쓰는 동안 여러 가지 일들이 있었다. 그 가운데 가장 마음 아픈 일은 2015년 1월에 나의 아버지가 별세한 일이다. 그분은 내가 일본어를 처음 접했을 때 일본어 교사가 되어주었고, 일본에 대한 나의 학문적 관심을 불러 일으켜 주셨다. 또한, 복지국가와 같은 주제에 대해 별다른 관심이 없었음에도 불구하고 그동안 출간된 나의 저서들을 모두 읽어주시기도 했다. 잠자리에 들 때 나의 저서를 읽으시곤 하던 그 모습이 지금도 눈에 선하다. 갑작스레 별세하기까지 관심과 격려를 아낌없이 보내주신 그 한없는 은혜를 마음 깊이 새기며, 이 부족한 책을 아버지의 영전에 바친다.

2017년 6월

조영훈

차 례

Chapter 3. 칼 맑스 _ 101

Chapter 4. 막스 베버 _ 129

Part 02 복지국가연구의 현대이론

Chapter 5. 산업화론 _ 157

Chapter 12. 신보수주의 _ 341

서 론

1. 연구배경

1950년대 이후 서구 복지국가의 비약적 발전과 함께 사회과학계에서는 복지국가에 대한 연구가 활발하게 진행되었다. 이 시기의 핵심 연구 주제는 주로 복지국가의 발달 원인이나 기능, 혹은 사회적 효과에 대한 것이었다. 1980년대 말 이래로 서구 복지국가들이 축소 내지는 정체하는 가운데서도 복지국가는 여전히 사회과학계의 핵심 주제가 되어왔다. 다만, 핵심적인 이슈가 복지국가의 축소, 건재, 재구성 등 복지국가의 미래와 관련된 것으로 바뀌었을 뿐이다.

그동안 복지국가와 사회복지정책을 둘러싸고 매우 다양한 이론들이 제시되어 왔다. 예를 들어서, 복지국가의 발전요인에 대해서는 산업화론, 독점자본론, 권력자원이론(사회민주주의론), 국가중심이론, 이익집단정치이론, 신조합주의론, 사회양심론, 시민권론 등이 서로 경쟁을 벌여왔고, 복지국가의 기능과 성격에 대해서는 이상의 이론들에 더하여 신자유주의와 신보수주의 등이 서로 논쟁을 벌였다. 최근 들어서는 거시사회적인 요인들과 가치관의 변화에 따른 복지국가의 미래 혹은 재구성이 복지국가연구의 핵심적인 주제로 급부상하고 있으며, 이에 따라서 신자유주의, 신제도주의, 사회투자국가론, 생태복지국가론 등에 대한 학계의 관심이 높아졌다.

한국의 사회과학계도 1990년대 말 이래로 복지국가에 대해 많은 관심을 기울여왔다. 한국사회가 복지국가의 초입단계에 들어서고 복지문제가 주요한 사회적 이슈로 급부상함에 따라서 복지국가를 둘러싼 다양한 주제들에 대한 연구들이 쏟아져 나온 것이다. 이제까지의 핵심적인 주제는 주로 한국 복지국가의 저발달 요인이 무엇인가 하는 것과 한국 복지국가의 유형과 성격을 어떻게 규정해야 하는가에 맞추어져 있었다. 그렇지만, 지난 몇 년 동안 복지문제가 한국사회의 긴급한 정치적인 이슈로 부각되면서 연구의 핵심주제는 복지국가의 건설이나 재구성과 같은 한국복지국가의 미래에 관한 것으로 옮겨가고 있다. 이와 같이 복지국가에 대한 사회적·학문적 관심이 급증함에 따라서 한국의 사회과학계는 다양한 복지국가이론들의 각축장이 되고 있다.

서양과 한국의 사회과학계에서 다양한 복지국가이론들이 분출하고 있는 것은 학문의 진보를 위해 매우 바람직한 일이다. 다양한 이론들 간의 심도 있는 논쟁은 복지국가와 관련된 다양한 주제들에 대한 이해의 깊이를 더해줄 수 있기 때문이다. 그렇지만, 문제가 되는 것은 그 다양한 복지국가이론들의 학문적 뿌리가 무엇인지 불분명하다는 점이다. 대부분의 사회과학이론들이 자신의 이론적 원천을 명확하게 밝히고 있는 반면에, 복지국가이론들은 자신의 이론적 원천에 대해 대체로 무관심하다.

실제로, 복지국가이론을 다루는 전문서들조차도 현대 복지국가이론들의 사상적 원천이나 맥락을 제대로 혹은 거의 다루지 않는다. 예를 들어서, 서양에서 출간된 복지국가이론서들은 복지국가와 사회정책 분야의 핵심 개념인 평등, 자유, 욕구 등에 대한 이론적 논의라든가 자유주의, 보수주의, 신자유주의, 사회민주주의, 맑스주의, 여성주의, 생태주의 등 복지국가에 대한 이데올로기적 관점들을 소개하기는 하지만, 그것들이 어떤 사상적 맥락 속에 있는가, 혹은 어떤 고전이론들에서 파생된 것인가에 대해서는 거의 언급하지 않는다(Barry, 1999; Fitzpatrick, 2011; Goodin, 1988; Lee and Rabin, 1988; Lister, 2010; Mishra, 1981; Mullard and Spicker, 1998; Pinker, 1971; Rimlinger, 1971).

예외적으로 고전이론가들을 체계적으로 다룬 복지국가이론서가 있기는 하다(George, 2010). 그렇지만 그 저서는 플라톤과 아리스토텔레스에서부터 성 어거스틴, 존 록크, 장 자크 루소, 아담 스미스를 거쳐 칼 맑스와 프리드리히 엥겔스에 이르는 다양한 서구사상가들이 사회복지와 관련하여 언급한 내용들을 소개하고 해석하는 데 그치고 있다. 그 저서는 복지국가의 고전이론들을 다루고 있기는 하지만, 그것들이 현대의 복지국가이론들과 어떤 연관성을 지니는지에 대해서는 전혀 관심이 없다.

한국 학계의 상황은 이보다 훨씬 더 암울하다. 일단, 한국에는 복지국가이론에 대한 전문적인 연구서가 없다. 이미 오래전부터 복지국가이론과 관련된 저서들이 다수 출간되었지만, 그것들 가운데 다양한 복지국가이론들을 정리하고 평가하는 것을 목적으로 한 것은 없었다. 한국에서는 복지국가이론이 주로 복지국가 내지는 사회복지정책 입문서를 중심으로

부분적이고 파편적으로 소개되고 있다. 이 교과서류의 저서들은 복지국가의 고전이론들에 대해 거의 언급하지 않은 채 복지정책의 주요 개념들과 현대 복지국가이론 및 이데올로기적 관점들을 소개하는 데 그치고 있다(김근홍 외, 2007; 김영화 외, 2008; 김태성, 2012; 김종일, 2009; 박병현, 2011; 원석조, 2012).

사회복지정책학계에서 복지국가의 고전이론들과 그 유산에 대해 커다란 관심을 기울이지 않는 것은 사회정책 분야의 연구들이 현실정치와 밀접한 관련을 지닌 매우 실천적인 성격을 지니는 데서 연유한다. 복지국가 연구자들이 급변하는 이슈들을 따라가기에 바쁘다 보니 차분히 이론적 관점을 정리하는 일에 상대적으로 무관심해진 것이다. 또한, 복지국가연구에서 고전이론에 대해 상대적으로 무관심한 것은 복지국가라는 사회현상이 19세기 말부터 본격화되어 고전 사회이론가들의 주요 관심 대상이 아니었던 것과도 관련이 있다. 고전 사회이론가들이 복지국가에 대해 심도 있는 분석을 내놓지 않았기 때문에 현대의 사회복지정책 연구자들도 고전 사회이론에까지 관심을 넓히지 않게 된 것이다.

이에 반해서, 서양과 한국의 정치학이론서는 플라톤과 아리스토텔레스부터 마키아벨리, 토마스 무어, 존 록크, 장 자크 루소 등의 고전이론가들부터 시작한다. 경제학의 경우에도 아담 스미스, 데이비드 리카도, 토마스 맬더스, 칼 맑스, 알프레드 마샬 등의 고전이론가에 대한 논의를 뺀 개론서나 이론서는 없으며, 사회학의 모든 입문서와 이론서들은 칼 맑스, 막스 베버, 에밀 뒤르케임에 대한 논의를 반드시 담고 있다. 이러한 사회과학의 분과학문들은 자기분야의 고전이론가들을 소개하는 데 그치지 않고, 그들과 현대이론들과의 연관성을 명확하게 제시한다. 이런 점에서 정치학, 경제학, 사회학은 학문적 체계가 잘 갖추어진 사회과학으로 평가될 수 있다.

한국의 사회복지정책학계는 고전이론에 대한 관심이 희박한데다가 고전이론을 포함한 전문적인 사회복지정책 이론서를 산출하지도 않았다. 자신의 이론이 어떠한 사상적 흐름 속에 있는지, 혹은 어떤 고전이론의 유산인지 분명히 밝히지 않는다는 점에서 한국의 사회복지정책학은 아직 제대로 된 학문적 체계를 갖추지 못한 것으로 평가될 수 있다. 학문적 체계를 정립하기 위해 신생학문으로서의 사회복지정책학은 복지국가의 고전이론들을 찾아내고, 그것들과 현대 복지국가이론들과의 연관성을 밝혀내야 한다.

이 저서는 이상과 같은 문제의식에서 시작한다. 이 저서의 목적은 현재 감추어져있는, 혹은 적극적으로 발굴되지 않은 복지국가의 고전이론들을 찾아내고, 현대의 복지국가이론들을 정리하며, 고전이론과 현대이론 간의 연관성을 밝히는 데 있다. 이러한 작업은 사회복지정책학의 학문적 체계를 정립함과 동시에 다양한 사회과학 분과학문들의 학제간 연구인 사회복지정책학의 학문적 정체성을 확립하는 데 기여할 것이다. 또한, 이러한 작업은 복지문제에 대한 사회적·학문적 관심이 높아지고 있는 한국의 현실에서 복지국가와 사회복지정책에 대한 보다 심도 있는 이해와 논의를 가능하게 한다는 장점도 지닌다.

2. 복지국가연구의 고전이론

사회복지정책학의 고전이론은 어디서 찾아야 하는가? 사회복지정책학은 사회복지학에 속하는 독립적인 분과학문이면서 동시에 사회학, 정치학, 경제학 등 전통적인 사회과학 분과학문들의 학제 간 연구의 성격을 띠고 있다. 이런 점에서 사회복지정책학의 고전이론은 그 세 분과학문에서 자신의 뿌리를 찾을 수 있을 것이다. 그 세 분과학문 가운데서 사회복지정책학은 특히 사회학과의 연관성이 크다. 사회복지학과 사회복지정책학이 학문체계상 사회학과 매우 밀접한 관계에 있기 때문이다.

예를 들어서, 영국에서 사회복지정책학은 1912년에 COS(Charity Organization Society)의 사회학부가 런던경제대학(LSE)과 연계하여 만든 사회과학행정학부에 뿌리를 두고 있으며, 1950년에 개설된 런던경제대학의 사회정책학과를 준비한 사람은 사회학자인 T. H. 마샬이었다. 미국에서는 1930년대에 사회학으로부터 사회복지학이 분리되었으며, 이후 사회복지학은 사회복지정책학을 하위분과로 포함하게 되었다. 이와 함께, 제임스 오코너, 클라우스 오페, 존 마일즈, 안소니 기든스, 요스타 에스핑-안데르센, 테다 스카치폴, 제임스 미드글리 등 당대 최고의 복지국가 이론가들이 사회학자라는 점도 지적되어야 한다. 런던경제대학 사회정책학과의 초대 학과장인 리차드 팃머스는 스스로를 사회학자로 불렀고, 해롤드 윌렌스키는 사회학박사였다.

이런 점에서 복지국가이론들의 학문적 근원은 사회학의 고전이론들에서 찾아야 한다. 사회학의 대표적인 고전이론가들로는 칼 맑스, 막스 베버, 에밀 뒤르케임을 들 수 있다. 이 이론가들은 현대 사회학이론의 근간을 확립한 3대 거두로서 근대사회의 등장이라는 거시적인 사회변동에 대해 현재까지도 매우 영향력이 큰 연구들을 남겼다. 그들은 복지국가의 본격적인 등장을 목격하지 못했기 때문에 복지국가나 사회복지정책에 대해 그다지 많이 언급하지는 않았다. 그렇지만, 그들은 근대사회의 작동원리와 특징들에 대한 심도 있는 분석을 통해 사회복지정책학의 핵심개념들과 복지국가에 대한 관점들의 형성에 강력한 영향을 미쳤다.

칼 맑스는 사회불평등 및 빈곤 문제와 같은 사회복지정책의 핵심 주제들을 체계적으로 연구한 최초의 사회과학자였다. 그는 당시의 다른 학자들과는 달리 빈곤과 사회불평등을 개인적 문제가 아니라 사회구조적 문제로 이해하였고, 상대빈곤이나 보편주의와 같은 현대 사회복지정책학의 핵심개념들을 제시하였다. 현대의 복지국가이론에 대한 칼 맑스의 영향력은 크게 두 가지로 나뉠 수 있다.

첫째, 그는 주요 사회계급들 간의 갈등과 대립을 역사발전의 원동력이라고 주장했다. 이런 관점에서 보면 사회복지정책은 자본계급과 노동계급 간의 갈등의 산물, 혹은 노동계급을 통제하기 위한 자본계급의 통치 전략의 일환으로 간주된다. 둘째, 그는 '능력에 따라 일하고 필요에 따라 분배받는 사회'를 이상주의적인 사회주의 사회로 묘사하였다. 현대 자본주의체제에서 그러한 사회는 사회적 기여의 정도와는 관계없이 모든 시민들에게 기본적인 생활을 보장하는 이상적인 형태의 보편주의 복지국가이다. 현대 사회복지정책에서 강조하는 보편주의의 이론적 원천은 칼 맑스에서 찾을 수 있는 것이다.

막스 베버도 사회불평등의 문제에 깊은 관심을 보였다. 다만, 그는 칼 맑스와는 달리 경제적 이해관계보다는 이념적 이해관계를 중시하고, 경제적 소유권보다는 정치권력의 우위성을 강조하였다. 가치체계 내지는 종교를 사회변동의 핵심요인으로 간주하는 막스 베버의 관점은 현대사회과학의 다양한 분야에서 강력한 영향력을 발휘하고 있다. 사회복지정책 분야에서는 지배적인 가치관을 중심으로 하여 복지국가의 발달과 유형화를 설명하는 문화주의자들이 막스 베버의 이론적 계승자로 간주된다.

그렇지만, 복지국가이론에 대한 막스 베버의 영향력은 국가와 관료제 및 정치엘리트에 대한 그의 견해를 통해서 보다 확실하게 드러난다. 그는 국가와 관료집단이 경제적 소유권을 지닌 자본계급에 종속되는 것이 아니라 독립적이고 자율적이며, 때로는 사회계급들을 통제하기도 한다고 주장했다. 이러한 관점에서 볼 때 사회복지정책은 사회적 요구나 사회집단들 간의 갈등의 산물이 아니라 국가 혹은 관료집단의 자율적인 결정에 따른 것이 된다. 또한, 그는 현대사회가 다수에 의해 통치되는 민주주의가 아니라 정치엘리트에 의해 지배되는 과두정치체제라고 주장했다. 이러한 관점에서 사회복지정책은 대중을 통치하기 위해 정치엘리트가 선택하는 몇 가지 수단들 가운데 하나로 간주된다.

에밀 뒤르케임은 분업, 사회적 분화, 사회통합 등의 개념을 가지고 근대사회를 분석하는 한편, 근대사회의 사회통합을 위해 개인의 도덕성 내지는 도덕적 개인주의를 강조하였다. 사회질서의 회복을 강조하였기 때문에 매우 보수주의적인 학자로 평가되기도 하지만, 에밀 뒤르케임은 도덕적 개인주의의 관점에서 모든 개인들이 똑같이 존중받고 동일한 대우를 받아야 한다고 주장했으며, 박애주의에 기초한 진정한 의미의 평등이 보장되는 사회를 이상적인 사회로 간주했다. 그는 현실의 사회주의에는 반대했지만, '필요에 따라 분배한다'라는 사회주의의 원칙에는 동의하였던 것이다.

에밀 뒤르케임의 이론적 주장은 현대 복지국가이론들에게 강력한 영향을 미쳤다. 우선, 그의 분업론은 전통적으로 가족이 담당했던 복지기능이 근대사회에서는 사회집단과 국가의 영역으로 이전되었다는 사실을 설명하기 위한 이론적 기반을 제공한다. 둘째로, 사회질서의 유지에 대한 그의 학문적 관심은 사회통합과 사회질서 회복의 관점에서 복지국가의 발달을 설명하는 다양한 이론들의 사상적 기반이 된다. 셋째로, 도덕적 개인주의의 관점에서 모든 형태의 외적 불평등이 제거된 완전평등을 지향하는 그의 이상사회는 현대 사회복지정책학이 상정하는 최고수준의 복지국가와 일치한다.

이 외에도, 현대의 복지국가이론과 관련이 깊은 고전사회학자는 허버트 스펜서이다. 그는 사회유기체설과 사회진화의 개념을 통해 에밀 뒤르케임에게 깊은 영향을 주었고, 사회진화의 개념을 바탕으로 하여 인류사회를 군사형 사회로부터 산업형 사회로 진화하는 것으로 간주했다. 복지국가이론과 관련하여 허버트 스펜서가 중요한 인물로 간주되는 이유는 그가 자유지상주의와 적자생존의 사상을 기본으로 하여 국가의 개입을 반대하고 개인의 자조와 자립을 강조하였기 때문이다. 그는 고전이론가들 가운데 가장 분명하고 체계적으로 복지국가(반대)론을 개진한 인물이다.

허버트 스펜서가 생각하는 최상의 복지는 국가가 개인에게 최대한의 자유를 주어 스스로가 원하는 것을 성취하도록 하는 것이다. 최대한의 자유를 보장받는 한 모든 개인들은 자신의 생활에 대해 스스로 책임을 지고, 공정한 경쟁이 보장되는 한 사회불평등은 각 개인의 선택과 능력을 반영한 것으로서 사회의 역동성을 위해 꼭 필요한 것으로 간주된다. 이러한 관점에서 허버트 스펜서는 복지국가를 개인의 자유를 억누르고 적자생존의 법칙을 부정함으로써 개인의 발전과 사회의 진화를 가로막는 장애물이라고 비판한다. 이러한 견해는 개인의 자유와 책임의 관점에서 복지국가를 비판하는 현대 복지국가이론들의 사상적 기반으로 간주될 수 있다.

3. 복지국가연구의 현대이론

1980년대까지 복지국가 연구의 가장 중요한 이슈는 복지국가의 발달 요인에 관한 것이었다. 복지국가의 발달을 설명하는 가장 중요한 요인이 무엇인가를 둘러싸고 다양한 견해들이 제기되었으며, 그 가운데서 산업화론, 맑스주의/독점자본론, 권력자원이론/사회민주주의론, 국가중심이론이 사회복지정책학의 지배적인 4대 관점으로 확립되어 있다. 이들보다 학계의 지지도가 상대적으로 낮은 견해들로는 이익집단정치이론, 신조합주의론/사회적조합주의론, 사회통제론/엘리트론, 사회양심론, 시민권론이 있다. 이 외에도, 복지국가의 발달 요인에 대한 것은 아니지만 현대 복지국가연구에서 중요한 위치에 있는 이론들로는 신자유주의, 신보수주의, 생태복지국가론을 들 수 있다. 이하에서는 이 12개의 복지국가이론들에 대해서 간략하게 소개하고 평가하겠다.

1) 주류 이론

복지국가의 발달을 설명하는 주요이론들 가운데 가장 먼저 제시된 것은 산업화론이다. 이 이론은 복지국가가 서구의 산업화된 부유한 국가들에서 발달했다는 점에 주목하여 산업화 내지는 경제성장이 복지국가의 발달을 위한 핵심적인 요인이었다고 주장한다. 복지국가는 산업화의 산물이고, 산업화가 진행되면 될수록, 그리고 경제가 성장하면 할수록 복지국가는 더 발달한다는 것이다. 나아가서, 산업화론은 지구상의 모든 국가들이 결국에 가서는 산업화의 최고단계에 도달하게 될 것이고, 그에 따라서 모두 최고수준의 복지국가가 된다고 하는 복지국가의 수렴이론을 주장한다.

산업화론은 1950년대에서 1970년대 사이에 서양의 사회과학계를 풍미했던 근대화론의 아류이다. 이차세계대전 후 신생독립국들의 사회발전을 위한 대안을 제공했던 근대화론은 현재의 선진산업국가들을 이상적인 사회로 간주하고, 모든 국가들이 산업화 내지는 근대화의 과정을 거쳐 현재의 선진산업국가들과 같은 모습으로 발전하게 될 것이라는 수렴이론을 주장한다. 근대화론은 경제성장을 가장 중요한 가치로 설정하고, 이를 위한 사회구성원들의 성취 욕구 진작과 강력한 정부를 중심으로 한 사회적 일치를 강조한다. 근대화론은 사회발전에 대한 우파의 관점을 대표한다.

산업화론은 근대화론과 마찬가지로 사회복지정책을 사회집단들 간의 갈등과 타협의 문제로 간주하지 않는다. 사회복지정책은 사회적 복지욕구의 증대에 따른 국가의 대응의 자연스러운 결과일 뿐이며, 사회복지정책의 발달에 있어서 사회집단들이나 계급들, 혹은 정당들 간의 갈등과 타협은 별다른 역할을 하지 못한다는 것이다. 이와 같이 사회복지정책을 경제성장의 자연스러운 결과이자 국가를 중심으로 한 사회구성원들의 합의의 관점에서 설명한다는 점에서 산업화론은 복지국가이론들 중 우파의 관점을 대표한다. 산업화론은 1960년대와 1970년대 초반까지 복지국가 연구에서 거의 독보적인 지위를 누렸다.

1970년대에 들어서면서 좌파 진영에서도 복지국가 발달의 원인에 대한 연구가 활발하게 진행되었다. 그 출발점은 맑스주의 연구자들 사이의 자본주의 국가의 성격에 대한 논쟁이었다. 영국의 정치학자 랄프 밀리반드와 프랑스의 사회학자 니코스 풀란차스는 자본주의 국가가 자본계급의 지배를 위한 도구인가 하는 문제를 두고 논쟁을 벌였고, 이 과정에서 니코스 풀란차스는 자본주의 국가의 상대적 자율성을 주장했다. 자본주의 국가는 자본주의 체제의 유지라는 자신의 최상의 과제를 수행하기 위해 자본계급의 반대를 무릅쓰고 노동계급에게 유리한 사회정책을 시행한다는 것이다. 이와 같이 국가는 자본계급에 대해 일정 정도의 자율성을 지니기는 하지만 자신의 자율성을 자본주의체제의 유지를 위해서 사용한다는 점에서 결국에는 자본계급의 장기적인 이익에 봉사하는 것이다.

이러한 자본주의 국가 성격 논쟁이 사회복지정책분야에 시사하는 바는 자본주의 사회에서의 국가가 자본계급의 지배를 위한 도구이든지 아니면 상대적 자율성을 지니는 존재이든지에 관계없이 자본주의 사회에서의 사회복지정책은 계급적인 성격을 지닌다는 것이다. 맑스주의의 관점에서 볼 때, 사회복지정책은 자본계급이 국가를 조종하여 시행하거나, 노동계급의 압력에 대해 자본계급이 양보한 결과이거나, 아니면 자본주의체제의 유지를 위해 국가가 시행한 것이다.

복지국가의 발달에 대한 맑스주의의 견해는 복지국가이론에서 독점자본론의 형태로 나타났다. 독점자본론은 복지국가를 독점자본단계에서 발달하는 것으로 간주한다. 이에 따르면, 복지국가는 건강하고 질 좋은 노동력과 각종 투자의 기회를 제공함으로써 독점자본의 이윤을 보장하는 한편, 노동계급과 실업자에게 기본적인 생활을 보장함으로써 자본주의 체제를 유지하는 기능을 수행한다고 한다. 복지국가는 노동계급 등 사회 하층집단에게 일정 정도의 혜택을 제공하기는 하지만, 결국에 가서는 노동계급의 계급의식을 약화시켜 자본주의체제를 연명시킨다는 것이다. 독점자본론은 칼 맑스의 예견과는 달리 왜 아직까지 선진자본주의 사회에서 사회주의 혁명이 발발하지 않는가 하는 질문에 대한 현대 맑스주의자들의 응답으로 간주될 수 있다.

복지국가의 발달에 대한 또 다른 좌파적 관점은 권력자원이론 혹은 사회민주주의론이다. 권력자원이론은 복지국가의 발전을 자본주의사회의 주요 계급인 노동계급과 자본계급간의 갈등의 결과로 간주한다. 단순화시켜 말하자면, 노동계급이 강력할수록 복지국가는 성장하고 자본계급이 강력할수록 복지국가는 지체되거나 후퇴한다는 것이다. 복지국가는 노동계급의 권력자원이 자본계급의 권력자원보다 우위에 있을 때, 혹은 노동계급이 자본계급에 비해 자신의 권력자원을 더 잘 동원했을 때 발전의 동력을 얻게 된다고 한다. 권력자원이론은 특히 노동계급을 대변하는 사회민주당의 역할을 강조하여 사회민주당이 강력할수록 복지국가가 더 발달한다고 주장하며, 이런 점에서 사회민주주의론으로 불리기도 한다.

1980년대에 본격적으로 등장한 권력자원이론은 당시의 지배적인 관점인 산업화론과 정면으로 배치되는 견해이다. 권력자원이론도 복지국가 발달의 전제조건으로서 경제성장의 중요성을 인정하기는 한다. 경제성장은 대규모의 노동계급을 만들어냄과 동시에 소득재분배를 위한 물질적인 기초를 창출하기 때문이다. 그렇지만, 경제성장을 복지국가 발달을 위한 충분조건으로 간주하는 산업화론과는 달리 권력자원이론에 있어서 경제성장은 어디까지나 복지국가 발달의 가능성을 제공하는 것일 뿐 그 자체로서 복지국가의 확대를 가져오는 것이 아니다. 복지국가의 발달을 설명하는 데 있어서 중요한 것은 주요 사회계급들 간의 대립과 갈등, 특히 자본계급을 대변하는 보수주의정당과 노동계급을 대변하는 사회민주주의정당의 상대적인 파워에 달려있다는 것이다.

권력자원이론은 산업화론과 더불어 복지국가연구의 핵심적인 축을 이루고 있다. 비교적 짧은 연륜에도 불구하고 권력자원이론이 학계의 지배적인 관점으로 급부상한 것은 다음의 두 가지 이유 때문이다. 첫째, 권력자원이론은 복지국가연구에서 사회계급과 정치라는 전통적인 요소의 중요성을 다시 부각시켰다. 둘째, 권력자원이론은 비교역사적 방법이나 통계적 방법을 사용하여 자신의 주장의 타당성을 입증하고자 하였다. 권력자원이론은 복지국가연구에서 좌파의 관점을 부활시키는 한편, 경험적 연구에 충실함으로써 주류학계의 요구를 만족시킨 것이다. 똑같은 좌파적 관점에 속하지만, 독점자본론은 자신의 주장을 경험적으로 입증하기보다는 목적론에 치중함으로써 권력자원이론만큼 그렇게 높은 학문적 관심을 불러일으키지 않았다.

복지국가 발달에 대한 네 번째의 주요 관점은 국가중심이론이다. 1980년대 들어 사회정책분야에 등장한 국가중심이론은 복지국가의 발달을 설명하는 데 있어서 국가 혹은 정부의 주도성을 가장 중시하는 견해이다. 이 이론에 따르면, 특정 사회복지정책이 만들어지거나 확대되는 데 있어서 사회계급이나 이익집단 등 사회세력들의 이해관계를 비롯한 다양한 요인들이 영향을 미치기는 하지만, 정부가 사회복지정책을 결정하고 실행한다는 점에서 복지국가의 발달은 국가의 주도성을 중심으로 설명되어야 한다는 것이다.

국가중심이론은 산업화론, 맑스주의/독점자본론, 권력자원이론/사회민주주의론을 모두 비판한다. 그 이론들이 국가를 사회적 요구나 사회계급의 요구에 복종하는 피동적인 존재로 간주한다는 이유에서이다. 국가중심이론의 관점에서 볼 때 그 이론들은 국가를 복지확대라는 사회적 요구에 순응하는 존재이거나(산업화론), 자본주의체제를 유지하기 위한 수단이거나(맑스주의), 아니면 복지를 확대 혹은 축소하라는 사회계급의 요구를 그대로 실행하는 기구에 불과한(권력자원이론) 것이다. 이에 따라서 복지국가의 발달 요인을 둘러싸고 국가중심이론과 맑스주의 및 권력자원이론 간의 논쟁이 활발히 진행되기도 했다.

국가중심이론은 다른 세 이론들과는 달리 복지국가의 발달을 설명하는 것을 주 목적으로 하지 않는다. 국가중심이론의 주요 관심은 국가가 사회계급들로부터 얼마나 자율적인가를 보여주는 데 있으며, 사회복지정책은 자신의 주장을 경험적으로 입증하기에 적절한 사례로 채택된 것이다. 이런 점에서 국가중심이론은 정통 복지국가이론들과는 거리가 있다. 그럼에도 불구하고, 국가중심이론은 복지국가이론분야에서 중요한 위치를 차지한다. 복지국가의 발달 요인을 사회내부의 요인들에서 찾고 국가의 수동성을 강조하는 다른 이론들과는 달리 국가중심이론은 복지프로그램을 제공하는 국가의 주도성에 초점을 맞추고 있기 때문이다. 복지국가의 발달을 설명하는 데 있어서 다른 이론들이 수요의 측면에 초점을 두었다면, 국가중심이론은 공급의 측면에 초점을 두고 있는 것이다.

이상에서 서술한 산업화론, 맑스주의/독점자본론, 권력자원이론/사회민주주의론, 국가중심이론은 현대 복지국가이론을 대표하는 네 가지 관점이다. 이 가운데 산업화론과 국가중심이론은 자본주의의 착취관계나 자본계급에 의한 지배에는 관심이 없고, 복지국가의 발달을 사회구성원들의 요구의 관점, 혹은 사회구성원들을 대신한 국가의 자율적 판단의 결과의 관점에서 설명한다. 이 두 이론들은 복지국가 발달에 대한 우파의 관점을 대변하고 있는 것이다. 반면에, 권력자원이론과 맑스주의는 자본주의체제의 착취 및 권력관계에 초점을 두고, 복지국가의 발달을 서로 대립하는 사회계급들의 권력관계, 혹은 체제유지를 위한 자본계급의 의도적인 노력이나 국가의 자본주의체제 유지 기능의 관점에서 설명한다. 이와 같이 권력자원이론과 맑스주의는 좌파의 관점을 대변한다.

산업화론과 맑스주의는 복지국가의 발달에 대해 기능주의적인 설명을 한다는 공통점을 지닌다.[1] 산업화론은 복지국가의 발달 원인을 사회적 복지욕구의 충족이나 사회통합과 같이 복지국가가 수행하는 사회적 기능에서 찾는다. 맑스주의는 복지국가의 발달 원인으로 국가의 자본주의체제 유지의 기능에 주목한다. 산업화론과 맑스주의는 이데올로기적으로는 상반되지만 복지국가 발달의 설명 방식에 있어서는 똑같이 기능주의적인 방식을 채택하고 있는 것이다. 산업화론과 맑스주의는 복지국가가 수행하는 기능을 복지국가의 발달 원인으로 간주하기 때문에 복지국가의 발달을 둘러싼 사회집단들, 특히 사회계급들 간의 대립과 갈등에 대해 커다란 관심이 없다.

이에 반해서, 권력자원이론은 복지국가의 발달 원인으로 사회계급들과 그들을 대변하는 정당들 간의 갈등과 대립을 강조하며, 특히 노동계급의 권력자원인 노동조합과 사회민주당의 역할에 주목한다. 이와 같이 권력자원이론은 복지국가의 발달을 누가, 어떻게 가져왔는가 하는 문제

1) 이 책의 2장에 서술하듯이 기능주의란 사회현상의 출현을 그것이 수행하고 있는 사회적 기능을 가지고 설명하는 견해이다. 예를 들어서, 에밀 뒤르케임은 범죄가 왜 발생하는가 하는 문제에 대해서 범죄자의 사회경제적 배경이나 개인적 문제를 분석하여 범죄의 원인을 찾는 것이 아니라 범죄가 수행하는 사회적 기능(범죄자에 대한 처벌을 통해 사회구성원들의 단합을 강화)의 관점에서 설명한다. 이런 식의 설명은 사회현상을 인과관계의 관점에서가 아니라 목적론의 관점에서 분석하는 것이다.

에 대해 명확한 견해를 보인다. 국가중심이론은 복지국가의 발달 내지는 사회복지정책의 형성을 사회계급들 간의 갈등과 대립의 직접적인 결과로 간주하는 권력자원이론을 비판하면서 국가의 주도적 역할에 초점을 둔다. 그 이론에 따르면, 사회정책은 관료집단이나 행정부 등으로 대변되는 국가가 지배적인 사회계급의 저항을 무릅쓰고 자신의 목적을 추구하기 위해 도입되고 확대된다. 이와 같이, 국가중심이론에서는 사회정책의 도입을 둘러싸고 국가와 지배계급 간의 대립과 갈등이 강조되고 있는 것이다.

이상의 네 이론들은 복지국가 발달의 원인뿐 아니라 복지국가의 성격에 대해서도 서로 다른 견해를 보이고 있다. 복지국가를 노동계급의 정치적 승리의 결과로 간주하는 권력자원이론은 복지국가의 확대를 통해 소득불평등이 크게 줄어들고 노동계급을 비롯한 근로대중의 생활이 향상되는 것으로 간주한다. 복지국가는 자본주의시장경제의 착취관계를 완화시키고 근로대중들의 정치적 역량을 강화시키는 매우 긍정적인 결과를 가져온다는 것이다. 산업화론도 복지국가에 대해 매우 긍정적으로 평가한다. 산업화론에 따르면, 복지국가는 산업화의 진전에 따라 발생하는 각종 사회문제들을 해결하고, 사회구성원들의 복지욕구를 충족시켜줌으로써 사회를 안정시킨다고 한다. 국가중심이론은 복지국가가 사회적으로 어떤 기능을 하는가에 대해 별다른 관심이 없다. 다만, 국가가 사회통합이나 사회적 안정과 같은 국가 자신의 목적을 위해 사회정책을 도입한다고 시사한다는 점에서 국가중심이론은 복지국가를 긍정적으로 평가하는 것으로 보인다.

이에 반해서, 맑스주의는 복지국가를 매우 부정적으로 평가한다. 복지국가는 자본계급보다는 노동계급에게 보다 많은 비용을 부담시키기 때문에 소득재분배 효과를 지니지 않고, 독점자본의 이익을 우선함으로써 자본계급과 노동계급 간의 상대적 불평등을 더욱 악화시킨다는 것이다. 더욱 중요한 것으로서 복지국가는 사회하층계급에게 약간의 생활상의 편익을 제공함으로써 계급의식을 약화시키고 계급갈등을 완화하며, 이를 통해서 자본주의체제를 안정시키는 기능을 수행한다. 복지국가의 최대수혜자는 노동계급이 아니라 독점자본이라는 것이다.

2) 소수 이론

위에 서술한 네 가지의 주요 이론들 이외에도 사회복지정책분야에는 다양한 복지국가이론들이 개진되어 있다. 그 가운데 대표적인 것으로 다음의 여덟 가지를 꼽을 수 있다. 첫째는 이익집단정치이론이다. 정치학의 다원주의 혹은 압력집단이론에서 파생된 이익집단정치이론은 현대 선진산업사회에서의 복지정책을 직업이나 인구학적 속성 등에 따라 구성된 다양한 이익집단들의 정치적 갈등의 산물로 간주한다. 이 이론에 따르면, 공동의 이해관계와 내적 결속력이 강력하고 인적·물적 동원이 활발한 이익집단일수록 자신의 요구를 국가정책에 보다 더 많이 반영시키며, 이런 점에서 특정 복지정책의 산출과 내용은 그 정책을 둘러싼 다양한 이익집단들의 동원능력과 밀접한 관련이 있다. 사회정책분야에서 이익집단정치이론은 주로 미국에서 노인대상의 사회보장제도가 발달한 이유를 노인이라는 강력한 이익집단의 활동에 초점을 두고 설명한다. 현대 미국사회에서 노인집단의 파워가 강력해진 것은 산업화와 경제성장의 결과 노인인구가 급증한 것과 밀접한 관련이 있다는 점에서 이익집단정치이론은 산업화론을 바탕으로 만들어진 이론적 견해로 간주될 수 있다.

둘째는 신조합주의론 혹은 사회적조합주의론이다. 이 관점에 따르면 이차대전 이후 서구에서 복지국가가 급속하게 성장한 배경에는 신조합주의가 있다고 한다. 신조합주의(neo-corporatism)는 2차 대전 이후 서구에 등장한 노동, 자본, 국가 간의 전 사회적인 타협체제를 말한다. 여기서 노동측은 임금인상 요구 및 파업을 자제하여 생산에 적극적으로 협조하고, 자본 측은 그로부터 발생한 이윤을 생산의 효율성 증대와 점증하는 사회보험료 지급에 사용하며, 국가는 그 두 지배적인 사회세력 간의 협상에 기초하여 공공복지의 확대를 추진하는 것이다. 이러한 체제가 성립하게 된 것은 2차 대전 이후의 호경기를 적극적으로 이용하려는 서구의 자본이 상대적으로 강력한 노동운동을 체제내화하면서 평화적인 노사관계 정립을 추구하였기 때문이다. 신조합주의론은 복지국가의 발전을 자본계급과 노동계급의 대립에 기초하여 설명하고 있는데다가 중앙집권화된 강력한 노동운동을 복지국가 발전을 위한 핵심요인으로 간주한다는 점에서 넓게 본다면 권력자원이론의 하위이론으로 평가될 수 있다.

셋째는 사회통제론이다. 이 견해는 사회복지정책을 빈민과 실업자 등 하층 사회집단의 불만을 잠재우는 사회통제의 수단으로 간주하는 이론적 관점이다. 사회통제론에 따르면, 경제불황 등으로 인해서 생활이 어려워진 빈민과 실업자들이 대규모 소요를 일으켜 사회질서를 위협할 때, 지배집단을 대변하는 정부가 사회복지정책을 시행하여 그들의 생활을 안정시키고 사회질서를 회복시킨다고 한다. 이와 같이 사회적 불만을 지닌 하층 사회집단의 저항을 잠재우고 사회적 안정과 지배질서를 회복시키도록 한다는 점에서 사회복지정책은 사회통제의 기능을 수행한다는 것이다. 사회통제론은 엘리트론으로 불릴 수도 있다. 사회정책분야에서 엘리트론이란 사회복지정책을 엘리트집단이 사회질서와 자신들의 지배적인 지위를 유지하기 위해 시행하는 것으로 간주하는 이론적 관점이다. 사회복지정책의 배경과 기능에 대한 엘리트론의 설명은 사회통제론의 것과 별다른 차이가 없다.

넷째는 사회양심론이다. 사회양심론이란 사회정책 혹은 복지국가의 발전을 사회구성원들의 동정심이나 이타주의를 가지고 설명하는 견해이다. 이 견해의 대표자는 영국의 사회정책학자인 리차드 팃머스이다. 그에 따르면, 보편주의 사회정책은 헌혈과 마찬가지로 익명의 타자에 대한 일방적 이전의 성격을 지니는 사회적 선물로서 사회구성원들의 이타주의 내지는 공동체의식을 반영하며, 시장에서의 이기주의를 억제하면서 사회적으로 이타주의와 공동체적 연대를 강화한다고 한다. 여기에서 보듯이, 그는 모든 시민들을 평등하게 대우하는 보편주의 사회프로그램이 이타주의적인 성격을 지닐 뿐 아니라 이타주의의 원인이면서 동시에 결과라고 생각한다. 이러한 사회양심론의 관점에서 볼 때 사회정책의 궁극적인 목적은 모든 사회구성원들의 욕구를 동등하게 충족시켜주는 데 있다.

다섯째는 시민권론이다. T. H. 마샬에 의해 제기된 시민권론은 복지국가의 발달을 시민권의 확대과정으로 간주한다. 이에 따르면, 모든 시민들이 향유하는 시민권은 18세기 말 프랑스 혁명기에 공민권(civil right)의 형태로 시작되었다. 여기서 공민권이란 모든 시민들이 법 앞에서 평등한 대우를 받을 권리를 지닌다는 것을 의미한다. 이어서 19세기 중후반에는 개인의 능력이나 사회적 기여도에 관계없는 일인일표제의 보통선거가 도입되어 모든 시민들에게 정치권(political right)이 보장되었다. 마지막으로, 20세기 중반에 되면 사회권(social right)의 개념이 확립되면서 모든 시민들은 사회의 일반적인 생활을 영위할 수 있는 권리를 국가에게 요구할 수 있게 되었다고 한다. 이와 같이 복지국가는 모든 시민들이 향유하는 시민권이 공민권과 정치권에 이어 사회권으로 확장하면서 성장하게 되었다는 것이다.

여섯째는 신자유주의이다. 1970년대 중후반 복지국가의 위기 시대에 각광을 받게 된 신자유주의는 자유의 구속과 경제비효율성의 관점에서 복지국가를 비판한다. 이에 따르면, 복지국가는 강제적인 소득재분배 정책을 시행함으로써 일부 개인들의 경제적 자유를 제한할 뿐 아니라 관료적인 개입을 통해 복지수급자의 자율성을 침해하고, 세금 및 사회보장기여금에 대한 시민들과 기업들의 부담을 크게 증가시켜 기업가의 투자의욕과 일반시민의 근로의욕을 훼손하고 경제성장을 저해하며, 복지기구와 전달체계의 효율성 문제에 별다른 관심을 갖지 않는다고 한다. 이런 점에서 신자유주의는 복지국가의 축소 내지는 해체와 사회보장제도의 민영화를 주장한다. 국가의 개입을 최소화하고 시장의 자유를 극대화해야만 모든 시민들의 자유와 경제적 번영이 보장된다는 것이다.

일곱째는 신보수주의이다. 이 이론적 관점은 신자유주의와 마찬가지로 복지국가를 비판하기는 하지만 그 이유는 서로 다르다. 신자유주의가 개인의 자유에 대한 구속과 경제비효율성의 관점에서 복지국가를 비판하는 반면에, 신보수주의는 사회에 대한 개인의 의무 내지는 근로의 의무와 공동체적 가치의 훼손이라는 관점에서 복지국가를 비판한다. 그 이론에 따르면, 복지국가, 특히 미국의 공공부조는 한부모가족의 여성가장에게 급여를 제공함으로써 전통적인 핵가족을 해체시키고 근로보다는 복지에 의존하도록 만들었으며, 국가가 개인적 복지욕구를 충족시켜줌으로써 가족이나 지역공동체 등 전통적인 사회기제들의 약화를 가져왔다는 것이다. 신보수주의의 복지정책은 공공부조의 축소를 통한 남성가부장주의의 회복, 정부에 의한 근로의 강제, 지역사회의 복지기능 강화 등에 맞추어져 있다.

마지막은 생태복지국가론이다. 이 이론은 최근 들어 세계적으로 각광받고 있는 생태주의의 관점에서 복지국가의 재편을 추구하는 견해로서 그 구체적인 주장은 다음과 같다. 첫째, 사회정책의 수립에 있어서 생태문제 혹은 환경정의의 요소를 고려한다. 기후변화나 환경오염에 의한 폐해를 사회적 위험의 범주에 포함시켜 기후변화의 피해자들을 위한 체계적인 사회프로그램들을 구축해야 하는 것이다. 둘째, 생태-사회투자를 적극적으로 추진한다. 생태-사회투자는 생태보존과 사회개발을 동시에 추구한다. 예를 들어서, 저소득층에게 주택개량 사업비를 지원함으로써 소득불평등의 완화 효과와 함께 주택의 에너지효율성 강화 효과를 낼 수 있다. 셋째, 복지국가의 탈탄소화를 추구한다. 이것은 각종 사회프로그램의 운영에 있어서 탄소배출과 환경오염을 최소화하는 것을 말한다. 그 방법들로는 사회프로그램의 운영에 있어서 에너지효율을 높여주는 테크놀로지를 적극적으로 사용하고, 모든 사회복지기관들에 대해 탄소세를 철저하게 적용하는 것 등이 포함된다.

4. 이 책의 구성과 연구대상

이 책은 크게 두 부분으로 구성된다. 제1부는 복지국가의 고전이론을 다루며, 칼 맑스, 막스 베버, 에밀 뒤르케임, 허버트 스펜서 등 고전사회학자들을 포함한다. 고전이론가에 대한 서술은 출생연도 순으로 하는 것이 일반적이지만, 이 책에서는 서술의 편의상 허버트 스펜서부터 시작하여 에밀 뒤르케임, 칼 맑스, 막스 베버의 순으로 진행된다. 허버트 스펜서부터 서술하는 이유는 그가 고전사회학자들 가운데서 가장 분명하고 체계적인 복지이론을 제시했기 때문이다.

1장은 허버트 스펜서의 복지국가론이다. 우선 허버트 스펜서의 핵심적인 사회학적 개념들과 사회사상이 소개되는데, 여기에는 개인주의와 자유지상주의, 사회진화론, 사회불평등론, 사회적 다원주의가 포함된다. 허버트 스펜서의 복지국가론에 대한 서술에는 야경국가론, 복지국가에 대한 비판, 사회정책에 대한 비판 등이 포함된다. 마지막에는 그의 복지국가론에 대한 평가와 현대 복지국가이론에 대한 영향력이 서술된다.

2장은 에밀 뒤르케임에 대해 다룬다. 이 장에서는 사회유기체설과 기능주의, 분업과 사회적 연대, 아노미, 직업집단, 도덕적 개인주의 등 에밀 뒤르케임의 핵심적인 사회학 개념과 이론들에 대해 소개한 다음에, 사회불평등에 대한 그의 관점을 매우 보수적인 것에서부터 매우 급진적인 것까지 모두 소개한다. 에밀 뒤르케임의 복지국가론에서는 사회복지전달

체계로서의 직업집단의 역할, 가족으로부터 국가로의 복지기능 이전과 국가복지기능의 강화, 공감과 자선으로서의 복지국가 등의 주제가 다루어진다.

3장은 칼 맑스의 복지국가론이다. 여기서는 우선 계급과 사회불평등, 역사유물론, 자본주의사회의 변동과 사회주의 등 복지국가이론과 밀접한 관련이 있는 칼 맑스의 주요 이론 및 사상들을 소개한 다음에, 사회정책에 대한 그의 긍정적 견해와 부정적 견해들을 비교하고 평가한다. 이어서 칼 맑스의 복지국가론을 정리하고, 현대 복지국가이론에 대해 칼 맑스가 어떠한 영향력을 행사했는지에 대해 서술한다.

4장은 막스 베버에 대해 다룬다. 먼저, 막스 베버 사회학의 핵심요소인 가치관과 사회변동, 국가와 관료제, 사회계층, 지배유형 등을 소개한다. 이어서, 복지국가 및 사회정책에 대한 막스 베버의 비판을 가부장주의의 산물, 지배엘리트의 통치수단, 관료제의 확대의 세 가지 관점에서 정리하고, 막스 베버가 지향하는 이상주의적인 사회정책에 대해 서술한다. 마지막으로 막스 베버의 복지국가론에 대해 평가하고, 현대 복지국가이론에 대한 막스 베버의 유산에 대해 서술한다.

이 책의 2부는 앞에 서술한 현대 복지국가이론들 가운데서 고전이론가들과 직접적으로 연관이 있는 여덟 개의 이론들을 대상으로 한다. 허버트 스펜서와 밀접한 관련이 있는 이론적 관점으로는 신자유주의와 신보수주의가 있고, 에밀 뒤르케임의 영향을 받은 이론으로는 산업화론과 사회양심론이 있다. 칼 맑스의 복지국가론에서 파생된 현대이론들로는 맑스주의/독점자본론과 권력자원이론/사회민주주의론이 있고, 막스 베버의 이론적 후계자로는 사회통제론/엘리트론과 국가중심이론이 있다. 서술의 편의상 순서는 산업화론과 사회양심론부터 시작해서 칼 맑스와 막스 베버의 이론적 후계자들을 다룬 다음에 신자유주의와 신보수주의에 대해서는 마지막 부분에 서술한다. 이익집단정치이론과 시민권론 및 생태복지이론은 사회정책분야의 매우 중요한 관점임에도 불구하고 서술의 편의상 이 책에서는 제외된다.

5장에서 다루는 산업화론은 복지국가 발달의 근본원인을 산업화와 경제성장의 진전에서 찾는다. 산업화론에 대해서는 그 대표자인 해롤드 윌렌스키의 저작들을 중심으로 하여 사회적 관점과 경제적 관점으로 나누어 서술한다. 사회적 관점에서는 분업과 전문화의 증대, 가족구조의 변화와 여성의 노동시장 참여 증대, 새로운 복지욕구의 창출, 국가의 복지기능 확대와 같은 주제들이 다루어지고, 경제적 관점에서는 경제성장과 그 인구학적 및 행정적 결과들이 복지국가의 발달에 미치는 영향력에 대해 서술한다. 이와 함께, 수렴론, 복지유형, 산업사회론 등 산업화론의 주요 개념들을 다룬 다음에 산업화론에 대해 평가하고 산업화론과 에밀 뒤르케임의 관련성에 대해 서술한다.

6장의 사회양심론은 복지국가 혹은 사회복지정책을 시민들이 공유하고 있는 타인에 대한 관심이나 동정심, 혹은 사회적 양심의 표현으로 간주하는 견해이다. 사회양심론의 대표자는 영국의 사회정책학자 리차드 팃머스이며, 이 장에서는 복지분업, 복지유형, 보편주의 등 그가 제시한 사회정책의 주요 개념들을 소개한 다음에 그의 주요 저서인 『선물관계』를 중심으로 하여 사회양심론의 핵심적인 내용을 소개하고 평가한다. 결론부분에서는 사회양심론이 에밀 뒤르케임의 관점을 그대로 계승하고 있다는 점에 대해 설명한다.

7장에서 다루는 권력자원이론은 복지국가의 발전을 자본주의사회의 주요 계급인 노동계급과 자본계급간의 갈등의 결과로 간주하며, 노동계급의 대변하는 사회민주주의정당의 역할을 강조한다는 점에서 사회정책학계에서는 사회민주주의론으로도 불린다. 이 장에서는 발터 코르피와 요스타 에스핑-안데르센을 중심으로 하여 권력자원이론의 핵심 주장들을 소개하고 평가한다. 이와 더불어 권력자원이론과 이론적 친밀성을 지닌 신조합주의론에 대해서도 소개한다. 마지막으로, 권력자원이론이 어떤 점에서 칼 맑스의 복지국가론을 계승하고 있는지를 서술한다.

8장은 복지정책을 독점자본시대에 자본주의체제를 유지하기 위한 수단으로 간주하는 맑스주의/독점자본론을 다룬다. 이 관점에서는 복지국가가 자본주의체제를 안정화시키고 사회주의혁명을 가로막는 암적인 존재로 간주된다. 이 장에서는 제임스 오코너, 클라우스 오페, 이언 고프의 견해를 중심으로 맑스주의의 주장을 소개한다. 이어서 이들의 견해들을 비교한 다음에, 제임스 오코너와 클라우스 오페를 중심으로 맑스주의/독점자본론에 대해 평가한다.

9장에서 다루는 사회통제론은 사회복지정책을 빈민과 실업자 등 하층 사회집단의 불만을 잠재우는 사회통제의 수단으로 간주하는 이론적 관점이다. 사회통제의 주체가 엘리트라는 점에서 이 관점은 엘리트론으로 불릴 수 있다. 사회통제론의 대표자로는 프란시스 피븐과 리차드 클로워드가 있으며, 이 장에서는 그들의 대표작인 『빈민들의 통제 : 공공복지의 기능들』과 『빈민들의 사회운동 : 왜 성공하고 어떻게 실패하는가?』를 중심으로 사회통제론의 핵심 주장들을 소개하고 평가한다. 결론부분에서는 사회통제론이 막스 베버의 엘리트론을 계승하고 있다는 점에 대해 서술한다.

10장은 국가중심이론이다. 이 이론은 복지국가의 발달을 설명하는 데 있어서 국가 혹은 정부의 주도성을 가장 중시하는 견해이다. 이 장에서는 사회정책분야에서 국가중심이론을 부활시킨 테다 스카치폴의 저서를 중심으로 하여 국가자율성, 국가의 능력, 국가의 구속성 등 국가중심이론의 핵심 개념들을 설명하고, 뉴딜시대의 사회정책 등 국가중심이론에서 중시하는 경험적 사례들을 소개한다. 이어서 국가중심이론에 대해 평가하고 국가중심이론과 막스 베버의 연관성에 대해 서술한다.

11장은 개인의 경제적 자유와 자유로운 시장경제를 최고의 가치로 여기는 신자유주의의 복지국가론을 다룬다. 이 장에서는 신자유주의 사회정책이론의 기초를 확립한 프리드리히 폰 하이에크와 밀턴 프리드만을 중심으로 신자유주의의 복지국가론을 소개하고 평가한다. 우선 자유, 민주주의, 평등 등 신자유주의의 주요 개념들을 소개한 다음, 복지국가에 대한 비판과 복지국가의 재구성에 대한 신자유주의의 견해를 서술한다. 마지막으로 신자유주의와 허버트 스펜서를 비교하면서 양자의 공통점을 제시한다.

12장은 신보수주의의 복지국가론이다. 신보수주의는 기존 사회질서와 전통가치의 보존이라는 원칙을 기반으로 하는 다양한 사상과 이론들의 복합체이며, 사회정책분야에서는 전통적인 가족과 가부장주의의 회복, 개인에 대한 국가의 도덕적 개입, 개인의 사회적 의무, 근로의 강제, 전통적인 사회기제의 복지기능 회복 등을 주장한다. 이 장에서는 조지 길더, 로렌스 미드, 찰스 머레이 등 미국학자들의 견해를 중심으로 하여 신보수주의의 복지국가론을 소개하고 평가한다.

Part 01

복지국가연구의 고전이론

Chapter 1
허버트 스펜서(Herbert Spencer)

1. 인 물

허버트 스펜서(1820~1903)

허버트 스펜서는 영국의 빅토리아시대를 대표하는 사상가이자 사회학자이다. 그는 자유주의적이고 학구적인 집안 출신으로 공교육은 전혀 받지 않았고, 삼촌 등 친척들로부터 교습을 받았다. 그는 10대 말부터 20대 말까지의 젊은 시절에 철도회사의 기사와 신문사 기자, 이코노미스트지의 부편집장으로 근무했으며, 30대 이후부터는 친척들부터 상속받은 유산과 자신의 저서들에 대한 인세로 생활하는 전업연구자가 되었다. 허버트 스펜서는 당대 최고의 사상가이자 학자로 인정받았지만 대학교수직을 비롯한 어떤 공식적인 직업에도 종사하지 않았고, 철저한 개인주의자답게 국가나 학술단체가 수여하는 학술상이나 명예칭호들도 모두 거절했다(Adams and Sydie, 2001; Francis, 2011).

허버트 스펜서는 20대 중반부터 83세에 서거할 때까지 극단적인 개인주의와 자유방임주의의 관점에서 수많은 저작들을 남겼다. 대표작으로는 『사회통계학』(1851), 『심리학원리』(1855), 『교육학』(1861), 『사회학연구』(1873~1896), 『인간 대 국가』(1884), 그리고 10권의 저서로 이루어진 『종합철학체계』를 들 수 있다. 여기에는 『제1원리』(1862), 『생물학원리』 1~2권(1864~1867), 『사회학원리』 1~3권(1876~1896), 『윤리학원리』 1~2권(1879~1893)이 포함된다.

칼 맑스를 비롯한 다른 사회학 고전이론가들과 비교할 때 허버트 스펜서는 생존기간 동안 학계와 사회에 막대한 영향력을 행사했으며, 그의 저서들은 읽기가 쉽지 않음에도 불구하고 영국과 미국에서 모두 백만 권 이상의 판매를 기록했다고 한다. 그는 사회유기체설과 사회진화의 개념을 확립하였고, 이를 통해서 에밀 뒤르케임, 페르디난트 퇴니스, 윌리엄 섬너 등의 사회학자들과 토스타인 베블렌, 빌프레드 파레토 등의 경제학자들에게 깊은 영향을 미쳤다.[1] 신고전파 경제학의 창시자인 영국의 대표적인 경제학자 알프레드 마샬은 허버트 스펜서를 "찰스 다윈을 제외하고는 유럽대륙에서 가장 많이 읽히고 가장 많은 영향력을 행사한 사상가였다"고 평가한 바 있다.[2]

---

1) 여러 학자들이 지적하고 있듯이 고전사회학의 거두인 에밀 뒤르케임은 사회의 구조적 분화와 사회진화의 개념을 허버트 스펜서에게서 가져왔다. 그의 대표작인 『분업론』은 근대의 사회변동에 대한 허버트 스펜서의 견해에 대한 비판적 고찰을 담고 있다. 『분업론』에서 에밀 뒤르케임은 자신의 이론적 공격대상인 허버트 스펜서에 대해 43회나 언급한 반면에, 자신의 학문적 스승인 오귀스트 콩트에 대해서는 18회만을 언급했다(Corning, 1982 : 359; Perrin, 1995 : 791). 고전사회학의 또 다른 거두인 페르디난트 퇴니스는 『공동사회와 이익사회』를 저술할 때 사회진화에 대한 허버트 스펜서의 생각을 참고했다고 말하고 있으며, 『유한계급론』을 쓴 토스타인 베블렌도 자신의 지적 발전에 허버트 스펜서가 커다란 영향을 미쳤다고 기술한 바 있다. 허버트 스펜서의 가장 열렬한 지지자는 미국의 사회학자 윌리엄 섬너로서 그는 1876년에 예일대학교에 미국 최초의 사회학 강좌를 개설하면서 허버트 스펜서의 저작들을 교과과정에 넣었다(McCann, 2004 : 127-8).

2) Alfred Marshall, "Letter to The Daily Chronicle"(November 1904년 11월 23일 출간), (McCann, 2004 : 127)에 재인용.

2. 사상과 이론

허버트 스펜서와 관련하여 잘 알려져 있는 용어들은 사회유기체설, 사회진화, 군사형 사회와 산업형 사회, 사회적 다윈주의 등이다. 여기서, 사회유기체설이란 일반적인 생물체들과 마찬가지로 사회도 각 구성부분들(즉, 개인들)의 조화와 협업, 혹은 상호의존에 의해 유지되고 발전되는 유기체라는 주장이다. 일반적으로 사회유기체설은 사회학의 창시자인 어귀스트 콩트로부터 시작하여 허버트 스펜서를 거쳐 에밀 뒤르케임에게 이어진 것으로 이야기된다. 다음에, 사회진화는 사회가 단순하고 동질적인 상태에서 복합적이고 이질적인 상태로 발전하는 것을 말하며, 허버트 스펜서는 인류사회가 외적에 대한 집단적 방어를 중심으로 구성된 군사형 사회로부터 개인의 자유와 개인적 이익의 극대화를 보장하는 산업형 사회로 진화하는 것으로 간주한다. 마지막으로, 사회적 다윈주의는 다윈의 생물학적 생존경쟁과 자연도태의 개념을 사회에 적용한 것으로서 허버트 스펜서는 사회에서 가장 잘 적응한 사람들이 살아남는다는 「적자생존」(the survival of the fittest)의 개념을 처음으로 사용하였다.

1) 개인주의와 자유지상주의

허버트 스펜서는 개인의 자유는 천부적인 것이라고 주장하면서 개인의 자유에 대한 어떤 형태의 간섭에 대해서도 반대한다. 그가 말하는 자유는 개인이 남으로부터 간섭받지 않고 자신이 원하는 것을 행할 수 있는 상태를 의미한다. 단, 모든 개인들이 자신이 원하는 것을 행할 경우 이익의 충돌이나 무질서의 상태가 발생할 수 있다. 이에 대해서 허버트 스펜서는 「동등한 자유의 법칙」(Law of Equal Freedom)을 내세운다. 즉, 모든 사람은 자신이 원하는 것을 행할 수 있는 자유가 있기는 하지만, 나의 자유뿐 아니라 타인의 자유도 동등하게 중요한 것이기 때문에 개인은 다른 사람들의 자유를 침해하지 않는 한도 내에서만 자신이 원하는 것을 행할 수 있다는 것이다(Spencer, 1888 : 121).

허버트 스펜서에게 있어서 이상적인 사회란 구성원 모두에게 최대한의 자유를 허용하는 사회이다. 여기서는 각 개인들이 자신이 원하는 목적을 성취하기 위해 노력하고 자신의 행복을 얻을 수 있게 된다고 한다. 결국, 최대한의 자유가 허용되면 모든 사회구성원들이 최대의 행복을 누릴 수 있게 되어 사회전체의 복리수준이 높아진다는 것이다. 그에게 있어서 사회정의는 바로 이런 상태를 말한다(Spencer, 1888 : 60-62, 409).

허버트 스펜서는 다양한 형태의 개인적 자유들 가운데서 특히 경제적 자유를 강조한다. 그에 따르면, 사회가 진화할수록 사회의 조직원리가 강제적이고 집단적인 규제 중심으로부터 개인의 자발성에 기초한 것으로 변화하는데, 이것이 가장 잘 드러나는 곳이 규제되지 않는 시장이라고 한다. 국가 등 외부의 개입을 받지 않는 자유로운 시장은 모든 개인들이 자발적으로 참여하여 자신이 기여한 만큼 배분받는 곳이며, 개인들은 시장에의 참여를 통해 자립성, 책임감, 재정적 자기통제, 능력주의의 존중 등 이상적인 사회에 필요한 특성들을 몸에 지니게 된다고 한다. 그가 볼 때, 자유로운 경제적 거래는 개인적 자유의 정도를 나타내는 지표일 뿐 아니라 사회를 최고의 단계로 발전시키는 밑거름이 되는 것이다(Doherty and Gray, 1993 : 486).

초기에 허버트 스펜서는 「동등한 자유의 법칙」에 기초하여 여성과 소수인종을 포함한 모든 구성원들에게 동등한 투표권을 제공하는 보편선거제도를 지지했다(Spencer, 1888 : 155-6, 248). 그렇지만, 후기에 들어서면서 그는 경제적 자유가 정치적 자유와 충돌할 경우 경제적 자유를 위해 보편선거를 제한할 수 있는 것으로 보고, 다수결주의가 개인의 자유를 제한하는 새로운 전제주의가 될 수 있다고 비판한다(Doherty and Gray, 1993 : 479-81; Meadowcroft, 1995 : 71). 그의 관점에서 볼 때, 자유시장에 개입하는 민주적 정치체제에 비해 자유시장에 개입하지 않는 엘리트주의 정치제체가 개인들에게 더 많은 자유를 허용한다는 것이다(Doherty and Gray, 1993 : 484).

2) 사회진화론 : 군사형 사회에서 산업형 사회로

1859년에 『종의 기원』을 통해 찰스 다윈이 생물계의 진화론을 주장하기 이전부터 서구학계에는 사회는 진화하는 것이라는 사고가 퍼져있었다. 대표적으로, 사회학의 아버지로 불리는 오귀스트 콩트(1798~1857)는 사회가 신학적 단계에서 형이상학적 단계를 거쳐 실증적 단계로 진화하는 것으로 보았다. 오귀스트 콩트에게서 많은 것을 물려받은 허버트 스펜서는 유기체로서의 사회가 진화하는 과정과 결과에 대해 보다 체계적으로 서술하였다. 허버트 스펜서에게 있어서 사회진화란 변화하는 환경에 대응하여 인간본성과 제도가 끊임없이 만들어지고 수정되는 가운데 사회가 보다 높은 단계로 올라가는 것을 말하며, 진화의 최고단계가 되면 사회는 정적인 균형 상태를 유지하게 된다(Meadowcroft, 1995 : 70).

허버트 스펜서에 따르면, 전통적인 사회는 모든 사람들이 비슷한 역할을 수행하고 개인들 간에 특별한 차이가 없는 매우 동질적인 상태였다고 한다. 이러한 상태에서 인구가 점차 증가하고 특정 지역에 집중하면서 사회구성원들 간의 생존경쟁이 치열하게 되었고, 이러한 경쟁은 개인들로 하여금 서로 다른 역할을 찾아내도록 만들었다. 그 결과, 사회적 분업 혹은 전문화가 증대하고, 이러한 구조적 분화를 통해 사회는 이질적이고 복합적인 상태로 변모하였다는 것이다.[3)]

이와 같이 인구증가 및 밀집도의 증가에 따른 분업의 증가는 사회구성원들의 물질적 욕구를 충족시킬 뿐 아니라 인류의 생존을 보장 혹은 촉진하는 효과적인 수단이 되었다(Perrin, 1995 : 795-6; Turner, 1984 : 23). 그렇지만, 사회진화의 결과들 가운데서 허버트 스펜서에게 보다 중요한 의미를 지니는 것은 개인주의의 발달이다. 사회적 분업과 전문화의 증대로 인해서 서로 다른 기능을 담당하게 된 결과 개인들은 자율성과 독자성을 획득하게 되는 것이다. 분

---

3) 허버트 스펜서에 따르면, 진화는 사물의 통합이자 행동의 분화이며, 이 과정에서 사물은 무한정하고 응집력 없는 단일체로부터 명확하고 응집력 있는 이질체로 변화한다는 것이다(Spencer, 1864 : 396).

화와 전문화의 확대로 인해서 개인들은 자신의 생존을 위해 다른 개인들에게 더욱 의존하게 되는 한편, 특정 개인으로서의 정체성과 주체성을 획득하게 된다.[4)]

허버트 스펜서는 사회가 전통적인 '군사형 사회'에서 새로운 '산업형 사회'로 진화하는 것으로 본다. 군사형 사회는 항구적인 전쟁에 적합하도록 군대식으로 구성되었고, 집단의 생존을 최고의 가치로 삼는다. 이 사회의 특징으로는 매우 중앙집권적이고 독재적인 정치체제, 개인의 자유와 자율적인 행동에 대한 엄격한 통제, 상급자에 대한 복종과 위계질서의 존중, 정부의 강력한 규제, 이러한 사회질서를 정당화하는 사회윤리 체계 등을 들 수 있다. 이런 형태의 사회에서는 개인의 생명과 자유가 집단적 목적의 성취에 종속되어 있는 것이다(Spencer, 1888 : 416; Spencer, 1898b : 568-602).

다음에 산업형 사회는 외부로부터의 침략 위험이 사라지고 평화상태가 유지되는 사회로서 산업생산 혹은 시장을 중심으로 조직된다. 이 사회의 특징으로는 개인의 자유와 자율성 보장, 개인의 자유로운 경제행위, 분권화되고 민주주의적인 정부체제, 계약에 의한 사회관계의 규제, 정부의 역할 최소화 등을 들 수 있다. 군사형 사회와 마찬가지로 산업형 사회는 실재하는 것이 아니라 이념형(ideal type)이며, 허버트 스펜서가 볼 때 19세기 말의 산업사회가 언젠가는 도달하게 될 사회이다. 그가 그리는 가장 이상적인 사회는 산업형 사회가 최고로 발달한 단계인 「안정적인 산업국가」(static industrial state)이다. 이 단계가 되면, 개인적 자유가 최대한 보장되고, 개인들은 도덕적 발달을 통해 이타적인 존재가 되어 다른 사회구성원들의 복지향상을 위해 노력하게 되며, 국가는 개인의 생명과 재산을 보호하는 이외에는 별다른 기능이 없이 거의 허수아비처럼 된다고 한다(Spencer, 1975a : 255-56; Spencer, 1975b : 46; Spencer, 1898b : 610-3, 629).

---

4) 허버트 스펜서는 사회와 인간 및 생명의 발전은 개인화(individuation)의 경향을 가져온다고 서술한다(Spencer, 1888 : 408).

3) 사회불평등론

허버트 스펜서는 모든 개인들이 환경에 적응하기 위해 노력하지만 그 가운데 일부는 적응에 성공하고 일부는 실패하는 것으로 간주한다. 이러한 성공과 실패는 각 개인의 육체적 · 신체적 · 정신적 능력 혹은 환경에의 적응능력에서의 차이에서 비롯되며, 그가 볼 때 모든 개인에게 스스로가 원하는 것을 행할 자유가 허락되는 한 생존경쟁의 결과는 온전히 각 개인의 책임인 것이다. 따라서 경쟁에서 승리한 자가 사회상층부에 위치하고 그렇지 못한 자가 사회하층부로 떨어지는 것은 당연하며, 사회불평등은 개인의 능력과 선택의 차이를 반영하고 있는 것으로서 전혀 문제될 것이 없다(Wiltshire, 1978 : 159). 더 나아가서, 그는 빈곤으로부터 오는 고통으로 인해 개인들이 더욱 노력하고 근로한다는 점에서 사회불평등을 개인과 사회의 진화를 가져오는 긍정적인 요소로 간주한다.

다만, 허버트 스펜서는 개인적 특질 이외의 다른 요소들이 개인의 사회계층상의 지위를 결정하는 것에 대해서는 반대한다. 그는 가문이나 재산 때문에 권력과 특권을 누리는 귀족계급을 비판하고, 부유층의 후손들이 다른 사람들에 비해 생존경쟁에서 유리하다는 점을 들어 유산 상속에 반대한다. 그에게 있어서 산업사회에서의 불평등 구조는 귀속지위에 의해서가 아니라 개인적 성취에 의해서 결정될 때에만 정당한 것이다(Adams and Sydie, 2001 : 65; Werhane, 2000 : 189).

이와 같은 관점을 취하고 있기 때문에 허버트 스펜서는 사회불평등을 인위적으로 조정하는 것을 부당한 것으로 간주한다. 그러한 조정은 개인의 자유와 권리를 침해하는 것일 뿐 아니라 사회진화를 방해하는 것이기 때문이다. 따라서 허버트 스펜서는 사회불평등의 완화를 직접적으로 추구하는 소득재분배 정책뿐 아니라 간접적인 완화 수단인 기회의 평등정책에 대해서도 반대한다(Kazamias, 1966 : 88).

허버트 스펜서는 국가뿐 아니라 노동조합 등 소득격차를 줄이고자 하는 어떤 단체나 조직에 대해서도 비판적 입장을 견지한다. 그에 따르면, 자본가와 노동자 사이에는 근본적으로 대립적인 이해관계가 존재하지 않으며, 노사관계는 기본적으로 완전한 경쟁관계이기 때문에 노동조합이 임금인상이나 소득평등화를 명목으로 개입해서는 안 된다는 것이다. 게다가, 노동조합의 활동은 근로자에게나 사회 전체적으로 아무런 도움이 되지 않는다고 한다. 임금 수준은 노동조합의 요구에 따라서가 아니라 다른 경제적 요인들에 의해 결정되며, 설사 임금인상이 된다고 해도 그것은 물가인상을 가져오기 때문에 근로자에게 전혀 이익이 되지 않는다는 것이다. 또한, 만일 노동조합에 의해 파업이 발생하면 근로자들은 얻는 것보다 잃는 것이 더 많게 된다. 파업기간 동안 그들은 임금을 받지 못하고 나중에 임금인상을 해도 물가인상으로 인해 손실분을 만회하기 어렵기 때문이다(Spencer, 1975c : 546).

허버트 스펜서는 노동조합이 결국은 사회주의를 가져올 것으로 예상한다. 그에 따르면, 사회주의는 자본주의 시장경제에서 나타나는 사회불평등의 해소를 목표로 하지만, 노동조합과 마찬가지로 실패할 수밖에 없다. 사회주의의 목표를 실현하려면 국가기구에 의한 계획경제의 도입이 필요한데, 이 국가기구는 거대하고 복잡한 사회체제 속에서 무엇이 가장 필요하고 한정된 자원을 어디에 어느 정도로 분배할 것인지를 결정할 능력이 없기 때문이다. 또한, 사회주의를 위해 거대한 국가기구가 필수적이라는 것은 사회적으로 위계질서가 발달하고 개인의 자유와 자발성이 부정되는 것을 의미한다. 허버트 스펜서에게 있어서 사회주의는 가장 나쁜 형태의 군사형 사회이며, 개인과 사회의 진화를 가로막는 거대한 장애물에 불과하다(Spencer, 1975c : 581-9).

4) 사회적 다윈주의

사회적 다윈주의란 찰스 다윈이 『종의 기원』에서 제시한 생물학적 자연도태의 개념을 사회에 적응하려는 정치적 주장을 말한다. 찰스 다윈 자신은 사회적 다윈주의를 주장한 바가 없지만, 사회적 다윈주의는 19세기 말 이래로 서구사회에 광범하게 유포되어 강자에 의한 약자의 지배를 정당화하려는 이데올로기로 사용되었다. 사회적 다윈주의는 개인들의 치열한 경쟁과 적자생존의 관점에서 근대사회의 불평등구조를 옹호하는 이념체계로서 19세기 후반에 펼쳐진 제국주의의 시대에는 서구 열강들이 비서구지역에 대한 침략을 정당화하는 수단으로도 사용되었다.

몇몇 학자들이 지적하듯이 허버트 스펜서는 사회적 다윈주의와 밀접한 연관이 있다(Gondermann, 2007 : 28; Peel, 1971 : 234; Werhane, 2000 : 186).[5] 우선, 그는 사회적 다윈주의의 핵심 개념인 「적자생존」이라는 용어를 만들었다. 환경에 가장 잘 적응한 자만이 살아남는다는 것을 의미하는 이 용어는 『종의 기원』이 발간되기 7년 전인 1852년에 허버트 스펜서에 의해 처음 사용되었고, 찰스 다윈은 이 개념을 『종의 기원』 2판에서 사용했다(Adams and Sydie, 2001 : 71; McCann, 2004 : 95). 이런 점에서 어떤 학자들은 허버트 스펜서가 사회적 다윈주의자인 것이 아니라 찰스 다윈이 생물학적 스펜서주의자라고 부르기도 한다(Turner, 1985 : 107; Werhane, 2000 : 186).

누가 누구에서 먼저 영향을 주었는가 하는 문제는 다소 논란의 여지가 있을 수 있다. 그렇지만, 분명한 것은 허버트 스펜서가 적자생존을 통해 사회가 진화한다고 주장했고, 이를 통해서 사회적 다윈주의의 이념적 기초를 놓았다는 것이다. 그가 볼 때, 모든 개인들은 환경에 적응하기 위해 노력하지만 그 가운데 일부만이 적응에 성공하고, 환경에 가장 잘 적응한 소수가 생존함으로써 사회는 진화를 거듭하는 것이다.

이와 같이 허버트 스펜서가 사회적 다윈주의에 대해 이념적 기반을 제공한 것은 사실이지만, 그렇다고 해서 그가 제국주의나 나치의 홀로코스트에 대한 이데올로기적인 옹호와 직접적으로 연관을 갖는 것은 아니다. 그는 국가나

5) 다른 한편, 일부 학자들은 스펜서는 사회적 다윈주의와 전혀 관계가 없다고 주장하기도 한다. 그들에 따르면, 1944년에 리차드 호프슈타터가 Social Darwinism in American Thoughts라는 책에서 처음으로 스펜서를 사회적 다윈주의자로 묘사했는데, 이것은 호프슈타터의 오해에서 비롯된 것이라고 한다. 이에 대해서는 (Francis, 2011 : 168)을 보시오.

교회 등 모든 형태의 조직들을 혐오했고, 민족주의와 전쟁에 반대했다. 이러한 것들이 개인의 자유와 자율성을 침해한다고 생각했기 때문이다. 실제로, 허버트 스펜서는 개인주의와 자유주의의 입장에서 제국주의를 비판하는 글을 적지 않게 서술하였다. 그에 따르면, 제국주의는 침략전쟁의 도발을 통해 국가를 군사형 사회로 회귀시키고, 개인적 자유를 억압하며, 사회진화에 역행하는 한다는 것이다.[6] 이런 점에서, 사회적 다윈주의가 제국주의나 나치의 군국주의의 이데올로기로 사용된 책임을 허버트 스펜서에게 묻는 것은 과도한 것이라고 할 수 있다.

3. 복지국가론

허버트 스펜서는 개인의 자유와 책임을 가장 중요한 가치로 여긴다. 이런 관점에서 볼 때 가장 좋은 복지는 개인에게 최대한의 자유를 허용하여 스스로가 원하는 것을 성취하도록 하는 것이며, 개인의 복지 혹은 생활보장은 결국 개인이 책임져야 문제가 된다. 개인생활에 외부인, 특히 국가가 개입하는 것은 개인의 자유에 대한 심각한 침해일 뿐 아니라 개인생활의 향상과 사회진화를 가로막는 방해물이 된다. 만일 빈곤과 질병이 극심하여 외부의 도움이 절실히 필요하다면 그때에는 가족 내지는 친족의 선행이 요구된다. 이러한 사적복지는 친밀성과 호혜성을 바탕으로 하기 때문에 수급자의 자유를 침해하지 않을 뿐 아니라 수급자의 근로동기를 강화하기 때문이다. 이하에서는 사회복지와 관련한 허버트 스펜서의 견해들을 소개하고 평가하겠다.

6) 제국주의에 반대하는 허버트 스펜서의 주장에 대해서는 (Spencer, 1891c : 228-82, 326-57, 445-70; Spencer, 1975b : 376-94; Spencer, 1898b : 610; Spencer, 1969 : 18) 등을 보시오.

1) 야경국가론

허버트 스펜서는 개인의 자유가 천부적인 권리이고 개인의 행복은 개인에게 최대의 자유를 허용할 때 성취되는 것으로 간주한다. 따라서 아무리 선한 목적과 동기를 가지고 있더라도 국가가 개인생활에 개입해서는 안 된다. 그렇지만, 그가 살았던 19세기 중후반 영국 등 서구에서는 국가의 기능과 역할이 확대되는 경향이 나타났다. 이에 대해서 그는 국가의 역할을 최소화해야 한다고 주장한다.

허버트 스펜서가 생각하는 국가의 역할은 개인의 생명, 재산, 권리를 보호하는 데 국한된다. 즉, 외부의 적과 사회 내부의 범죄로부터 개인의 자유와 권리를 지키는 것이다.[7] 이를 위해 국가는 외적에 대한 방어기구를 조직해야 하고, 내부적으로는 사법체계를 조직하여 개인과 재산에 대한 직접적 공격뿐 아니라 계약 위반과 같은 간접적인 공격에도 대응해야 한다는 것이다(Spencer, 1975b : 202). 이와 같이 국가의 역할을 국방과 치안에 한정한다는 점에서 허버트 스펜서는 야경국가론(night watch state)을 내세우고 있는 것이다.

이러한 야경국가론의 입장에서는 국가의 역할이 최소화가 요구된다. 허버트 스펜서에 따르면, 공교육(의무교육)이나 공적빈민구제, 백신접종을 포함한 공중보건, 공장에 대한 안전규제, 노동시간이나 여성 및 아동의 고용을 제한하는 노동법 등은 폐지되어야 한다. 또한, 고아원, 수도 및 하수도, 가축질병 방지, 소방서, 도서관, 등대, 우편제도, 화폐 및 은행제도 등은 국가가 관리할 것이 아니라 민간에서 운영해야 하는 것이다(Spencer, 1975c : 228-82, 326-57, 445-70; Spencer, 1975b : 376-94; Spencer, 1969 : 108-113).

이상에서 보듯이, 국가의 역할에 대한 허버트 스펜서의 입장은 매우 단호하다. 그의 견해를 따르자면, 경제발전, 국토개발, 시민생활에 대한 편의 제공 등 일반적으로 국가에게 기대되는 기능들마저도 모두 부정되어야 하는 것이

7) 허버트 스펜서에 따르면, "국가의 임무는 '사람들의 자연적 권리를 보호하는 것, 즉 사람과 재산을 보호하고, 약자에 대한 강자의 침략을 방지하는' 데 있다고 한다(Spencer, 1994b).

다. 이러한 기능들은 국가개입의 최소화를 주장하는 현대의 신자유주의자들도 국가가 제공해야 하는 공공재(public goods)로 받아들인다는 점에서 허버트 스펜서의 야경국가론은 현실적으로는 수용되기 어려운 매우 극단적인 주장이라고 할 수 있다.

2) 사회복지정책의 문제점

허버트 스펜서가 지적 활동을 전개했던 19세기 중후반의 유럽에서는 노동법, 공중위생법, 사회보험, 공교육 등 각종 형태의 사회정책들이 앞다투어 도입되고 있었다. 스펜서는 이러한 사회정책들의 발흥을 개인생활에 대한 국가의 개입 확대로 간주하여 적극적인 반대의 입장을 개진한다. 빈민구제를 비롯한 국가의 사회정책들에 대한 그의 비판의 요지는 다음과 같다.

첫째로, 복지정책은 개인에 대해 국가가 원조를 제공함으로써 개인의 행동과 결과 사이의 관계를 모호하게 만들고, 이를 통해 사회의 진화를 방해한다. 질병이나 무지, 혹은 빈곤 등은 모두 개인적 잘못이나 결함에서 비롯되는 것으로서 해당 개인에게 고통을 부과함으로써 스스로를 개선하려는 노력을 불러일으킨다. 만일 어떤 개인이 빈곤으로 인해 고통받는다면 그 사람은 자신의 능력을 개발하거나 성격을 고치거나 사회적응력을 높여서 그 고통을 회피하려고 할 것이다. 이와 같이 행동과 결과 사이의 관계가 분명하면 개인은 자신을 개선하려는 노력을 하게 되며, 이를 통해서 자신의 생활을 향상시키고 사회진화에 기여한다.[8)]

반면에, 국가의 개입은 개인이 겪어야 할 고통을 경감시킴으로써 개인과 사회의 향상을 가로막는다. 또한 사회정책은 개인적 결함으로 인해 결국은

---

8) 허버트 스펜서에 따르면, 고통 없이는 사회진화가 불가능하다고 한다. 그에 따르면, 인류는 안락을 얻기 위해서가 아니라 고통을 피하기 위해 경쟁하고, 육체적 고통이 신체상의 기능실패를 경고하는 것처럼 사회적 고통은 사회적 행위의 지표라고 한다. 그는 고통을 필요악으로 간주한다(Spencer, 1961 : 344-5).

소멸되어야 할 사회적 부적응자들을 인위적으로 보존하고 번성시킴으로써 적자생존이라는 자연적 질서를 훼손하고, 사회의 도덕적 · 지적 퇴락을 부추긴다. 허버트 스펜서에 따르면, 사회에 잘 적응한 사람들에 대한 가장 커다란 저주는 그들에게 어리석고 게으르며 범죄를 저지르는 사람들을 더 많이 부양하도록 남겨주는 것이며, 빈자들과 미혼모들을 지원하는 것은 결국 사회의 질적 저하를 초래한다는 것이다(Spencer, 1961 : 341).

둘째로, 개인생활에 대한 국가의 개입은 개인의 자유와 독립성 및 자율성을 침해한다. 정부가 공중보건, 교육, 빈곤 등의 사회생활영역에 개입하게 되면 개인들은 자신이 처리해야 할 문제를 정부에게 의존할 뿐 아니라 자신이 원하지 않는 일을 하도록 정부로부터 강제받는다. 특히 복지정책의 발달로 인해 관료기구가 발달하게 되면 개인의 자유와 자율성은 더욱 침해받으며, 개인의 이익은 관료의 이익에 지배당하게 된다. 허버트 스펜서에 따르면, 관료들은 응집된 단체로서 자신들의 이해관계가 분명하며, 권력과 소득을 둘러싼 투쟁에서 조직되는 않은 대중들에 비해 훨씬 유리하다고 한다. 국가복지의 발달로 인해 일반 개인들이 아니라 관료들이 더 많은 이익을 거두는 것이다(Doherty and Gray, 1993 : 482; Offer, 2010 : 292).

셋째로, 국가는 사회정책을 통해 사회문제를 해결하려고 하지만, 그것은 현실적으로 불가능하다. 다양한 개인들의 자유로운 행동으로 구성되는 사회생활은 매우 복합적이고 복잡하기 때문에 어떤 하나의 조직이 계획하고 통제할 수 없기 때문이다. 국가가 어떤 좋은 목적을 위해 법안을 만든다고 해도 현실적으로는 복잡한 사회상황에 대한 모든 지식을 가질 수가 없고, 법안을 통해 자신이 원하는 결과를 얻을 수도 없다. 허버트 스펜서의 관점에서 볼 때, 국가의 개입은 사회문제를 오히려 더 악화시킬 수 있는 것이다(Miller, 1972 : 220; Wiltshire, 1978 : 145-6).

허버트 스펜서는 국가의 역할을 외부의 적과 범죄로부터 개인의 자유와 권리를 지키고, 개인들이 자유롭게 경쟁할 기회를 보장하는 것으로 한정하고자 한다. 그렇지만, 현실의 국가는 그러한 자신의 본분을 넘어서서 다양한 형태의 사회정책을 통해 개인생활에 개입한다. 국가는 사회구성원들의 행복을 증진시킨다는 명목으로 사회정책을 시행하지만, 현실적으로 그러한 개입은 사회적 약자들의 의존성 증가와 도덕적 해이, 그리고 사회적응자들의 부담증가라는 부작용만 낳는다. 그에 따르면, 국가는 모든 사람들의 행복을 직접적으로 추구하려고 할 때가 아니라 모든 사람들이 자신의 행복을 추구할 자유를 보장하도록 노력할 때에만 사회복지에 긍정적으로 기여하는 것이다(Miller, 1972 : 219).

3) 사회정책의 분야별 문제점

허버트 스펜서는 개인의 자율성과 자유에 대한 침해, 적자생존 법칙의 훼손, 사회진화에 대한 방해 등의 관점에서 국가에 의한 사회입법의 실행에 반대한다. 이러한 그의 입장은 사회정책의 하위분야에 대한 그의 언급들을 통해 보다 분명하게 확인할 수 있다. 스펜서의 저서들 속에서 언급된 사회정책의 하위분야들로는 공중보건, 공교육, 빈민구제제도를 들 수 있다.

우선, 공중보건에 대해서 허버트 스펜서는 짧게 언급한다. 그에 따르면, 백신접종을 비롯한 공중보건은 개인이 해야 할 일을 국가가 강제적으로 대신 해주는 것이며, 개인들에게 질병 확산에 대한 공포를 지나치게 과장함으로써 시민생활에 대한 국가의 개입을 정당화하려는 음모라고 한다. 그의 관점에서 볼 때 질병은 개인의 무지와 무능에 대해 자연이 부과한 징벌들 가운데 하나로서 적자생존의 법칙을 반영하고 있는 것이다. 따라서 질병문제에 대해 국가가 개입하는 것은 사회진화를 가로막는 일이 된다. 이와 함께, 그는 질병문제에 대한 국가의 개입이 의료 관련 관료기구를 비대하게 만듦으로써 상류층 실업자들에게 한직을 제공하고 사회적 비용을 낭비한다고 비판한다(Spencer, 1888 : 418).

다음에, 의무교육으로서의 공교육에 대해서 허버트 스펜서는 다음과 같이 비판한다. 첫째, 공교육은 선량한 시민을 양성해야 한다는 이유에서 종종 합리화되지만, 이것은 무엇이 선량한 시민이고 선량한 시민을 만들어 내기 위해 어떤 교육이 어느 정도나 필요한지에 대해 국가가 부모보다 더 잘 알고 있다는 근거 없는 가정에 기초해 있는 것이다. 아동의 특징이나 장단점에 대해서는 국가보다 부모가 훨씬 더 잘 알고 있다는 점에서 아동에 대한 교육의 권한은 부모에게 주어져야 하며, 부모는 가장 적절한 교육을 제공하는 곳에 자신의 아동을 맡길 수 있어야 한다(Spencer, 1888 : 360-63).

둘째, 국가교육은 개인의 특성을 살리기보다는 획일성을 강제한다. 공교육은 주로 권위에 대한 숭상과 상급자에 대한 존경을 강요하고, 학생들에 대해 위인들의 의견에 대해 무조건 따르도록 하며, 이를 통해 개인의 자율성과 자유를 무시하고 통제한다. 이와 같이 전체주의와 순종을 강요하는 공교육을 통해서는 자율성과 독립성 등 산업형 사회에 적합한 개인적 특성이 개발될 수 없다(Spencer, 1888 : 361).

셋째, 공교육은 성실한 개인들로 하여금 자신의 돈으로 다른 사람의 자식들까지 교육시키도록 강요한다. 국가의 이러한 강요는 자신의 재산과 소득을 스스로가 원하는 곳에 사용할 개인의 권리를 침해할 뿐만 아니라 자신의 가족은 스스로가 보호해야 한다는 자연의 법칙을 거스르는 것이다. 또한, 공교육은 사회적으로 소멸되어야 할 빈곤층의 아동을 사회에 적응시키는 역할을 수행함으로써 적자생존의 법칙을 훼손한다. 이상과 같은 점에서, 교육은 부모의 선택에 맡겨져야 하고, 개인의 자율성과 선택이 보장되는 시장에서 제공되어야 하는 것이다(Spencer, 1888 : 369).

마지막으로, 국가에 의한 빈민구제의 문제점에 대해 허버트 스펜서는 가장 많은 관심을 기울였다. 그는 신빈민법의 통과로 인해 영국사회가 소란스러웠던 1836년에 불과 십대의 나이에도 불구하고 구빈민법이 근로동기를 약화시킨다는 점에서 원칙적으로 나쁘고 효과 면에서 치명적이라는 취지의 글을 잡지에 기고한 바 있다. 그는 열등처우의 원칙의 확립을 통해 근로동기 약화의 문제를 해결하려 했던 신빈민법을 지지했던 것이다. 또한, 허버트 스펜서는 공적빈민구제제도가 성실하게 일하는 사람에게서 강제로 세금을 거두어서 일하지 않는 사람을 부양한다는 점에서 개인의 권리를 침해할 뿐 아니라 공평하지 않은 제도라고 비판한다. 그에 따르면, 빈민들의 생활이 스스로 노력하는 근로자들의 생활보다 더 낫도록 하는 데 쓰인 돈들은 모두 나태와 악덕에 대한 보상금이라는 것이다(Spencer, 1994a).

근로동기의 약화와 공평성의 문제 이외에도 허버트 스펜서는 공적빈민구제제도의 문제점들을 다음과 같이 제시한다. 첫째, 빈곤은 게으름이나 무능력, 혹은 정신적·육체적 결함 등 개인적인 문제에서 연유하며, 이런 점에서 빈곤에 대한 책임은 온전히 개인이 져야 하는 것이다. 빈곤층의 생활에 대해 국가가 개입할 이유가 전혀 없는 것이다. 게다가, 빈곤이 가져오는 육체적·정신적 고통은 빈곤층에게 열심히 근로하도록 자극하여 그 개인의 생활 향상과 사회진화에 기여한다.[9)]

둘째, 빈곤은 적자생존의 문제이다. 능력이 있고 사회적응에 성공한 사람들은 부유하게 되지만, 그렇지 못한 사람들은 빈곤하게 된다. 빈곤층은 생존경쟁에서 패배한 사람들이며 자연 상태에서라면 소멸되어야 할 존재들이다. 그렇지만, 공적빈민구제제도는 그러한 사회적 약자들이 생존하고 번성하도록 만들며, 이를 통해서 사회전체를 도덕적으로나 물질적으로 약화시킨다(Spencer, 1888 : 310). 공적빈민구제제도는 적자생존의 법칙을 훼손함으로써 사회의 진화를 가로막는 것이다. 허버트 스펜서에 따르면, 국가가 개입하여 우월한 자로부터 생산물의 일부를 빼앗아서 열등한 자에게 재분배한다면, 사회의 자연적 질서는 훼손되고, 도덕적 퇴보가 발생한다고 한다(Spencer, 1975b : 567).

셋째, 공적빈민제도를 통해 국가가 사회적 부적응자들을 보호하여 번성시키면 사회적으로 경제적 부담이 지속적으로 확대된다. 이들을 부양하기 위해서는 선량하고 능력 있는 개인들이 자신의 능력 이상으로 많은 세금을 부담하게 되어 빈민층으로 전락할 수 있고, 일하지 않는 빈곤층이 점차 늘어나면 사회적으로 보다 적은 사람들이 근로에 종사하게 되어 결국에는 생산수준이 떨어지게 되는 것이다(Spencer, 1888 : 359-60).

9) 허버트 스펜서는 공적빈민제도를 지지하는 사람들을 '가식적인 박애주의자'로 부르면서(Spencer, 1888 : 354) 무능력자의 빈곤, 경솔한 자의 고통, 나태한 자의 배고픔, 강자에 의한 약자의 핍박 등은 장기적으로는 좋은 결과를 가져온다고 주장한다(Spencer, 1888 : 322-3).

이상과 같은 이유에서 허버트 스펜서는 공적빈민제도, 즉 현대판 공공부조의 폐지를 주장한다. 그렇다면, 그는 공공부조 이외의 다른 사회보장프로그램에 대해서는 어떻게 생각했을까? 허버트 스펜서가 활동했던 당시의 영국에는 공적빈민제도만이 존재했었기 때문에 그가 다른 형태의 사회보장프로그램에 대해서 직접적으로 언급한 적은 없다. 다만, 1880년대 말에 독일의 비스마르크가 연금과 의료보험 등의 사회보험을 도입한 것을 보면서 그는 중앙집권적인 관료제가 사회의 자원을 독점하게 되고, 비스마르크식의 국가복지는 국가-사회주의를 가져올 것이라고 비판한다(Spencer, 1969 : 95-6). 이와 같이, 그는 사회보험이 관료기구의 확대와 권력 독점을 초래하고, 개인의 자율성과 자유를 억압하며, 결국은 사회주의로 이어진다는 점에서 반대한다. 그는 모든 형태의 사회프로그램의 도입에 반대하고 그 폐지를 주장하고 있는 것이다.

4) 비공식부문에 대한 강조

허버트 스펜서는 개인생활에 대한 국가의 개입이 즉각 중단되고, 국가가 제공하는 사회복지프로그램들이 폐지되어야 한다고 주장한다. 그렇다면, 실업이나 빈곤으로 인해 생활상의 곤란을 겪고 있는 개인들은 자연계에와 마찬가지로 이 땅에서 소멸되어야만 하는 것인가? 이에 대해서 그는 적자생존의 법칙을 가장 중시하기는 하지만, 그렇다고 해서 빈곤층에 대한 모든 형태의 원조가 중단되어야 한다고 주장하지는 않는다.

허버트 스펜서에 따르면, 빈곤과 질병 등으로 고통받는 개인들에게는 자조와 자립이 가능하도록 일시적인 도움이 필요하며, 이를 위해서 가족과 친지의 역할이 중요하다고 한다. 국가복지와는 달리 가족구성원들 간에 서로 도움을 주고받는 것은 자연적으로 당연한 일로서 적자생존의 법칙을 거스르는 것이 아니기 때문이다. 또한, 이러한 형태의 도움은 제공자와 수급자 간의 호혜성과 친밀성을 근간으로 한다는 점에서 국가복지와 같이 수급자의 도덕적 해이(의존성 강화와 근로동기의 약화)를 가져오지 않는다. 수급자는 자신이 받은 도움을 다시 되돌려주어야 한다는 책임감을 지니므로 자조 노력을 기울이기 때문이다. 그는 질병과 사고를 당한 개인에 대해서는 부모나 배우자의 선행이 필요하다고 하면서 자연적 질서 속에서 가족은 필요시에 병원이고 그 구성원은 간호원이라고 서술한다(Offer, 2010 : 295; Wiltshire, 1978 : 151).

허버트 스펜서는 선의를 지닌 제3자에 의한 원조의 유용성도 인정한다. 부모, 친척, 친구의 도움과 비슷하게 제3자의 자발적인 선행도 제공자와 수급자 간의 개별적이고 밀접한 상호관계를 통해 수급자의 자조 노력을 부추긴다는 점에서 바람직하다는 것이다(Spencer, 1961 : 341). 이에 반해서, 그는 민간자선단체의 도움에 대해서는 부정적이다. 민간자선단체는 상명하달식의 관료적 조직구조를 지니고 있고, 수급자 개인에 대해 직접적인 도움을 전달하지 않는다는 점에서 국가복지와 비슷한 부작용을 가질 수 있기 때문이다. 실제로, 허버트 스펜서는 당시 영국의 대표적인 민간자선단체인 COS(Charity Organization Society : 국가에 의한 복지 제공에 반대하고 잔여적 복지를 추구했던 단체)를 비판한 바 있다(Offer, 2010 : 294).

허버트 스펜서는 그가 이상으로 삼는 산업형 사회가 되면 제3자의 선행이 지배적인 역할을 할 것으로 기대한다. 그에 따르면, 산업형 사회에서는 보다 많은 시민들이 이타적으로 되어 다른 사람들의 복지를 향상시킬 기회를 적극적으로 탐색한다고 한다. 산업형 사회에서는 개인들이 자율적이고 자존적으로 됨과 동시에 사회구성원들과의 상호의존성을 인식하게 되며, 이에 따라서 자신의 복지와 다른 사람의 복지를 동일시하기 때문이다. 이 상태가 되면 다른 사람들이 고통에서 벗어나 복지를 누리는 것을 볼 때 개인들은 만족감을 느끼게 되고, 이타주의적인 행동을 통해 사회의 질적 수준을 높임으로써 결국은 자신의 복지수준을 높이게 되는 것이다(Spencer, 1888 : 78, 84, 103; Spencer, 1975b : 610-13, 62).

허버트 스펜서는 초기에는 이타주의라는 용어를 사용하다가 후기가 되면 선행(benevolence)라는 용어로 대체하여 사용하고, 선행을 부정적인 것과 긍정적인 것으로 구분한다. 여기서 부정적 선행이란 다른 사람들과의 사회적 경제적 교류 시에 스스로를 억제하는 것, 즉 타인들의 권리를 자신의 것과 동등하게 존중하는 것을 말한다. 예를 들어서, 개인사업자가 독점상태가 발생하여 대중이 고통을 겪을 것을 예상하고 다른 경쟁자들이 시장에서 도태하기 전에 지나친 공세를 멈추는 것이다. 긍정적 선행이란 개인의 관대함을 의미하며, 구체적으로는 타인의 복지를 적극적으로 향상시키는 것을 말한다. 그는 개인의 도덕감이 최고조에 달하는 산업형 사회에서는 긍정적 선행이 지배적으로 될 것으로 기대한다(Dixon, 2004 : 105; Offer, 2010 : 292).

4. 평 가

허버트 스펜서는 국가복지 혹은 사회정책에 대해 체계적인 견해를 분명하게 밝혔으며, 19세기 중후반 영국의 사회정책의 방향에 대한 사회적 논쟁에 적극적으로 참여하였다. 실제로 그의 저작들 중 몇몇은 야경국가론의 관점에서 각종 형태의 국가개입정책들을 비판하는 데 초점을 둔 것이다. 자유지상주의와 적자생존의 사상을 바탕으로 스펜서는 개인생활에 대한 개인의 책임을 강조하고 국가의 개입을 반대한다. 특히, 허버트 스펜서는 국가복지에 대해서 적자생존의 법칙을 부정함으로써 개인의 발전과 사회의 진화를 가로막은 장애물이라고 비판한다.

허버트 스펜서가 생각하는 최상의 복지는 국가가 개인에게 최대한의 자유를 주어 스스로가 원하는 것을 성취할 수 있도록 하는 것이다. 모든 개인들은 자신이 원하는 것과 그것을 성취할 방법을 어느 누구보다도 더 잘 알고 있기 때문이다. 각자의 목적을 성취하려고 노력하는 과정에서 일부 사람들은 패배할 수밖에 없고, 빈곤이나 질병 등에 따른 고통에 시달리게 된다. 여기에 대해서 허버트 스펜서는 경쟁에서 패배한 사람들은 소멸될 수밖에 없다는 적자생존의 법칙을 내세우면서도, 그러한 고통을 통해 개인들이 자기개발의 노력을 한층 더 함으로써 결국에 가서는 자신의 행복을 성취할 수 있다는 점을 강조한다. 이런 점에서 국가를 포함한 외부기관들이 개인의 고통을 줄이기 위해 개입해서는 안 된다고 주장한다.

다만, 그는 지독한 빈곤이나 질병으로 인해서 일상생활이 불가능하거나 아사 직전의 상태에 있는 개인들에 대한 외부인의 도움은 인정한다. 여기에서 외부인이란 국가나 자선단체가 아니라 주로 가족과 같은 1차 집단이다. 가족의 도움을 받은 개인은 친밀감과 호혜성의 관점에서 자신이 받은 것을 다시 돌려주려는 책임감을 가지며, 근로동기를 잃지 않고 자조 자립의 길을 모색한다. 이와 같이 가족구성원 간의 도움은 국가복지에 내포된 의존성이나 도덕적 해이를 초래하지 않는다는 점에서 수급자 개인과 사회 모두에게 이로운 것이다. 선의를 지닌 제3자도 가족과 비슷한 역할을 한다. 특정인의 도움을 받는 개인은 그 사람에 대해 도덕적 책임감을 지니기 때문에 자조자립에 힘쓴다는 것이다.

이상에서 보듯이 허버트 스펜서는 사회복지와 관련하여 가족과 같은 비공식부문의 역할만을 인정한다. 그는 국가뿐 아니라 비정부/비영리단체나 자선단체 등 민간단체의 복지 기능까지도 부정하고 있는 것이다. 이것은 그가 모든 공식단체를 관료적이고 낭비적일 뿐 아니라 수급자의 의존성과 도덕적 해이를 조장하는 것으로 혐오하는 데서 연유한다. 이와 같이 가족의 복지기능만을 인정하는 것은 현대의 사회복지체계를 부정하는 것과 마찬가지이다. 가족의 복지기능은 현대사회로 올수록 줄어들고 있으며, 비슷한 사회계층에 속하는 가족구성원들이 서로 도움을 주고받는 것은 사회불평등의 완화와 빈곤층 구제에 전혀 기여하지 못하기 때문이다.

사회정책과 국가복지를 반대하는 허버트 스펜서의 주장들 가운데 일부는 경제학자 아담 스미스에게서 빌려온 것이다. 잘 알려진 대로, 아담 스미스는 『국부론』에서 '보이지 않는 손'이라는 용어를 사용하여 모든 개인들이 자유롭게 자신의 이익을 추구할 때 사회 전체적으로 효용이 극대화된다고 주장한 바 있다. 자유로운 시장은 참여자의 효용이 극대화되도록 자원을 배분하며, 이에 대해서 국가가 개입하게 되면 결국 사회구성원의 복지수준은 낮아질 수밖에 없다는 것이다. 이와 같은 아담 스미스의 주장은 현대 주류경제학의 지배적인 견해로 수용되고 있고, 특히 복지국가에 반대하고 시장의 자유를 주장하는 신자유주의이론의 기반을 이룬다.

그렇지만, 아담 스미스는 허버트 스펜서만큼 그렇게 철저하게 자유지상주의를 옹호하지는 않았다. 그는 국가의 주된 역할을 방위와 정의 수호에 두면서도 개인의 권리의 보호라는 맥락에서 공공근로(public work)의 제공을 제안하기도 했다. 여기서 말하는 공공근로에는 각종 사회간접자본의 건설과 유지, 그리고 공원이나 우편서비스, 상하수도 등 이윤이 작아서 시장에서 제공하지 않는 각종 서비스가 포함된다. 이것들은 모두 허버트 스펜서가 반대하는 것들이었다. 또한, 아담 스미스는 보편적 공교육, 공중보건, 안전규제, 고용주부터 근로자를 보호하는 근로규제 등 다양한 정부프로그램의 필요성을 역설하기도 하였다(George, 2010 : 172-3; Meyerson, 1989 : 66-7).

이와 함께, 아담 스미스는 빈곤에 대해서 허버트 스펜서에 비해 훨씬 관대한 견해를 지녔다. 그는 빈곤이 도덕적 타락이나 게으름과 같은 개인적 결함에서가 아니라 사회구조적 문제에서 연유하는 것으로 보았고, 아동사망률 증가와 같은 빈곤의 결과물에 대해서 매우 우려하였다. 그는 시장자유주의자답게 빈곤에 대한 국가의 직접적인 개입을 옹호하지 않고 경제성장을 통한 빈곤해결을 주장하였다. 다만, 그는 공교육이 필요한 이유 중의 하나로 빈곤층 아동에 대한 교육을 제시하였다. 분명히 밝히고 있지는 않았지만, 아담 스미스는 허버트 스펜서와는 달리 기회의 평등 정책을 지지하고 있었던 것이다. 이상과 같은 점에서 아담 스미스는 개인에 대한 엄격한 훈육을 강조하는 최소정부가 아니라 온정적 대중주의를 지지했으며, 허버트 스펜서와 같은 극단적인 야경국가론에는 동의하지 않았다고 할 수 있다(George, 2010 : 173; Meyerson, 1989 : 66-7; Werhane, 2000 : 194-5).

똑같이 고전적 자유주의시대를 살았음에도 불구하고 허버트 스펜서는 아담 스미스에 비해 자유방임주의에 훨씬 더 가까웠다. 허버트 스펜서는 개인의 자유를 절대적인 가치로 간주하고 개인영역에 대한 국가의 개입에 반대하였다. 반면에, 아담 스미스는 개인생활에 시장에 대한 국가의 개입에 반대하기는 했지만 허버트 스펜서만큼 그렇게 극단적으로 반대하지는 않았다. 이런 식의 차이는 아담 스미스가 고전적 자유주의의 초창기에 활동했던 데 비해서 허버트 스펜서는 고전적 자유주의가 최고도에 달한 빅토리아시대에 활동했던 것과 밀접한 관련이 있다. 중상주의에 반대하면서도 중상주의의 영향에서 완전히 벗어날 수 없었던 아담 스미스와는 달리 허버트 스펜서는 각종 형태의 진보적인 사상이 발달한 사회를 배경으로 자신의 이론을 만들어냈던 것이다.

공공부조를 포함한 모든 형태의 국가복지를 전면적으로 부정했다는 점에서 허버트 스펜서는 현대 복지국가 옹호자들에게 강력한 도전을 제기한다. 그의 견해는 그의 이론적 후계자인 신자유주의이론도 따라가지 못할 정도로 극단적인 개인주의와 자유지상주의에 기초해 있으며, 이런 점에서 현실적합성을 지니기는 어렵다. 그렇다고 해서, 국가복지에 대한 스펜서의 비판이 모두 잘못된 것은 아니다. 공공부조 수급자들의 복지의존성, 복지 관료기구의 낮은 효율성, 복지 관료기구에 의한 개인 사생활의 통제, 수급자의 선택의 자유 억제, 재정부담, 중산층들의 조세저항 등 스펜서가 제기한 국가복지의 문제점들은 현대 복지국가가 풀어야 할 숙제인 것이다. 허버트 스펜서는 오늘날의 복지국가 옹호자들로 하여금 어떻게 해야 국가복지의 급격한 축소나 민영화 없이 현재의 복지국가가 제대로 작동될 수 있는가를 다시 생각하도록 만든다.

5. 현대 복지국가이론과의 연관성

허버트 스펜서는 당대에는 최고의 학자이자 사회이론가로 존경받았지만, 사후에는 학계에서 오랫동안 잊혀졌다. 자신의 의도와는 달리 사회적 다윈주의가 제국주의와 나치의 홀로코스트 만행을 합리화하는 수단으로 사용됨으로써 그는 지속적으로 비난받아 왔다. 또한, 허버트 스펜서는 다른 고전이론가들과는 달리 독자적인 학파를 만들어 내지 않았고, 그의 핵심이론인 사회진화론은 학계의 관심에서 멀어졌다. 잘 알려진 대로, 20세기 중반 최고의 사회학자로 여겨졌던 탈코트 파슨스(Talcott Parsons)는 1937년에 "누가 스펜서를 읽는가? 스펜서의 신인 진화는 그를 버렸고, 스펜서는 죽었다"고 말하기까지 하였던 것이다(Parsons, 1968 : 13).

그렇지만, 1950~1960년대에 서구학계에서 근대화론이 유행하면서 허버트 스펜서에 대한 학계의 관심은 부활했다. 전통사회에서 근대사회로의 이행에 초점을 두는 근대화론은 허버트 스펜서의 사회진화론과 맥을 같이하는 것이기 때문이다. 탈코트 파슨즈도 1961년에 다시 발간된 허버트 스펜서의 『사회학연구』의 서문에서 "진화론적 사고의 부활은 스펜서의 중요성을 증명"한다고 자신의 이전 주장을 번복하였다(Parsons, 1961 : viii). 이제 근대화론이 학계를 지배하는 시대는 끝났지만, 1970년대 후반 이래로 사회정책분야에서 신보수주의와 신자유주의가 각광을 받으면서 허버트 스펜서의 중요성은 다시 부각되고 있다.

신보수주의는 가족의 가치, 사회통합, 위계질서, 집단주의, 도덕주의, 개인의 사회적 의무를 강조하는 이념체계로서 사회정책분야에서는 근로동기를 약화시키고 가족을 해체하며 지역공동체의 영향력을 제한하는 복지국가를 비판한다. 신자유주의는 개인의 자유를 최상의 가치로 하는 이념체계로서 개인의 자유를 제한하는 모든 형태의 구속, 특히 개인의 경제적 자유와 시장의 자유를 제한하는 복지국가를 비판한다. 복지국가를 반대하는 이 두 가지 이념체계는 1970년대 중반 복지국가 위기의 시대에 각광을 받기 시작했으며, 현재까지도 사회정책분야에서 막대한 영향력을 행사해오고 있다.

스스로가 어떤 공식적인 단체에 소속되거나 학파를 만들지 않았다는 점에서 허버트 스펜서가 신보수주의와 신자유주의에 어떤 직접적인 영향을 미치지는 않았을 것이다. 실제로, 신보수주의와 신자유주의의 저작들 속에서 허버트 스펜서가 언급되는 경우는 그다지 많지 않다. 그렇지만, 고전이론가들 가운데 허버트 스펜서만큼 체계적이고 강력하게 복지국가를 비판한 학자는 없었다는 점에서 복지국가를 둘러싼 허버트 스펜서의 견해들은 다양한 형태로 이 두 현대적 사조에 계승되고 있다고 볼 수 있다.

허버트 스펜서가 남긴 가장 중요한 유산은 개인의 책임성이라는 개념이다. 허버트 스펜서는 개인의 자유와 책임을 가장 중요한 가치로 여기며, 이런 관점에서 볼 때 가장 좋은 복지는 개인에게 최대한의 자유를 허용하여 스스로가 원하는 것을 성취하도록 책임을 지우는 것이다. 허버트 스펜서가 복지국가에 대해 반대하는 것은 그것이 개인의 자유라는 최고의 가치를 훼손할 뿐 아니라 개인의 책임이라는 또 다른 핵심 가치를 부정하는 것이기 때문이다. 신보수주의는 개인이 자신의 가족을 위해 열심히 근로할 때 가장 좋은 복지의 성취가 가능하다고 주장하며, 근로를 사회에 대한 개인의 책무로 간주한다. 신자유주의는 개인의 자립과 자조, 그리고 결과에 대한 개인의 책임을 가장 중시하며, 최고의 복지는 국가를 비롯한 타인의 도움을 통해서가 아니라 개인 스스로의 노력을 통해 성취할 수 있다고 주장한다.

다음에, 사회불평등에 대한 허버트 스펜서의 견해도 신자유주의와 신보수주의에게 그대로 계승되었다. 허버트 스펜서에 따르면, 생존경쟁의 결과 승리한 자는 사회상층부에 위치하고 그렇지 못한 자는 사회하층부로 떨어지며, 경쟁의 조건이 동등하게 보장되기만 하면 사회불평등은 개인의 능력과 선택의 차이를 반영하고 있는 것으로서 전혀 문제될 것이 없다고 한다. 이와 비슷하게 신보수주의는 전통과 집단주의의 관점으로부터 계층화된 사회질서를 매우 당연시하며, 신자유주의는 개인의 자유로운 선택과 경쟁의 결과인 사회불평등을 매우 당연할 뿐 아니라 사회의 역동성을 위해 필요한 존재로 간주한다.

셋째로, 이들 모두는 공적복지를 부정하고 사적복지를 지지한다. 허버트 스펜서에 따르면, 어떤 개인이 빈곤과 질병이 극심하여 외부의 도움이 절실히 필요하다면 그때에는 가족이나 친족의 선행이 요구된다고 한다. 이러한 사적복지는 친밀성과 호혜성을 바탕으로 하기 때문에 수급자의 자유를 침해하지 않을 뿐 아니라 수급자의 근로동기를 강화하기 때문이다. 신보수주의는 생활상의 곤경에 처해있는 어떤 개인이 외부 도움이 필요할 경우 가족이나 이웃, 혹은 지역공동체와 같은 전통적인 사회기제들의 도움이 제공되어야 한다고 주장하고, 신자유주의는 그러한 개인에 대해서는 가족구성원들 간의 원조제공이 필요하다고 주장한다.

이상에서 보듯이 허버트 스펜서와 신자유주의 및 신보수주의에게 있어서 복지국가는 백해무익한 존재이다. 복지국가는 개인의 자유와 책임의식을 제한하고, 인위적인 사회적 이전을 시행함으로써 사회구성원들을 불공평하게 대우하며, 사회전체의 도덕적 해이를 불러일으키고 사회적 활력을 빼앗는다는 것이다. 신자유주의와 신보수주의 학자들이 허버트 스펜서를 직접적으로 언급하는 일이 드물기는 하지만, 복지국가에 대한 그들의 비판적 견해들은 허버트 스펜서의 주장을 반복하는 데 그치고 있다.

Chapter 2

에밀 뒤르케임(Emile Durkheim)

1. 인 물[1)]

에밀 뒤르케임(1858~1917)

에밀 뒤르케임은 칼 맑스 및 막스 베버와 더불어 고전사회학의 3대 거두로 평가되는 프랑스의 사회학자이다. 이 세 사람은 모두 거시적인 사회변동과 근대사회의 위기 문제에 깊은 관심을 가졌지만 관점은 서로 달랐다. 근대사회의 핵심문제로 칼 맑스가 계급이나 경제적 이해관계를 중시하고 막스 베버가 권력이나 지배적인 가치관에 주목했던 데 반해서, 에밀 뒤르케임은 사회의 도덕성에 초점을 두었다. 또한, 그는 영국의 고전사회학자 허버트 스펜서를 비판하면서 공리주의와 자유방임주의를 반대하고, 도덕성에 기초한 사회적 연대와 개인생활에 대한 국가의 도덕적 개입을 지지하였다.

1) 이 부분에 대해서는 (Adams and Sydie, 2001; Coser, 1960; Lukes, 1973; Morrow, 2009; Ritzer, 1992; Thompson, 2002)을 참조하였다.

에밀 뒤르케임은 1858년에 프랑스의 알사스-로렌 지방에서 출생했다. 이 지역은 독일과 접경해있으며, 1870년 전쟁의 패배로 독일에 통합되었다. 그는 유대인 랍비가문 출신으로 랍비가 되기 위한 훈련을 받다가 청소년기에 무신론자가 되었고, 1879년에 파리고등사범학교에 입학하였다. 그는 1885년에 독일에서 1년간 연구했고, 1886년에 보르도대학교 철학과 교수를 거쳐 1902년에 소르본느 대학교 교육학과 교수가 되었으며, 1913년에는 그 대학의 교육학 및 사회학 교수가 되었다.

에밀 뒤르케임은 사회학을 독립적인 분과학문으로 확립한 인물이다. 사회학이라는 용어를 처음 사용한 것은 그의 학문적 스승인 오귀스트 콩트이지만, 최초로 사회학 교수가 된 것은 에밀 뒤르케임이었다. 또한 그는 사회학의 방법론을 저술하였을 뿐 아니라 집단과 조직, 사회질서, 사회통합, 교육, 일탈행동, 종교 등과 같은 사회학의 핵심주제들을 체계적으로 연구했다.

에밀 뒤르케임은 사회학의 고전들을 다수 저술하였다. 그는 『사회분업론』(1893), 『사회학방법의 규칙들』(1895), 『자살론』(1897), 『종교생활의 기본 형태들』(1912) 등을 저술했고, 1898년에는 자신의 조카이자 학문적 후계자인 마르셀 모스(Marcel Mauss)와 함께 세계 최초의 사회학저널인 『사회학연보』를 편찬했다. 그의 사후에 출간된 저서들로는 『교육과 사회학』(1922), 『사회학과 철학』(1924), 『도덕교육』(1925), 『사회주의』(1928), 『직업윤리와 시민도덕』(1950) 등이 있다.

에밀 뒤르케임은 충실한 학자로서의 삶을 살았다. 그는 드레퓌스 사건의 예에서 보듯이 때때로 사회적 발언들을 하기도 했지만, 학자는 정치활동이 아니라 교육과 연구에 몰두해야 한다고 믿었고 대학교수로서 삶을 마감했다. 에밀 뒤르케임은 도덕성에 기초한 사회질서와 통합을 강조하였기 때문에 보수주의자로 평가되기도 하지만(Coser, 1960; Zeitlin, 1981), 개인주의와 개인의 자유를 중시했다는 점에서 자유주의자로 불리기도 하며(Lukes, 1973; Bellah, 1973), 완전평등사회를 이상으로 했다는 점에서 (민주적) 사회주의자 또는 급진주의자로 평가되기도 한다(Gane 1992; Giddens 1986; Pearce, 2001).

2. 사회학이론과 주요 개념들[2)]

1) 사회유기체설과 기능주의

에밀 뒤르케임은 학문적으로 오귀스트 콩트와 허버트 스펜서의 영향을 많이 받았다. 그는 그 두 학자를 비판하면서도 사회유기체설이나 분업의 사회적 기능과 같은 그들의 핵심적인 개념들을 자신의 이론틀 속에 포함시켰다. 여기서 사회유기체설이란 사회를 생물유기체로 비유하고 개인을 사회유기체의 기관들처럼 간주하는 견해이다. 이 견해에 따르면, 개인은 사회의 일부분으로서 자신에게 맡겨진 기능을 수행하며, 사회를 떠나서는 존재할 수 없다. 반대로, 사회는 하위 기관으로서의 개인들이 수행하는 기능들을 통해 통합되고 유지된다.

사회유기체설에서 중요한 개념은 기능이다. 개인이나 사회현상은 모두 사회의 유지라는 사회적 필요성을 충족하기 위한 저마다의 기능을 지니고 있으며, 이러한 기능이 원활하게 수행되지 않으면 사회는 위험에 빠진다. 이것은 심장이나 폐가 제대로 작동하지 않으면 생물유기체가 정상적인 생활을 유지하지 못하거나 사망하는 것과 마찬가지이다.

이와 같이 사회의 통합과 유지를 설명하는 데 있어서 하위기관들의 기능을 강조한다는 점에서 에밀 뒤르케임은 현대 기능주의의 기초를 세운 학자로 평가된다(Giddens, 1976 : 326; Poggi, 2000 : 57; Turner, 1999 : 88-9). 여기서 기능주의란 사회를 다양한 기능들의 복합체로 간주하고, 사회현상을 설명함에 있어서 그것이 어떤 원인에 의해 발생했는가가 아니라 그것이 어떤 기능을 수행하고 있는가에 초점을 두는 이론적 견해이다. 예를 들어서, 어떤 범죄가 발생했을 때 기능주의는 범죄자의 사회경제적 배경이나 개인적 원한 관계를 분석하여 범죄의 원인을 찾는 것이 아니라 그러한 범죄가 어떤 사회적 기능을 하는가

---

2) 이 부분에 대한 서술은 (Adams and Sydie, 2001; Coser, 1960; Cristi, 2012; Elwell, 2005; Giddens, 1972; Lukes, 1973; Milbrand and Pearce, 2011; Poggi, 2000; Turner, 1999)을 참조하였다.

에 초점을 둔다. 실제로, 에밀 뒤르케임은 범죄가 범죄자에 대한 처벌을 통해 사회구성원들의 단합을 강화시키는 긍정적 기능을 수행한다고 주장한다.

에밀 뒤르케임의 기능주의는 20세기 중반 사회학계를 지배했던 구조기능주의에 직접적으로 영향을 미쳤다. 그렇지만, 그의 기능주의는 사회학이론의 영역에만 머물지 않았다. 오늘날 적지 않은 사회과학자들이 사회현상을 설명하는 데 있어서 그것이 발생하게 된 원인을 찾기보다는 그것이 어떤 기능을 하는가에 초점을 두고 있다. 예를 들어서, 20세기 중후반에 서구에서 복지국가가 비약적으로 성장한 것을 설명하는 데 있어서 어떤 학자들은 복지국가의 발달을 가져온 사회적 배경을 분석하기보다는 복지국가가 산업화에 따른 사회적 필요성을 충족시킨다든가, 사회통합에 기여한다든가, 혹은 자본주의의 지배질서를 정당화한다는 식으로 복지국가의 사회적 기능을 강조한다. 이와 같이 에밀 뒤르케임의 기능주의는 사회정책을 비롯한 사회과학 전반에 걸쳐 여전히 강력한 영향력을 발휘하고 있다.

2) 분업, 기계적 연대, 유기적 연대

에밀 뒤르케임은 근대사회의 특징으로 분업의 증가를 지적한다. 분업이란 과거 한 개인이나 하나의 조직에 집중되어 있었던 기능들이 분화되어 개인과 조직들이 전문화되고 특수화된 기능만을 수행하는 것을 말한다. 그는 이것을 구조적 분화라고 불렀으며, 그에 따르면 근대사회는 분화와 전문화를 특징으로 하는 사회이다. 이와 같이 분업이 증가하는 이유는 모든 사람들이 비슷한 일에 종사했던 전통사회에서 인구가 증가하여 서로 간에 생존경쟁이 치열해지기 때문이다. 이러한 생존경쟁을 이겨내기 위해 사회구성원들은 서로 다른 일을 찾을 필요성을 가지며, 분업은 그러한 사회적 필요성을 충족시키는 기능을 하는 것이다.

이러한 분업의 확산에 따라서 전통사회는 근대사회로 이행한다. 에밀 뒤르케임은 전통사회와 근대사회의 가장 커다란 차이는 사회가 유지되고 통합되는 방식, 즉 사회적 연대(혹은 사회적 결속관계)의 차이에 있다고 보았다. 그에 따르면, 전통사회에서는 기계적 연대가 지배적인 반면에 근대사회에서는 유기적 연대가 지배적이라고 한다. 이 두 용어는 사회를 공동사회와 이익사회로 구분한 독일의 사회학자 페르디난트 퇴니스에게서 빌려온 것이다. 다만, 페르디난트 퇴니스에게 있어서는 전통사회가 유기적이고 근대사회가 기계적인 데 반해서, 에밀 뒤르케임에게서는 그 두 용어의 사용법이 정반대로 되어 있다.

기계적 연대는 개인들이 동일한 가치관을 지닌 동질적인 존재라는 사실로 인해서 사회의 질서가 자동적으로 유지되는 상태를 말한다. 이런 식의 연대가 발생하는 이유는 다음과 같다. 전통사회에서 모든 개인들은 씨족 내지는 확대가족에 소속되며, 이러한 대가족들은 개인생활에 필요한 모든 것들을 스스로 생산하는 자급자족체이다. 가족 내에서 모든 개인들은 연령과 성에 따른 분업을 제외한다면 생활에 필요한 거의 모든 일들에 똑같이 종사한다. 이와 같이 서로 비슷한 일들을 하기 때문에 개인들은 자신의 생활을 위해 타인에게 의존하지 않으며, 가족이외의 사람들과 긴밀한 연계성을 지니지 않는다. 또한, 서로 비슷한 일을 하기 때문에 사회구성원들은 비슷한 생각과 신념을 갖는다. 이러한 집합의식 혹은 집합적 가치의식(collective conscience)은 모든 사회구성원들을 지배하고 사회에 구속시키며, 기계적 연대를 만들어 낸다.

유기적 연대는 생물유기체의 기관들처럼 서로 긴밀한 연관성을 지니는 개인들이 서로 간의 상호의존성을 인식함으로써 사회의 질서가 유지되는 상태를 말한다. 유기적 연대가 발생하기 위해서는 분업이 활발하게 진행되어야 한다. 분업의 결과 개인들은 자신의 생활을 유지하기 위해 필요한 수많은 일들 가운데 하나의 일에만 종사하게 되고, 자신의 생활의 대부분을 타인의 노동에 의존할 수밖에 없다. 그 결과 모든 개인들의 동질성에 기초하여 사회적 연대를 제공했던 집합적 가치의식은 약화되고, 개인들의 이질성과 상호의존성을 바탕으로 한 새로운 형태의 연대, 즉 유기적 연대가 발생한다.

그렇지만, 분업이 진행된다고 해서 유기적 연대가 자동적으로 만들어지는 것은 아니다. 유기적 연대가 발생하려면 사회구성원들이 각자의 생활을 위해 타인들에게 의존하고 있다는 사실을 인식해야 하지만, 현실적으로는 개인들이 상호의존성을 인식하기 쉽지 않다. 근대사회의 분업체계 속에서는 모든 개인들이 자신의 능력과 희망에 맞는 일을 맡는 것이 아니기 때문이다. 이렇게 되면 개인들은 자발적으로가 아니라 강제적으로 분업체계에 편입되며, 자신이 원하지 않는 일을 강요받게 된다. 에밀 뒤르케임에 따르면, 이런 식의 비정상적 분업 혹은 강제된 분업으로 인해서 근대사회에 계급갈등이 발생했고, 개인들이 무도덕성, 즉 아노미(anomie) 상태에 빠지게 되었다고 한다.

3) 아노미와 직업집단

에밀 뒤르케임은 근대사회의 위기가 아노미, 즉 공통의 가치나 도덕적 규범의 부재상태에서 연유하는 것으로 간주한다. 전통사회에서 기계적 연대를 제공했던 집합적 가치의식이 근대사회에서는 약화되었지만, 그것을 대신할 새로운 도덕적 규범이나 가치관이 확립되지 않았다는 것이다. 그는 근대사회의 갈등이 사회구성원들이 서로 의존되어 있다는 사실을 제대로 인식하지 못하고 사회적으로 개인들에 대한 도덕적 지침이 없기 때문에 발생한다고 주장한다. 따라서 근대사회의 위기는 칼 맑스가 주장하는 것과 같이 체제상의 변혁을 통해서가 아니라 도덕성의 회복을 통해서 해결되어야 한다는 것이다.

도덕성의 회복을 위해 에밀 뒤르케임이 가장 중점을 둔 것은 직업집단의 형성이다. 직업집단이란 비슷한 직업에 종사하는 사람들의 모임이라는 점에서 중세의 길드와 비슷하지만, 아직 현실에서는 존재하지 않는 이상적인 형태의 사회집단이다. 그에 따르면, 직업집단은 직업을 매개로 한다는 점에서 이익집단의 성격을 지니지만, 집단구성원들의 생활공동체로서의 특징도 지닌다. 직업집단은 사회적 역할과 책임의 강조를 통해 집단구성원들을 도덕적으로 규제하고 사회에 통합시키는 기능을 하며, 개인의 자유를 위협할 수도 있는 국가에 저항할 수 있을 정도로 국가로부터 일정 정도의 자율성을 가지고 있어야 한다.

에밀 뒤르케임이 볼 때 도덕성 회복을 위해 직업집단이 중요한 이유는 근대사회에서는 모든 개인들이 어떤 한 직업에 종사하며 직업을 매개로 하여 서로 연계되기 때문이다. 전통사회에서는 개인들이 가족을 통해 전체 사회에 결속되었지만, 근대사회로 올수록 가족의 기능은 점차 약화되어 그것을 대신할 존재가 필요하게 되었다. 또한, 국가는 개인들을 충분히 구속하고 교육시킬 만큼 개인들 가까이에 존재하지 않는다. 결국, 집단구성원들이 매일 만나서 같이 일하고 생활상의 도움을 주고받는 직업집단이 개인들의 도덕성 회복에 핵심적인 역할을 수행해야 하는 것이다. 에밀 뒤르케임에게 있어서 직업집단은 분업의 확대에 따라 분열되어 버린 사회를 다시 하나로 이어주는 유기적 연대의 원천으로 중요한 의미를 지닌다.

4) 도덕적 개인주의

에밀 뒤르케임에 따르면, 근대사회의 핵심적인 특징은 개인주의의 발달에 있다. 분업의 진전에 따라 모든 개인들이 전문화되어 서로 다른 일에 종사하기 때문에 개인들은 이질적으로 될 뿐 아니라 전통사회에서의 구속에서 벗어나 개인적 자유와 권리를 주장하게 된다는 것이다. 이러한 근대사회의 개인주의에는 자기이익만을 추구하는 이기적인 형태의 것도 있지만, 에밀 뒤르케임이 강조하는 것은 도덕적 개인주의이다. 도덕적 개인주의는 개인을 숭배하면서도 개인들로 하여금 다른 사회구성원들과 협동하고 타협하며, 인간성을 존중하도록 요구하는 새로운 형태의 개인주의이다. 또한, 도덕적 개인주의는 개인이 스스로를 미화하고 떠받드는 것이 아니라 인간 일반을 존중하고, 특정국가나 사회가 아니라 세계의 모든 개인들의 자유와 권리를 인정하고 요구하는 특징도 지닌다.

개인주의가 발달한 근대사회에서도 사회가 유지되기 위해서는 사회구성원 모두를 하나로 묶어주는 지배적인 가치관이 필요하다. 에밀 뒤르케임은 도덕적 개인주의가 바로 그러한 역할을 할 것으로 보았다. 도덕적 개인주의는 유기적 연대가 지배하는 사회에서의 새로운 집합적 가치의식인 것이다. 다만, 전통사회의 집합적 가치의식이 개인의 차별성을 인정하지 않고 개인들을 일방적으로 구속하였던 데 반해서, 새로운 가치의식인 도덕적 개인주의는 서로 다른 개성을 지닌 개인들이 사회 속에서의 상호의존성을 인식하고 자발적으로 협동하고 타협하도록 한다는 차이를 보인다.

에밀 뒤르케임은 도덕적 개인주의가 결국에는 개인숭배를 내용으로 하는 세계의 종교, 혹은 인간성의 종교로 승화될 것으로 생각했다. 집합적 가치의식의 해체에서 보듯이 전통적인 종교의 힘이 약화되어 가는 가운데 도덕적 개인주의가 종교의 지위에까지 올라 사회통합의 핵심적 역할을 담당하게 되리라는 것이다.[3] 그에 따르면, 분업의 진행에 따라서 모든 개인들이 분화되고 개별화되어 인간성 이외에는 서로의 공통점이 없어질 것이라는 점에서 도덕적 개인주의가 종교수준으로 승화될 필요가 있으며, 이러한 도덕적 개인주의로 인해서 사회는 개인들의 분화와 차별화가 진전되는 가운데서도 유지되고 통합될 수 있다고 한다.

개인 일반 혹은 인간성을 존중하고 숭배한다는 점에서 도덕적 개인주의는 모든 개인들에게 다른 사람들에 대해 동료애와 동정을 지니도록 요구한다. 도덕적 개인주의의 관점에서 볼 때 모든 개인들은 비록 사회의 분업체계에서는 서로 다른 지위에 있더라도 인간이라는 점에서는 동일하며, 인간으로서 똑같이 존중받고 동일한 대우를 받아야 한다. 개인을 사회적 지위나 능력에 따라서가 아니라 인간으로서 대우하는 것은 공감과 동정을 통해서만 가능하며, 도덕적 개인주의는 개인적 권리와 자유뿐 아니라 박애주의에 기초한 진정한 의미의 평등을 지향한다.

---

3) 에밀 뒤르케임에 따르면, 도덕적 개인주의는 "개인이 신도이자 숭배의 대상이 되는 종교"라고 한다 (Durkheim, 1973 : 46).

3. 사회불평등

에밀 뒤르케임은 사회불평등에 대해 서로 상반되는 몇 가지 견해들을 가지고 있다. 우선, 그는 사회불평등에 대해 매우 보수적인 입장을 보였다. 그는 사회질서의 회복과 유지를 가장 중시했으며, 이런 관점에서 기존의 사회불평등 구조를 바꾸는 것은 바람직하지 않다고 생각한다. 평등주의에 기초한 급진적인 개혁이 개인들의 사회적 부적응을 초래하고 개인들 간의 갈등을 유발한다는 이유 때문이다. 그에 따르면, 사회질서가 회복되는 데 가장 필요한 것은 대중들이 자신들의 운명에 만족하는 것이며, 이것을 위해 필요한 것은 그들이 얼마나 많이 가졌는가가 아니라 그들이 더 이상 가질 권리를 가지지 않는다고 확신하는 것이라고 한다(Durkheim, 1962 : 242).

여기에서 보듯이 에밀 뒤르케임은 사회불평등을 개혁하는 일에는 관심이 없다. 그는 사회불평등으로 인해 발생하는 사회적 갈등과 사회해체의 가능성을 줄이는 데에 관심이 있으며, 사회통합과 질서유지를 위해서는 하위계층의 사람들이 기존의 사회질서를 그대로 받아들이도록 현실의 불평등체제를 정당화시키는 것이 필요하다고 생각한다. 그에 따르면, 인류가 오랜 기간 동안 카스트제도를 비롯한 극심한 사회불평등 속에서도 만족하면서 살아왔던 데서 알 수 있듯이 사회불평등은 사회적으로 정당화되기만 한다면 별다른 문제가 되지 않는다는 것이다(Durkheim, 1960 : 387).

이와 같은 맥락에서, 에밀 뒤르케임은 빈곤문제의 해결에도 별다른 관심을 보이지 않는다. 오히려, 그는 개인도덕의 관점에서 빈곤의 미덕을 칭송하기까지 한다. 그에 따르면, 빈곤은 빈곤층에 대해 지속적인 자기 훈육을 강제함으로써 집단적인 훈육을 쉽사리 수용하도록 준비시키는 반면에, 부는 개인을 칭송함으로써 비도덕성의 근원인 반항의 정신을 불러일으킬 수 있다고 한다(Durkheim, 1963 : 254). 그는 빈곤층이 자신의 처지를 있는 그대로 받아들이는 한 아노미와 사회해체라는 보다 나쁜 사회적 결과를 피할 수 있다고 강조하면서 현실의 불평등구조를 용인하고 정당화한다(Pinker, 1972 : 18-21).

다음에, 에밀 뒤르케임은 개인의 능력에 정확히 비례하여 차등적인 보상을 제공한다는 의미의 '비례적 평등'을 주장한다. 그에 따르면, 사회의 모든 개인들이 지적・육체적 능력, 성실성, 적성 등 자신의 고유한 능력에 맞는 직업을 자발적으로 선택할 수 있다면 상이한 직업들에 대한 차등적인 보상은 당연한 것이며, 이로 인해서 발생하는 사회불평등은 아무런 문제가 되지 않는다. 이와 같이 사회불평등체제의 정당성을 주장한다는 점에서 그는 여전히 보수적이다. 그렇지만, 그는 근대사회에 만연한 사회불평등이 개인의 능력을 정확하게 반영하지 않는다는 점을 지적하면서 사회제도상의 개혁을 주장한다.

에밀 뒤르케임에 따르면, 현실의 사회불평등체계가 공정한 것으로 수용되려면 그것이 순수하게 개인적 능력이나 개인적 성취만을 반영하는 것이어야 한다. 그렇지만 현실적으로는 개인적 능력 이외의 외적 요인들, 특히 가족적 배경이 개인의 계층상의 지위를 결정하는 데 있어서 핵심적인 영향력을 행사한다. 그가 볼 때 근대사회의 계급갈등은 이와 같이 게임의 규칙이 공정하지 않은 데서 연유하며, 그 해결책은 개인이 통제할 수 없는 외적 불평등(external inequalities)을 제거하는 데 있다.

그는 이러한 외적 불평등의 제거가 근대사회의 특징인 유기적 연대의 강화를 위해서도 필수적이라고 생각한다. 모든 개인들은 개인적 능력과 분업상의 지위가 일치할 때에만 생활상의 만족을 느낄 수 있으며, 서로 간의 상호의존성을 분명하게 인식할 수 있기 때문이다. 에밀 뒤르케임에 따르면, 유기적 연대의 도덕은 개인들이 자신의 능력에 맞게 사회적 지위를 갖도록 하는 것을 방해하는 어떠한 외적 장애물도 없도록 하는 사회체제를 만들어 내도록 하는 경제적 변화를 요구한다는 것이다(Durkheim, 1960 : 374).

외적 불평등의 제거에서 에밀 뒤르케임이 우선적으로 관심을 갖는 것은 유산상속 제도이다. 가족재산은 사회불평등체계의 정당성을 훼손하고 사회구성원들에게 도덕적 반감을 불러일으키는 핵심요소로 간주되기 때문이다.[4)]

4) 에밀 뒤르케임에 따르면, "유산이라는 제도는 개인의 능력에 관계없이 개인을 태어나면서부터 부자계

그에 따르면, 유산은 정당한 계약관계를 그 뿌리에서부터 부정하는 것이며, 사람들의 도덕성의 근본을 이루는 태도와 명백하게 충돌하기 때문에 폐지되어야 하는 것이다(Durkheim, 1960 : 212-6). 나아가서, 그는 유산상속이라는 제도는 재산이 모두 가족의 소유였던 과거 시대의 산물이라는 점에서 개인주의를 바탕으로 하는 근대사회에는 맞지 않으며, 점진적이기는 하지만 결국에는 사라질 운명에 처해있다고 진단한다(Durkheim, 1978 : 233-8).[5)]

유산제도의 폐지에 대한 에밀 뒤르케임의 주장에 대해서 일부 학자들은 사유재산의 신성함을 부정하는 매우 급진적이고 사회주의적인 견해라고 평가한다(Dawson, 2012 : 85; Thompson, 2002 : 12). 그렇지만, 에밀 뒤르케임이 사회주의 개혁에 대해 일관성 있게 비판했다는 점을 감안하면 그러한 평가는 다소 과장된 것이다. 그는 모든 사유재산을 철폐해야 한다거나 혁명적 수단에 의해 자본주의사회를 변혁해야 한다는 주장에 대해 반대했고(Giddens, 1986 : 30; Guizzardi, 2009 : 93), 사회불평등을 계급권력구조나 자본주의체제상의 문제로 간주하지 않았다(Lamanna, 2002 : 151).

사회불평등 문제에 대한 에밀 뒤르케임의 일차적인 관심은 새로운 사회연대성의 확립에 있으며, 그에게 있어서 유산상속의 폐지는 사회질서의 회복을 위해 필요한 수단일 뿐이다. 또한, 그에게 있어서 유산제도의 폐지는 자본주

급과 빈자계급로 나누고, 후자는 살기 위해서 어떤 일이든 하도록 강요받고 전자는 어떠한 사회적 우월성를 지니고 있지 않음에도 불구하고 아무런 감사함도 없이 자원을 자기 마음대로 사용"하도록 한다고 한다(Durkheim, 1960 : 378).

5) 사회불평등에 대한 에밀 뒤르케임의 견해는 현대 기능주의의 사회계층론과 일맥상통한다. 현대 기능주의에 따르면, 사회의 유지를 위해서는 다양한 기능들이 충족되어야 하고, 이러한 기능들은 그 중요도에서 차이가 있으며, 보다 중요한 기능을 수행하는 사람들에게는 보다 나은 보상이 주어져야 한다고 한다. 결국, 사회불평등 혹은 사회계층은 사회의 유지를 위해 각 개인들에게 적절한 기능이 분배되는 과정에서 나타나는 필연적인 결과라는 것이다(Davis and Moore, 1945). 에밀 뒤르케임이 기능주의의 이론적 기초를 놓았다는 점을 고려하면, 사회불평등에 대한 양자의 견해가 유사한 것은 당연하다고 할 수 있다. 그렇지만, 양자 사이에는 커다란 차이가 있다. 현대 기능주의는 현실의 사회불평등을 순수한 개인적 성취체제로 간주하는 반면에, 에밀 뒤르케임은 가족재산과 같은 가족적 배경의 산물로서 간주하는 것이다. 그 결과, 현대 기능주의는 자본주의의 사회불평등체제를 그대로 인정하고 합리화하는 반면에, 에밀 뒤르케임은 순수한 성취체제를 방해하는 외적 불평등 요소를 제거하기 위한 자본주의 사회체제의 개혁을 주장한다.

의 시장경제체제 자체를 부정하는 것이 아니라 사회구성원들의 도덕감에 위배되는 사회제도 하나를 없애는 것을 의미한다. 비례적 평등을 주장하는 데서 보듯이, 그는 사회불평등에 대해 기본적으로 능력주의(meritocracy)의 입장을 취하고 있었다(Gane, 1992 : 9). 이와 같이 능력에 비례하여 보상을 받아야 한다는 주장은 사회주의의 원칙이 아니라 시장경제의 원칙이다.

마지막으로, 에밀 뒤르케임은 사회불평등 문제에 대해 극도로 이상주의적인 견해를 제시한다. 그에 따르면 외적 불평등을 초래하는 요소는 유산뿐만이 아니다. 부모로부터 유전적으로 물려받은 육체적 · 지적 능력, 사회화과정에서 습득한 학습과 사회적 성공에 대한 태도, 성실성 등과 같은 개인적 습성 등도 엄밀하게 말하면 개인이 통제할 수 없는 외적 불평등의 요소들인 것이다.[6]

이에 대해서 그는 다음과 같이 이야기한다. "개인이 부유하고 사회적 지위가 높은 부모를 가졌다는 이유로 더 나은 사회적 존재로 대우받아야 한다는 것은 공평하지 않다. 그렇다면, 개인이 보다 지능이 높은 부모에게서 태어나고 보다 도덕적인 환경에서 자랐다는 사실 때문에 더 나은 사회적 존재로 대우받아야 한다는 것은 공평한 일인가?…모든 사람들은 이러한 능력의 불평등을 가지고 태어나며, 이에 대해서 개인들에게 책임을 물을 수는 없다"(Durkheim, 1992 : 219-20).

에밀 뒤르케임은 개인의 생산물 가운데서 순수하게 개인이 성취했거나 책임질 부분이 매우 적음에도 불구하고 경제적 보상의 차이가 현격하게 큰 것을 매우 불공평한 일로 간주한다(Green, 1989 : 101; Turner, 1999 : 100). 그가 생각하는 이상적인 형태의 분업체계 혹은 사회불평등체제가 존재하기 위해서는 유산만이 아니라 유전적 요소와 성장환경까지 포함한 모든 형태의 외적 불평등의 요소들이 제거되어야 하는 것이다. 그렇지만, 문제는 유전적 요소와 성장환경을 통제하는 일이 현실적으로 불가능하다는 데 있다.

6) 에밀 뒤르케임은 재산이라는 형태의 유산이 폐지되더라도 지능, 취향, 과학적 · 예술적 · 문학적 · 지적 능력, 용기, 손재주 등과 같은 형태의 유산은 여전히 남아있다는 점을 지적한다(Durkheim, 1963 : 251).

그는 이에 대해 명확한 해결책을 제시하지는 않는다. 다만, 사회불평등에 대한 한 논쟁에서 그가 주장한 내용으로부터 이 문제에 대한 그의 입장을 어느 정도 추론할 수 있다. 에밀 뒤르케임은 '자신의 노동 혹은 능력에 따른 분배'(비례적 평등)라는 공식과 '욕구나 사회적 필요성에 따른 분배'(결과의 평등)라는 공식은 서로 충돌하며, 이 가운데서 전자는 정통 경제학자들이 선호하고, 후자는 도덕주의자들이 선호한다고 한다(Durkheim, 1979 : 72). 그가 공리주의와 고전경제학을 비판하고 스스로를 도덕주의자로 자처했던 것을 고려할 때, 그는 비례적 평등을 넘어서 모든 사람들이 자신의 필요에 따라 분배받는 상태를 선호했으며, 바로 이것이 그가 생각하는 모든 형태의 외적 불평등이 제거된 완전한 평등의 상태인 것으로 해석된다.

이상에서 살펴보았듯이, 사회불평등에 대한 에밀 뒤르케임의 견해는 현실의 사회불평등체제를 옹호하는 보수주의적인 것으로부터 완전한 평등사회를 추구하는 이상주의적인 것까지 매우 다양하다. 그렇다면, 이 가운데 어떤 것이 그의 진정한 견해인가? 이에 대해서는 쉽사리 대답하기 어렵다. 에밀 뒤르케임이 특별히 어떤 견해를 더 강조하지는 않았기 때문이다. 또한 그의 초기 저작인 『사회분업론』에 이미 그 세 가지 견해가 모두 제시되어 있다는 점에서 사회불평등에 대한 에밀 뒤르케임의 견해가 시간이 지남에 따라 변화했다고 볼 수도 없다. 따라서 그는 그 세 가지 견해를 모두 지지했다고 생각하는 것이 타당하다.

어쩌면, 그 세 가지 견해는 사회불평등의 관점에서 사회가 저급한 단계로부터 고차원적인 단계로 진화해간다는 것을 나타내는 것일 수도 있다. 전통사회에서는 카스트제도와 같은 사회불평등체제가 정당화되지만, 근대사회에서는 비례적 평등을 추구하는 것이 사회구성원들의 도덕감에 일치하고, 미래의 이상적인 사회에서는 외적 불평등의 요소들을 모두 제거하는 것이 도덕적으로 정당하게 되는 것이다. 이런 식의 해석은 "사회는 보다 많은 정의와 외적 불평등의 세서와 같은 보다 높은 이상을 지향해야 한다"(Durkheim, 1960 : 387)는 그의 주장으로부터 정당화될 수 있다.

많은 연구자들이 지적하듯이, 자본주의 시장경제의 변혁을 주장하지 않았다는 점에서 에밀 뒤르케임은 진정으로 철저한 평등주의자는 아니었을지 모른다(Green, 1989 : 104). 그렇지만, 다음 장에서 보듯이 도덕적 개인주의의 확립을 통해 박애의 윤리가 지배하는 사회를 만들어내는 것이 그의 이상이었다는 점을 감안하면, 완전한 평등을 지향하는 이상주의적인 견해가 사회불평등에 대한 에밀 뒤르케임의 견해를 가장 잘 대표한다고 볼 수도 있다.

4. 복지국가의 관점

다른 대부분의 고전사회학자들과 마찬가지로 에밀 뒤르케임은 복지국가나 사회복지에 대해 별다른 언급을 하지 않았다. 그가 학자로서 활동했던 시기에 대부분의 유럽국가에는 영국의 빈민법과 비슷한 공공부조제도가 시행되고 독일의 사회보험프로그램들이 점차 도입되고 있었지만, 그것들은 급진적인 사회운동들로 인해 사회혼란에 직면했던 당시의 유럽국가들에서는 상대적으로 긴급성이 덜한 이슈였다.

그렇지만, 에밀 뒤르케임은 근대사회에 만연했던 사회불평등 문제의 해결에 관심이 있었고, 개인이 필요에 따라 분배받는 완전 평등사회를 이상적인 사회로 제시하였다. 또한, 그는 기능적 분화의 관점에서 가족을 비롯한 전통적인 복지기제의 약화를 지적하고, 시민생활에 대한 국가의 개입을 강조하기도 하였다. 그는 복지국가라는 용어를 사용한 적은 없음에도 불구하고 사실상 복지국가에 대해 많은 이야기를 한 것이다. 이하에서는 그의 저작들을 바탕으로 하여 복지국가에 대한 에밀 뒤르케임의 사회이론을 재구성해 보겠다.

1) 직업집단과 사회복지

에밀 뒤르케임에 따르면, 근대사회를 특징짓는 것은 분업의 급진전과 그로 인한 집합적 가치의식의 약화, 그리고 유기적 연대의 발전이다. 그는 근대사회에는 아직 유기적 연대가 충분하게 발달하지 않았기 때문에 사회구성원들이 도덕적 혼란, 즉 아노미 상태에 빠졌고, 이것이 바로 근대사회 위기의 본질이라고 주장한다. 이러한 위기를 벗어나게 하는 데 있어서 그가 주목하고 있는 것이 직업집단이다. 그에 따르면, 전통사회는 자급자족적인 완결구조를 지니고 있는 가족을 중심으로 구성되어 있는 반면에, 근대사회는 개인들 간의 상호의존성에 기초한 직업집단을 중심으로 구성된다고 한다. 분업의 발달에 따라 전통적인 가족의 기능들이 분화되고 약화되는 가운데 모든 개인들은 복잡하게 발달한 분업체계 속의 어떤 한 직업에 종사하기 때문이다.[7)]

이런 점에서 에밀 뒤르케임은 직업집단들이 친족이나 지역 및 종교와 같은 낡은 구조적인 연결체의 쇠퇴를 대체할 것이며, 핵가족화 되어 가는 가족이 더 이상 수행할 수 없는 경제적·도덕적 기능들을 떠맡아야 한다고 주장한다(Durkheim, 1963a : 13). 그에 따르면, 직업집단은 이익활동을 추구하는 직업을 매개로 구성된다는 점에서 이익집단의 성격을 지니지만, 집단구성원들에게 도덕적 규제와 가르침을 제공함과 동시에 각종 여가와 안식을 제공한다는 점에서 일차집단과 유사하다.[8)] 이제 개인은 자신의 욕구를 만족시키는 사회생활을 가족에게서가 아니라 직업집단 속에서 찾아야 하는 것이다(Steeman, 1963 : 179-80).

에밀 뒤르케임은 직업집단이 사회생활을 위해 어떤 기능들을 수행하는지에 대해 체계적으로 서술하지는 않았다. 그는 직업집단이 중세시대의 길드를 모델로 했으며, 길드는 그 가입자들을 위한 자선, 복지, 장례의 기능을 수행했다고 서술한다(Durkheim, 1960 : 11). 이런 점에서 직업집단도 집단구성원들을 위한 복지기능을 담당하는 것으로 간주된다. 다만, 중세의 길드에 비해 직업집단은

7) 에밀 뒤르케임에 따르면, 직업집단은 직업을 매개로 한다는 점에서 이익집단의 성격을 지니지만, 집단구성원들의 생활공동체로서의 특징도 지닌다. 직업집단은 사회적 역할과 책임의 강조를 통해 집단구성원들을 도덕적으로 규제하고 사회에 통합시키는 기능을 하며, 개인의 자유를 위협할 수도 있는 국가에 저항할 수 있을 정도로 국가로부터 일정 정도의 자율성을 가지고 있어야 한다(박영신, 1992 : 61-62).

8) 안소니 기든스에 따르면, 직업집단은 작업장의 내부와 외부에서 서로 정규적으로 교류하는 구성원들로 이루어진 직업공동체와 매우 유사하다고 한다(Giddens, 1971 : 103).

규모가 훨씬 크고 전통적인 가족의 기능들을 대체해야 한다는 점에서 보다 다양하고 복잡한 기능들을 수행해야 한다. 직업집단의 기능에는 상호부조뿐 아니라 교육, 심미적 활동, 여가 등도 포함되는 것이다(Durkheim, 1960 : 29-31).

직업집단이 구성원들의 생활중심지로서의 기능을 수행하기 위해서는 일정 정도의 재원이 필요하다. 이것은 중세 길드에서와 같이 구성원들로부터의 회비수납을 통해 어느 정도 충당될 수 있겠지만, 직업집단의 기능의 다양성과 복합성, 그리고 규모의 거대성 등을 고려할 때 훨씬 더 큰 재원이 필요하다. 이에 대해서 에밀 뒤르케임은 집단구성원들의 유산을 가족에게가 아니라 직업집단에게 물려주는 방안을 제시한다. 불공평한 사회불평등체계의 개선을 위해서는 가족 간의 유산상속을 폐지해야 하는데, 그렇다면 유산은 누구에게 주어져야 하는가? 그에 따르면, 국가는 개인으로부터 너무 멀리 떨어져있기 적절한 후보가 될 수 없고, 전통사회에서의 가족의 기능들을 대체하는 역할을 하는 직업집단이 유산을 상속받아야 한다고 한다(Durkheim, 1992 : 218).[9)]

이상에서 보듯이, 에밀 뒤르케임에게 있어서 직업집단은 개인들의 유산을 상속받음으로써 세습재산이 초래하는 불공평한 사회불평등을 제거하는 데 기여할 뿐 아니라 유산을 각종 부조나 복지활동에 사용함으로써 집단구성원들 간의 재산재분배 기능을 수행한다. 소득재분배보다는 재산재분배가 더 급진적인 방식이라는 점에서 에밀 뒤르케임이 그려내는 직업집단은 소득의 재분배에 초점을 두는 현대 복지국가에 비해 사회불평등 문제의 해결에 있어서 더 적극적이라고 할 수 있다.

9) 에밀 뒤르케임은 다음과 같이 말한다. “우리는 가족 이외의 다른 집단에 통합되어야 하며, 유산상속권은 가족으로부터 이러한 이차집단에게로 이전될 것이다. 직업집단만이 가족이 점점 더 충족시키지 못하게 되는 경제적 및 도덕적 기능들을 가족으로부터 계승받을 수 있다”(Durkheim, 1978 : 233-8).

2) 국가의 복지기능

위에 서술했듯이 에밀 뒤르케임이 그리는 이상사회에서 복지기능은 개인 생활의 구심점인 직업집단에게 맡겨졌다. 그렇다면, 국가에게는 아무런 복지 기능을 기대할 수 없는 것일까? 일단 에밀 뒤르케임은 복지국가에 대해서 그다지 호감을 가지고 있지 않는 것처럼 보인다. 국가는 개인으로부터 너무 멀리 떨어져있기 때문에 개인에 대한 도덕적 규제나 교육에 커다란 역할을 할 수 없다는 그의 주장을 확대 해석한다면, 에밀 뒤르케임은 국가가 개인들의 복지욕구를 파악할 수 없고 그러한 욕구를 충족시킬 방법을 알지 못한다고 생각했을 수도 있다.[10] 그의 관점에서 볼 때 국가에 의한 복지제공은 바람직하지도 않고 가능하지 않을 수도 있는 것이다.

또한, 에밀 뒤르케임은 복지국가의 경제주의적 관점에 대해서도 반대한다. 복지국가는 기본적으로 소득재분배를 통한 경제생활의 보장을 목표로 한다. 반면에, 에밀 뒤르케임은 근대사회의 위기 극복을 위한 일차적인 과제는 경제적 재분배가 아니라 개인의 도덕성 회복에 있다고 생각한다. 그에 따르면, 부자들의 탐욕도 문제이지만, 빈곤층의 욕망도 다른 사람들의 욕구만큼 규제되어야 한다는 것이다(Durkheim, 1962 : 24). 이러한 관점에서 볼 때, 복지국가가 추구하는 소득재분배는 개인 욕구의 통제가 아니라 증대를 가져오며, 계급 간의 갈등문제를 해결하기 보다는 오히려 더 악화시킬 수 있는 것이다.

에밀 뒤르케임이 공동체주의라는 사회주의의 이상에 동조하면서도 사회주의를 비판하는 이유도 바로 이러한 도덕적 문제 때문이다. 그에 따르면, 인간은 천부적으로 끝없는 욕구를 보유하기 때문에 이에 대한 도덕적 통제가 필요하지만, 사회주의는 사유재산의 폐지와 재산의 재분배를 통해 인간의 욕구를 충족시키는 데만 관심을 지닌다고 한다. 돈이나 무력이 아니라 개인들의 도덕성이 사회문제의 핵심에 있음에도 불구하고, 사회주의는 이러한 것을 무

10) 에밀 뒤르케임은 "근대 국가가 개인의 이익으로부터 너무 떨어져있기 때문에 개인적 이익이 존재하는 특수한 혹은 지역적인 상황들을 고려할 수 없다"고 서술한다(Durkheim, 1992 : 63).

시하기 때문에 근대사회의 위기를 해결하기는커녕 더욱 악화시킨다는 것이다(Durkheim, 1962 : 245-7).[11]

이상에서 서술한 바와 같이 사회복지의 기능을 직업집단에게 부여하고, 국가에 의한 개인들의 경제생활 보장을 도덕적 관점에서 비판하고 있다는 점에서, 에밀 뒤르케임의 이론틀 속에 복지국가가 설 자리는 없을 것으로 생각할 수 있다. 실제로, 어떤 연구자는 국가에 의한 사회복지의 제공에 대해 에밀 뒤르케임이 찬성하지 않았다고 주장했고(Pinker, 1971 : 16), 또 다른 연구자는 도덕철학자로서의 에밀 뒤르케임은 국가복지의 확대를 못마땅해했다고 평가하기도 한다(Mishra, 1981 : 51).

그렇지만, 이와 상반되는 해석도 얼마든지 가능하다. 우선, 에밀 뒤르케임은 근대사회의 핵심문제로 도덕성의 위기를 중시하기는 했지만, 그렇다고 해서 물질적 이해관계의 문제를 도외시한 적은 없다. 예를 들어서, 그는 근대사회의 사회불평등 문제에 대한 해결을 단지 개인적 욕구의 통제에서만 찾지 않았다. 그는 근대사회의 물질적 불평등 문제의 해결을 위해 유산상속의 폐지를 통한 재산의 재분배를 주장했다. 또한, 그는 부의 공평한 분배를 방해하는 유전적 요인이나 성장환경 등 모든 외적 불평등 요소들의 제거를 주장하기도 했다. 이런 점에서 에밀 뒤르케임이 도덕성의 문제에만 초점을 두었기 때문에 물질적인 문제에는 관심이 없었다고 평가하는 것은 그의 견해의 한쪽 면만을 강조하는 것이다.

다음에, 에밀 뒤르케임이 개인생활에 있어서 직업집단의 역할을 강조한 것은 사실이지만, 그렇다고 해서 그가 국가에게 아무런 역할도 부여하지 않는 것은 아니다.[12] 오히려, 그는 개인생활과 사회의 유지를 위해 국가가 핵심적

---

11) 에밀 뒤르케임은 계급갈등은 경제가 상호 합의된 도덕적 훈육에 종속되지 않았다는 사실을 반영하기 때문에 일거에 경제를 개혁하는 것만으로는 불충분하며, 경제가 도덕적 목적에 복무할 수 있도록 지속적인 통제하에 두어질 필요가 있다고 한다. 그에 따르면, "사람들 사이의 질서 혹은 평화의 상태는 물질적인 대의나 맹목적인 메커니즘으로부터 만들어지는 것이 아니다. 그것은 도덕적 과업이다"(Durkheim, 1992 : 11-12).

인 역할을 수행한다고 지속적으로 주장하며, 국가가 직업집단을 통해 개인들의 생활에 개입하는 것으로 그려낸다. 다만, 개인과의 거리와 권력관계를 생각할 때 국가는 개인생활에 직접 개입하는 것이 아니라 직업집단과 같은 이차집단을 통해서 개입해야 한다는 것이다. 개인과의 밀착성의 관점에서 직업집단의 역할이 중요하지만, 그렇다고 해서 이차집단들이 국가의 간섭에서 완전히 벗어나는 것은 아니다. 그에 따르면, 국가는 가족, 산업체 및 직업집단, 교회, 지역단체 등 모든 이차집단을 감시하고 관리하며, 모든 사회생활에 개입해야 한다는 것이다(Durkheim, 1992 : 65).

복지문제로 돌아가 보면, 에밀 뒤르케임은 국가에 비해 개인과의 밀착성이 높다는 점에서 직업집단에게 재분배나 복지기능을 담당시키지만, 그렇다고 해서 복지문제에 대한 국가의 개입을 부정하지는 않는다. 국가는 직업집단과 같은 이차집단들에 대한 개입을 통해 복지문제에 관여하는 것이다. 그는 국가가 직업집단별로 보다 전문화되고 지역화된 직업윤리를 허용하는 동시에 모든 시민 혹은 사회전체를 포괄하기에 충분할 정도로 광범위한 도덕적 지침을 제시해야 한다고 생각한다(Dawson, 2012 : 83-4). 에밀 뒤르케임의 관점에서 볼 때, 국가는 직업집단에 대해 복지제공에서의 자율성을 보장하면서도 전체 시민들의 복지문제에 대한 지침의 제시를 통해서 직업집단의 복지기능에 일정 정도 개입해야 하는 것이다.[13)]

이와 함께, 복지기능을 직업집단에만 맡길 때에는 직업집단들의 복지수준에 격차가 발생한다는 문제가 있다. 예를 들어서, 금융업 종사자의 직업집단과 광업 종사자의 직업집단 간에는 임금수준이나 유산의 정도에서 커다란 차이가 있으며, 양자의 재정적 차이로 인해 복지수준의 차이가 매우 클 것이다.

---

12) 에밀 뒤르케임에 따르면, 전체 사회체계는 국가가 전체 사회체계의 핵심 기관이 되었을 때에만 기능할 수 있다고 한다(Durkheim, 1992 : 39).

13) 한 연구자에 따르면, 에밀 뒤르케임이 국가에 대해 낙관적인 견해를 지니게 된 이유는 그가 유대인이기 때문이라고 한다. 프랑스 제1공화국이 구체제 하에서 억압받던 유대인들을 해방시켰다는 사실로 인해서 에밀 뒤르케임은 국가를 개인 자유의 수호자로 여기게 되었다는 것이다(Tiryakian, 1978 : 198).

그렇다면, 그러한 집단 간의 사회불평등은 누가 어떻게 해결할 것인가? 분쟁의 당사자라는 점에서 직업집단은 적격자가 되기 어렵다. 에밀 뒤르케임이 직업집단에 대해 개별집단 간의 분쟁에 대한 조정 기능을 부여한 것은 사실이지만, 직업집단 간의 복지수준 격차 문제는 모든 직업집단들을 대상으로 조정해야 한다는 점에서 몇몇 직업집단들이 대화로 해결할 수 있는 일이 아니다.

직업집단 간의 복지격차와 그로 인한 개인들 간의 생활격차 문제는 결국 국가의 개입을 필요로 한다. 위에 서술했듯이, 에밀 뒤르케임에게 있어서 국가는 직업집단을 감시하고, 모든 사회생활에 개입해야 하는 존재이다. 또한 국가는 개인의 유일한 보호자이고(Durkheim, 1986 : 50), 사회의 두뇌이자 중추신경이며(Durkheim, 1992 : 51, 53), 복잡한 사회 속에서 평등과 정의가 획득되도록 하는데 필수적인 도구이다(Durkheim, 1986 : 49-50). 이와 같은 성격의 국가야말로 사회불평등을 둘러싼 직업집단 간의 갈등문제를 전 사회적인 차원에서 해결할 수 있는 자격과 능력을 지니고 있는 것이다.

에밀 뒤르케임의 관점에서 볼 때 복지문제에 대한 국가와 직업집단의 역할분담은 다음과 같이 정리될 수 있다. 우선, 직업집단은 유산 등의 재원을 바탕으로 집단구성원들의 생활향상을 위한 복지기능을 자율적으로 수행한다. 다음에, 국가는 전사회적 차원에서 복지서비스의 지침을 마련하고 직업집단들 간의 복지격차의 조정을 담당한다. 이렇게 되면 국가는 직업집단의 자율성을 심각하게 훼손하지 않으면서도 개인을 보호하고 사회전체의 불평등 문제를 해결할 수 있게 될 것이다. 이런 식의 사회복지 분업체계는 에밀 뒤르케임의 전반적인 이론틀과도 잘 들어맞는다.

3) 공감과 자선으로서의 복지국가

에밀 뒤르케임은 복지국가라는 용어를 직접적으로 사용하지 않았지만 국가의 복지기능을 염두에 두고 있었다. 그렇다면, 도덕주의자인 에밀 뒤르케임이 생각하는 복지국가는 어떤 성격의 것일까? 일반적으로 현대 복지국가의 목적은 소득재분배를 통해 저소득층과 사회적 약자의 경제생활을 보장하는 데 있으며, 복지국가의 기능은 물질적 분배를 둘러싼 사회갈등을 완화하고 사회통합 내지는 사회질서를 유지하는 데 있다고 이야기된다. 이와 같이 복지국가의 목적과 기능은 전적으로 물질적인 욕구의 충족과 관련되어 있는 것이다.

이에 반해서, 에밀 뒤르케임은 시민생활과 복지문제에 대한 국가개입의 일차적인 목적이 물질생활의 안정 그 자체에 있는 것으로 보지 않았다. 그에게 있어서 국가의 개입은 도덕적인 목적과 연관된다. 에밀 뒤르케임이 사회불평등 문제의 해결을 위해 외적 불평등의 요소들을 모두 제거해야 한다고 주장했을 때 그것은 모든 사회구성원들의 물질생활을 평등하게 만들거나 저소득층의 물질적 욕구를 더 잘 충족시켜주기 위한 것이 아니다. 그가 볼 때 모든 사회구성원들이 필요에 따라서 분배받아야 하는 이유는 그것이 도덕적으로 정당한 것이기 때문이다.

여기서 에밀 뒤르케임이 말하는 도덕성은 서로 연관된 두 가지 요소로 구성된다. 첫째는 그가 유기적 연대의 개념을 통해 제시한 것으로서 모든 개인들이 사회(분업체계) 속에서 상호의존하고 있다는 점을 인식하는 것이다. 이와 같이 모든 개인들이 자신의 생활을 위해 타인에게 의존하고 있다는 점에서 각 개인의 능력은 인간 협동의 산물인 것이고, 개인의 소유물은 결국 다른 사람들로부터 얻은 것이 된다. 이런 점에서, 에밀 뒤르케임은 "우리는 우리가 가진 최고의 것을 다른 사람들에게 주어야만 하며, 우리가 노동으로 얻은 물질적 생산물을 다른 사람에게 주도록 동등하게 강제"되어야 한다고 주장한다(Durkheim, 1992 : 122).

둘째로, 에밀 뒤르케임은 모든 사람들이 공감과 자선을 지녀야 한다고 주장한다. 여기서 공감이란 타인에 대한 깊은 수준에서의 이해와 동정이며, 자선이란 그러한 공감을 바탕으로 모든 사회구성원들을 차별 없이 동등하게 대우하는 것을 말한다.[14] 자선은 빈곤의 문제나 빈자에게 구호금을 제공하는 것을 넘어서 모든 고통받는 사람들에 대한 선행인 것이다(Durkheim, 1992 : 68). 에밀 뒤르케임에 따르면, 자선은 유전적으로 획득된 재능이나 정신적 능력의 특별한 장점을 무시하고 부정하고(Durkheim, 1992 : 220), 유전적 차이에서 비롯된 마지막 남은 불평등까지도 문제로 삼는 '인간에 대한 공감'이며, 바로 이것이 정의의 핵심이라고 한다(Durkheim, 1950 : 219-20).

통상적으로는 비례적 평등을 구현하고 소득을 재분배하거나 유산을 철폐하는 것만으로도 사회정의가 실현되는 것으로 간주될 수 있을 것이다. 그렇지만, 에밀 뒤르케임이 강조하는 도덕성의 관점은 개인들이 통제할 수 없는 유전적인 차이나 성장환경의 차이가 각 개인의 삶에 초래하는 결과에 대해서도 진지하게 고려하도록 요구한다. 그가 강조하는 공감과 자선, 혹은 이타주의는 개인들로 하여금 스스로를 타인과 동일시하도록 하고, 타인들의 복지의 관점에서 자신의 행동을 조정하도록 만들며, 이를 통해서 사회생활을 유지시킨다(Tole, 1993 : 7).

에밀 뒤르케임의 관점에서 볼 때, 국가가 복지에 관심을 갖는 것은 그것이 도덕성의 문제이기 때문이다. 도덕성의 수호자로서의 국가는 공감과 자선의 가치를 사회 속에서 구체적으로 실행하는 존재이며, 국가의 복지기능은 이러한 공감과 자선이라는 도덕성의 반영물인 것이다. 이와 같이 공감과 자선의 가치를 바탕으로 개인과 사회생활에 개입한다는 점에서 에밀 뒤르케임이 이상적으로 생각하는 (복지)국가는 자선국가(charitable state)라고 불릴 수도 있다(Farris, 1996 : 74-5).

도덕성의 파괴와 회복을 중심으로 근대사회의 위기를 진단하고 그 해결을 모색하였기 때문에 에밀 뒤르케임이 공감, 자선, 이타주의 등의 도덕적 가치를 바탕으로 한 이상사회의 건설과 그것을 위한 국가의 개입을 주장한 것은 매우 당연하다. 그가 말하는 모든 형태의 불평등이 제거되고 박애의 윤리가

---

14) 에밀 뒤르케임에 따르면, 도덕적 개인주의는 "모든 인간적인 것에 대한 공감, 모든 고통과 인간적 불행에 대한 광범한 동정, 그러한 고통 및 불행과 싸우고 그것들을 줄이려는 불타는 욕구, 정의에 대한 보다 큰 갈망을 갖는 것을 의미한다"고 한다(Durkheim, 1973 : 64).

지배하는 이상사회는 가장 높은 차원의 복지국가로 간주될 수 있으며, 에밀 뒤르케임은 그것이 무력과 강제를 통해서가 아니라 도덕성의 고양과 확산을 통해 가능한 것으로 생각한다.

4) 기능적 분화와 국가복지

이상과 같이 도덕성에 기초한 국가개입의 가능성과 당위성을 주장하는 것과는 별도로, 에밀 뒤르케임은 과거에는 가족에 의해 수행되었던 복지기능이 근대사회에서는 분업의 진전에 따라 국가로 이전되고 있다는 점을 지적한다. 그는 근대 유럽사회에서 국가복지가 발달하고 있다는 사실을 인식하였고, 그것을 그의 핵심개념들 가운데 하나인 기능적 분화에 기초하여 설명하고 있는 것이다.

에밀 뒤르케임에 따르면, 전통적인 사회조직 가운데서 기능적 분화에 의해 가장 커다란 영향을 받는 것은 가족이다. 전통사회에서의 가족은 확대가족으로서 다수의 인원으로 구성되었다. 이러한 확대가족은 필요한 자원을 스스로 생산하고 가족구성원들의 복지욕구를 스스로 충족시키는 자급자족적인 조직이다. 전통사회에서는 개인생활에 필요한 모든 기능들이 가족에 집중되어 있었고, 가족은 개인생활의 중심지이자 완결체였던 것이다.

그렇지만, 분업의 진전으로 인해서 자기완결체로서의 가족에 커다란 변화가 발생한다. 우선, 가족의 규모가 작아진다. 씨족이나 가부장가족과 같은 전통사회의 확대가족을 대신해서 근대사회에서는 개인주의의 발전을 반영하여 부부가족 혹은 핵가족이 지배적으로 된다. 이와 같이 가족구성원의 숫자가 크게 줄어든다는 것은 전통사회에서 가족에 의해 수행되었던 다양한 기능들이 더 이상 가족 내에서 완수될 수 없게 되었다는 것을 의미한다(Lamanna, 2002 : 47-51).

이와 함께, 가족의 기능이 전문화되고 특수화된다. 경제적 기능이나 교육, 종교 등 전통사회의 가족이 수행했던 다양한 기능들이 사회의 다른 전문화된 조직으로 이전되고, 가족에게 남은 거의 유일한 기능은 가족을 보존하거나 정서적 만족을 제공하는 일이다. 에밀 뒤르케임에 따르면, 성숙한 사회에서 가족의 유일한 역할은 생명의 육체적 · 지적 지속성을 보장하는 것이며, 그러한 과업을 수행할 수 있는 것은 가족뿐이라고 한다(Durkheim, 1885 : 89).

이와 같은 기능적 분화에 따라서 가족은 가족구성원들의 복지욕구를 충족시키는 기능을 상실한다. 전통사회에서는 보육이나 간병, 노인부양 등의 기능이 확대가족의 구성원들에게 맡겨졌던 반면에, 부부를 중심으로 이루어진 근대사회의 핵가족은 더 이상 그러한 기능들을 수행하기 어렵게 되는 것이다. 과거에 가족이 담당했던 포괄적인 기능들이 근대사회에서는 전문화된 기관들로 이관된다면, 복지기능은 누가 맡게 되었는가? 앞에 서술한 대로 에밀 뒤르케임은 직업집단이 이 일을 맡는 것이 가장 이상적이라고 생각했지만, 아직 이상적인 형태의 직업집단이 형성되지 않은 상태에서 그가 주목한 것은 국가이다.

에밀 뒤르케임은 근대사회에서는 사회조직이나 기관들이 전문화되고 특수한 기능을 담당하게 되지만, 국가의 기능은 오히려 훨씬 더 다양해지고 복잡해진다고 주장한다. 인간의 뇌가 진화과정에서 지속적으로 성장해온 것처럼 사회의 뇌와 중추신경의 역할을 하는 국가도 사회가 복잡해질수록 규모가 커지고 기능이 다양해진다는 것이다(Durkheim, 1986 : 43). 또한, 사회가 진보할수록 국가의 기능들이 중요도의 측면에서 크게 성장하기 때문에, 정부의 기관들은 규모가 훨씬 더 커진다는 것이다(Durkheim, 1992 : 58-9).

복잡해지고 다양해지는 국가의 기능들 가운데에는 복지기능도 포함된다. 에밀 뒤르케임이 열거하는 국가의 복지기능들로는 아동교육, 보건, 부조 등이 있다. 이러한 기능들은 과거에는 가족이 담당했던 것들이지만 근대사회에서는 국가의 관할에 들어온다는 것이다. 그에 따르면, 아동교육을 감시하고, 건강을 지키며, 공공부조체계의 기능을 관장하거나 교통과 통신시스템을 관리하는 과업이 점차 국가의 영역에 포함된다고 한다(Durkheim, 1960 : 167-8).

이와 같이 에밀 뒤르케임은 분업과 기능적 분화라는 자신의 핵심 개념들에 기초하여 국가복지의 확대를 설명한다. 과거에 가족이 담당했던 다양한 기능들이 분화되면서 기업이나 학교 등 전문화된 기관들로 이전되는 가운데 복지기능은 국가로 이전된다는 것이다. 왜 복지기능만은 전문기관이 아니라 국가로 이전되는가에 대해 정확한 설명을 제공하지는 않지만, 에밀 뒤르케임은 국가의 복지기능이 확대되고 강화되던 19세기 말엽 유럽사회의 현실적 흐름을 정확하게 읽고 있었다.

5. 평 가

에밀 뒤르케임과 복지국가 간의 관련성을 밝히고자 할 때 가장 많이 언급되는 것은 직업집단이다. 몇몇 학자들에 따르면, 직업집단이 임금, 산업보건, 노사관계 등을 둘러싼 논란에 대해 박애주의적인 관점에서 해결하는 것을 장려하며, 노동자와 자본가 간에 대립이 아니라 타협을 유도하는 것으로 그려지고 있다는 점에서 에밀 뒤르케임이 근대사회를 사회적조합주의에 기초하여 재구성할 것을 제안했다고 한다(Gouldner, 1962 : 30-1; Lukes 1973 : 268). 또한, 어떤 이들은 에밀 뒤르케임이 자신의 저작 여러 곳에서 사회적조합주의를 옹호했고(Kaufman-Osborn, 1986 : 646-7), 이차대전 이후의 케인즈주의식 시장규제와 노동조합의 인정은 에밀 뒤르케임의 비전을 현실화한 것이며(Muller, 1993 : 107), 에밀 뒤르케임의 모델, 특히 직업집단의 창출이나 국가의 최고 연합체의 창출에 대한 강조는 20세기에 발전된 사회적조합주의적 합의를 예기한 것이라고 평가한다(Hearn, 1985 : 172).

복지국가연구에서 사회적조합주의 혹은 신조합주의가 2차 대전 이후 서구 복지국가가 비약적으로 발전하게 된 사회적 배경이었다는 평가가 지배적이라는 점을 감안할 때, [15] 이상과 같은 평가는 에밀 뒤르케임을 복지국가의

15) 사회적조합주의, 혹은 신조합주의는 2차 대전 이후 서구에 등장한 노동, 자본, 국가 간의 전사회적 타협체제를 말한다. 즉, 노동 측은 임금인상 요구 및 파업을 자제하여 생산에 적극적으로 협조하고, 자본 측은 그로부터 발생한 이윤을 생산의 효율성 증대와 점증하는 사회보험료 지급에 사용하며, 국가는

매우 적극적인 지지자로 간주하는 결과를 낳을 수 있다. 그렇지만, 이런 식의 평가에서 문제가 되는 것은 그것이 사회적조합주의와 직업집단의 구성 원리와 목적이 다르다는 사실을 외면한다는 것이다. 사회적조합주의는 노동과 자본의 대립을 전제로 하여 경제적 이해관계를 중심으로 노동계급과 자본계급이 국가의 중재를 통해 전 사회적 수준에서 타협하는 체제이다. 이에 반해서, 에밀 뒤르케임의 직업집단은 동종직업 종사자들의 우애집단으로서 기본적으로 소속원들의 도덕적 규제와 함양을 목적으로 하며, 노동과 자본의 타협을 전제로 한다. 또한, 사회적조합주의에서의 타협은 경제적 이해관계의 절충을 위한 것인 반면에, 직업집단에서의 타협은 도덕적 요구에 따른 것이다. 사회적조합주의와 직업집단은 노동과 자본의 타협을 지향한다는 점에서 외형적으로는 유사하지만 내용상으로는 매우 상이하며, 에밀 뒤르케임이 그려내는 직업집단은 설사 아무리 확장된다고 하더라도 현대의 사회적조합주의체제가 될 수는 없을 것이다.

다른 한편, 미국의 사회정책학자 닐 길버트는 현대 복지국가에서 보편주의가 약화되고 복지다원주의가 확대되고 있다고 진단하면서 이것을 에밀 뒤르케임의 직업집단 개념을 가지고 설명한다. 그에 따르면, 전통적인 복지국가에서는 보편주의와 시민권에 기초한 사회연대성이 지배적이지만, 복지다원주의가 지배적인 현대 복지국가에서는 직업집단과 같은 이차집단에서의 분권화된 연대성이 지배적으로 된다. 보편주의에 기초한 연대성을 분권화된 연대성으로 대체하는 과정에서 핵심 역할을 수행하는 것이 현대적 의미의 직업집단인 비영리 자원단체나 사회보험(의 조합들)이라는 것이다. 이를 두고 그는 사회복지 기능들이 민간기업 및 시민사회로 이전됨으로써 이차집단들의 사회통합 능력이 강화되고 사회통합의 기초가 마샬식의 시민권으로부터 뒤르

그 두 사회세력 간의 타협에 기초하여 공공복지의 확대를 추진하는 것이다. 대체로 조합주의가 강력한 유럽국가들에서는 복지국가가 발달한 반면에 그렇지 않은 앵글로색슨 국가들에서는 복지국가가 상대적으로 덜 발달했다는 점에서 조합주의와 복지국가 간에는 밀접한 관련이 있다. 이에 대해서는 이 책의 7장(권력자원이론)의 5절을 보시오.

케임식의 회원권으로 이전된다고 서술한다(Gilbert, 2002 : 46).

닐 길버트는 자신이 내세우는 능력개발국가(enabling state) 개념을 정당화하기 위해 에밀 뒤르케임의 고전이론을 끌어들인다. 문제는 그가 에밀 뒤르케임의 이론, 특히 직업집단 개념을 잘못 이해하고 있다는 것이다. 에밀 뒤르케임이 말하는 직업집단은 같은 직종 종사자들로 구성된 집단이라는 점에서 사회적 약자에 대해 서비스를 제공하는 비영리단체나 경제적 이해관계를 중심으로 구성된 사회보험(의 조합들)과는 다르다. 또한, 직업집단은 비영리단체와 사회보험(의 조합들)과는 달리 도덕적 규제와 상호부조 등 생활공동체의 기능을 수행한다. 가장 중요한 것으로, 에밀 뒤르케임의 관점에서 볼 때 직업집단을 통해 새롭게 창출되는 사회적 연대성은 닐 길버트가 생각했던 것과는 달리 특정 직업집단에만 한정된 것이 아니라 모든 사회구성원을 포함하는 것이었다. 요컨대, 닐 길버트는 국가와는 다른 형태의 소규모집단이라는 겉모습의 비슷함에 현혹되어 비영리 자원단체나 사회보험(의 조합들)을 뒤르케임이 말하는 직업집단과 비슷한 기능을 할 수 있는 집단으로 오해하였던 것이다.

에밀 뒤르케임이 복지국가이론과 연관성을 갖는 것은 직업집단을 통해서만이 아니다. 그는 사회생활에 대한 국가의 개입을 폭넓게 인정했고 직업집단에 대한 국가의 일정 정도의 개입을 용인했다. 또한, 그는 직업집단을 매개로 하되 국가의 개입을 통해서만 달성될 수 있는 완전평등사회를 지향하였다. 자선과 공감이라는 도덕적 가치를 바탕으로 하는 이러한 이상사회는 능력에 따라서가 아니라 필요에 따라서 분배하는 원칙을 따른다는 점에서 최고 수준의 복지국가라고 할 수 있다.

현대의 복지국가 연구자들이 사용하는 탈상품화의 개념에 따르면, 국가의 복지수준이 향상될수록 탈상품화, 즉 근로자들이 노동시장에 의존하지 않고 생활할 수 있을 가능성이 높아진다. 복지국가가 최고도에 달하여 탈상품화가 완전하게 보장되면 모든 개인들은 기여에 의해서가 아니라 생활상의 필요에 따라 분배받을 수 있게 되는 것이다(Esping-Andersen, 1990). 이러한 사회는 에밀 뒤르케임이 꿈꾸었던 이상사회와 매우 유사하며, 이런 점에서 에밀 뒤르케임은 복지국가라는 용어를 전혀 사용하지 않았음에도 불구하고 자신의 이론 속에서 현대의 복지국가이론이 지향하는 최고수준의 복지국가를 그려낸 것이다.

6. 현대 복지국가이론과의 관계

에밀 뒤르케임은 사회불평등과 거시적인 사회변동에 대해 깊은 관심을 보였음에도 불구하고 현대 복지국가이론에서는 거의 언급되지 않는다. 스스로가 복지국가 내지는 사회복지라는 용어를 사용한 적이 없는데다가 그의 주된 연구관심이 도덕성 확립을 통한 사회질서의 회복과 유지라는 점에서 그의 이론과 복지국가 간에는 별다른 접점이 없는 것으로 보이기 때문이다. 따라서 사회정책의 관점에서 에밀 뒤르케임을 최초로 평가한 로버트 핀커가 에밀 뒤르케임의 사회이론을 사회정책의 집단주의적이고 평등주의적인 전통에서 벗어나 있다는 점에서 사회정책학과 직접적인 연관성이 없다고 평가한 것은 어쩌면 당연한 일일 것이다(Pinker, 1972 : 23).

그렇지만, 본문에 서술했듯이 에밀 뒤르케임은 직업집단의 복지기능에 대해 서술했을 뿐 아니라 가족의 복지기능이 국가로 이전되고 있다는 사실을 기능적 분화의 개념으로 설명하기도 했다. 또한, 그는 사회불평등이 완전히 제거되어 모든 사람들이 자신의 필요에 따라 분배받는 이상적인 사회를 꿈꾸었으며, 공감과 자선이라는 도덕적 가치를 바탕으로 국가가 시민생활에 폭넓게 개입할 수 있음을 시사했다. 복지국가라는 용어를 직접적으로 언급하고 있지 않을 따름이지 그의 이론적 주장들은 현대 복지국가이론가들이 다루는 핵심 연구주제들과 밀접한 관계에 있다. 이런 점에서 에밀 뒤르케임에 대한 로버트 핀커의 평가는 매우 피상적인 수준에 머물고 있는 것이라고 할 수 있다.

에밀 뒤르케임의 이론들은 다양한 형태로 현대 복지국가이론들에 영향을 끼쳤다. 우선, 현대복지이론들은 복지국가의 전제조건으로 사회구성원들 간의 연대성이나 상호의존성을 강조한다. 중산층 이상의 시민들이 어떤 이유에서든 조세나 사회보험료의 형태로 소득재분배에 기여하는 것은 사회연대성의 표현이라거나(Bowles and Gintis, 2000 : 34) 복지국가의 기반은 사회구성원들이 상호의존성을 인식하는 데 있다는 것이다(Baldwin 1990 : 33). 이와 같이 복지국가를 사회연대성이나 상호의존성의 구현물로 간주하는 견해들은 모두 에밀 뒤르케임의 핵심 개념들을 바탕으로 하고 있다(Börner, 2013 : 46).

또한, 에밀 뒤르케임은 복지국가의 발전 요인을 설명하는 현대복지이론들에게도 커다란 영향을 미쳤다. 대표적으로, 복지국가의 발달을 산업화의 결과로 간주하는 산업화론은 자신의 이론틀과 주요 개념들을 거의 에밀 뒤르케임에게서 가져왔다. 산업화론은 분업과 전문화의 진전으로 인해서 가족 등 전통적인 사회복지기제가 약화되고 국가의 복지기능이 강화된다는 에밀 뒤르케임의 주장을 반복하고 있는 것이다. 또한, 복지국가의 발생 원인을 사회적 요구의 충족이나 사회통합과 같은 복지국가가 수행하는 기능을 가지고 설명한다는 점에서 산업화론은 에밀 뒤르케임에 뿌리를 둔 기능주의를 충실히 따르고 있다.

에밀 뒤르케임의 영향을 받은 또 다른 현대 복지국가이론은 사회양심론이다. 복지국가연구에서 그다지 높은 위상을 지니지는 않지만, 사회양심론은 복지국가를 사회적 양심의 발현으로 본다는 점에서 복지국가를 자선과 공감에 기초한 것으로 간주하는 에밀 뒤르케임의 견해를 거의 그대로 따르고 있다. 실제로, 그 대표자인 리차드 팃머스(Richard Titmuss)는 자신의 저작들에서 에밀 뒤르케임을 수시로 인용하고 있을 뿐 아니라 에밀 뒤르케임과 마찬가지로 외적 불평등이 모두 제거되고 모든 사람들이 평등하게 대우받는 공동체를 이상적인 사회로 그려내고 있다.

Chapter 3
칼 맑스(Karl Marx)

1. 인 물[1)]

칼 맑스(1818~1883)

칼 맑스는 1818년에 독일 트리어에서 태어났다. 그의 부계는 전통적인 유대인 랍비 가문이지만, 그의 아버지는 독일식으로 이름을 고치고 루터교로 개종하였다. 그의 어머니는 네덜란드계 유대인으로서 필립스사 소유주 가문 출신이었다. 자유주의성향의 변호사인 아버지의 영향으로 철학과 문학에 깊은 관심을 보였던 칼 맑스는 본대학교와 베를린대학교에서 법학을 전공한 후 1841년에 예나대학교에서 철학논문으로 박사학위를 받았다. 이후 칼 맑스는 주로 저널리스트로 활동하면서 사회주의운동에 헌신하는 한편 자본주의에 대한 독자적인 연구를 진행하였다. 그는 추방을 당하거나 체포를 피하기 위해 여러 국가들을 전전하며

1) 이 부분에 대해서는 (Adams and Sydie, 2001; Berlin, 1963; Mehring; 2003; McLellan, 1973)을 참조하였다.

살았으며, 1849년부터 1883년에 폐렴으로 사망할 때까지는 영국의 런던에 정착하여 다양한 정치적·학문적 활동을 전개하였다.

칼 맑스는 공산주의자동맹, 국제노동자협회(제1인터내셔널) 등 범유럽 사회주의운동단체의 핵심인물이었다. 그는 평생 동지이자 후원자였던 프리드리히 엥겔스와 더불어 『공산당선언』, 『공산주의자들의 요구』, 『고타강령비판』 등의 다양한 문건들을 통해 자본주의를 비판하고 사회주의혁명의 당위성을 설파했으며, 유럽의 노동운동과 사회주의운동을 위한 전략과 전술을 제시하였다. 또한, 그는 『정치경제학비판』, 『자본론』 등의 저서를 통해 자본주의에 대한 사회경제학적 분석을 제시하고 자본주의사회의 붕괴를 예언하기도 하였다.

칼 맑스는 자본주의를 포함한 모든 계급사회를 거부하였고, 모든 사회구성원들이 참다운 인간으로서 생활하는 무계급사회의 도래를 꿈꾼 공산주의자였다. 그는 공산주의의 첫 단계인 사회주의혁명을 위해 유럽을 포함한 모든 국가들의 프롤레타리아가 단결할 것을 주장한 국제주의자였으며, 민족주의와 국가주의를 지배계급의 이익에 봉사하는 편협한 이데올로기로 비판하였다. 그는 독일 사람으로 태어났지만 스스로 독일국적을 포기했고 사망할 때에는 무국적상태였다. 또한, 그는 국가와 종교가 기존의 사회질서를 정당화시키고 피지배계급을 물리적으로나 이데올로기적으로 통제한다고 비판하면서 공산주의사회에서는 국가와 종교의 소멸될 것으로 예견하였다.

학문적으로 볼 때 칼 맑스는 철학과 법학을 전공했지만 1850년대 중후반부터는 주로 아담 스미스를 필두로 하는 고전파 경제학을 비판하고 자본주의 시장경제의 역동성을 분석하는 일에 몰두하면서 경제학자로서의 면모를 갖추게 된다. 그렇지만, 그는 전통적인 경제학의 좁은 틀에 갇히지 않고 국가, 권력, 민주주의, 이데올로기, 계급, 빈곤과 사회불평등, 사회변동 등 현대 사회과학의 핵심주제들을 두루 다루었다. 이런 점에서 칼 맑스는 현대적 의미의 통섭적인 사회과학자라고 평가될 수 있다. 현대사회과학의 다양한 분야에 맑시스트 혹은 맑시안으로 불리는 그의 학문적 후계자들이 다수 포진해 있다는 것이 이를 잘 말해준다.

사회학분야에서 칼 맑스는 에밀 뒤르케임 및 막스 베버와 더불어 3대 거두로 이야기된다. 칼 맑스는 생산수단의 소유에 기초한 계급관계를 사회분석의 핵심단위로, 그리고 국가권력이나 가치관이 아니라 계급관계를 사회변동의 핵심동력으로 간주했다는 점에서 다른 두 학자들과 대비된다. 추종자의 숫자나 현대 사회학에 대한 영향력의 측면에서 볼 때 칼 맑스는 다른 두 학자들에 비해 다소 낮은 위상을 가지고 있다. 그렇지만 계급과 소유관계를 중심으로 사회를 분석하는 그의 관점은 학문적으로 가치가 크며, 현대사회의 분석에 있어서 여전히 매우 중요하다.

2. 사회이론과 사상[2)]

1) 계급과 사회불평등

칼 맑스의 사회이론들 가운데 현대 사회과학에 가장 커다란 영향력을 미친 것은 계급이론이다. 그는 사회가 서로 다른 이해관계를 지닌 계급들로 구성되어 있다고 주장한다. 그에 따르면, 계급은 사유재산의 발생과 함께 나타난다. 여기서 사유재산은 토지, 자원, 기계, 공장, 기업 등과 같이 생산에 필수적인 생산수단을 지칭하며, 개인이 일상생활을 위해 소유하는 물품들은 제외된다. 사회에는 다른 종류의 계급들도 존재하지만 생산수단을 소유한 계급과 생산수단을 소유하지 않은 계급이 사회의 핵심계급이라고 한다.

칼 맑스에 따르면, 사회의 핵심계급들은 서로 갈등하고 투쟁하며, 이러한 계급투쟁을 통해 역사는 발전한다고 한다. 계급투쟁이 발생하는 이유는 생산수단의 소유계급이 비소유계급을 착취하기 때문이다. 비소유계급은 소유계급의 속박에서 벗어나기 위해 부단하게 투쟁하며, 적절한 사회적 조건이 갖

2) 특별한 언급이 없으면 이 부분에 대해서는 (Adams and Sydie, 2001; Avineri, 1968; Calhoun, 2002; Giddens, 1971; Lichtheim, 1964; McLellan, 1973; Ritzer, and Smart, 2001; Turner, 1999)를 참조하였음.

추어졌을 때 계급투쟁에서 승리하여 새로운 사회를 만들게 된다. 이런 점에서 칼 맑스는 인류사회의 역사를 계급투쟁의 역사라고 표현한다.

칼 맑스는 그의 계급이론을 자본주의사회의 분석에 집중적으로 적용한다. 이것은 그가 자본주의가 정착되던 시대에 살았고, 자본주의사회가 이전 사회에 비해 사회양극화와 빈부격차 등의 사회문제들을 훨씬 광범하고 첨예하게 드러내기 때문이다. 그에 따르면, 자본주의사회에서는 생산수단을 소유한 자본계급(부르조아지)과 생산수단을 소유하지 못한 노동계급(프롤레타리아)이 핵심계급을 이루며, 자영농민이나 수공업자 등의 자영업자계급(쁘티 부르조아지)이 주변계급을 형성한다.

노동계급은 생산수단을 소유하지 못하기 때문에 생계를 위해 자신의 노동을 판매해야 하고, 자본계급은 임금을 주고 노동을 구매하여 공장과 기업을 경영한다. 그런데 노동자에게 지급되는 임금은 노동자가 생산한 것보다 언제나 적다. 노동자가 생산한 것과 노동자가 받는 임금의 차액은 잉여가치로서 자본가에게 이윤으로 귀속되며, 칼 맑스는 이것을 착취라고 부른다. 자본주의사회는 생산수단의 소유에 기초하여 자본계급이 노동계급을 착취하는 사회이며, 이로 인해서 사회불평등이 확대되는 사회이다.

이와 관련하여 칼 맑스는 빈곤화(pauperization) 명제를 제시한다. 자본주의는 인류역사상 유례가 없을 정도로 높은 생산력을 자랑하지만 시간이 지날수록 더 많은 대중들을 빈곤하게 만든다는 것이다. 이것은 위에 언급한 착취이외에도 임금을 가능하면 낮게 유지하려고 하는 자본계급의 이윤확대 노력 때문이다. 임금을 낮추기 위해 자본계급은 노동자 모두를 생산에 사용하지 않고 일부를 언제나 실업상태로 놓아둔다. 이러한 노동자예비군(유휴노동력)이 있다는 것은 노동의 공급이 수요에 비해 더 많다는 것을 의미하며, 이것은 낮은 임금수준으로 직결된다. 이와 같이 자본주의는 소수 자본가들에게는 막대한 부를 제공하는 반면에 다수의 대중들에게는 저임금과 빈곤을 가져다준다.[3)]

---

3) 칼 맑스에 따르면, 사회계급의 한 극단에서의 부의 축적은 동시에 다른 극단에서의 비참함, 노동의 고

이상과 같이 칼 맑스는 자본주의의 사회불평등과 빈곤 문제를 계급의 관점에서 분석한다. 그의 계급이론의 특징은 크게 두 가지로 정리될 수 있다. 우선, 사회계급이 직업이나 소득이 아니라 생산수단의 소유에 따라 분류된다는 특징이 있다. 사회계층을 직업에 따라 분류하면 수만 개의 집단이 존재하고, 소득에 따라 분류하면 집단의 구분이 매우 자의적이며 집단들 간의 관계가 불분명하다. 반면에, 칼 맑스의 분류에서는 생산수단을 소유한 집단과 소유하지 않은 집단이라는 객관적인 기준이 존재하고, 그 두 집단이 착취와 피착취의 관계가 있다는 점이 분명하게 드러난다.

다음에, 계급이 개인의 의식과 행동을 지배하는 가장 중요한 요소로 간주된다는 특징이 있다. 계급상의 위치가 어디인가에 따라 개인은 지배자의 의식을 가질 수도 있고 피지배자의 의식을 가질 수도 있는 것이다. "의식이 존재를 결정하는 것이 아니라 존재가 의식을 결정한다"는 칼 맑스의 말은 바로 이러한 점을 잘 나타내고 있다. 물론 자본계급의 일원이라고 해서 언제나 자본계급과 자신을 동일시하고 자본계급의 의식을 공유하는 것은 아니다. 노동계급의 일원이라도 자본계급의 이익을 대변하는 정당을 지지할 수도 있는 것이다. 그렇지만, 대부분의 경우 계급상의 위치는 사회에 대한 개인의 견해를 결정하는 근본적인 요인이다.

2) 역사유물론

칼 맑스는 사회의 구조와 변동에 대해 유물변증법 혹은 역사유물론이라는 독특한 견해를 제시하였다. 유물변증법이란 포이에르바하의 유물론과 헤겔의 변증법을 결합한 사상을 말한다. 여기서 유물론은 물질이 정신을 지배한다는 견해이고, 변증법은 다양한 요소들의 상호작용과 갈등을 통해 새로운 요소가 만들어진다는 학설이다. 유물변증법의 주장을 이해하기 위해서는 사

통, 노예상태, 무지, 야만, 그리고 도덕적 퇴폐의 축적이라고 한다(Marx, 1987 : 210).

회구조에 대한 칼 맑스의 견해를 알아둘 필요가 있다. 그에 따르면, 사회는 경제적 기초(하부구조)와 상부구조로 구성된다. 경제적 기초는 생산력과 생산관계로 이루어지는데, 생산력은 테크놀로지와 같은 생산 및 경제활동의 수준을 말하고 생산관계는 경제활동을 둘러싼 개인들 간의 관계, 즉 계급관계를 지칭한다. 상부구조는 경제적 기초 이외의 사회생활의 모든 것을 말하며, 여기에는 국가, 법, 종교, 문화, 이데올로기 등이 포함된다.[4)]

사회 구조와 변동에 대한 유물변증법의 주장은 크게 두 가지이다. 첫째, 경제적 기초와 상부구조 간에는 끊임없는 상호작용과 갈등이 있으며, 이를 통해서 새로운 사회 혹은 새로운 생산양식이 만들어진다. 둘째, 경제적 기초와 상부구조는 서로 영향을 주고받지만, 궁극적으로는 경제적 기초가 상부구조를 결정한다. 경제적 기초가 만들어지면 거기에 맞춰서 상부구조는 변화하고, 새롭게 확립된 상부구조는 경제적 기초를 정당화하고 유지하는 기능을 한다. 예를 들어서, 자본주의사회가 확립되면 국가, 법, 이데올로기, 종교가 자본주의경제를 정당화하고 자본주의사회를 유지시키는 기능을 한다는 것이다. 이와 같이 국가를 비롯한 상부구조는 자본주의사회의 지배계급인 자본가들의 이익에 봉사한다.

역사유물론은 유물변증법을 기반으로 하여 인류사회의 변동을 설명하는 견해이다. 이에 따르면, 생산력에서 변화가 발생하면(즉, 기술수준이 향상되면) 생산력과 생산관계 사이에 모순이 발생하고(즉, 기술력이 향상되었음에도 불구하고 계급관계는 변화하지 않아 문제가 발생하고), 계급들이 서로 갈등하고 투쟁한 결과 새로운 생산관계가 확립되며, 이러한 혁명을 통해 새로운 생산양식, 즉 새로운 사회가 만들어진다는 것이다.

역사유물론에 따르면, 인류사회는 크게 5단계로 발전한다. 첫 단계는 원시공동체사회로서 재산의 공동소유와 무계급사회의 특징을 지닌다. 여기서는

4) 칼 맑스는 하부구조와 상부구조를 통칭하여 생산양식이라고 표현한다. 그에게 있어서 생산양식은 사회와 같은 개념이다.

사회의 중요한 생산수단이 구성원들의 공동소유로 되어 있기 때문에 아직 계급이 발생하지 않았다. 다음에, 고대 노예제사회는 인류역사 최초의 계급사회이다. 여기서는 노예와 토지를 소유한 귀족계급과 재산으로 취급받는 노예계급이 생산관계의 중추를 이룬다. 세 번째 단계는 중세 봉건제사회로서 봉건영주와 농노가 핵심적인 계급이다. 농노는 토지에 속박되기는 하지만 재산으로 거래되지 않는다는 점에서 노예와 다르다. 네 번째 단계는 자본주의사회이다. 여기서는 공장이나 기업 등 중요한 생산수단을 소유한 자본계급이 노동계급을 착취한다. 인류사회 변동의 마지막 단계는 공산주의사회로서 중요한 생산수단이 사회의 공동소유가 되어 더 이상 계급이 존재하지 않게 되며, 계급지배를 정당화하고 강화했던 국가도 소멸된다.

이상에서 보듯이 칼 맑스의 역사유물론은 인류사회가 장기간에 걸친 발전 끝에 궁극적으로는 다시 원시공동체와 같은 무계급사회로 귀환하는 것으로 간주한다. 이런 점에서 칼 맑스의 역사관은 분업관계와 계급관계가 시간이 지남에 따라 점점 더 복잡해지는 현대사회의 흐름을 반영하지 못한다는 비판을 받는다. 단, 칼 맑스가 그려내는 공산주의는 원시공동체로의 단순한 회귀인 것은 아니다. 무엇보다도 생산력의 측면에서 공산주의사회는 원시공동체사회에 비해 비교가 불가능할 정도로 발전하여 사회구성원들의 생활수준이 비약적으로 높아진다는 특징을 지닌다.

역사유물론에서는 생산력이 사회변동의 기본적인 동력으로 간주된다. 그렇다고 해서, 역사유물론이 국가나 종교, 혹은 문화 등의 상부구조의 역할을 무시하거나 개인과 집단의 행위가 사회구조에 별다른 영향을 미치지 않는다고 주장하는 것은 아니다. 역사유물론은 경제적 기초와 상부구조 간에는 물론이고 개인과 사회 간에도 밀접한 상호작용과 갈등이 있으며, 인간이 역사 창조의 주체라는 점을 분명히 한다. 다만, 상부구조나 개인이 기본적으로는 생산양식이나 사회적 구속력의 한계 내에서만 일정 정도의 자율성을 갖는다고 주장하고 있는 것이다.

3) 자본주의의 붕괴와 공산주의의 도래

역사유물론은 인류사회의 변동 전반에 대해 관심을 갖지만 특히 자본주의에서 공산주의로의 이행에 초점을 둔다. 칼 맑스에게 있어서 자본주의의 핵심적인 특징은 노동의 상품화이다. 즉, 자본주의는 노동자가 생존을 위해 자신의 노동을 자본가에게 팔아야 한다는 특징을 갖는다는 것이다. 이에 따라 위에서 언급한 것과 같은 착취, 불평등, 빈곤 등 자본주의의 사회문제들이 발생한다. 또한, 노동자의 생산물은 노동자의 것이 아니라 자본가의 것이 되며, 이로 인해 노동은 더 이상 개인의 자아를 실현하는 수단이 되지 못한다. 자본주의는 인류역사상 가장 뛰어난 물질적·문화적 진보를 가져왔음에도 불구하고 창조적 노동을 통해 자기를 실현하려는 인간의 특징을 억제하고 인간을 소외시키는 사회체제인 것이다.

칼 맑스가 볼 때 자본주의사회는 이전의 다른 사회들과 마찬가지로 붕괴하여 다른 형태의 사회로 변화할 수밖에 없다. 그는 이러한 거대한 사회변혁의 단초를 자본주의사회의 계급구조의 변화에서 찾는다. 그에 따르면, 초기 자본주의사회에는 자본계급(부르조아지)과 노동계급(프롤레타리아)이라는 두 개의 핵심계급 이외에도 소농민이나 수공업자 등 다수의 자영업자들(쁘티 부르조아지)이 존재했다. 그렇지만, 자본주의가 발달함에 따라서 쁘티 부르조아지는 점차 줄어들게 된다. 이들 중 대다수는 자본계급과의 경쟁에서 패배하여 프롤레타리아로 전락하게 되는 것이다. 결국, 자본주의사회에는 서로 대립하는 두 개의 계급만이 남게 된다.

이상과 같은 계급의 양극화와 함께 프롤레타리아의 빈곤화가 가속화된다. 소수의 자본계급들은 더 많은 노동자들을 착취함으로써 더욱 풍요로워지는 반면에, 프롤레타리아는 더욱 빈곤하게 되는 것이다. 단, 여기서 빈곤화는 절대적 차원의 빈곤화가 아니라 상대적 차원의 빈곤화를 의미한다. 즉, 자본주의의 발전에 따라서 프롤레타리아의 생활수준이 더 악화되는 것이 아니라 부르조아지의 생활수준에 대비하여 더 낮아진다는 것이다. 자본주의사회의 급속한 생산력 향상으로 인해서 사회전반적인 생활수준은 높아지지만 사회의 부가 부르조아지에게 더욱 집중되기 때문이다.[5)]

이와 같은 상황이 지속되면서 프롤레타리아는 동질화된다. 프롤레타리아는 비슷한 생산활동에 종사하고, 비슷한 기능을 수행하며, 비슷한 임금을 받는다. 생활수준이 비슷하게 된 프롤레타리아는 비슷한 주거환경 속에서 비슷한 생활양식을 영위하고 비슷한 집단과 교류한다. 이런 식으로 생활조건이 비슷해지면서 프롤레타리아들은 사회의식까지도 비슷해진다. 이제까지 노동계급은 생산수단의 비소유라는 공통적인 조건만을 가지고 있었지만, 생활조건의 동질화 과정을 거치면서 스스로를 노동계급의 일원으로 인식하고 다른 노동자들을 동일한 이해관계를 지닌 노동계급으로 인식한다. 이와 같이 객관적 상태의 계급(즉자적 계급 class in itself)이었던 노동계급이 스스로를 노동계급으로 인식하는 상태(대자적 계급 class for itself)를 칼 맑스는 계급의식이라는 말로 표현한다.

계급의식의 발달을 통해 공통의 이해관계를 확인한 노동계급은 적절한 사회적 조건이 갖추어지면 자본계급에 대항하여 혁명을 일으킨다. 프롤레타리아 혁명에는 사회적 조건에 따라서 평화적인 방법이나 폭력적인 방법이 사용될 수 있지만 어떤 경우이든 핵심적인 것은 프롤레타리아 계급이 정치권력을 장악한다는 것이다. 이제 국가는 부르조아지의 이익에 봉사하는 도구로부터 프롤레타리아의 이익에 봉사하는 도구로 바뀌며, 정치권력을 장악한 프롤레타리아는 자본주의사회를 사회주의사회로 전환하기 위한 다양한 조치들을 시행한다. 이러한 조치들 가운데 핵심적인 것은 프롤레타리아 독재의 확립, 생산수단의 단계적인 국유화, 착취의 금지, 특별한 사유가 없는 한 모든 사회구성원들의 노동 참여, 노동에 대한 정당한 보상 제공 등이다.

칼 맑스는 프롤레타리아 혁명을 두 단계로 구분한다. 위에 서술한 것은 혁

5) 칼 맑스는 상대적 빈곤의 개념을 다음과 같이 설명한다. 주변의 모든 집들이 자기 집처럼 작을 경우 사람들은 행복하게 생활한다. 그렇지만 이웃에 궁전 같은 집이 들어서면 사람들은 스스로를 하찮은 사람으로 생각하고 자기 집을 매우 불편하고 불만족스럽게 여긴다(Marx, 2010 : 16).

명의 1단계로서 자본주의체제의 청산과 사회주의사회의 건설에 초점이 두어져 있다. 프롤레타리아 혁명의 2단계는 칼 맑스가 이상적으로 생각했던 공산주의사회의 건설이다. 공산주의사회의 특징은 다음과 같다. 첫째, 사유재산의 완전폐지와 함께 계급이 소멸된다. 둘째, 계급의 소멸과 함께 지배계급의 통치도구였던 국가도 소멸된다. 셋째, 모든 구성원들은 자신이 원하는 일(들)에 종사하고, 분업은 폐지된다.[6] 넷째, 보상은 기여에 비례해서가 아니라 각자의 필요에 따라서 제공된다. 칼 맑스에 따르면, 공산주의사회에서는 "능력에 따라 일하고 필요에 따라 분배받는" 일이 가능하게 된다는 것이다(Marx, 1970).

3. 사회정책에 대한 관점

칼 맑스는 근대 복지국가의 기초를 이룬 비스마르크의 사회보험들이 도입되는 것을 보지 못했다. 따라서 그가 복지국가에 대한 체계적인 이론을 제시하지 않은 것은 매우 당연하다. 게다가 칼 맑스는 사회주의혁명을 통해 자본주의를 극복하는 데 관심을 집중했기 때문에 자본주의체제 내에서의 개혁을 의미하는 복지국가 내지는 사회정책에 대해 커다란 관심을 보이지도 않았다. 이런 이유 때문에 칼 맑스의 사회이론은 현대의 복지제도와 직접적인 관계가 없다든가(Mishra, 1981 : 69) 빈민법과 같은 복지제도나 빅토리아시대에 점증하고 있었던 국가개입에 대해 별다른 관심을 보이지 않았다는 식의 평가가 학계의 중론을 이루고 있다(Pereira, 2013 : 52).

그렇지만, 칼 맑스를 빼고 현대의 복지국가이론을 논하기는 어렵다. 무엇보다도 그는 빈곤이나 사회불평등과 같은 복지국가의 핵심주제들에 대해 체계적으로 연구하였고, 당시의 대부분의 이론가들과는 달리 빈곤과 사회불평

6) 칼 맑스는 다음과 같이 말한다. "나는 하루는 어떤 일을, 그 다음 날에는 다른 일을 할 수 있고, 사냥꾼이나, 낚시꾼, 목축업자 혹은 비평가가 아니면서도 아침에는 사냥을, 오후에는 낚시를, 저녁에는 목축을, 저녁식사 후에는 문학비평을 할 수 있다"(Marx, 1947 : 22).

등이 개인의 잘못 때문이 아니라 자본주의체제에서 비롯된 사회문제로 간주했다. 게다가 그는 어떤 식으로든 복지국가나 사회정책에 대한 자신의 견해를 피력하기도 했다.

전반적으로 볼 때 복지국가에 대해 칼 맑스는 두 가지 상반된 견해를 지닌 것으로 평가된다. 우선, 많은 연구자들이 지적하는 대로 그는 복지국가나 사회보장프로그램에 대해 적극적으로 반대하였다. 사회주의혁명을 통해 자본주의를 타파하려는 그의 관점에서 볼 때 공공부조를 비롯한 각종 사회보장프로그램들은 빈곤구제와 생활상의 안정을 제공함으로써 빈민층과 노동계급을 현실에 안주시키고 계급의식과 계급투쟁을 약화시킨다. 이와 같이 자본주의체제를 안정화시킨다는 점에서 복지국가는 사회주의 혁명을 가로막는 방해물인 것이다.

이와 반대로, 칼 맑스는 대중들의 생활을 향상시키는 사회개혁조치들에 대해 우호적인 태도를 보이기도 한다. 그러한 사회개혁조치들이 노동계급의 생활을 향상시키고 그들의 현실적인 고통을 줄여주기 때문이다. 이와 같이 칼 맑스는 사회주의혁명을 가장 중시하면서도 자본주의체제 내에서의 개혁의 긍정적인 사회적 효과를 인정한 것이다. 이하에서는 사회정책을 포함한 사회개혁조치들에 대한 칼 맑스의 견해들을 소개한다.

1) 복지국가 비판론

칼 맑스는 빈곤, 불평등, 인간소외 등 근대사회의 핵심적인 사회문제들을 자본주의 체제에서 비롯되는 것으로 간주한다. 근대사회에서 노동자와 일반대중이 빈곤한 것은 게으름이나 나태와 같은 개인적인 잘못 때문이 아니라 자본가에 의한 착취 때문이며, 사회불평등이 악화되는 것은 자본가들에게는 막대한 부를 가져다주지만 대중들에게는 저임금을 강요하는 자본주의체제상의 특성 때문이라는 것이다. 이러한 관점에서 칼 맑스는 빈곤문제를 인구과잉의 관점에서 설명하는 토마스 맬서스뿐 아니라 빈곤의 원인을 빈곤층의 도덕적 타락에서 찾고 빈곤층을 처벌하는 영국의 지배계층을 비판한다(Marx, 1971b : 268).

이러한 칼 맑스의 견해를 영국사회에 구체적으로 적용한 사람은 프리드리히 엥겔스이다. 그는 당시 영국 대도시들에서 노동계급 및 저소득층들은 한 방에 몇 명씩 기거하고 제대로 된 위생시설이 갖추어지지 않은 매우 열악한 주거환경에 있다는 사실을 지적하면서 그 원인이 이윤극대화를 추구하는 자본주의체제에 있다고 주장한다.[7] 자본가가 이익극대화를 추구하는 과정에서 노동계급의 건강이나 주거환경은 악화될 수밖에 없고, 국가는 자본계급의 이익만을 중시한 나머지 노동계급의 주거문제 해결에는 관심을 보이지 않는다는 것이다.

칼 맑스는 자본주의의 핵심적인 사회문제들이 자본주의체제 자체에서 비롯되는 것이기 때문에 국가의 사회개혁조치들로는 그러한 사회문제들이 근본적으로 해결될 수 없는 것으로 간주한다. 그러한 개혁조치들은 노동계급의 생활을 일정 정도 향상시킬 수는 있지만 자본주의의 착취관계를 변화시키지는 않으며, 빈곤층과 노동계급을 자본주의 사회질서에 순응시킴으로써 자본주의 체제를 안정화시키는 결과를 가져올 수 있기 때문이다.

이와 함께, 칼 맑스는 자본주의사회에서 국가는 자본가의 편에 서서 자본주의의 착취관계를 유지시키고 강화한다는 점을 지적한다. 『공산당선언』에서 그는 "근대국가의 행정부는 전체 부르조아지의 공통사를 관리하는 위원회에 불과하다"고 주장한다. 즉, 자본주의사회의 국가는 자본계급에 의해 조종되어 자본계급의 이익을 위해 봉사하는 존재라는 것이다. 이런 관점에서 볼 때 국가의 사회정책은 자본주의체제의 안정을 목적으로 하며, 이런 점에서 사회복지정책의 궁극적인 수혜자는 빈곤층과 노동계급이 아니라 자본계급인 것이다.

칼 맑스는 국가의 사회정책이 빈곤 및 사회불평등과 같은 자본주의의 사회

---

7) 프리드리히 엥겔스는 지저분하고 비위생적이며 거의 동물수준의 주거환경에 처해있는 노동계급의 상황이 그들의 도덕적 타락에서 비롯되었다는 그 당시의 일반적인 견해들을 비판한다. 그에 따르면, "현재와 같은 상황하에서 노동자들의 음주는 장티푸스, 해충, 범죄 및 여타의 사회적 질병과 마찬가지로 그들의 생활조건이 초래하는 필연적인 산물이다"(Engels, 1995).

문제들을 완전히 해결할 수 없다고 주장한다. 그에게 있어서는 점진적이고 부분적인 개혁이 아니라 사회주의 혁명을 통한 자본주의체제의 전복만이 그 해결책인 것이다. 그가 꿈꾸는 공산주의사회는 모든 사람들이 자신의 능력에 따라 일하고 욕구에 따라 분배받는 사회이며, 여기서는 자본주의의 특징인 빈곤과 사회불평등이 더 이상 존속할 수 없게 된다.

이러한 자신의 견해를 칼 맑스는 주로 공산주의 운동 관련 문건들에서 제시한다. 예를 들어서, 1850년의 한 연설문에서 그는 쁘티 부르조아지 민주주의 정당(현대적 의미의 개혁적 자유주의 정당 혹은 사회민주주의 정당)들은 노동자들을 위한 좋은 임금과 보장을 원하며, 이러한 목적을 공공부문의 고용과 복지프로그램들의 확대를 통해 성취하기를 원한다고 지적한다. 이와 함께, 그는 그 정당들이 위장된 형태의 구호금을 가지고 노동자들을 매수하고자 하며, 노동자들이 고통스러운 상황을 일시적으로 견딜 수 있게 함으로써 노동자들의 혁명적 힘을 분쇄하고자 한다고 비판한다(Marx and Engels, 1850).

또한, 1848년에 쓴 『공산당선언』에서 칼 맑스는 공산당을 제외한 다른 사회주의정당들을 개량주의로 비판하면서 박애주의자, 인본주의자, 노동개혁가, 자선사업가, 동물보호운동가, 각종 형태의 개혁가들을 포괄하고 있는 이 정당들은 자본주의의 착취관계를 변화시키는 데는 관심이 없고 오로지 사회문제들을 부분적으로 해결하여 자본주의사회를 지속시키는 데 초점을 둔다고 주장한다(Marx and Engels, 1883 : 27). 또 다른 문건에서도 칼 맑스는 개량주의를 추구하는 사회민주주의는 자본과 임노동이라는 양극단을 없애는 대신에 양자의 대립을 완화하고 양자를 조화로운 관계로 변화시키는 수단으로 민주공화제를 요구한다는 특징을 지닌다고 비판한다(Marx, 1937 : 23).

칼 맑스는 진정한 공산주의자는 그러한 사회개혁 내지는 사회개량이 아니라 자본주의 착취관계의 종식을 위한 혁명적인 변화를 추구해야 한다고 주장한다. 그에 따르면, 재산을 소유한 계급들이 지금의 지배적인 위치에서 추방되고 프롤레타리아가 국가 권력을 장악할 때까지 혁명을 영구화하는 것이 공산주의자들의 이익이자 과업이라고 한다. 자신들에게 있어서 중요한 것은 사유재산제도의 변경이 아니라 폐지이고, 계급대립의 순화가 아니라 계급의 폐지이며, 기존사회의 향상이 아니라 새로운 사회의 건설이라는 것이다(Marx and Engels, 1850).

이와 같이 자본주의체제 내에서의 개혁이 아니라 혁명적 변화를 추구한다는 점에서 칼 맑스는 사회정책에 대해 호의적이지 않은 것으로 보인다. 칼 맑스에 대한 사회정책학자들의 평가도 대체로 이런 점을 부각시킨다. 예를 들어서, 최초로 사회정책의 관점에서 칼 맑스를 평가한 로버트 핀커에 따르면, 칼 맑스는 복지정책을 포함한 사회개혁 프로그램들이 빈곤층의 생활을 향상시키고 혁명적인 변화 없이 사회정의를 충족시킬 수 있다는 점에서 사회주의 혁명을 차단하는 역할을 하는 것으로 비판하였다고 한다(Pinker, 1972 : 37). 또 다른 학자에 따르면, 칼 맑스의 관점에서 볼 때 자본주의하에서는 광범한 노동대중의 진정한 복지를 보장하고 욕구를 충족시켜주는 것이 불가능하고, 대다수를 위한 진정한 복지는 사회주의로의 혁명적 전환과 함께 시작된다고 한다(Pierson, 1991 : 11; Pierson, 1999 : 177).

2) 복지국가 긍정론

이상과 같이 칼 맑스는 자본주의체제 내에서의 개혁을 의미하는 사회정책에 대해 매우 비판적이다. 국가에 의한 사회정책은 빈곤과 사회불평등에 대한 근본적인 해결책이 될 수 없기 때문이다. 그렇지만, 그는 사회개혁과 사회정책에 대해 일방적으로 반대하는 극단적인 견해만을 피력하지는 않는다. 그는 노동계급의 생활상의 향상을 가져온다는 점에서 사회정책과 같은 사회개혁조치들을 매우 긍정적인 것으로 평가하기도 한다.

(1) 공장법

자주 언급되는 대로 사회개혁조치를 긍정적으로 평가하는 칼 맑스의 견해는 『자본론』 등에 제시된 영국의 공장법(factory acts)에 대한 분석에 잘 드러나 있다. 공장법은 노동자의 근로조건을 향상시키기 위해 19세기 초반부터 후반까지 영국에서 도입된 일련의 노동입법들을 말하며, 이 가운데 칼 맑스는 1830년대 이후에 도입된 공장법들에 초점을 둔다. 수십 년에 걸쳐 도입된 공장법들의 주요 내용들은 하루 10시간 근로, 취업연령 제한, 야간노동의 금지, 휴일 및 휴식시간 보장, 보건 및 아동교육의 규정 등이다.

칼 맑스는 자본가에 의한 착취를 제한하고 노동자들의 생활을 크게 향상시켰다는 점에서 공장법의 도입을 매우 긍정적인 것으로 평가한다. 그에 따르면, 영국의 공장법들은 국가규제를 통해서 노동일을 강제적으로 제한함으로써 노동력을 무제한적으로 사용하고자 하는 자본의 열정을 제약하고, 자본의 착취권에 개입하였다고 한다(Marx, 1987 : 229, 459). 또한, 그는 공장법의 도입에 의해 아동들의 노동에 제약이 가해졌을 뿐 아니라 무산계급의 아동에 대한 초등교육이 실시되었다는 점도 높게 평가한다. 공장법에 의해 초등교육과 공장노동이 결합함으로써 생산성의 향상과 함께 인간성의 향상이 초래되었다는 것이다(Marx, 1987 : 453-4).

이와 함께, 칼 맑스는 10시간 노동법을 근간으로 하는 공장법의 제정을 통해서 자본주의 체제하에서도 노동계급이 자본계급을 극복할 수 있는 가능성을 발견한다. 그에 따르면, 10시간 노동법은 중요한 실천적 성공이었을 뿐만 아니라 역사상 처음으로 부르조아의 정치경제학이 프롤레타리아의 정치경제학 앞에서 공개적으로 항복했다는 것을 보여준다고 한다(Marx, 2000a). 자본주의체제 하에서는 자본가가 노동자에 비해 훨씬 많은 권력을 지니고 자본가의 이익이 훨씬 더 잘 보장되기는 하지만, 공장법과 같은 사례는 노동계급의 이익 앞에서 자본가의 이익이 일정 정도 양보될 수도 있다는 것을 나타낸다는 것이다.

자본주의체제 내에서 노동계급은 어떻게 하여 자본계급의 양보를 얻어낼 수 있었는가? 이에 대해서 칼 맑스는 노동계급의 단결된 힘과 지속적인 투쟁을 지적한다. 그에 따르면, 영국의 노동계급은 30년 동안의 지속적인 투쟁을 거쳐 지배계급에게 압박을 가했으며, 19세기 동안의 지주계급과 자본계급 간의 일시적 분열을 이용하여 공장법의 제정에 성공하였다고 한다(Marx, 1987 : 178; Marx, 2000a). 여기서 중요한 것은 노동조합의 역할이다. 칼 맑스에 따르면, 노동조합은 개별적인 노동자들을 노동계급 및 노동계급정당으로 결속시킴으로써 입법부에 대해 노동자들의 이해관계를 받아들이도록 압박을 가했으며, 이를 통해서 10시간 노동과 같은 공장법의 핵심 사항들을 관철시켰다고 한다(Marx and Engels, 1883 : 14).[8]

칼 맑스에게 있어서 공장법의 사회적 효과는 노동자와 그 가족의 생활을 향상시키는 정도에 그치지 않는다. 그가 볼 때 노동시간과 노동일을 제한하고 노동환경을 개선하는 각종 조치들은[9] 노동계급의 체력적 고갈과 산재사고를 미연에 방지하여 건강한 생활을 보장하며, 노동자들로 하여금 지적 발달과 사회적 교류를 위한 시간을 가질 수 있도록 한다. 나아가서, 노동자들은 노동조합이나 정당 등 자신의 이해관계를 관철시키기 위한 사회활동에 참여할 수 있게 되고, 이런 점에서 공장법은 노동계급의 해방을 위한 전제조건이 된다고 한다(Marx, 2000b : 160). 자본주의체제 내에서의 개혁조치인 공장법이 사회주의혁명을 위한 밑거름이 되기도 한다는 것이다.[10]

이와 같이 칼 맑스는 공장법을 비롯한 각종 사회개혁조치들을 매우 긍정적

8) 칼 맑스는 노동조합의 궁극적인 목표는 자본주의 체제의 극복에 있다고 하면서도 임금인상이나 노동시간의 제약과 같은 활동이 필요불가결할 뿐 아니라 세계 모든 국가에서 일반화되어야 한다고 주장한다(Marx, 2000b : 163). 프리드리히 엥겔스도 임금을 높게 유지시키고 노동시간을 단축시키는 노동조합의 역할을 높게 평가하면서 노동조합이라는 저항수단이 없었더라면 노동자들은 임금시스템의 규칙에 따라 마땅히 받아야 할 자신의 분량마저도 받지 못했을 것이고, 노동조합은 자본에 대한 노동계급의 투쟁에 있어서 필수불가결하다고 지적한다(Engels, 1881a : 18-19).

9) 칼 맑스에 따르면, 공장법의 제정으로 인해서 공장의 환기장치가 크게 향상되었다고 한다. 이러한 조치는 자본가들에게 비용부담을 높이게 되었고 이로 인해서 자영업자나 영세자본가는 몰락하고 자본의 거대화와 집중화가 초래되었다고 한다(Marx, 1987 : 453).

10) 노동자의 물질생활의 향상에 따라 사회주의혁명의 가능성이 높아진다는 점은 칼 맑스의 다음과 같은 서술에서도 잘 드러난다. "[노동자들의] 물질적 상태가 개선되면 그들은 자기 자식들의 교육에 더욱더 마음을 쏟을 수도 있다. 처자식이 공장을 떠돌아다니지 않아도 되고, 그 자신도 자신의 정신을 한층 더 수양하고, 자신의 신체를 더욱더 단련시킬 수 있다. 이윽고 그는 자신도 모르게 사회주의자가 되는 것이다"(칼 맑스, 1988 : 90).

인 것으로 평가한다. 이 때문에 칼 맑스는 노동시간을 8시간으로 더 단축할 것을 요구할 뿐 아니라 공장법 등의 개혁조치들이 세계 모든 노동운동의 공통적인 정강정책으로 채택되고 모든 국가들에 도입되어야 한다고 주장한다(Marx, 2000b : 160). 그에게 있어서 공장법은 차티스트 운동에 비견될 정도로 대중들의 생활 향상에 기여하는 바가 큰 일대 사건이었다.

(2) 각종 사회정책

칼 맑스는 자본주의사회에서의 사회정책에 대해 거의 언급하지 않았다. 다만, 그의 동료인 프리드리히 엥겔스는 1834년에 제정된 신민법에 대해 서술한 바 있다. 신빈민법은 1601년에 제정된 이후 점차 관대해져 갔던 빈민법을 신고전파 경제학의 관점에서 비판하고 빈민에 대한 국가부조를 매우 엄격하게 만든 조치이다.

프리드리히 엥겔스는 1601년의 (구)빈민법이 빈곤층의 생활을 보호하고 유지해 주는 것이 교구의 의무라는 생각에서 출발하였고 빈곤층이 구호를 호의가 아니라 자신의 권리로 간주하게 했다고 높게 평가한다(Engels, 1969b : 225). 반면에, 그는 신빈민법이 (구)빈민법의 거의 모든 조항들을 폐지하고, 가족을 해체시키며, 빈민층을 비인간적으로 취급한다고 비판한다. 그에 따르면, 신빈민법은 국가와 사회로부터 프롤레타리아들이 축출된다는 것을 의미하며, 프롤레타리아들이 더 이상 인간이 아니고 인간으로 취급받을 수 없다는 것을 천명한다는 것이다(Engels, 1969b : 229). 그는 신빈민법을 프롤레타리아에 대한 부르조아지의 선전포고로 규정하면서 신빈민법의 폐지를 강력하게 주장한다(Engels, 1969b : 224).

사회정책들 가운데 칼 맑스가 상대적으로 많은 관심을 기울인 분야는 아동교육이다. 앞에 서술한 대로 칼 맑스는 공장법이 가져온 긍정적인 결과 중의 하나로 근로아동들에 대한 초등교육의 실시를 들고 있다. 그는 근로아동에 대해서도 직질한 교육이 제공되어야 한다고 주장하면서 교육의 내용으로 지식교육, 체육, 직업훈련(생산과정에 필요한 기본적인 기술 및 모든 직업들에서 요구되는 초보적인 도구들의 사용법 숙달)을 지적한다. 칼 맑스는 이러한 교육을 통해서 노동계급이 상류계급이나 중산계급과 같은 수준에 도달하게 될 것으로 기대한다. 그는 근로아동은 교육을 받을 권리가 있으며 사회는 교육을 제공할 의무가 있다고 주장한다. 칼 맑스에 따르면, 아동과 청소년들은 스스로를 위해 행동할 수 없기 때문에 그들의 권리 보호를 위해 대신해 행동해 주는 것이 사회의 의무라는 것이다(Marx, 2000b : 160-1).

이와 같은 아동의 교육권에 대한 관심으로부터 칼 맑스는 공산주의의 전 단계인 사회주의사회에서는 아동에 대한 무상교육의 실시를 주장한다. 그는『공산당선언』에서 당시의 공장에서 행해지던 형태의 아동노동을 폐지하고 교육과 노동의 결합을 주장하면서 공립학교에서의 모든 아동들에 대한 무상교육의 필요성을 제시한다(Marx and Engels, 1883 : 22). 또한, 그는 독일의 프롤레타리아와 자영업자 및 농민들을 위해서 보편적인 무상교육이 도입되어야 한다고 주장하고(Marx and Engels, 1848), 모든 아동에 대한 과학적이고 전문적인 지도 및 아동의 성장에 대한 사회적 책임의 확립이 필요하다고 역설한다(Marx and Guesde, 1880). 프리드리히 엥겔스도 국가의 비용으로 국가시설에서 일정 연령 이상의 모든 아동들에 대한 무상교육의 실시를 주장한 바 있다(Engels, 1847).

칼 맑스는 초등교육을 보편주의의 원칙에 기초하여 제공해야 한다고 주장하면서도 보편주의의 원칙을 고등교육으로까지 확대하는 데에는 반대한다. 고등교육의 경우 중산층 이상의 학생들이 대부분을 차지하기 때문에 무상으로 제공되어서는 안 된다는 것이다. 그에 따르면, 만일 미국의 어떤 주들에서와 같이 고등교육이 무상으로 제공된다면 그것은 상류층의 교육비용을 일반조세로부터 충당해 주는 것이 된다고 한다. 그는 법률서비스에 대해서도 그것이 주로 재산소유자들에게만 제공된다는 점에서 국가가 무료로 제공해서는 안 된다고 주장한다(Marx, 1970 : 21). 이와 같이 칼 맑스는 보편주의 원칙을 주장하기는 했지만 보편주의 사회서비스가 주로 재산소유자에게만 이익을 줄 경우에는 보편주의의 원칙에 반대한다.

교육 이외에 칼 맑스는 몇 가지 사회정책들에 대해 간단하게 언급한다. 우선, 그는 노동시간을 하루 8시간 및 주당 6일로 제한하고 14세 이하 아동의 노동을 금지할 것을 제안한다. 적절한 휴식시간이 확보되어야 노동자의 건강권과 건전한 사회활동이 보장되고, 아동의 근로가능 연령을 제한해야 아동의 학습권이 보장되기 때문이다. 이와 함께, 그는 최저임금을 법적으로 제정할 것과 동일노동 동일임금의 원칙 적용을 주장한다. 최저임금은 매년 노동자 통계위원회가 작성한 지역별 식품비를 기준으로 하여 결정되며, 동일노동 동일임금의 원칙은 남성노동자와 여성노동자의 임금차별을 해소하기 위한 것이다(Marx and Guesde, 1880).

사회보장의 영역에서 칼 맑스는 국가가 모든 노동자들의 생계를 보장할 뿐 아니라 일할 수 없는 사람들의 생계도 보장해야 한다는 원칙을 제시한다. 국가가 그러한 원칙을 지키기 위해 어떤 정책들을 시행해야 하는가에 대해 구체적으로 서술된 바는 없다. 다만, 그는 노동능력이 없는 노인과 장애인의 생활에 대해 사회가 책임을 져야 하고, 고용주의 기여금에 기초한 사회프로그램을 만들어서 산재사고에 대한 고용주의 책임을 확고히 해야 한다는 점을 분명히 하고 있다(Marx and Guesde, 1880). 칼 맑스는 노인복지서비스와 장애인 복지제도, 그리고 산재보험의 도입을 주장한 것이다.

이와 함께, 칼 맑스는 공중보건에 대해서도 관심을 표명했다. 그는 대영제국의 경제적 번영에 대한 찬사들을 비판하면서 당시 대중들의 건강이 매우 나빴다는 점을 지적한다. 그에 따르면, 한 국가의 공중보건은 대중들의 건강을 의미하며, 대중들은 최하층에 이르기까지 적어도 어느 정도나마 윤택하지 않으면 건강한 생활을 영위할 수 없다고 한다(Marx, 2000a). 이와 같이 칼 맑스는 대중들의 건강 향상을 위해 공중보건 수준의 향상과 함께 물질생활의 보장을 요구한다. 프리드리히 엥겔스도 『주거문제』 등의 저서를 통해 빈곤층 지역의 위생문제를 다룬 바 있다. 그는 도시지역의 비위생적인 주거지를 철폐하고 노동자들을 위한 공동주택의 건설을 제안한다(Engels, 1995).

칼 맑스는 이상과 같은 각종 사회정책의 재원을 마련하기 위해 고소득층에 대해 더 많은 세금을 부과할 것을 제안한다. 그에 따르면, 소비세와 같은 간접세는 모두 폐지하고 매우 누진적인 성격의 소득세를 중심으로 조세제도가 개편되어야 한다는 것이다(Marx, 2000b : 163; Marx and Engels, 1848; Marx and Engels, 1883 : 22). 보다 구체적으로, 칼 맑스는 프랑스 노동자정당의 정강정책을 제시하면서 3,000프랑 이상의 소득을 누진세로 전환할 것을 요구한 바 있다(Marx and Guesde, 1880). 공산주의의 전 단계인 사회주의에는 사유재산이 철폐되지 않고 자본주의의 사회계급들이 부분적으로 남아 있기 때문에 누진성이 강한 소득세를 통해 사회불평등을 줄여야 한다는 것이다.

4. 평 가

1) 복지국가 비판론과 긍정론에 대한 해석

이상과 같이 칼 맑스는 사회개혁 내지는 사회정책에 대해 서로 상반되는 두 가지 견해를 제시한다. 그는 노동계급의 생활을 향상시켜 계급갈등을 줄이고 사회주의혁명의 발발 가능성을 줄인다는 점에서 사회개혁정책을 반대한다. 사회정책과 같은 사회개혁조치들은 노동계급을 자본주의체제에 묶어 놓기 위한 뇌물에 불과하다는 것이다. 다른 한편, 그는 노동자들의 생활을 보다 향상시켜 준다는 점에서 사회개혁정책의 도입에 찬성한다. 사회정책을 통해 노동자들의 인간성 회복이 보다 가능해질 수 있다는 것이다.

이러한 두 가지 상충되는 견해는 어떻게 해석되어야 할 것인가? 대부분의 학자들은 칼 맑스가 복지국가에 반대하였다는 견해를 지지한다. 그들에 따르면, 칼 맑스는 사회주의혁명을 통해 자본주의를 극복하는 것을 최우선의 과제로 했기 때문에 사회정책 혹은 복지국가와 같은 자본주의체제 내의 개혁들에 반대하였다고 한다. 그가 사회개혁조치들에 동조하는 경향을 보일 때도 있지만 그것은 어디까지나 예외적인 것이며, 그러한 예외를 가지고 그의 사상 전체를 호도해서는 안 된다는 것이다. 예를 들어서, 어떤 학자는 칼 맑스가 『자본론』에서 공장법의 분석을 통해 사회입법의 중요성을 제시하기는 했지만, 그러한 것을 그의 사상 전반에 대한 고려 없이 단편적으로 해석하게 되면 오류에 빠지게 된다고 지적한다(Pereira, 2013 : 52).

정통 맑스주의에 속하는 독점자본론이 자본주의체제 유지의 관점에서 복지국가의 핵심적인 기능을 설명하는 것도 이상과 같은 해석을 뒷받침한다. 독점자본론의 핵심적인 주장은 독점자본주의단계에서 국가가 자본가에 의한 지나친 착취를 예방하여 노동계급의 존속을 보장하고 국가와 사회체제에 대한 노동계급의 지지를 확보하기 위해 사회보장프로그램을 비롯한 각종 사회정책들을 시행하였다는 것이다.

이러한 관점에 따르면, 복지정책들은 노동계급이나 빈곤층의 생활을 향상시키기는 하지만, 노동계급의 계급의식을 약화시키고 자본주의체제에 종속시키는 결과는 낳는다는 점에서 복지국가의 진정한 수혜자는 자본주의체제의 안정화라는 결실을 얻은 자본계급이라고 한다. 이와 같이 노동계급의 진정한 해방을 의미하는 사회주의혁명을 방해한다는 점에서 독점자본론은 복지국가를 노동계급의 적으로 평가한다(Gough, 1979; O'Connor, 1973; Offe, 1984).

이상과 같은 해석은 사회주의혁명을 통한 자본주의의 극복이라는 칼 맑스의 근본적인 관심을 반영하기는 했지만, 매우 극단적이고 편향된 것일 수 있다. 이러한 해석에 따르면, 칼 맑스는 사회주의혁명을 가장 중시했기 때문에 계급의식과 계급갈등의 확산을 가로막는 어떤 형태의 사회개혁에도 반대한 것이 된다. 실제로, 어떤 학자는 칼 맑스의 논리를 따르면 빈곤은 혁명의 촉발제이기 때문에 결국은 빈곤층에게 좋은 것이라는 결론에 이른다고 한다(Pinker, 1972 : 37).

칼 맑스가 사회주의혁명을 아무리 간절하게 염원했다고 하더라도 이러한 해석은 지나친 것이다. 칼 맑스가 자본주의를 비판하고 공산주의사회의 도래를 꿈꾼 것은 자본주의가 분업체제와 착취를 통해 노동의 소외와 노동자의 비인간화를 초래하기 때문이었다. 그의 궁극적인 관심은 노동자들의 인간화 내지는 인간적인 삶의 회복에 있었던 것이며, 사회주의혁명은 그러한 목적을 위한 수단이었다. 이런 점에서 그가 사회주의 혁명이라는 궁극적인 목적을 위해 노동자들의 현실적인 고통에 눈감을 뿐 아니라 오히려 그것을 더 부추겼다고 해석하는 것은 칼 맑스 사상에 대한 심각한 왜곡이 아닐 수 없다.

인간 소외의 극복과 인간성의 회복을 추구했던 칼 맑스의 관점에서 볼 때 프롤레타리아의 생활향상을 목적으로 하는 사회개혁조치들은 비록 자본주의 사회의 근본적인 변화를 가져오지는 못한다고 하더라도 환영할 만한 것이다. 실제로, 칼 맑스는 공장법에 대해 평가하면서 그러한 개혁조치들이 미래에 도래할 사회주의 혁명을 기다리는 동안 프롤레타리아가 겪을 고통을 경감해 줄 수 있다는 점에서 의의가 매우 크다고 지적한 바 있다(Marx, 1987 : 20).

칼 맑스는 노동계급이 착취관계에서 벗어나 진정한 인간다운 삶을 누리기 위해서는 사회주의혁명을 통한 자본주의의 폐지와 공산주의사회의 건설이 필수적이라고 생각한다. 이런 관점에서 보면 자본주의의 사회문제를 경감시키는 데 불과한 사회정책과 같은 사회개혁조치들은 근본적인 해결책이 될 수 없다. 그렇다고 해서, 칼 맑스가 사회개혁조치들을 언제나 불필요하다거나 해로운 것으로 간주했다고는 할 수 없다. 오히려 그는 노동계급의 현실적인 고통을 줄여주는 사회개혁조치들을 환영하였다. 그가 반대한 것은 사회개혁을 궁극적인 목적으로 삼는 개혁주의라는 이데올로기이지 사회개혁조치 그 자체가 아니었던 것이다.

사회정책을 비판하는 동시에 옹호하는 칼 맑스의 견해는 분명히 모순적인 것이지만, 혁명과 개혁에 대한 그의 기본적인 관점을 통해서 보면 어느 정도 이해될 수 있다. 자본주의사회의 극복과 사회주의사회의 건설에 대한 칼 맑스의 기본적인 관점은 '가능한 곳에서는 개혁을, 필요한 곳에서는 혁명을'이었다(George, 2010 : 126). 그에 따르면, 자본주의의 착취관계를 해소하기 위해서는 각 국가의 사정에 따라서 폭력적인 혁명뿐 아니라 평화적인 방법도 사용될 수 있으며,[11] 노동계급을 대변하는 사회세력과 정당들은 일차적/장기적으로

---

11) 칼 맑스는 자본주의의 극복을 위한 수단이 어디서나 똑같다고 주장하지 않는다. 그에 따르면, "우리는 다양한 국가들의 제도들, 관습들, 전통들을 고려하여야 하는 것을 알고 있으며, 미국이나 영국처럼 (혹은 네덜란드까지 포함할 수 있다) 노동자들이 자신들의 목적을 평화적인 방법으로 획득할 수 있는 나

는 사회주의혁명을 추구하되 단기적으로는 노동계급의 현실적인 고통을 경감시키기 위한 사회개혁조치들의 도입을 추구해야 한다는 것이다.

2) 평 가

칼 맑스는 사회주의혁명의 필요성과 필연성을 중시하는 한편, 프롤레타리아에게 가해지는 생활상의 고통을 줄이고 그들의 지위를 향상시키기 위한 사회개혁조치의 필요성과 정당성을 강조한다. 다만, 칼 맑스는 자본주의 체제 하에서 복지국가와 같이 자본주의의 착취관계를 제약하는 사회제도가 체계적으로 정착될 수 있는가 하는 데 대해서는 매우 회의적이다. 그가 볼 때, 자본주의 국가는 자본계급의 이익에 봉사하며, 이러한 국가가 노동계급을 위한 사회보장프로그램을 체계적으로 도입할 수 없는 일이기 때문이다. 공장법의 사례에서 보듯이 자본주의 국가는 강력한 노동운동의 압력이나 사회적 위기 등의 이유로 사회개혁조치들을 도입할 수는 있지만, 그것들은 어디까지나 사회주의혁명이 도래하기 전까지의 일시적인 방편에 불과하다. 자본주의 시장경제가 초래하는 빈곤과 사회불평등을 줄여주는 사회제도들의 도입은 자본주의 국가의 능력 밖에 있는 것이다.

칼 맑스는 사회주의혁명이 성공한 이후에야 제대로 된 사회정책들이 체계적으로 시행될 수 있는 것으로 간주한다. 그는 사회주의혁명 이후의 사회를 두 단계로 구분한다. 우선, 모든 사람들이 자신의 노동에 따라 사회적 자원을 분배받는 사회주의사회에서는 국가의 권력이 프롤레타리아의 수중에 있기는 하지만 사회불평등이 여전히 남아있다. 시장기제가 작동하고 자본에 의한 노동의 착취가 잔존하기 때문이다. 이 단계에서는 프롤레타리아가 권력을 장악하기 때문에 국가가 프롤레타리아의 이익을 위한 사회정책을 도입할 의지와 능력을 지니며, 사회불평등을 완화하기 위한 사회개혁조치들이 제대로 실행

라들이 있다는 것을 부정하지 않는다"는 것이다(Marx, 1971b : 294).

될 수 있다. 사회주의사회 이후에는 공산주의사회가 도래한다. 이 단계에서는 국가와 시장이 소멸하고, 착취와 사회불평등이 사라진다. 모든 사람들은 노동의 의무를 지니지 않으며, 능력에 따라 노동하고 욕구에 따라 분배받는다. 따라서 국가에 의한 사회개혁조치는 더 이상 가능하지도 않고 필요하지도 않게 된다.

칼 맑스가 가장 강조하는 사회정책은 아동을 위한 무상교육이다. 그가 무상교육을 강조하는 이유는 모든 아동들이 교육받을 권리를 지님에도 불구하고 빈곤층 아동들은 근로를 한다거나 교육비용을 감당하지 못한다는 이유로 제대로 된 교육을 받지 못하기 때문이다. 그는 무상교육을 통해 빈곤층 아동들이 적절한 직업을 얻고 중산층 수준의 생활을 누리게 될 것으로 기대한다. 이와 같이 교육을 계층상승의 도구로 간주하고 교육의 중요성을 강조한다는 점에서 칼 맑스는 기회의 평등 정책에 깊은 관심을 가지고 있는 것으로 보인다.

교육 이외에 칼 맑스가 깊은 관심을 보인 사회정책은 노동시간 및 노동일의 제한, 근로가능연령의 제한, 최저임금 제정, 동일노동 동일임금의 원칙 확립 등의 노동정책이다. 이러한 정책들은 자본가의 착취를 제한함으로써 노동자에게 나은 생활을 보장하며, 최저임금의 경우에는 자본계급과 노동계급 간의 소득불평등을 축소하는 효과를 지니기도 한다. 칼 맑스는 노동계급의 보호 및 사회불평등의 축소와 같은 결과의 평등 정책에도 깊은 관심을 보인 것이다.

시장의 불평등을 축소시키고 결과의 평등을 가져오는 대표적인 사회적 기제는 공공부조와 같이 수직적 소득재분배 효과를 지니는 사회보장프로그램이다. 일할 수 없는 사람들의 생활을 국가가 보장해야 한다는 원칙을 내세운다는 점에서 칼 맑스는 빈곤층과 사회적 약자를 대상으로 하는 공공부조의 필요성에 동의하는 것으로 보인다. 우선, 그는 노인과 장애인 등 노동능력이 미약한 사회적 약자들의 생활을 보장하기 위한 공공부조프로그램의 도입에 대해서는 명확하게 찬성한다. 반면에, 그는 노동능력을 지닌 빈곤층을 대상으로 하는 공공부조에 대해서는 명확하게 언급하지 않는다. 그렇지만, 프리드리히 엥겔스가 신빈민법에 반대하면서 관대한 성격의 공공부조에 찬성했던 것처럼 칼 맑스도 노동능력을 지닌 빈곤층을 대상으로 하는 사회프로그램의 도입에 반대하지 않았을 것이다.

사회보험프로그램 가운데서 칼 맑스가 분명하게 언급한 것은 산재보험이다. 그는 산업재해가 만연한 당시의 사회상황에서 노동력을 상실한 노동자들의 생활보장에 깊은 관심을 보인 것이다. 사회보장프로그램의 비중이나 사회적 영향력의 측면에서는 산재보험보다는 연금이 훨씬 더 크고 중요하지만, 산재보험은 19세기 중후반 노동운동의 핵심적인 요구사항이었다. 게다가 퇴직이후의 노후소득을 보장하는 연금에 비해서 산재보험은 산재사고를 당한 노동자와 그 가족의 생활을 즉각적으로 보장한다는 점에서 훨씬 더 시급성을 요하는 것이었다.

전반적으로 볼 때, 칼 맑스는 복지정책 내지는 사회보장프로그램에 대해 그다지 많은 관심을 보이지 않았다. 그가 제안한 사회프로그램들은 그 당시 이미 존재했거나 사회적으로 이슈가 되는 것이었으며, 그는 모든 시민을 대상으로 하는 건강보험이나 아동수당 등의 보편주의 사회프로그램에 대해서는 언급하지 않았다. 이런 점에서, 사회복지프로그램에 대한 칼 맑스의 견해는 독창적이거나 포괄적이지 않다는 일부 학자들의 평가는 적절한 것이다 (George, 2010 : 232).

그가 제시하는 아동교육이나 다른 몇 가지의 사회보장프로그램들은 모두 무상으로 제공되는 것이다. 산재보험은 보험료 납부를 전제로 하지만 수급자인 노동자는 보험료를 전혀 부담하지 않는다. 칼 맑스는 사회프로그램의 제공에 있어서 보편주의의 원칙을 내세우고 있는 것이다. 이와 함께, 그는 사회프로그램의 재원으로 누진성이 강한 소득세의 사용을 주장한다. 고소득층에게서 보다 많은 세금을 얻어서 모든 시민들이 자신에게 필요한 사회서비스를 받을 수 있도록 하자는 것이다.

이상과 같이 칼 맑스가 사회주의단계에서 가능할 것으로 제시한 사회정책들은 현대 보편주의 복지국가의 것들과 매우 유사하다. 스웨덴의 예에서 보듯이 현대의 보편주의 복지국가는 막대한 조세를 바탕으로 하여 무상의료나 아동수당 등의 보편주의 사회프로그램들을 시행하고, 보편주의 성향이 강한 사회보험을 제공하며, 이를 통해서 자본주의 시장경제의 소득불평등을 줄이고 사회적 약자들과 근로자들의 생활을 적절한 수준에서 보장한다. 칼 맑스가 사회주의단계에서나 가능할 것으로 생각했던 사회정책들이 자본주의단계의 현대 복지국가에서 상당부분 실행되고 있는 것이다.

자본주의체제하에서의 보편주의 복지국가의 성립 가능성을 부정한 칼 맑스의 진단은 잘못되었다. 그렇지만, 칼 맑스는 사회주의사회에서의 사회정책에 대한 서술을 통해 현대 복지국가이론에 일정 정도 기여하였다. 정부가 사회불평등 문제의 해결을 위해 누진성이 강한 소득세를 바탕으로 모든 시민들에게 무상으로 사회서비스를 제공해야 한다는 칼 맑스의 견해는 보편주의 복지국가이론들의 사상적 토대가 되어 있다.[12)]

5. 현대 복지국가이론들과의 관련성

자본주의사회의 개혁에 대한 칼 맑스의 두 가지 상반된 견해는 현대 복지이론에 두 가지 형태로 계승되었다. 이 가운데 하나는 현대 복지국가이론에서 독점자본론/맑스주의로 불린다. 이 이론은 자본주의사회에서 국가는 자본가의 이익에 봉사하며, 노동계급을 위한 사회정책의 시행은 불가능하다는 칼 맑스의 견해를 계승한다. 복지정책 내지는 복지국가는 노동계급과 빈곤층에게 약간의 물질적 보상을 제공하기는 하지만, 노동계급을 자본주의 체제에 통합시킴으로써 자본주의의 착취관계를 유지 내지는 확장시키는 기능을 한다는 것이다.

독점자본론에 따르면, 복지국가는 19세기 후반 독점자본주의 단계를 맞아

---

12) 어떤 학자는 칼 맑스를 근대 복지국가의 기초를 놓은 사람으로 간주해야 한다는 주장을 한다. 칼 맑스가 그려낸 사회주의사회는 혼합경제체제로서 현대적 의미의 복지국가라는 것이다(Zilbersheid, 2004 : 90).

서구에서 싹트기 시작하여 20세기 독점자본이 강화되면서 급속하게 발달했다고 한다. 그 대표자인 제임스 오코너에 따르면, 자본주의 국가는 자본가들의 이윤을 보장하는 한편, 노동자들에 대해 자신의 정당성을 획득하기 위해 복지정책을 시행한다고 한다. 복지정책들은 노동계급에게 생활상의 안정을 제공함으로써 노동자들의 계급의식을 희석시키고 사회주의혁명을 가로막으며, 이와 같이 자본주의체제를 안정화시킨다는 점에서 복지국가는 궁극적으로는 자본가 계급의 이익에 봉사하는 것이다.

또 다른 견해는 권력자원이론 혹은 사회민주주의론으로 불린다. 권력자원이론은 노동계급의 정치적 압박을 통해 자본주의 체제 내에서도 사회개혁이 가능하다는 칼 맑스의 견해를 계승한다. 노동조합이 노동자들을 잘 조직하고 동원하여 국가에 대해 합법적 비합법적 압력을 가하게 되면 자본주의 국가라고 할지라도 노동계급의 이익을 반영하는 복지정책을 제공하게 된다는 것이다.

권력자원이론에 따르면, 복지국가는 노동계급의 대변하는 정치세력, 즉 사회민주당이 강력하면 강력할수록 더 발달한다. 그 대표자인 요스타 에스핑-안데르센에 따르면, 자본주의 체제하에서도 사회민주당이 정권을 장악하면 노동계급과 일반시민들을 위한 사회개혁조치들을 체계적으로 도입할 수 있다고 한다. 사회민주당은 자신의 정치적 기반 강화를 위해 노동계급 및 일반시민 전체를 대상으로 하는 보편주의 사회프로그램을 도입 확대하고, 이를 통해 복지국가의 급속한 발전을 도모한다는 것이다. 이러한 보편주의 복지국가는 시장에서 발생하는 사회불평등을 가능한 한 최소화하고 빈곤층을 포함한 모든 시민들이 안정적이고 적절한 생활을 할 수 있도록 보장한다.

Chapter 4
막스 베버(Max Weber)

1. 인 물[1)]

막스 베버는 1864년에 독일 에르푸르트에서 부유한 정치가 부친과 경건한 청교도 모친 사이에서 태어났다. 그는 하이델베르크 대학과 베를린 대학에서 법학을 전공하였고, 1889년에 이탈리아 무역회사들의 조직 발달에 대한 논문으로 박사학위를 받았다. 그는 1894년에 프라이부르크 대학에 경제학 교수로 초빙되었고, 1896년에는 하이델베르크 대학 경제학 교수가 되었다. 그러나 그는 1897년부터 신경쇠약과 우울증에 시달리게 되어 1899년에 휴직을 하였고, 1903년에는 교수직에서 물러났다. 막스 베버는 1919년이 되어서야 교수직에 복귀하였지만, 1920년에 폐렴증세로 사망하였다.

막스 베버(1864~1920)

1) 특별한 언급이 없으면 이 부분에 대해서는 (Adams and Sydie, 2001; Derman, 2012; Gerth and Gerth, 1949; Morrow, 2009; Kalberg, 2011; Radkau, 2009; Ritzer and Smart, 2001)을 참조하였다.

막스 베버는 일생 동안 매우 다양한 사회적 활동을 전개하였다. 그는 1909년에 독일 사회학회의 창설에 참여하였고 1919년에는 회장을 맡았다. 또한, 그는 1918년에 베르사유 조약의 독일 측 정전위원회 고문을 맡았고, 1919년에는 바이마르 헌법의 기초를 마련하는 일에 참여하였다. 이와 함께, 막스 베버는 자유주의 색채의 독일민주당의 창설에 참여했고, 실패로 끝나기는 했지만 의원선거에 출마하기도 하였다.

막스 베버는 자유주의적 개혁주의자였다. 그는 경제적 개인주의, 경쟁, 개인의 자율성과 책임 등의 가치를 중시했으며, 이러한 가치들을 기반으로 하는 자본주의 시장경제에 대해 매우 우호적이었다(Beetham, 1974 : 47-8). 그에게 있어서 시장경제체제는 모든 개인들이 자신의 이념적·물질적 이해관계를 위해 투쟁하는 곳이며, 개인들 간의 경쟁을 통해 사회에 대해 최대한의 동력을 제공하고 개인들에 대해 최대한의 자유를 보장하는 곳이기도 하다. 이런 점에서 그는 시장의 자유로운 작동을 방해하는 국가의 개입이나 혼합경제에 대해서 원칙적으로 반대하는 입장이었다(Mommsen, 1989 : 29, 39).

다른 한편, 막스 베버는 매우 진지한 민족주의자였다. 그는 독일이 자본주의 개혁을 통해 강력하고 부유한 국가가 되어 다른 열강들과의 경쟁에서 뒤처지지 않기를 염원했다. 막스 베버는 독일의 제국주의적 확대를 지지하였고, 50세의 나이에 1차 대전에 야전병원장으로 참여하였다.[2] 또한 그는 민주주의보다는 카리스마를 지닌 지도자의 통치를 선호하기도 했다.[3] 이상과 같은 특징들로 인해서 막스 베버는 일부 학자들로부터 나치의 등장을 합리화했

2) 막스 베버는 독일의 국제적 위상을 높이고 국가적 이익을 실현할 수 있는 강력한 독일을 열망했다. 1916년의 한 연설에서 막스 베버는 세계의 미래에 관한 정책결정과정에서 발언권을 지니기 위해 우리는 강력한 국가를 가져야 하고 전쟁을 무릅써야만 한다고 주장했다(Holton and Turner, 1989 : 65−66; Mommsen, 1989 : 28−9). 보다 구체적으로, 그는 독일이 서구열강에 의해 아직 식민지화되어 있지 않은 지역을 확보할 것을 요구하였고, 이를 위해 막강한 해군을 건설하고 아프리카와 같이 미개발된 지역들에 식민지를 건설하고자 하는 야심에 찬 세계정책을 세우는 것이 필수적이라고 주장하였다(Dermat, 2012 : 25).

3) 막스 베버는 직접 민주주의가 국가권력의 축소를 초래하는 데 반대하면서 '지도자 없는 민주주의' 대신에 '영도자(Führer) 민주주의'를 요구했다(Mommsen, 1984 : 189).

다는 비판을 받았기도 했다(Derman, 2012 : 8-9).

막스 베버의 학문적 여정은 법학에서 출발하여 상당기간 경제사 분야에 머물렀다. 그는 1904년에야 사회학과 연관된 논문들을 쓰기 시작했으며, 이것들은 『프로테스탄트 윤리와 자본주의 정신』라는 그의 대표작 속에 포함되었다. 이후 그는 사회학 분야의 매우 다양한 주제들에 대해 수많은 글을 썼다. 그의 대표작으로는 위의 책 이외에 사후에 편집되어 출간된 『종교사회학』(1922), 『일반경제사』(1923), 『사회경제조직론』(1925) 등을 들 수 있다. 그의 사회학 관련 논문들은 대부분 『경제와 사회』, 『막스 베버로부터』 등의 편집서들에 포함되어 있다.

막스 베버는 '정당성', '합리성', '가치중립', '이념형' 등 현대 사회학의 핵심적인 용어들을 만들거나 통용시켰음에도 불구하고 생전에는 물론이고 사후에도 오랫동안 사회학자로서는 그다지 높은 평가를 받지 못했다. 그 자신이 경제사분야의 교수를 역임하고 있던 데다가 독일의 전통적인 사회학에서 크게 벗어나는 학문적 경향을 보였기 때문이다. 막스 베버가 고전사회학의 거두로 옹립된 것은 이차대전 이후 미국 사회학계를 이끌었던 탈코트 파슨스에 의해서이다. 그는 현대 사회학계에서 가장 커다란 영향력을 행사하고 가장 많은 추종자를 거느리는 고전이론가이다.

2. 사회학이론[4)]

막스 베버는 가치중립과 이해(understanding)를 중심으로 한 사회학의 방법론, 사회변동, 문화사회학, 근대성과 합리성, 종교사회학, 사회심리학, 계급, 국가, 관료제, 지배유형과 리더십 등 사회학의 광범한 주제들에 대해 선구적인 연구결과들을 남겼다. 이하에서는 복지이론과 연관성을 지닌 몇 가지 사회이론들에 대해 간략하게 소개한다.

4) 특별한 언급이 없는 한 이 부분은 (Adams and Sydie, 2001; Beetham, 1974; Derman, 2012; Giddens, 1971; Morrow, 2009; Turner, 1999)에 기초하였다.

1) 가치관과 사회변동

사회학 분야에서 막스 베버의 가장 커다란 공헌은 물질적인 이해관계보다는 이념적인 이해관계 혹은 가치관의 변화가 사회변동에 있어서 핵심적인 역할을 수행한다고 주장한 데 있다. 막스 베버는 물질적인 것이 사회변동의 핵심이라는 칼 맑스의 역사유물론을 반박하고자 오랫동안 노력했으며, 1904년에 발표한 『프로테스탄트 윤리와 자본주의 정신』에서 그러한 노력의 결실을 맺었다.

그 저서에 따르면, 종교개혁 이후 캘빈이 주도한 청교도주의(캘빈주의)는 구원이 개인의 행실이나 믿음에 의해 결정되는 것이 아니라 신의 뜻에 의해 이미 예정되어있다고 가르쳤고(예정설), 이로 인해서 신도들은 현실적으로 자신이 구원받았는지를 확인할 수 없는 상태에 빠졌다고 한다. 이러한 불안한 심리상태를 벗어나서 스스로가 구원받았다는 확신을 얻기 위해 청교도들은 신의 영광을 세속에서 드러내는 일에 몰두하게 되었고, 이것은 세속에서의 성공을 추구하는 것으로 연결되었다. 이제 사람들은 자신의 일을 생활의 수단으로가 아니라 신의 영광을 드러내는 천직(calling)으로 여기고 검약과 금욕주의를 바탕으로 경제활동에 매진하게 되었다는 것이다. 이와 같이 세속적인 금욕주의를 바탕으로 하는 새로운 가치관 혹은 심리상태를 막스 베버는 '기업가 정신' 혹은 '자본주의 정신'이라고 부른다.

막스 베버는 이러한 새로운 가치관의 형성이 현대적 의미의 자본주의체제의 탄생에 결정적인 것이라 주장한다. 전통사회에서는 사람들이 자신의 일을 힘든 노동으로 여기고 돈을 벌어서 더 많이 소비하고자 했기 때문에 아무리 사회적으로 돈이 많고 시장이 발달해도 새로운 경제체제가 만들어질 수 없었다는 것이다. 결국, 현대 자본주의 경제체제의 발달을 가져온 핵심적인 요소는 자본이나 시장 혹은 기술수준과 같은 물질적인 것이 아니라 종교개혁에서 발원한 새로운 가치관의 형성이었고 한다.

막스 베버는 그러한 자신의 주장을 입증하기 위해서 유럽에서 가톨릭이 지배적인 지역과 청교도가 지배적인 지역을 비교한다. 그에 따르면, 가톨릭이 지배적인 지역에서는 새로운 경제체제의 발달이 더딘 반면에 청교도가 지배적인 지역에서는 자본주의경제체제가 발달했고, 자본이나 시장 등 물질적인 조건에서의 차이가 없다는 점을 감안할 때 새로운 경제체제의 발달을 초래한 것은 종교개혁에 따른 가치관의 변화라는 것이다. 이후 막스 베버는 『중국의 종교』, 『인도의 종교』, 『고대 유대교』 등 종교사회학 3부작을 발표하면서 가치관과 사회변동에 대한 자신의 주장의 타당성을 높이고자 하였다. 그에 따르면, 이들 지역은 기술수준이 높고 도시와 상업이 발달했음에도 불구하고 종교적 특성으로 인해서 전통적인 가치관이 지배적이었고 자본주의와 같은 새로운 경제체제를 탄생시킬 수 없었다고 한다.

이상에서 보듯이 막스 베버는 종교개혁에서 발원하는 지배적인 가치관의 변화를 사회변동의 일차적인 요인으로 간주한다. 그가 물질적인 이해관계와 이념적인 이해관계 사이의 상호작용을 강조하고 프로테스탄트 윤리와 자본주의 정신 간의 선택적 친화성을 인정한 것은 사실이다. 그렇지만, 사회학자로서의 막스 베버를 특징짓는 것은 이념적인 이해관계 혹은 지배적인 가치관이 인간행동과 사회생활을 이해하는 핵심요소라는 주장이다. 그가 탈코트 파슨스에 의해 최고의 고전사회학자로 옹립된 가장 커다란 이유도 바로 그러한 주장 때문이며, 현재 그를 따르는 수많은 베버주의자들(Weberians)의 공통점도 사회현상의 설명에 있어서 이념적인 이해관계 혹은 가치관을 강조한다는 점이다.

2) 국가와 관료제

칼 맑스와 막스 베버가 대립하는 또 하나의 주제는 국가와 부르조아지 계급과의 관계이다. 칼 맑스는 국가가 자본주의사회의 지배계급인 부르조아지에 의해 통제되거나 그들의 이익에 봉사하는 존재로 간주한다. 그에 따르면, 국가는 지배계급의 권력에 종속되며, 국가는 특별한 경우를 제외하고는 부르조아지의 계급적 이해와 충돌하는 정책을 추진할 수 없는 것이다. 반면에, 막스 베버는 국가가 지배계급으로부터 어느 정도 자유로울 뿐 아니라 지배계급을 포함한 모든 사회계급보다 더 강력한 권력을 지니는 것으로 간주한다. 그에 따르면, 국가는 자신의 이익을 가장 중시하며, 필요하다면 지배계급의 이익을 침해하는 정책을 추진할 수 있는 존재인 것이다.

막스 베버는 국가의 자율성과 국가권력의 우월성을 국가의 업무를 담당하는 관료기구를 통해 설명한다. 그에 따르면, 공식적인 고용, 월급, 연금, 승진, 전문적 훈련 및 기능적 분업, 명확한 권한의 영역 등을 특징으로 하는 관료제는 근대 자본주의의 발전과 밀접한 관계에 있으며, 합리성을 잘 드러낸다는 점에서 근대사회의 특징이자 국가 근대화의 척도가 된다. 근대사회에서는 권력이 통치자 개인을 통해서가 아니라 행정적 절차들을 통해 행사된다는 점에서 정부의 중요한 정치적 결정은 관료들의 손에 달려있으며, 근대국가에서의 실질적인 통치자는 정치가나 대중 혹은 기업가들이 아니라 필연적으로 관료기구일 수밖에 없다는 것이다.

이와 함께, 관료집단은 다른 사회집단들을 자신만의 이익을 추구하는 존재로 비판하면서 스스로를 당파적인 편견으로부터 벗어나 객관적인 국가이익을 추구하는 존재로 간주한다고 한다. 이와 같이 관료집단이 스스로를 다른 사회집단들보다 더 우월한 존재로 간주하는 이유는 자신들이 보유한 지식과 경험이 다른 집단들의 것에 비해 훨씬 우월한 것으로 믿기 때문이다. 여기서 관료집단이 보유한 지식이란 특별한 훈련을 통해 습득한 전문적 지식과 관료기구를 통해서만 얻을 수 있는 공식적인 정보를 지칭한다.

관료집단은 정책결정에 있어서 국가이익을 최우선으로 하고 특정 사회계급의 이해관계가 아니라 보편적인 이해관계를 추구해야만 하지만, 현실적으로는 그렇지 않다. 막스 베버에 따르면, 관료집단은 자신의 우월한 지위를 바탕으로 하여 자신의 독자적인 이해관계를 추구한다. 관료집단은 사회적 위계질서 내에서 자신의 지위를 확고히 하고, 인적으로나 조직적으로 관료기구를 확대하며, 관료기구가 보유하는 권력을 더욱 강화하는 데 공통의 이해관계를 지닌다는 것이다.

3) 사회계층

막스 베버는 사회계층에 대해서도 칼 맑스와 대립되는 견해를 제시한다. 칼 맑스에 따르면, 사회계층 혹은 계급은 사회의 주요한 생산수단의 소유여부에 따라 구분된다. 자본주의사회의 계급구조는 자본의 소유자인 자본계급(부르조아지)과 자본을 소유하지 않은 노동계급(프롤레타리아), 그리고 소규모의 자본을 소유한 자영자계급(쁘띠 부르조아지)으로 구성된다는 것이다. 이와 함께, 칼 맑스는 자본을 소유한 지배계급이 경제적 권력뿐만이 아니라 정치적 권력이나 사회적 권력도 독점하는 것으로 간주한다.

이에 반해서, 막스 베버는 사회계층이 계급, 지위집단, 정당이라는 세 가지 기준에 의해 구분된다고 주장한다. 우선, 계급은 동일한 시장상황을 공유하는 개인들의 집단을 말한다. 여기서 시장상황이란 시장에서 필요로 하는 재화와 용역(전문지식)의 소유 여부에 따라 결정된다. 이러한 기준에 따르면, 자본주의의 사회계급은 사업가집단(재산소유 집단), 쁘티 부르조아지(소규모 재산소유 집단), 화이트칼라 및 지식인(용역소유 집단), 육체노동자(재산과 용역의 비소유 집단)로 나뉜다고 한다.

다음에, 지위집단은 명예나 사회적 존경심의 정도가 비슷한 사람들의 집단을 말한다. 계급이 객관적인 조건에 따른 분류라면 지위집단은 사람들의 주관적 평가에 따른 것이다. 지위집단은 특정한 생활양식을 통해서 스스로를 다른 집단과 차별화할 뿐 아니라 주로 비슷한 지위에 속하는 사람들과 통혼하거나 교류한다. 지위집단의 예로서는 종교계나 문화계 인사들로 이루어진 사회지도층을 들 수 있다. 많은 경우 재산이 높은 수준의 지위집단에 속하기 위한 조건이 될 수는 있지만 졸부의 예에서 보듯이 재산이 많다고 하여 언제나 상층부 지위집단에 속할 수는 없는 것이다.

마지막으로, 정당은 정치권력의 획득이라는 공동의 목표를 추구하기 위해 결성된 사람들의 집단을 말한다. 계급이나 지위집단도 정치권력의 기반이 될 수는 있지만 권력 분배에 대한 영향력의 측면에서는 정당에 못 미친다. 또한 노동계급이 보수적인 정당의 일원이 되기도 하는 현실에 비추어 볼 때 정당은 다양한 계급들과 지위집단들로부터 충원되며, 칼 맑스의 주장과는 달리 자본계급과 같은 지배계급이 정치권력을 독점할 수는 없는 것이다. 또한, 다양한 사회적 배경으로부터 충원된다는 점에서 정당은 특정 계급이나 지위집단의 이해만을 추구할 수 없다.

이상에서 보듯이 막스 베버는 사회불평등이 계급, 지위집단, 정당의 세 가지 요인에 의해 발생하는 것으로 간주한다. 그의 주장에 따르면, 자본을 소유한 자본계급이라고 하더라도 언제나 사회적 존경이나 정치적 권력을 지닐 수 있는 것은 아니며, 자본을 소유하지 않은 사람이라도 하여 사회적 존경이나 정치적 권력을 지닐 수 없는 것도 아니다. 이와 같이 사회불평등의 근원을 다차원적으로 분류함으로써 막스 베버는 복잡하고 다양해져가는 현대사회의 계층구조를 이해하는 데 크게 기여한 것으로 평가된다.

4) 지배유형

막스 베버는 강제(coercion)와 정당화(legitimation)를 정치권력의 근원으로 간주한다. 여기서 강제는 정치권력의 유지를 위한 핵심요소이기는 하지만 통치에 있어서는 그것만으로 불충분하다. 강제는 군인이나 경찰 등 물리력을 행사하고 시민들을 감시할 다수의 인원들을 필요로 하기 때문에 비용이 많이 들고 사회를 매우 불안정하게 만들기 때문이다. 막스 베버가 볼 때 정치권력이 제대로 유지되려면 정당화가 필요불가결하다. 정당화가 제대로 작동하면 시민들은 물리적 강제 없이도 자발적으로 정치권력에 복종하고 사회질서가 잘 유지되기 때문이다.

막스 베버는 통치에 대한 정당화를 가능하게 하는 조건에 따라서 지배유형을 크게 세 가지로 나눈다. 첫째는 전통적 지배(전통적 권위)이다. 전통적 지배는 사람들이 통치자의 권력을 신성시하고 현재의 통치 질서를 옛날부터 존속되어 온 것이기 때문에 정당한 것으로 간주하는 데 기초한다. 통치자는 자신에게 사적인 충성을 바치는 개인들을 중심으로 행정기구를 조직하며, 합리적인 법에 의해 구속받지 않는다. 다만, 근대사회의 독재자와는 달리 전통적 지배하의 통치자는 중요한 의사결정을 내리는 데 있어서 자의적으로 하기보다는 역사적인 선례를 따르며, 이를 통해서 자신의 결정을 정당화한다.

둘째는 합리적-법적 지배이다. 이러한 유형은 근대사회에서 특징적으로 나타나며, 통치자가 선거나 시험 등 피통치자들이 인정할 수 있는 객관적이고 비인격적인 절차를 통해 선택된다는 특징을 지닌다. 따라서 권력은 통치자 개인의 소유가 아니라 조직상의 권리일 뿐이며, 권력의 행사에 대해서는 법률적으로나 행정적으로 제한과 견제가 따른다. 피통치자뿐 아니라 통치자도 일정한 법적 질서에 종속되어 있는 것이다. 관료제를 특징으로 하는 행정기구는 전문적 역량을 기초로 하여 충원되며, 각 행정요원들의 의무와 권리는 통치자의 자의에 의해서가 아니라 비인격적인 법에 의해 규정된다. 합리적-법적 지배에 기초한 정부는 정치권력을 사용하는 데 있어서 과학기술을 효과적으로 사용하여 기대한 성과를 산출함으로써 스스로를 정당화한다. 막스 베버가 볼 때, 전통사회에서 근대사회로의 이전은 전통적 지배로부터 합리적-법적 지배로의 변화를 의미한다.

마지막은 카리스마적 지배이다. 여기서 카리스마라는 용어는 대중들에 의해 초자연적, 초인간적 혹은 적어도 특별하게 예외적인 권력이나 특성을 지니는 것으로 간주되는 능력을 지칭한다. 카리스마적 지배는 카리스마를 지닌 것으로 간주되는 개인의 통치를 추종자들이 당연하게 수용함으로써 성립한다. 전통적 지배나 합리적-법적 지배가 기존의 통치 질서를 정당화하는 데 반해서 카리스마적 지배는 기존의 사회질서를 부정하고 급진적인 사회변혁을 추구한다는 차이를 보인다. 다만, 카리스마적 지배는 카리스마의 보유자가 사망하면 소멸되기 쉬우며, 그 후계자들에 의한 종교적 의례화와 관료적 제도화를 통해 일상적이고 전통적인 형태로 변질될 가능성이 크다.

3. 복지국가에 대한 견해

복지국가라는 용어가 처음 사용된 곳은 독일이다. 독일에서는 이미 1840년대부터 지식인들 사이에서 복지국가의 독일어식 표현인 볼파르 슈타트(Wohlfahrstaat)라는 용어가 통용되었다. 다만, 이 시기의 볼파르 슈타트는 현대적 의미의 복지국가가 아니라 경제와 사회생활에 대한 정부의 통제를 의미하는 용어였다. 독일에서 현대적 의미의 복지국가를 지칭하는 용어는 사회국가(Sozialstaat)인데, 이 용어는 1880년대 중후반에 오토 폰 비스마르크에 의해 세계 최초로 사회보험제도들이 도입된 이후 널리 사용되었다(Petersen and Petersen, 2013 : 39). 이런 점에서 1890년대부터 본격적인 학문적 활동을 전개했던 막스 베버는 복지국가를 지칭하는 용어들을 잘 알고 있었을 것이다.

근대 복지국가의 기원이 된 국가에서 태어나 복지국가와 사회정책에 대한 다양한 논의들이 활발했던 시기에 활동했던 학자인 점을 감안할 때 막스 베버가 복지국가라는 용어를 별로 사용하지 않았던 것은 뜻밖의 일이다. 그 대신에, 그는 복지국가의 하위개념들인 사회정책, 사회입법, 연금 등의 사회보험제도, 복지관료기구 등에 대해 언급하였다. 전반적으로 볼 때, 복지국가에 대한 막스 베버의 태도는 매우 비판적인 것이었다. 자유주의자로서의 막스 베버가 볼 때 복지국가는 가부장주의 통치시대의 산물로서 개인의 자유로운 선택과 자기생활에 대한 책임의식을 떨어뜨리며 시장의 자유로운 작동을 방해하는 존재였던 것이다. 이하에서는 복지국가에 대한 막스 베버의 견해를 네 항목으로 나누어 서술하겠다.

1) 가부장주의의 산물

막스 베버는 복지국가라는 용어를 주로 가부장주의적인 통치에 연계시킨다. 복지정책은 기본적으로 온정주의와 가부장주의가 지배적인 전통의 산물이라는 것이다. 그는 '세 가지 유형의 지배'에 대한 논문에서 복지국가라는 용어를 사용하면서 그것이 전통적 지배의 유형과 밀접한 관련이 있다고 서술하였다. 그에 따르면, 가부장주의적인 통치자의 모든 법률들 속에는 이른바 '복지국가'의 정신이 스며있고, 사회윤리의 원칙과 사회효용의 원칙의 혼합물로서의 복지국가가 모든 공식적인 법률을 지배한다는 것이다(Petersen and Petersen, 2013 : 41).

이와 함께, 막스 베버는 온정주의에 기초한 국가적 차원의 자선행위가 이미 오래전부터 인도와 이집트 등 가부장주의가 발달한 지역에서 시행되었다는 점을 지적한다. 그에 따르면, 빈곤층을 위한 복지정책과 보호주의는 동방의 모든 가부장주의 국가들에서 공통적으로 발견되며, 이러한 자선의 윤리는 가부장주의적인 복지정책으로부터 나왔다고 한다(Weber, 1999a : 191).

이와 같이 복지정책을 통치자의 가부장주의적인 온정주의의 산물로 간주하고 복지국가를 전통적 지배에 연계시킴으로서 막스 베버는 복지정책을 합리성이 지배적인 근대사회에는 부합되지 않는 낡은 것으로 간주한다. 근대 민주주의사회에서는 시민에 대한 국가적 보호가 법적 권리로 보장되어 있는데 반해서, 가부장주의에 기초한 전통사회에서는 강자에 의한 약자의 보호가 본질적으로 보호자와 피보호자 간의 인격적 관계를 기초로 이루어진다는 것이다(Weber, 1978 : 217-219, 1006-1031).

복지권이나 사회권의 용어가 의미하는 대로 근대사회에서도 사회적 약자에 대한 국가적 보호가 인격적 관계에 기초해서가 아니라 법적 권리로 주어질 가능성은 있다. 이에 대해서 막스 베버는 복지정책에 대한 대중의 요구는 합리성의 추구와는 거리가 멀고 복지정책이 기본적으로는 가부장주의에 기초한 정의(Kadi-justice)를 반영한다고 지적한다. 근대사회에서도 복지정책은 여전히 비합리적이고 가부장주의적인 것이라는 것이다.

막스 베버의 관점에서 볼 때 근대사회에서 무산대중은 자산계급에 비해 경제적으로나 사회적으로 불리한 위치에 있으며 삶의 기회를 박탈당하고 있기 때문에 법 앞의 평등과 법적 보장을 요구한다. 그렇지만, 그는 그러한 요구가 합리적이고 예측 가능한 정책적 판단에 기초한 것이 아니라 가부장주의에 기초한 정의 내지는 비합리적인 감정에 기초해 있다는 점에서 근대사회의 핵심

원칙에 어긋난다고 주장한다. 법 앞의 평등과 법적 보장에 대한 요구는 행정의 형식적 및 합리적 객관성을 필요로 함에도 불구하고 대중들은 온정주의 내지는 가부장주의의 에토스에 휩싸여서 그러한 요구를 한다는 것이다(Weber, 1974 : 220-221).

2) 지배엘리트의 통치수단

막스 베버는 대중이 언제나 감정적이고 비합리적인 영향력에 노출되는 것으로 간주하며, 이와 같이 감정적인 요소들에 의해 정치가 지배된다는 점에서 대중민주주의에 반대한다. 그에 따르면, 다수의 대중에 대한 소수 엘리트의 통치가 일반적일 뿐 아니라 바람직하다는 것이다. 그는 정책결정에 참여하는 사람들이 적으면 적을수록, 그리고 참여자들이 스스로의 책임을 더 많이 이해하면 이해할수록 제대로 된 정치적 결정이 내려질 수 있다고 주장한다(Weber, 1994b : 230).

막스 베버에게 있어서 민주주의란 기껏해야 자유롭게 선출된 정치지도자들에 의한 지배를 의미하며, 민주주의체제하에서라도 소수의 위로부터의 통치가 다수의 밑으로부터의 통치로 대체될 수는 없는 것이다(Mommsen, 1989 : 32). 이와 같이 같이 민주주의체제하에서도 여전히 정치가 소수집단에 의해서 위로부터 통치된다는 '소수의 법칙'을 주장했다는 점에서[5] 막스 베버는 엘리트론자이며, 어떤 연구자는 막스 베버를 '과두제의 철칙'을 주장한 로베르토 미헬스와 함께 현대 엘리트이론의 창시자로 분류하기도 한다(Beetham, 1974 : 103; Paculski, 2012 : 38).

이러한 엘리트론의 관점에서 볼 때 근대사회의 복지정책은 소수의 지배엘

5) 막스 베버는 근대사회에서 시민 모두가 자유선거를 통해 그들 자신의 정치적 운명을 결정하는 지위에 있다고는 생각하지 않았다. 로베르토 미헬스에게 쓴 한 편지에서 그는 근대민주사회에서 시민들이 자신의 통치자를 스스로 선택할 수 있다는 식의 '대중의 의지'와 같은 개념은 존재하지 않으며, 그것은 허구일 따름이라고 주장하였다(Mommsen, 1989 : 31).

리트가 다수의 대중을 통치하는 수단이다. 막스 베버에 따르면, 물질적 복지의 향상은 전쟁에서의 승리와 함께 정치인들이 대중의 충성심을 이끌어 내기 위해 사용하는 가장 대표적인 방법이며(Weber 1978 : 269), 전쟁이 예외적인 비상상황이라는 점을 감안할 때 복지정책은 지배엘리트가 일상적으로 채택할 수 있는 유력한 방안인 것이다.

대중적 인기에 영합하여 대중을 통치하는 수단으로 복지정책이 사용된 대표적인 사례로는 비스마르크에 의해 세계 최초로 도입된 사회보험들을 들 수 있다. 급진적인 사회주의와 노동운동의 도전에 직면하여 통치의 위기를 겪고 있었던 1880년대의 독일에서 비스마르크를 비롯한 지배집단은 연금, 질병보험, 산재보험을 도입하였다. 이러한 사회프로그램들은 그 당시 노동운동의 핵심세력이었던 대기업 노동자들을 적용대상으로 했다는 점에서 정부에 대한 대중의 충성심을 이끌어내어 정치체제를 안정시키고자 하는 목적을 지닌 것으로 간주될 수 있다.

이에 대해서 막스 베버는 비스마르크가 정부재정이나 기업에 대한 강제를 통해 복지혜택을 제공함으로써 국가에 대한 대중의 긍정적인 태도와 감사의 마음을 만들어 낼 수 있는 것으로 생각했다고 평가한다(Weber, 1978 : 1391). 막스 베버가 볼 때 복지정책은 그것이 대상자들에게 어떤 혜택을 어느 정도나 주느냐에 관계없이 집권엘리트들이 자신의 정치적 이해관계를 지키기 위해 사용되는 통치전략에 불과한 것이다.[6]

6) 막스 베버는 복지정책의 시행을 통해 대중의 충성을 얻고자 했던 비스마르크의 시도는 실패로 끝났다고 평가한다. 비스마르크의 의도와는 달리 대중들은 그에 대해 감사의 마음을 느끼지 않았으며, 현실정치에서는 정부의 관대함이나 호의에 대한 감사의 마음이 설 자리는 없기 때문이라는 것이다(Weber, 1978 : 1391; Weber, 1994b : 173). 이와 같이 비스마르크의 정치적 의도가 사회프로그램들의 도입을 통해 실현되지는 못했을지라도, 막스 베버는 복지정책이 기본적으로 집권엘리트의 통치전략의 일환이라는 사실에는 변함이 없다고 생각한다.

3) 관료제의 확대

막스 베버는 근대사회의 발전을 합리성의 전개과정으로 간주하며, 이 과정에서 관료제의 확대가 불가피하다고 주장한다. 합리성과 효율성의 극대화를 추구하기 위해서는 정부나 민간의 조직들이 통치자나 기업가와 친분관계에 있는 개인들이 아니라 전문지식과 식견을 지닌 전문가들에 의해 운영되어야 하고, 이들의 권한과 의무는 객관적인 기준에 의해 공식적으로 규정되기 때문이다. 관료제는 이미 오래전부터 존재하기는 했지만 합리성과 효율성을 최고의 가치로 추구하는 자본주의하에서 급속하게 확대된다. 국가기구는 물론이고 기업조직에서도 관료제가 지배적으로 되며, 이와 같이 형식적인 합리성을 중시하는 관료제의 발전으로 인해서 근대사회는 그가 『프로테스탄트 윤리와 자본주의 정신』에서 서술한 바와 같이 변화의 여지가 없는 철창(iron cage)으로 고착되어 간다.

막스 베버는 사회주의에서는 자본주의에 비해 관료제가 훨씬 더 강력해질 것으로 생각한다. 사회주의에서는 개인의 자유로운 활동영역인 시장이 사라지고 국가관료가 사회전체를 통제하기 때문이다.[7] 그는 국가가 시민생활에 개입하는 복지정책의 확대에 대해서도 비슷한 견해를 내놓는다. 그에 따르면, 사회복지입법의 확대에 따라 복지기구는 거대화하고, 이익집단의 요구에 의해서든 국가의 이해관계에 의해서든 사회복지정책의 다양한 과업들은 관료화의 진전을 초래한다는 것이다(Weber, 1974 : 213).

막스 베버는 사회서비스나 현금급여의 제공을 통해 시민들의 기본생활을 보장하고 사회불평등의 감소를 통해 사회의 안정에 기여한다는 복지정책의 목적에 대해서는 그다지 관심이 없다. 그에게 있어서 중요한 것은 복지정책

---

7) 그는 사회주의가 계획경제를 시도함으로써 기업가 정신이나 노동자의 생활상의 불안정 등 자본주의를 효율적인 것으로 만들었던 것들을 배제하고 사회의 활력을 빼앗는다고 비판하는 한편(Weber, 1978 : 161-164; Weber, 1994c : 284-5), 사회주의하에서는 사회생활의 모든 측면이 관료제에 의해 통제되는 '보편적 관료제화'를 경험하며, 이로 인해서 사회는 고대 이집트에서처럼 노예제와 독재체제로 전락한다고 주장한다(Weber, 1994c : 249).

이 확대되면 확대될수록 국가관료제가 더욱 강화된다는 사실이다. 막스 베버가 볼 때 복지정책의 확대는 관료기구의 확대를 통해서 경제부문의 정체와 사회질서의 경직화를 가져올 뿐 아니라 개인의 자율성과 자유로운 선택을 제한한다.

일반적으로 복지국가의 옹호자들은 복지정책이 빈곤층들을 물질적 구속으로부터 해방시키고 적극적인 의미의 자유를 확대한다고 주장한다. 이에 대해서 막스 베버는 관료제의 확대를 가져온다는 점에서 복지정책은 개인의 자유를 제한하고 인간의 정신을 구속한다고 비판한다. 1909년에 열린 사회정책협회 연례회의에서 막스 베버는 경제부문에 대한 국가 관료제의 영향력 확대를 주장하는 구스타프 폰 슈몰러를 비판하면서 "우리는 인류의 영혼을 지키기 위해 관료제화에 반대해야 한다"고 주장하였다(Weber, 1924a : 404).

또한, 막스 베버는 관료제적 통제를 바탕으로 하는 복지정책이 개인들로부터 능동성과 생활향상을 위한 투지를 빼앗는다고 비판한다. 자유주의자인 그에게 있어서 개인생활에서 가장 중요한 것은 타인들과의 투쟁을 불사하면서까지 자신이 원하는 것을 얻기 위해 노력하는 개인의 의지와 능동성이다. 이에 반해서, 노동자와 대중의 생활조건을 향상시킨다는 명목으로 제공되는 복지정책은 경제생활을 안정화시킴으로써 자신들의 경제적·사회적 지위를 향상시키기 위해 끊임없이 투쟁할 대중의 의지를 약화시키고, 개인들에게 수동적인 적응의 태도를 갖도록 유도한다는 것이다.

막스 베버는 투쟁의 의지가 없이 현실에 안주하는 수동적인 존재는 자유로운 인간이 아니라 체제의 노예라고 주장한다. 1905년에 쓴 한 논문에서 독일의 사회복지기관들을 미국의 노예제나 러시아 사회주의하에서의 공장과 마찬가지로 영혼이 없는 개인들을 양산하는 농노제의 또 다른 형태로 묘사하는 데서 알 수 있듯이(Mommsen, 1989 : 40), 막스 베버는 복지국가를 개인의 자유와 능동성을 박탈함으로써 인간성을 파괴하는 존재로 간주한다.

4) 이상적인 사회정책

막스 베버는 비스마르크에서 시작된 독일의 각종 복지정책들에 대해 매우 비판적이었다. 그에 따르면, 복지정책은 기본적으로 전근대적인 가치관에 기초해 있고, 통치자들의 지배수단으로 사용되며, 관료제적인 통제를 통해 개인들의 자발성과 능동성을 억누르는 것으로서 합리성과 개인의 자발성을 바탕으로 하는 근대사회에 어울리지 않는 것이다.

이와 같이 당시의 복지정책들에 비판적이기는 했지만 막스 베버가 모든 사회정책에 대해 반대한 것은 아니다. 실제로, 그는 독일에 병자, 장애인, 노인들을 위한 복지제도가 마련되어 있는 것은 매우 바람직하다고 서술한 바 있다(Weber, 1978 : 1391). 개인의 자조노력이 가장 우선되어야 하지만, 근로할 능력이 없어서 자신의 생활을 위해 타인에게 의지해야 하는 사회적 약자들에 대해서는 국가가 일정 정도의 도움을 줄 필요가 있다고 본 것이다. 그가 진정으로 반대하는 것은 근로할 능력이 있는 사람들의 자립과 자조의 의지를 훼손하고 복지제도에 수동적으로 의존하도록 만드는 형태의 사회프로그램인 것이다.

또한, 막스 베버는 근로하는 노동대중을 위해서도 적절한 형태의 사회정책이 제공되어야 한다고 주장한다. 그가 볼 때 비스마르크의 사회정책에서 문제가 되는 것은 그것이 노동자들로 하여금 질병, 산재, 노령 등에 대한 국가의 원조를 자신의 권리로 여기게 만듦으로써 스스로의 생활을 국가가 제공하는 복지프로그램에 의존하도록 만들었다는 점이다(Weber, 1924b : 394). 막스 베버에 따르면, 근로대중을 위해서는 이러한 복지프로그램들 대신에 다른 형태의 사회정책이 필요하다는 것이다.

막스 베버는 근로대중들이 자산계급에 비해 경제적으로나 사회적으로 불리한 위치에 있다는 점은 인정하지만 그것을 국가에 의한 강제적인 평등정책을 통해 해결하는 데 대해서는 반대한다. 그런 식의 정책은 개인의 자발성과 투쟁의지를 억누르는 보수주의적인 것이기 때문이다. 그가 생각하는 이상적인 형태의 사회정책은 근로대중이 스스로 자신의 이익을 적극적으로 방어하고 능동적으로 자신의 생활수준을 높이도록 노력하는 데 도움을 주는 것이다(Weber, 1978 : 1391).

이러한 이상적인 사회정책의 핵심은 근로대중이 자산계급이나 기업가들과 동등하게 경쟁할 수 있도록 자신들의 조직, 즉 노동조합을 결성하여 활동할 수 있도록 국가가 보호조치를 제공하는 것이다. 노동조합의 활성화가 중요한 이유는 근로대중 개인들로서는 거대한 기업에 맞서서 자신들의 이익을 지켜낼 수 없기 때문이다. 또한, 노동조합의 활동을 국가가 보호하는 이유는 사회경제적으로 불리한 위치에 있는 노동조합이 거대기업과 동등한 위치에서 투쟁할 수 없기 때문이다. 이런 식으로 근로대중의 이익을 방어할 수 있는 조직이 활성화되면 노동계급과 고용주단체 간에 정당한 경쟁의 장이 마련되어 근로대중들이 자발적이고 능동적으로 자신들의 생활을 향상시키기 위해 노력할 수 있게 되는 것이다.[8)]

이와 같이 막스 베버는 사회정책의 역할을 근로대중이 기업가들과 동등한 위치에서 경쟁할 수 있는 조건을 만들어 주는 것에 한정한다. 국가가 자신의 목적을 위해 노동-자본관계에 직접적으로 개입하거나 양자 간의 분쟁을 강제적으로 조정해서는 안 된다는 것이다. 이러한 개입은 두 사회세력 간의 정당한 투쟁을 방해하고 모든 관계자들의 자발성과 능동성을 저해하는 것이기 때문이다. 그에게 있어서 사회정책의 기능은 모든 당사자들이 법적 질서 내에서 자신들의 이념적·물질적 이해를 주장할 수 있는 기본적인 틀을 만드는 데 있는 것이다(Mommsen, 1989 : 37-40).

막스 베버는 노동조합을 보호하는 사회정책이 노동과 자본 간의 동등한 상태에서의 경쟁을 보장하는 것 외에도 사회의 안정성 확보라는 긍정적인 사회

---

8) 막스 베버는 한 문건에서 다음과 같이 서술한다. "우리는 노동조건을 위한 단체협상에 노동자들이 동등하게 참여할 것을 주장하며, 노동조합의 강화를 주장한다…우리는 성루의 협소를 맡아 사본이 시배하는 상황들을 거부한다. 우리는 신하의 나라가 아니라 시민의 나라에서 살고 싶기 때문이다"(Mommsen, 1984 : 120).

적 효과를 갖는 것으로 간주한다. 그에 따르면, 근대산업사회에서 노동계급은 잘 조직되어 합리적인 지도자들에 의해 지도될 경우 감정이나 본능에서 벗어나 책임 있는 선택과 행동을 할 수 있으며, 그들을 대표하는 노동조합은 선동이나 비합법적인 길거리 정치를 통해서가 아니라 법적 질서 내에서 고용주들과 정당하게 경쟁할 수 있다. 이런 점에서 질서정연한 리더십에 기초한 노동조합이 활성화되는 것은 계급갈등을 완화하여 사회를 안정화시키는 데 필수적이라고 한다(Weber, 1994a : 124-5; Weber, 1994b : 231).[9)]

4. 평 가

1) 요약과 정리

복지국가에 대해 막스 베버는 매우 부정적으로 평가한다. 그가 볼 때 복지국가는 가부장적인 온정주의와 비합리성에 기초한 전통사회의 유물로서 합리성을 근간으로 하는 근대사회에는 어울리지 않는다. 또한, 근대사회에서 복지정책은 소수의 정치엘리트가 대중을 통치하는 수단으로 사용되고, 관료기구를 확대하고 개인생활에 대한 관료제의 영향력을 증가시킴으로써 개인들의 자유와 능동성을 억누르며, 국가에 대한 대중의 의존성을 강화함으로써 개인들의 생활향상 의지와 노력을 빼앗는다.

이러한 관점에서 막스 베버는 복지정책과 사회보장프로그램에 대해 반대한다. 막스 베버가 인정하는 유일한 사회보장프로그램은 저소득층을 대상으로 하는 공공부조제도이다. 그렇지만, 그는 수급자들이 스스로 자립하려는 의지를 잃고 복지의존층으로 전락할 것을 우려하면서 공공부조의 수급자격을 근로할 수 없는 노인이나 장애인 등 사회적 약자에게 한정하고 급여수준

9) 막스 베버는 정치투쟁에 매진하는 독일의 노동조합에 대해서는 비판하지만, 임금인상, 노동시간 단축, 산업재해로부터의 보호 등과 같이 노동자의 경제적 이익을 추구하는 영국식의 노동조합에 대해서는 매우 긍정적으로 평가한다(Weber, 1994c : 296).

을 최소한의 것으로 제한할 것을 주장한다. 그에게 있어서 공공부조는 수급자의 권리가 아니라 사회적 동정과 자선의 표현인 것이다.

막스 베버는 현역 근로자들을 대상으로 하는 사회보험에 대해서는 더욱 엄격한 태도를 보인다. 그는 근로대중들이 스스로의 노동을 통해 자신의 생활을 보장하고 향상시킬 수 있음에도 불구하고 연금이나 건강보험 등의 사회보험의 존재로 인해서 자신의 생활을 국가에게 의존하고 노동을 게을리하게 된다고 주장한다. 사회보험으로 인해서 근로대중은 자신의 자발성과 능동성을 박탈당한다는 것이다. 또한, 그가 볼 때 사회보험은 국가에 의해 개인들에게 강제로 적용됨으로써 개인들의 자유로운 경제생활을 억압하며 자신의 생활을 스스로의 의지에 따라 자발적으로 설계하려는 개인들의 선택의 자유를 훼손하는 것이기도 하다. 이런 점에서 막스 베버는 그 당시 독일을 비롯한 유럽 국가들에서 확산되고 있었던 사회보험 프로그램들에 전적으로 반대하는 것으로 보인다.

기존의 복지정책들을 비판하면서 막스 베버는 근대사회의 합리성을 반영하고 대중의 자발성과 능동성을 장려하는 새로운 형태의 사회정책을 제안한다. 그것은 근로대중들이 자신의 이해관계를 보장받기 위해 자발적으로 노동조합을 결성하고, 노동조합이 자산계급과 동등한 위치에서 경쟁할 수 있도록 노동조합 활동을 보장하는 것이다. 그가 볼 때 사회정책의 핵심목표는 국가가 개인의 경제생활에 개입하여 복지의존층을 만들어 내는 것이 아니라 개인들이 능동적으로 자신의 생활을 영위해 갈 수 있는 사회적 조건을 만들어 내는 데 있다. 그렇다고 해서 막스 베버가 국가는 노동-자본 관계에서 불리한 위치에 있는 노동의 편을 들어야 한다든가 노동조건의 향상을 위해 적극적으로 개입해야 한다고 주장하는 것은 아니다. 그것은 새로운 의존관계를 만들어 내고 개인들의 능동성과 자발성을 훼손하는 것이기 때문이다. 이런 점에서 그는 근로자를 대상으로 직업훈련을 제공하고 일자리를 창출하는 노동시장정책에 대해서는 반대하는 것으로 보인다.

막스 베버는 최소수준의 사회정책을 제시하고 있다. 우선, 노동력을 상실한 사회적 약자들에 대해서는 기본생활을 보장하는 수준의 공공부조를 제공한다. 다음에, 근로대중에 대해서는 노동조합 활동을 보장하는 것 이외에는 적극적 노동시장 정책을 포함한 모든 사회정책들을 폐지한다. 근로대중에 대해서는 공공부조나 사회보험 등 어떤 형태의 사회보장프로그램들도 제공되어서는 안 되는 것이다.

이상과 같은 막스 베버의 견해는 자유지상주의자인 허버트 스펜서의 것과 유사하다. 두 학자는 모두 개인의 자유와 책임을 가장 중시하고 경쟁의 조건이 동등하게 보장되기만 한다면 사회불평등이 당연할 뿐 아니라 바람직한 것이라고 주장한다.[10)] 이러한 관점에서 막스 베버와 허버트 스펜서는 복지국가가 개인의 자유를 제한하고, 개인의 의존성을 조장하며, 사회발전의 동력인 사회불평등 체계를 완화한다고 비판한다. 막스 베버가 자유주의자이자 부르조아 사상가라는 점을 고려할 때 복지국가에 대해 허버트 스펜서와 비슷한 평가를 내린 것은 매우 당연한 일일 것이다.[11)]

그렇지만, 복지국가에 대한 막스 베버의 견해가 허버트 스펜서의 것과 완전히 같은 것은 아니다. 허버트 스펜서는 고전파 경제학의 태두인 아담 스미스에 비해서도 더 극단적인 자유주의자로서 개인의 책임과 시장의 자유를 제한하는 모든 형태의 개입에 대해서 반대한다. 그는 공공부조를 포함한 모든 형태의 사회보장제도에 반대하고, 노동조합을 자발적인 노사관계를 위협하는 것으로 비판하며, 국가의 역할을 치안과 국방에만 한정하는 야경국가론을

---

10) 막스 베버는 개인의 투쟁의지를 바탕으로 한 시장에서의 무한경쟁을 지지하며, 그 결과 발생하는 사회불평등을 당연시한다. 바로 이런 점 때문에 레이몽 아론은 막스 베버를 사회적 다원주의자로 평가한다(Aron, 1971 : 92-3).

11) 막스 베버는 스스로가 고백한 부르조아 사상가였다. 그는 프라이부르크 대학의 교수 취임연설에서 "나는 부르조아 계급의 일원이고, 부르조아의 생각과 이상을 품으며 성장해왔다"고 말한 바 있다(Weber, 1999c : 134). 또한, 학문적으로도 막스 베버는 후기의 이론적 작업들에서 프리드리히 폰 하이에크와 요셉 슘페터 등 시장자유주의를 추구하는 오스트리아 학파의 일원들과 협력했고, 방법론적 개인주의나 개인의 도덕적 책임을 강조한다는 점에서 신고전파 경제학과 많은 공통점을 지녔다(Holton and Turner, 1989 : 34, 38, 65). 한 연구자가 지적하는 대로 막스 베버를 부르조아 사상가로 간주하는 것은 그다지 새로운 해석이 아닌 것이다(Beetham, 1974 : 241).

주장하고 있는 것이다.

이에 반해서, 막스 베버는 사회보험에 대해서는 반대하지만 공공부조는 인정한다. 노동능력을 상실한 사회적 약자에 대해서는 국가의 도움이 필요하다는 것이다. 다음에, 막스 베버는 노동조합의 긍정적 기능을 인정할 뿐 아니라 노동조합의 자유로운 활동을 노동대중과 자본가 사이의 동등한 상태에서의 경쟁을 보장하는 핵심 조건으로 간주한다. 따라서 국가는 노동조합을 보호하고 노동조합의 활동을 최대한 보장해야 하는 것이다. 마지막으로, 막스 베버는 국가를 시장의 보호자 정도로 간주하는 허버트 스펜서의 견해에 반대한다. 그는 시장을 사회적 활력의 근원으로 보기는 했지만 시장을 절대화하기는커녕 국가이익의 실현을 위한 수단으로 간주한다. 그가 시장을 지지하는 것은 그것이 국가경제에 이득이 되기 때문이며, 그에게 있어서 시장은 국가를 강화하고 국가의 국제적 지위를 높이는 도구에 불과하다.

2) 평 가

막스 베버가 복지국가에 대해 반대하는 것은 그가 개인의 자발성과 시장의 자유로운 작동을 선호하는 자유주의자이기 때문이다. 그는 개인을 타인과의 경쟁을 통해 자신이 원하는 것을 얻기 위해 분투하는 존재로 간주하고, 자유로운 시장을 개인들이 자신들의 이익을 최대한으로 추구할 수 있는 곳으로 간주한다. 그가 볼 때 국가가 해야 할 일은 불평등의 완화를 위해 개인생활과 시장에 개입하는 것이 아니라 개인들에게 정당한 경쟁의 조건을 보장해주는 것이다. 자유주의자인 막스 베버가 개입주의의 원칙에 선 복지국가를 반대하고 그 구성물인 사회복지프로그램들을 비판하는 것은 매우 당연한 것으로 보인다.

그렇지만, 복지국가와 사회보장프로그램에 대한 막스 베버의 비판이 현실적으로 타당한 것인가 하는 것은 검토해 보아야 한다. 우선, 막스 베버는 사회보험이 권리로서 주어지면 근로대중이 근로를 기피하고 국가에 의존하게 된다고 주장하고 있는데, 이러한 주장은 사회보험에 대한 그의 오해에서 비롯된다. 사회보험 가운데 가장 비중이 큰 연금을 예로 든다면 노동자는 근로를 할 때에만 고용주로부터 연금보험료에 대한 보조금을 받을 수 있으며, 연금급여는 사회적 정년에 도달하여 더 이상 노동을 할 수 없을 때에만 받을 수 있다. 의료보험도 근로를 하여 의료보험료를 납부할 수 있을 때에만 혜택을 볼 수 있으며, 의료보험의 혜택을 받는다고 근로자가 노동을 게을리할 것이라고 추정할 근거는 전혀 없다.

다음에, 막스 베버는 복지국가의 근원을 통치자의 가부장주의와 온정주의에서 찾는다. 전통사회에서 가부장주의적인 통치자에 의한 구휼사업이 일부 존재하기는 했지만, 그러한 빈곤구제정책들은 근대사회의 복지정책들과는 근본적으로 다르다. 전통사회에서의 빈곤구제정책이 소수의 피통치자를 대상으로 통치자가 임의적으로 제공하는 것이었던 데 반해서, 근대사회에서의 복지정책은 다수의 시민들을 대상으로 합법적이고 공식적인 절차를 통해 시행된다. 전자가 인격적 관계에 기초했던 데 반해서 후자는 비인격적인 관계에 기초한 것이다. 근대의 복지국가를 고대의 구휼정책의 연장선상에 있는 것으로 간주하는 것은 복지국가의 발달을 근대사회에서의 시민권의 확대과정으로 간주하는 현대 복지이론들의 견해와 정면으로 충돌한다.

셋째로, 막스 베버는 개인들에게 자발성과 능동적인 근로의욕을 뺏는 복지정책들을 비판하면서 노동조합 활동의 보장이라는 대안적인 사회정책을 제시한다. 그에 따르면, 노동조합이 활성화되면 근로대중과 자본가가 동등한 위치에서 서로 경쟁할 수 있고, 근로대중이 자신의 생활향상을 위해 스스로 노력하게 된다는 것이다. 여기서 문제가 되는 것은 자본주의사회에서는 경제자원이나 정치권력의 측면에서 자본가가 근로대중에 비해 월등하며, 가족의 사회경제적 지위가 개인의 사회계층상의 지위에 매우 강력한 영향을 미친다는 것이다. 이런 점에서, 노동조합의 활동 보장이라는 조건만 충족되면 자본가와 노동자가 동등한 상태에서 경쟁할 수 있다고 주장하거나 모든 개인들이 사회적으로 선망되는 가치를 얻기 위해 동등한 조건하에서 경쟁할 수 있다고 주장하는 것은 설득력이 매우 떨어진다.

전통적으로 복지국가의 핵심적인 기능은 소득재분배 정책을 통해서 빈곤층을 구제하고 사회양극화를 줄이는 것이다. 복지국가는 시장에서의 불평등의 축소를 지향하고 시장에 대한 기여도에 관계없이 모든 사람들의 기본적인 생활을 보장하는 것을 목적으로 한다는 점에서 자본주의사회 내에서 결과의 평등을 부분적으로나마 실현하는 기제인 것이다. 복지국가는 과도한 소득불평등을 가장 중요한 사회문제로 간주하고 그것의 축소를 통해 보다 나은 사회가 만들어질 수 있다는 가정을 전제로 한다.

막스 베버는 복지국가의 이러한 측면들에 대해 깊은 관심을 보이지 않았다. 19세기 후반 독일에서 정부의 보호 하에 독점대기업들이 급성장하면서 빈부격차와 노동문제가 심각한 사회문제로 떠올랐음에도 불구하고, 그는 빈곤이나 사회불평등의 해결을 직접적인 연구과제로 삼지 않았고, 칼 맑스나 에밀 뒤르케임처럼 자본주의 사회의 제반문제들이 해결된 이상사회를 그리지도 않았다.[12] 막스 베버는 자본주의라는 주어진 현실을 매우 중시하는 반유토피아주의자이며(Derman, 2010), 경제적 개인주의, 경쟁, 개인의 자율성과 책임 등의 가치를 중시하고 이러한 가치들을 기반으로 하는 자본주의 시장경제를 매우 우호적으로 평가한다(Beetham, 1974 : 47-8). 이런 점에서 막스 베버는 현대 복지국가를 반대하는 학자로 평가될 수 있다.

---

12) 막스 베버는 자본주의체제에 대한 굳건한 믿음을 지니고 있다. 그에 따르면, 대중들의 물질적 생활은 사적 자본주의의 지속적인 작동에 의존하며, 사적 자본주의를 제거하려는 생각은 유토피아적이라고 한다(Weber, 1978 : 988).

5. 현대 복지국가이론과의 연관성

막스 베버는 복지국가에 대해 커다란 관심을 보이지 않았고 체계적인 복지국가이론을 제시하지도 않았다. 이런 점에서 현대 복지국가이론에 대한 막스 베버의 직접적인 영향력은 매우 제한적일 수밖에 없다. 실제로, 현대의 다양한 복지국가이론들 가운데서 막스 베버의 복지국가론을 그대로 수용하는 것은 사회통제론 혹은 엘리트론 정도이다. 복지국가이론에서 다소 주변적인 위치에 있는 사회통제론은 사회복지정책을 빈민과 실업자 등 하층 사회집단의 불만을 잠재우는 사회통제의 수단으로 간주하는 이론적 관점이다.

그 대표자인 프란시스 피븐(Francis Piven)과 리차드 클로워드(Richard Cloward)에 따르면, 빈민과 실업자들이 대규모 소요를 일으켜 사회질서를 위협할 때, 지배집단이 사회복지정책을 시행하여 그들의 생활을 안정시키고 사회질서를 회복시킨다고 한다. 여기서 사회복지정책은 사회적 불만을 지닌 하층 사회집단의 저항을 잠재우고 사회질서를 회복시키는 사회통제의 기능을 하는 것으로 간주된다. 이와 같이 사회복지정책을 엘리트집단이 기존의 지배질서를 유지하기 위해 시행하는 것으로 간주하는 사회통제론은 복지정책을 지배엘리트의 통치수단이라고 주장하는 막스 베버의 복지국가론을 그대로 따라가고 있다.

막스 베버는 자신의 복지국가론보다는 사회학이론들을 통해 후대의 복지국가이론에 간접적으로 영향을 미쳤다. 우선, 국가와 관료집단이 정책결정에 있어서 자율성을 지닌다는 막스 베버의 견해는 현대 복지국가이론을 대표하는 국가중심이론의 기초를 이룬다. 국가중심이론은 국가와 관료집단이 자본계급으로부터 자율적일 뿐 아니라 자본계급과는 구분되는 자신의 이익을 우선시한다고 주장한다.

그 대표자인 테다 스카치폴(Theda Skocpol)에 따르면, 특정 사회복지정책이 만들어지거나 확대되는 데 있어서 사회계급이나 이익집단보다는 국가의 구조와 관료들의 역할이 더 중요하다고 한다. 사회복지정책은 중앙집권제와 같은 국가의 구조적 특징과 관료들의 능력 및 이해관계에 따라서 발달의 정도가 달라진다는 것이다. 이와 같이 국가중심이론은 사회계급들에 대한 관료집단의 우위성을 주장하는 막스 베버의 견해에 기초하여 사회복지정책의 발달을 설명하고 있다.

또한, 사회현상을 설명하는 데 있어서 종교와 가치관의 변화에 초점을 두는 막스 베버의 문화주의적 해석도 현대 복지국가이론에 일정 정도의 영향력을 행사하고 있다. 일부 연구자들은 국가들 간의 복지국가 발달의 차이가 각 국가의 지배적인 가치관, 특히 종교의 차이에서 연유한다고 주장한다. 예를 들어서, 미국의 사회학자 세이무어 립셋(Seymour Martin Lipset)에 따르면, 미국과 캐나다의 복지수준에서의 차이는 두 국가의 지배적인 가치관의 차이를 반영한다고 한다. 청교도주의에 기초를 둔 미국의 지배적인 가치관은 개인의 자발성을 강조하여 국가복지의 발달을 지체시킨 반면에, 성공회를 기반으로 하는 캐나다의 지배적인 가치관은 집단주의를 강조하여 개인생활에 대한 국가의 개입을 조장하는 측면이 있었다는 것이다(조영훈, 2010).

이와 비슷한 맥락에서, 몇몇 학자들은 눈부신 경제성장에도 불구하고 동아시아 국가들의 복지수준이 낮은 이유를 유교주의에서 찾는다. 이들에 따르면, 동아시아 국가들에서는 유교주의에 기초한 가족주의가 발달하여 개인생활에 대한 국가의 개입 필요성이 낮고, 가부장주의의 잔존에 따른 기업복지의 발달로 인해서 국가복지를 확대할 필요성이 적었다는 것이다. 이와 같이 아시아적 복지모형 혹은 유교주의 복지유형을 주장하는 현대의 복지이론도 종교와 지배적인 가치관을 중심으로 사회현상을 설명하는 막스 베버의 문화주의적 해석을 그대로 추종하고 있다(조영훈, 2001).

Part 02

복지국가연구의 현대이론

Chapter 5
산업화론

1. 머리말

1880년대에 독일 비스마르크의 사회보험 도입에서 시작하여 일차세계대전과 세계대공황을 거치면서 점차 성장했던 서구의 복지국가들은 이차세계대전 이후 비약적으로 발전하였다. 거의 모든 서구국가들에서 사회보장지출비가 급증하였고, 사회보장제도의 적용대상과 급여수준이 이전과는 비교하기 어려울 정도로 크게 향상되었던 것이다. 이와 같이 서구에서 복지국가가 거의 동시에 비약적으로 발전함에 따라서 사회과학계에서는 복지국가에 대한 연구가 활발하게 진행되었다. 이 당시 학계의 관심은 주로 왜 서구에서 복지국가가 발달하게 되었는가에 맞추어져 있었다.

산업화론은 그러한 학계의 관심을 대표하는 견해였다. 산업화론은 복지국가가 서구의 산업화된 부유한 국가들에서 발달했다는 점에 주목하여 복지국가의 발달을 위한 핵심적인 요인으로 산업화 내지는 경제성장을 제시한다. 복지국가가 출현하려면 일정 정도의 산업화가 전제되어야 하고, 산업화가 진행되면 될수록(즉, 경제가 성장하면 할수록) 복지국가는 더 발달한다는 것이다. 여기에서 더 나아가서, 산업화론은 산업화의 직접적인 사회적 결과들 이외의 다른 요인들, 즉 정치체제나 이데올로기 혹은 문화적 전통 등의 요인들은 복지국가 발달에 관계가 없거나 매우 부차적인 것으로 간주한다. 집권정당이 보수당인가 사회민주당인가, 혹은 지배적인 가치관이 집단주의적인가 개인주의적인가에 관계없이 산업화가 진전되고 경제적으로 발달한 모든 국가들에서는 복지국가가 발전한다는 것이다.

산업화론에는 두 가지 관점이 있다. 하나는 복지국가의 발달 요인으로 산업화의 사회적 결과들에 초점을 두는 것이다. 이에 따르면, 산업화에 따라 가족이나 지역공동체와 같은 전통적인 복지기제들이 약화되는 반면에 실업이나 가족해체와 같은 새로운 사회문제들이 발생하며, 복지국가는 이러한 사회적 복지욕구의 증가에 대한 반응으로 발달한다는 것이다. 다른 하나는 산업화의 다양한 구성요소들 가운데서 경제성장에 초점을 두어 복지국가의 발달을 설명하는 견해이다. 이에 따르면, 경제가 성장하면 노인인구가 증가하여 사회적 복지욕구가 늘어나고 국가는 그러한 사회적 복지욕구를 충족시키기에 충분할 정도의 재정적 여유를 지니게 된다고 한다.

이 책에서는 첫 번째 것을 산업화론의 사회적 관점이라고 부르고, 두 번째 것을 산업화론의 경제적 관점이라고 부르겠다. 경제성장이 산업화의 다양한 결과물들 중의 하나라는 점에서 두 번째 관점은 첫 번째 관점의 일부분으로 간주될 수도 있고, 실제로 대부분의 학자들이 양자를 구분하지 않고 혼합하여 사용한다. 그렇지만, 사회적 관점이 경제적 관점보다 더 복잡하고 포괄적인 설명틀을 가지고 있다는 것 이외에도 양자 사이에는 커다란 차이가 존재한다. 사회적 관점이 산업화를 복지국가 발달의 핵심요인이라고 주장하는 데 그치고 있는 것과는 달리 경제적 관점은 경제성장 이외의 다른 요소들의 영향력을 무시하거나 최소화하고 있는 것이다. 이런 점에서 사회적 관점은 산업화론의 온건주의적인 견해로, 그리고 경제적 관점은 산업화론의 근본주의적인 견해로 간주될 수 있다.

산업화론은 해롤드 윌렌스키와 찰스 르보가 1958년에 발표한 『산업사회와 사회복지』(Industrial Society and Social Welfare)와 클라크 커 등이 1960년도에 출간한 『산업주의와 산업인』(Industrialism and Industrial Man)에서 잘 나타나듯이 처음에는 사회적 관점으로 출발했다. 그렇지만, 1975년에 발간된 해롤드 윌렌스키의 새로운 저작 『복지국가와 평등』(The Welfare State and Equality) 이래로 산업화론에서는 경제적 관점이 주류가 되었다.

이하에서는 산업화론을 소개하고 평가하겠다. 산업화론의 관점에서 연구한 학자들은 매우 많지만, 여기서는 대표자인 해롤드 윌렌스키에게 초점을 두겠다. 미국의 사회학자인 해롤드 윌렌스키는 1958년의 저작을 통해 산업화론의 초석을 놓았을 뿐 아니라 1975년 이후의 다양한 저작들에서 산업화론의 경제적 관점을 확립하여 사회정책학계에 복지국가 발달이론이라는 새로운 연구 분야를 개척해 주었다. 산업화론에 속하는 다른 학자들의 주장은 해롤드 윌렌스키의 견해를 보완할 필요가 있을 경우에만 언급하겠다.

2. 산업화론의 사회적 관점

산업화론의 초기 형태인 사회적 관점은 산업화의 다양한 결과들로 인해서 국가가 사회복지프로그램들을 도입하고 확대한 것으로 간주한다. 여기서 산업화의 다양한 결과들이란 분업과 전문화의 증대, 개인의 공간적·계층적 이동성의 증대, 여성의 노동시장 참여 증가와 사회적 지위향상, 핵가족화와 가족의 해체, 노인인구의 증대, 새로운 형태의 사회문제들의 발생 등을 말한다. 이러한 주제들에 대해 보다 상세하게 설명하면 다음과 같다.

1) 분업과 전문화의 증대

분업과 전문화의 증대는 산업화론이 산업사회의 특징으로 가장 중시하는 요소이다. 노동과정이 단순한 농업을 중심으로 구성된 전통사회에서는 대부분의 개인들이 특별한 기능을 지니기보다는 협업 형태의 생산과정에서 거의 비슷한 작업들을 수행한다. 여기서 분업은 매우 단순하며, 작업은 수로 연령, 성 혹은 가족적 배경 등 개인의 수행능력과는 관계없는 전통적인 기준에 따라 분배된다. 반면에, 산업화는 분업을 발달시키고 매우 다양한 직업들을 만들어낸다. 개인들은 복잡한 분업체계 속에서 각자에게 맡겨진 독특한 기능을 수행하며, 이에 따라 서로 간에 차별성이 발생하는 것이다(Wilensky and Lebeaux, 1958 : 58-63).

복합적인 분업의 발달로 인해 서로 연관된 두 가지의 사회적 결과들이 초래된다. 첫째, 다양한 직업들 가운데서 어떤 것들은 사회적으로 보다 더 선망되며, 이를 둘러싸고 개인들 간에 경쟁이 치열해진다. 이에 따라서 직업선택에 있어서 전통적인 요소들보다는 개인의 능력이 중요해지며, 분업체계에서의 작업배치는 개인들의 능력에 따라 결정된다. 또한, 개인들은 자신이 선망하는 직업을 얻기 위해서 공간적 이동도 마다하지 않게 된다(Wilensky and Lebeaux, 1958 : 63-4). 이와 같이 산업화는 가족적 배경이나 신분과 같은 전통적인 요소들을 약화시키며, 유연성과 경쟁의 확산을 통해 개인들에게 새로운 가능성을 제공한다(Kerr et al., 1964 : 46).

둘째, 분업체계상의 다양한 직업들 가운데서 어떤 것들은 사회적으로 더욱 핵심적이고 중요하며, 그 역할을 수행하는 개인에 대해 더 많은 경제적 · 사회적 보상을 제공한다. 이와 같이 분업과 전문화는 사회계층이라는 불평등체계를 만들어 내며, 분업체계를 기반으로 하는 산업사회에서는 사회불평등이 불가피하다. 다만, 산업사회에서는 사회계층이 신분에 의해 결정되지 않으며, 개인들은 자신의 능력에 기초하여 사회계층상의 이동을 자유롭게 할 수 있다(Wilensky and Lebeaux, 1958 : 339-340).

2) 가족구조의 변화와 여성의 노동시장 참여

분업체계에서 개인의 능력과 이동성이 중요해짐에 따라서 가족구조에도 변화가 발생한다. 농경 중심의 전통사회에서는 협업의 필요성 때문에 일정 지역에 거주하는 확대가족이 유용했다. 반면에, 산업사회에서는 개인들이 생존을 위해 가족구성원이 아니라 분업체계상의 다른 사회구성원들에게 의존하며, 직업선택과 계층이동의 열망으로 인해 더 이상 생활지역을 한 곳으로 한정하지 않는다. 산업사회에서는 확대가족이 더 이상 유용하지 않을 뿐 아니라 개인의 이동성을 저해한다는 점에서 바람직하지 않게 된 것이다. 산업화는 경제적으로 자급자족적인 확대가족의 해체를 강요하며, 부부와 아동으로 이루어진 핵가족을 지배적인 가족형태로 만들어 낸다(Wilensky and Lebeaux, 1958 : 68-9).

지배적인 가족구조가 확대가족에서 핵가족으로 변화한다는 것은 가족의 기능이 크게 축소된다는 것을 의미한다. 확대가족하에서는 가족이 구성원들의 생활 전반을 책임졌기 때문에 매우 다양한 기능들을 수행했다. 반면에, 핵가족하에서는 가족이 생산이나 교육 혹은 직업훈련과는 관계가 없으며, 아동양육이나 노인부양과 같은 복지욕구들을 충족시키기 어렵게 된다. 산업화에 따라서 가족의 전통적인 기능들은 대부분 국가, 학교, 기업 등으로 이전하고, 가족의 핵심 기능은 심리적 안정과 정서적 만족으로 한정된다(Kerr et al., 1964 : 18; Wilensky and Lebeaux, 1958 : 68, 72).

산업화로 인해 개인의 능력과 이동성이 중요해짐으로써 여성의 사회적 지위에도 커다란 변화가 발생한다. 전통사회에서 여성은 주로 가사노동에만 종사했다. 반면에 분업의 발달에 따라서 직업배치에서 성이나 계급과 같은 전통적인 기준이 아니라 개인의 능력이 핵심적인 것이 되면서 산업사회에서는 여성들도 남성과 동등한 존재로서 노동시장에 참가할 수 있게 되었다. 이것은 곧 여성의 경제적 능력과 사회적 지위의 향상으로 이어지며, 기혼여성들은 노동시장의 참여를 통해 가사노동으로부터 해방되고 자신의 생활을 추구할 수 있게 된다(Wilensky and Lebeaux, 1958 : 64-5, 73-74).

이러한 여성의 경제적 독립성 증가와 사회적 지위의 향상, 그리고 집단보다는 개인을 중시하는 산업사회의 가치관으로 인해서 산업사회에서는 이혼이 증가한다. 이혼으로 인한 가족의 해체와 한부모가족의 증가는 생활유지와 양육 등의 복지욕구를 더욱 높이는 반면에 가족의 기능을 더욱 축소시킨다(Wilensky and Lebeaux, 1958 : 79-81). 이제 가족은 자신의 복지욕구를 스스로 충족시킬 수 없게 되며, 그것을 사회적으로 충족받기를 요구하게 된다.

결국, 산업화로 인한 분업과 전문화의 증대는 확대가족을 핵가족으로 대체하고, 여성의 노동시장 참여를 증가시키며, 이혼과 한부모가족의 증가 등 가족해체를 초래하는 효과를 갖는다. 이것은 구성원들의 복지욕구의 충족이라는 가족의 전통적인 기능이 약화되는 반면에 가족 내에 새로운 복지욕구들이 발생한다는 것을 의미한다. 산업화는 가족구조를 변화시킴으로써 가족 내에 복지욕구를 만들어내고 그것을 가족 이외의 누군가가 충족시키도록 요구하는 것이다.

3) 새로운 복지욕구의 창출

산업화는 다양한 방법으로 새로운 복지욕구들을 만들어 낸다. 우선, 산업화의 진전에 따라 인간의 수명이 늘어나서 노인인구가 증가하는 문제가 있다. 노인은 경제적 능력이 미약하고 육체적으로 쇠약하기 때문에 다른 어떤 집단들보다도 복지욕구가 크다. 그렇지만, 핵가족과 여성해방의 시대를 맞아 가족의 노인부양 기능은 매우 약화되었고, 노인집단의 복지욕구의 충족은 사회적으로 매우 중요한 관심사가 되었다(Wilensky and Lebeaux, 1958 : 77-79).

다음에, 분업과 전문화의 증대가 초래하는 사회문제가 있다. 기계화와 자동화를 기초로 하는 분업은 노동자들에게 작업의 단순화를 강요하고 노동자들을 기계의 부속물처럼 만든다. 이것은 생산과정에서 노동자들의 소외와 무력감을 불러일으키며, 더욱 중요한 것으로서 기계화에 따른 기술적 실업을 초래한다. 산업화에 따라 더 이상 확대가족에게 의존할 수 없는 상황에서 가장이 실업을 당할 경우 가족은 생활의 유지를 위해 사회적인 도움을 요구하게 된다(Wilensky and Lebeaux, 1958 : 61-3).

셋째로, 산업화 자체가 복지욕구를 증대시킨다. 공장은 노동자에 대해 기계의 속도에 맞추어 작업하도록 강요함으로써 산업재해를 발생시키며, 기업들은 경기변동에 따라 많은 노동자들을 해고시키기도 한다. 또한 열악한 근로환경에서 일하는 노동자들과 공해에 시달리는 도시빈민들은 각종 질병에 시달리거나 소득이 너무 적어 기본생활도 유지할 수 없으며, 도시의 밀집화와 슬럼화에 따라 생활상의 문제와 각종 일탈행위의 문제가 발생하기도 한다 (Wilensky and Lebeaux, 1958 : 14, 133).

4) 국가의 복지기능 확대

이상과 같이 산업화는 가족의 복지기능을 약화시키는 반면에 사회적으로는 막대한 복지욕구를 만들어낸다. 그렇다면, 그러한 복지욕구는 누가 어떻게 충족시킬 수 있는가? 이에 대해서 산업화론은 국가가 사회복지의 기능을 담당한다고 답변한다. 산업화가 진행하면 국민소득이 크게 늘어나서 정부가 사회복지에 필요한 재원을 충분히 확보할 수 있고, 분업과 전문화의 증대에 따라서 정부에는 복지를 전담하는 관료기구가 만들어진다는 것이다(Wilensky and Lebeaux, 1958 : 14-15, 133).

이와 같이 산업사회에서는 시민들이 교육이나 의료서비스 등 정부가 제공하는 각종 서비스를 요구하고, 이로 인해서 정부의 활동 범위와 규모가 크게 증가한다(Kerr et al., 1964 : 22). 실제로, 19세기 이래로 정부는 산업화로 인해서 발생하는 각종 사회문제들을 해결하기 위해서 사회서비스를 크게 늘려왔으며, 사회복지를 담당하는 핵심기관으로서 사회 전면에 등장했다(Wilensky and Lebeaux, 1958 : 149).

결국, 복지국가는 산업화의 다양한 결과들에 대한 국가의 대응이다. 산업화는 복지욕구의 충족이라는 가족의 전통적인 기능을 약화시키는 반면에, 양육, 노인부양, 실업, 빈곤, 산업재해, 질병, 범죄와 일탈 등 새로운 복지욕구를 만들어 내거나 기존의 복지욕구를 더욱 강화시킨다. 사회적으로 복지욕구가 급증함에 따라서 국가는 풍부한 재원과 전문화된 관료기구를 바탕으로 해서 사회복지프로그램을 제공하게 되며, 이런 점에서 복지국가는 사회적 요구에 대해 정부가 순응한 결과인 것이다.

3. 산업화론의 경제적 관점

산업화론의 사회적 관점에서 해롤드 윌렌스키는 산업화의 다양한 사회적 결과들과 복지국가의 발달의 관계에 대해 매우 체계적으로 서술하였다. 이러한 작업을 통해 그는 복지국가의 발달을 설명하는 체계적인 이론으로서의 산업화론을 확립하였다. 다만, 초기의 산업화론은 산업화가 복지국가 발달의 유일하거나 가장 강력한 요인이라는 점을 밝혀내지는 않았다. 산업화론은 산업화 이외의 다른 요인들이 복지국가의 발달에 있어서 더 중요한 역할을 수행했을 가능성을 배제하지 못하고 있는 것이다.

이런 점에 착안하여 해롤드 윌렌스키는 1975년에 새로운 저작을 내놓았다. 이 저작은 산업화가 복지국가 발달을 위한 일차적인 요인이라는 점을 증명하기 위해 쓰였다. 복지국가의 발달에 대한 산업화와 다른 요인들의 영향력을 객관적으로 비교하기 위해서 그는 통계적인 방법을 사용하였으며, 산업화의 다양한 결과들 가운데 경제성장과 그 부수적인 결과들에 초점을 두었다.[1]

해롤드 윌렌스키는 일인당 GNP를 경제성장의 지표로, 그리고 GNP 대비 사회보장지출비의 비율을 복지국가 발달의 지표로 선택한 다음에, 1966년을 기준으로 전 세계의 64개 국가들을 대상으로 그 두 변수의 상관관계를 분석한다. 그 결과, 그 두 변수 간의 상관관계는 0.67로 매우 높게 나왔다. 또한, 사회보장지출의 평균값이 64개 국가들의 하위 25% 국가들에서는 2.5%였던 데 반해서, 그 다음 하위 25%에서는 4.0%, 상위 25~50%에서는 10.1%, 그리고 상위 25%에서는 13.8%로 나타나 경제성장과 복지국가의 발달수준 간에 명백한 상관관계가 있다는 점이 드러났다(Wilensky, 1975 : 19, 22).

다만, 경제성장이 복지국가의 발달에 미치는 영향은 주로 노령인구의 비율

---

1) 해롤드 윌렌스키에 앞서서 경제성장에 초점을 두어 복지국가의 발전을 설명한 학자로는 필립스 커트라이트를 들 수 있다. 그는 1965년에 발표한 논문에서 경제성장을 에너지 소비, 도시화, 사회보험의 도입연도 등으로 지표화하였고, 통계분석을 통해서 경제성장이 사회보험의 수준을 결정하는 데 있어서 강력한 역할을 수행하였다고 주장하였다(Cutright, 1965).

과 사회보장제도의 도입기간에 매개된다. 노령인구의 비율과 사회보장지출 비율 간의 상관관계는 0.89이고, 사회보장제도의 도입기간과 사회보장지출비율 간의 상관관계는 0.85인 것이다. 일인당 GNP와 노령인구의 비율 및 사회보장제도의 도입기간 간에 매우 높은 상관관계가 존재한다는 점에서 복지국가 발달의 근본 요인은 경제성장 및 경제성장의 인구학적·행정적 결과에서 찾을 수 있는 것이다(Wilensky, 1975 : xiii, 24-26).

여기서 경제성장의 인구학적 결과란 노인인구의 증가를 말한다. 노인인구의 상대적 증가는 주로 경제성장으로 인한 생활향상과 의료서비스의 발달에서 연유한다. 또한, 산업화의 진전과 함께 나타나는 출산율 하락의 경향도 노인인구비율을 높이는 데 기여한다. 노인은 복지욕구가 매우 크고 정치적으로 매우 강력한 행위자이다. 이들은 낮은 소득과 육체적 쇠약에서 오는 강력한 복지욕구를 지니며, 정부에 대해 자신들의 복지욕구를 충족시켜 줄 것을 요구한다. 그 결과 정부는 연금, 의료서비스, 공공부조 등의 핵심적인 사회보장 프로그램을 도입하게 되고, 이것은 노인뿐 아니라 노인부양의 책임을 정부에 전가할 수 있게 된 일반시민들로부터 지속적인 지지를 받아 더욱 확대된다(Wilensky, 1975 : 26-27).

다음에, 경제성장의 행정적 결과란 사회보장제도의 도입기간을 말한다. 경제수준이 높은 국가일수록 사회보장제도는 더 빨리 도입되며, 사회보장제도의 도입기간이 길면 길수록 GDP 대비 사회보장지출비의 비율은 더욱 높아지는 것이다. 사회보장제도는 일단 도입되고 나면 시간이 지나면서 대상자가 확대되고 급여수준이 높아지는 경향이 있다. 예를 들어서, 연금의 경우 도입 초기 단계에는 소수의 노인들만이 급여대상이 되지만 시간이 흐를수록 그 숫자는 더욱 늘어나는 것이다. 이와 같은 자연적인 증가 이외에도 정치인들과 복지관료들이 사회보장프로그램의 점진적인 확대를 찬성하고 요구한다는 점에서 사회보장제도는 도입기간이 오래될수록 확대되는 경향이 있다(Wilensky, 1975 : 47).

경제성장은 복지국가의 발달에 대해 노인인구비율과 사회보장제도의 도입기간을 매개로 하여 영향을 미치는 한편, 부분적으로는 독자적인 영향력을 행사하기도 한다. 우선, 경제성장으로 인해 재정이 충분해질 경우에만 정부는 사회보장프로그램들을 도입하고 확대할 수 있다. 빈곤한 국가에서도 사회보장프로그램이 도입될 수는 있지만 그것들은 형식적이거나 적용범위와 급여수준의 측면에서 매우 초보적인 수준에 그칠 수밖에 없는 것이다. 또한, 경제성장에 따라 생활수준이 향상되면 시민들은 기대수준이 높아지기 때문에 급여수준이나 적용대상의 측면에서 사회보장제도의 향상과 확대를 요구한다(Wilensky, 1975 : 24-25).

이상과 같이 경제성장과 그 인구학적 · 행정적 결과들이 복지국가의 발달에 미치는 영향력을 체계적으로 보여주는 한편, 해롤드 윌렌스키는 산업화 이외의 다른 요인들이 복지국가의 발달에 별다른 영향을 미치지 않았거나 경제성장에 비해 훨씬 작은 영향력을 행사했다는 점을 증명하고자 한다. 그에 따르면, 통계적 분석의 결과 정치지도자들의 이데올로기(집단주의와 개인주의, 혹은 평등주의와 자유시장주의)나 정치체제의 성격(독재정부, 민주정부), 혹은 정부의 형태(중앙집권제, 분권제) 등은 사회보장지출의 증감에 미치는 영향이 매우 제한적이라고 한다(Wilensky, 1975 : 28-49).

그는 최근의 연구에서도 이와 비슷한 분석결과를 내놓는다. 그에 따르면, 1919년에서 1976년까지의 기간 동안 좌파정당의 파워(전체 의석수에서 차지하는 좌파정당의 비율 등)는 GNP 대비 사회지출의 비율과 거의 아무런 상관관계도 지니지 않았다고 한다(Wilensky, 2002 : 235). 1980년대 들어 등장한 권력자원이론(사회민주주주의론)이 복지국가의 발달에 있어서 좌파정당의 영향력을 강조하고 있지만 그것은 사실이 아니라는 것이다. 해롤드 윌렌스키는 사회주의, 집단주의, 민주주의 등의 용어들이 복지국가의 출현과 발전을 설명하는데 있어서 거의 효용이 없다고 결론짓는다(Wilensky, 1975 : xiii).

4. 복지국가의 수렴, 유형, 차별화

1) 복지국가의 수렴

산업화론은 국가들의 산업화수준 혹은 경제수준이 비슷하면 사회구조나 복지국가의 측면에서도 비슷한 모습과 수준을 지니게 될 것으로 가정한다. 예를 들어서, 산업화의 논리(logic of industrialization)를 주장한 클라크 커 등에 따르면, 산업화는 국가마다 매우 다양한 형태로 진행되지만 산업화의 몇 가지 공통적인 특징들은 모든 국가들에서 보편적으로 나타나며, 기존의 사회적 조건들로 인해서 그 속도나 정도에 차이가 있기는 하지만 결국에 가서는 산업화의 논리가 지배적으로 되어 모든 사회들은 서로 비슷해진다고 한다(Kerr et al., 1964 : 15, 29). 이와 같이 산업화론은 수렴이론을 주장하고 있는 것이다.[2)]

해롤드 윌렌스키는 산업화론의 사회적 관점을 제시할 때에는 이러한 수렴론을 분명하게 언급하지 않았다. 산업화에 따라 모든 국가들에서 분업과 전문화의 증가, 가족구조의 변화, 사회계층상의 변화 등이 보편적으로 나타나며, 발전된 산업사회에서는 복지국가가 발달한다고 주장함으로써 수렴이론을 시사하는 정도였다. 그렇지만, 산업화론의 경제적 관점을 제시하면서 그는 수렴이론을 적극적으로 개진하였다.

그는 1966년도의 국가 샘플들을 분석한 결과 경제성장이 서로 상이한 문화적・정치적 전통을 지닌 국가들을 사회보장제도의 측면에서는 매우 유사한 것으로 만든다는 것이 분명하며, 자신의 연구결과는 수렴이론을 지지한다고 서술한다(Wilensky, 1975 : 27). 정치적으로나 문화적으로 아무리 다양할지라도 국가들은 부유해질수록 사회보장제도의 보편성과 포괄성을 확대할 가능성이 높으며, 정부와 부유층이 아무리 꺼린다고 하더라도 정치적 질서(평등을

---

2) 해롤드 윌렌스키에 따르면, 수렴이론이란 국가들이 더 부유해질수록 비슷한 경제적・정치적・사회적 구조를 발전시키고, 어느 정도는 공통적인 가치와 신념들을 만들어낸다는 견해이다. 그에 따르면, 근대 사회들을 공통적인 구조와 문화로 이끄는 힘은 지속적인 산업화라고 한다(Wilensky, 2002 : 3).

지향하는 압력)와 안정적인 경제적 동기의 필요성에 의해 복지국가에 더 가까워진다는 것이다(Wilensky, 1975 : 15-16).

이러한 입장은 최근까지도 지속된다. 그에 따르면, 지난 20세기 동안 세계의 부유한 22개 국가들을 분석한 결과, 이들은 시민적 자유와 시민권의 측면, 정치적・경제적 제도와 지배 이데올로기의 측면에서 매우 다양했음에도 불구하고 사회보장제도의 일반적인 틀에서는 크게 다르지 않다고 한다. 1950년에서 1980년 사이에 모든 부유한 국가들은 사회보장지출을 지속적으로 늘렸고, 대상자를 더욱 확대하였으며, 의료서비스와 사회보장프로그램의 유형에서 수렴했다는 것이다(Wilensky, 2002 : 211-212).

2) 복지유형

복지국가의 수렴과 관련하여 중요한 개념은 사회복지의 잔여적 개념과 제도적 개념이다. 여기서 사회복지의 잔여적(residual) 개념이란 개인생활의 유지에 있어서 가족과 시장이 핵심적이고 우선적인 역할을 하고 사회복지는 그러한 두 기제가 실패할 경우에만 작동한다는 것이다. 즉, 자신의 생활에 스스로 책임을 져야 할 개인이 어떤 이유로 인해서 노동시장에 참여할 수 없고 다른 가족구성원이 그 개인을 도울 수 없는 긴급 상황에서만 국가에 의해 사회복지가 제공된다는 것이다. 이러한 개념하에서는 사회복지가 일시적이고 보충적인 성격을 지니기 때문에 별로 발달하지 못하며, 수급자에 대한 사회적인 낙인을 동반한다.

다음에, 사회복지의 제도적(institutional) 개념이란 사회복지가 시장이나 가족과 마찬가지로 개인생활에서 정상적이고 일차적인 기능을 수행하는 제도로 확립된 것을 의미한다. 사회복지의 제도적 개념이 지배적인 곳에서는 개인이 생활에 필요한 모든 것을 스스로 공급하지 못하고 자신의 욕구를 모두 충족시킬 수 없는 것이 정상적이며, 개인과 집단들이 사회복지를 통해서 만족할 정도의 생활수준과 건강수준을 갖는 것이 당연한 것으로 간주된다. 여기서 사회복지는 평등과 인도주의의 개념을 반영하며, 보편성과 포괄성의 측면에서 크게 발달한다(Wilensky and Lebeaux, 1958 : 138-140).

해롤드 윌렌스키는 산업화의 진전에 따라서 모든 국가들이 잔여적 형태의 사회복지로부터 제도적 형태의 사회복지로 수렴해 간다고 주장한다. 그는 미국사회를 예로 들면서, 경제대공황 이전에는 사회복지의 잔여적 개념이 지배적이었지만, 그 이후의 지속적인 산업화에 따라서 사회가 급진적으로 변화하면서 점차 제도적 개념이 발달하게 되었고, 1950년대 말 현재에는 두 개념이 서로 경합 중이라고 한다. 그렇지만, 앞으로 산업화가 더욱 진행되면 제도적 개념이 사회복지를 지배하게 될 것이라고 한다(Wilensky and Lebeaux, 1958 : 140). 해롤드 윌렌스키에게 있어서 산업화에 따라 모든 국가들이 사회구조에서뿐 아니라 사회보장제도의 측면에서도 수렴한다고 하는 것은 이와 같이 모든 국가들이 사회복지의 제도적 형태로 수렴된다는 것을 의미하는 것이다.

클라크 커 등이 제기한 산업화론의 수렴이론을 평가하면서 라메쉬 미쉬라도 이와 비슷한 지적을 내놓는다. 그에 따르면, 시장자유주의에 기초한 잔여적 형태의 복지국가들이나 극단적 집합주의에 기초한 사회주의국가들은 산업화가 진행됨에 따라서 결국은 제도적 형태의 복지국가로 수렴하게 된다고 한다. 잔여적 복지유형의 경우에는 노동력의 효율성을 유지하기 위해 다양한 형태의 복지서비스가 확대되고 개인생활에 대한 국가의 책임이 증대되며, 집합주의 사회의 경우에는 효율성과 성장 동력 강화의 측면에서 다원주의와 분권화가 도입되기 때문이다. 자본주의 국가들에 국한해서 본다면 모든 국가들은 산업화의 진전에 따라서 사회복지의 잔여적 형태에서 제도적 형태로 수렴하게 되는 것이다(Mishra, 1981 : 41-44).

3) 복지국가의 차별화

이상과 같이 수렴이론을 주장한다고 해서 산업화론이 사회보장지출수준이나 사회보장제도의 보편성 및 포괄성의 측면에서 선진산업국가들 간에 차이가 있다는 점을 부정하는 것은 아니다. 해롤드 윌렌스키에 따르면, 경제수준이 상이한 국가들을 대상으로 할 경우에는 경제성장과 복지국가의 발달 간에 명백한 상관관계가 존재하지만, 경제성장의 수준이 비슷한 국가들만을 대상으로 할 경우에는 일정 정도의 차이가 존재한다는 것이다(Wilensky, 1975 : xiv).

선진산업국가들 내에서 복지선진국과 복지후진국의 차이가 발생하는 원인으로 해롤드 윌렌스키는 몇 가지를 지적한다. 우선, 정부의 중앙집권화가 있다. 지방정부에 대해 중앙정부의 권위가 클수록 복지정책의 추진이 용이하고 조세저항을 더욱 잘 극복할 수 있기 때문에 사회보장수준이 높아질 수 있다는 것이다. 그가 수행한 경험적 연구에서는 9개의 복지선진국 가운데서 6개국은 강력한 중앙집권적 정부였고, 7개의 복지후진국 가운데서 4개국은 매우 분권적이었다고 한다(Wilensky, 1975 : 52).

또한, 가톨릭정당이 강력하면 강력할수록 복지지출이 늘어난다고 한다. 가톨릭정당의 파워와 GNP 대비 사회보장지출의 비율 간의 상관관계는 1966년의 경우 0.74로 매우 높게 나타나며, 다양한 변수들을 포함한 다중회귀분석에서 가톨릭정당의 파워는 사회보장지출에 직접적 혹은 간접적으로 커다란 영향을 미치는 것으로 나타났다. 가톨릭정당은 사회적 가부장주의에 기초하여 사회조화를 추구하기 때문에 사회복지지출에 적극적인 것이다(Wilensky, 1981; Wilensky, 2002 : 235).

가톨릭정당이 복지지출을 증가시키는 것은 사회적조합주의 혹은 신조합주의의 발달과 관련이 깊다. 사회적조합주의란 노동조합이 과도한 임금인상을 요구하지 않고 평화적인 노사관계를 유지하는 대신에 기업과 정부는 관대한 사회정책과 노동시장정책을 수용하는 정치적 타협체제를 말한다. 일인당 GNP와 노인인구를 통제할 경우 1960년대 말에 사회적조합주의는 사회보장지출에 대해 독립적인 영향력을 보유한다고 한다(Wilensky, 2002 : 236-237). 사회적조합주의가 발달할수록 복지지출은 늘어나는 것이다.

해롤드 윌렌스키는 노동조합과 사회민주주의정당의 영향에 대해서는 엇갈리는 평가를 내놓는다. 그에 따르면, 노동조합이 강력하게 조직될 경우에는 사회보장지출은 늘어난다. 노동조합은 복지국가에 우호적인 이데올로기를 활성화시키기 때문이다(Wilensky, 1975 : 65-68). 반면에, 사회민주주의정당은 복지노력이나 복지산출에 아무런 영향력이 없다. 예를 들어서, 좌파정당의 파워는 1919년에서 1976년까지 GNP 대비 사회지출에 아무런 상관관계를 지니지 않았던 것이다(Wilensky, 2002 : 235). 다만, 사회민주주의정당이 가톨릭정당과 경쟁하는 경우 좌파정당은 사회적조합주의의 강화를 통해서 복지지출을 늘리는 경향이 있다. 가톨릭정당과 좌파정당은 노동계급의 표를 두고 서로 경쟁하기 때문에 좌파정당은 노동계급에게 유리한 사회정책을 확대하는 경향이 있다는 것이다(Wilensky, 1981; Wilensky, 2002 : 239).

5. 산업사회와 복지국가의 특징

산업화론이 말하는 현대적 의미의 산업사회는 기술과 과학지식을 바탕으로 높은 생산성을 이루어 모든 사회구성원들의 생활수준이 점진적으로 향상되는 사회이다. 산업화의 초기 단계에는 자본과 노동의 갈등과 대립이 있었지만, 산업화가 고도로 진행된 현대사회는 자본가가 노동자를 착취하는 자본주의사회도 아니고 노동자와 자본가 간의 대립과 갈등이 첨예한 계급사회도 아닌 것이다.

현대적 의미의 산업사회에서 계급이 의미를 상실하고 계급갈등이 사라지게 된 것은 산업화에 따라 다양한 직업들이 만들어지고 직업들 간의 소득상의 차이가 점차 줄어든 데서 연유한다. 산업화에 따라서 사회의 모든 계층들의 소득이 증가하는 가운데 이전에 비해 하위계층이 상위계층보다 더 많은 분배를 받기 때문에 사회전체적으로 소득분배가 점점 더 평등해지고 있다는 것이다(Wilensky and Lebeaux, 1958 : 100). 이와 같이 계급갈등의 소지가 없어 지게 됨에 따라서 노동운동은 체제전복이 아니라 근로자의 복리향상을 주 목적으로 하는 비즈니스 조합 내지는 이익단체로 변신하고 기존 질서에 동화된다(Kerr et al., 1964 : 190; Wilensky and Lebeaux, 1958 : 107).

이렇게 고도화된 산업사회는 다원주의적 산업주의(pluralistic industrialism)의 특징을 갖는다고 한다. 다원주의적 산업사회에서는 사회주의사회나 시장자유주의사회에서와는 달리 국가나 시장 중 어느 한쪽이 일방적으로 지배하지 않으며, 국가와 기업 및 직업집단(occupational association)이 권력을 균등하게 나누어 갖는다. 특히 중요한 것은 비슷한 업종에 종사하는 개인들의 결사체인 직업집단의 역할이다. 산업사회에서는 직업이 생활유지의 수단일 뿐 아니라 자아실현의 도구이며, 사회구성원들은 자신이 속한 직업집단과 자신을 동일시하고 직업집단을 적극적으로 지지한다. 직업집단은 일차적으로는 소속원들의 소득이나 권리의 증대를 목적으로 하면서도, 다른 한편으로는 생산규범이나 윤리규칙들을 만들어 내어 사회통합에 기여한다. 산업화 초기에는 기업이 종업원을 지배하여 계급갈등이 촉발되었지만, 고도산업사회에서는 기업의 지배력이 약화되고, 대화와 타협을 통해 자신의 목적을 추구하는 직업집단의 영향력이 커지면서 사회적인 평화와 안정이 구현되는 것이다(Kerr et al., 1964 : 232-236).

해롤드 윌렌스키도 이와 비슷한 견해를 내놓는다. 그는 산업사회의 특징을 이차집단의 발전에서 찾는다. 여기서 이차집단(secondary association)이란 가족이나 공동체와 같은 일차집단(primary association)에 대비되는 것으로서 주로 산업화의 결과 출현하고 발달하는 사회조직들을 지칭한다. 대표적인 것으로는 기업, 노동조합, 사회단체, 정당, 교회, 전문집단(professional association) 혹은 직업집단 등이 있다. 사회구성원들은 한 개 이상의 이차집단에 소속되어 있기 때문에 이차집단들은 다양한 배경을 지닌 개인들로 중복적으로 구성된다. 예를 들어서, 경영자와 노동자가 똑같은 교회나 자원봉사단체에 소속될 수 있고, 똑같이 사회복지직에 종사하더라도 어떤 이는 보수당을 지지하고 다른 이는 노동당을 지지할 수 있는 것이다. 이렇게 되면 이차집단들은 특정집단의 이해관계가 아니라 구성원들의 다양한 이해관계를 반영하여 타협적인 태도를 취하며, 이차집단들(특히, 기업과 노동조합) 간의 갈등은 극단적인 방법이 아니라 대화와 타협을 통해 해결되는 것이다. 이와 같이 산업사회에서는 이차집단들의 발달로 인해서 사회적인 안정과 통합이 보장된다(Wilensky and Lebeaux, 1958 : 129-130).

이상과 같이 산업화론은 산업화가 되면 될수록 생산성의 향상과 이차집단(직업집단)의 발달로 인해서 사회불평등은 줄어들고 사회적 안정과 통합은 증대되는 것으로 간주한다. 계급투쟁뿐 아니라 계급이라는 용어 자체가 고도산업사회에서는 무의미해지고 불필요해진다는 것이다. 반면에, 고도산업사회에서도 산업화와 경제성장만으로는 해결할 수 없는 몇 가지 사회문제들이 남아 있다. 산업화의 진행에 따라 노인인구는 늘어나고, 양육의 욕구는 더욱 커지며, 실업의 문제는 해결되지 않는다. 이와 함께, 장애인 등의 사회적 약자들과 질병이나 낮은 교육수준으로 인해서 노동시장에서 쉽게 탈락되는 사람들의 문제도 있다.

산업화론의 관점에서 볼 때 복지국가는 산업화의 결과 발생하는 사회적 복지욕구들에 대응하고 사회적 약자들을 보호하는 기능을 한다. 해롤드 윌렌스키에 따르면, "복지국가의 핵심은 소득, 영양, 건강, 주택 및 교육부문에서 정부가 최저기준을 보장하고 모든 시민들에게 자선으로서가 아니라 권리로 제공"하는 데 있다는 것이다(Wilensky, 1975 : 1). 그는 사회복지에 대해서도 "모든 인구 혹은 일부 인구의 경제적 조건과 건강 혹은 대인적 능력을 유지하거나 향상시키기 위해 기능하는 제도와 기관 및 프로그램들을 지칭"하는 것으로 정의한다(Wilensky and Lebeaux, 1958 : 17 각주 1). 여기에서 보듯이, 산업화론은 복지국가나 사회복지를 계급이나 집단 간의 대립과 갈등의 문제가 아니라 사회구성원들의 복지욕구의 충족의 문제로 한정하고 있다.[3)]

---

3) 해롤드 윌렌스키는 사회복지의 특징 중 하나로 공식적인 조직과 사회적 지원을 들면서 사회복지의 영역에서 가족과 민영기업을 제외하다(Wilensky and Lebeaux, 1958 : 17). 근대적 사회복지는 개인적인 관계에 있는 사람이 아니라 익명의 타자에 대한 조건 없는 원조로 간주되어야 한다는 것이다(Wilensky and Lebeaux, 1958 : 141). 이와 같은 사회복지 제공에서의 익명성의 강조는 이후 리차드 팃머스의 『선물관계』에 깊은 영향을 미쳤다(Titmuss, 1970 : 216).

산업화론은 사회적 복지욕구 충족의 관점에서 복지국가를 매우 긍정적인 것으로 평가한다. 산업화 자체만으로도 소득평등화나 사회적 안정의 효과가 있기는 하지만, 복지국가는 사회적 통합과 안정을 더욱 강화한다는 것이다. 해롤드 윌렌스키에 따르면 복지국가는 소득의 평등화에 기여한다고 한다. 복지국가의 대상이 주로 빈곤층과 노인 및 사회적 약자라는 점에서 복지국가의 소득재분배 효과는 분명하다는 것이다. 복지재원에는 누진적인 성격의 직접세뿐 아니라 역진적인 성격의 간접세와 사회보험료도 포함된다는 점에서 역진성을 지니고 있기는 하지만, 지출부문에서는 압도적으로 누진적인 성격을 지니기 때문에 복지국가는 전체적으로 소득재분배를 강화하며 분배정의에 기여한다고 한다(Wilensky, 1975 : 87-95).

이러한 관점에서 산업화론은 복지국가를 비판하는 자유주의경제학(신자유주의)이나 급진주의(맑스주의)를 모두 비판한다. 자유주의경제학의 비판과는 달리 복지국가는 근로동기와 경제성장을 저해하지 않으면서도 사회적 약자의 생활향상에 기여하며, 급진주의의 비판과는 달리 복지국가는 소득재분배를 강화하여 사회를 보다 평등하게 만든다는 것이다(Wilensky, 1975 : 107-116). 이와 함께, 산업화론은 여러 세대에 걸친 축적적 효과(cumulative effect)를 고려할 때 복지국가가 사회적 약자들에 대해 경제적으로나 심리적 안정을 제공하고 산업사회를 보다 인간화시키는 데 기여했다고 평가한다. 복지국가는 산업사회에서 합의와 사회질서, 그리고 사회통합의 일차적인 근원으로 작동해 왔다는 것이다(Wilensky, 1975 : 119; Wilensky, 2002 : 211).

6. 평 가

1) 평 가

산업화론은 초기에는 복지국가의 발전을 산업화의 사회적 결과들과 그에 대한 국가의 대응의 관점에서 설명하였다. 한편으로는 산업화에 의해 가족구조와 기능에 변화가 발생하고 새로운 복지욕구가 급증했고, 다른 한편으로는 국가의 재정이 풍족해지고 전문적인 복지관료기구가 발달하게 됨으로써 국가가 사회복지를 제공하고 확대했다는 것이다. 산업화론은 복지국가의 발전을 설명하는 주요 이론들 가운데 가장 먼저 제기되었으며 1970년대까지는 거의 독보적인 지위를 유지했다.

현재의 복지선진국들이 모두 서구의 선진산업국가들인 데 반해서 산업화의 수준이 낮은 국가들은 모두 복지후진국이거나 복지국가에 들어서지도 않았다는 경험적 사실로부터 산업화론은 쉽게 이해되고 받아들여진다. 또한, 복지국가가 산업화의 진행과 더불어 시작되었고 산업사회의 사회문제들을 대상으로 한다는 점을 고려할 때 산업화가 복지국가 발달의 전제조건이라는 주장에 대해 반대할 사람은 없을 것이다. 이와 같이 매우 보편적인 요인을 바탕으로 복지국가의 발달을 설명한다는 것이 산업화론의 강점이다.

이에 반해서, 산업화론의 약점으로는 다음과 같은 것들이 지적된다. 우선, 산업화론은 복지국가의 발달을 설명하는 데 있어서 기능주의의 관점을 취하고 있다. 에밀 뒤르케임에 대한 서술에 나와 있듯이 기능주의란 어떤 사회현상의 출현을 그것이 수행하고 있는 사회적 기능을 가지고 설명하는 견해이다. 산업화론은 복지국가의 발달 원인을 복지국가가 수행하는 사회적 기능(사회적 복지욕구의 충족, 사회적 안정, 사회통합)에서 찾는다. 이와 같이 복지국가가 수행하는 기능 내지는 목적에 초점을 두기 때문에 산업화론은 특정 복지프로그램의 도입을 둘러싼 다양한 사회집단들 간의 대립과 갈등에는 관심이 없으며, 왜 어떤 사회프로그램은 도입되는데 다른 것은 도입되지 않는지, 그리고 왜 어떤 국가는 제도적 성격의 복지국가가 되는 데 반해서 다른 국가는 잔여적 성격의 복지국가가 되는지 등의 문제를 설명하지 못한다.

다음에, 산업화론은 사회적으로 복지욕구가 발생하면 국가가 이를 충족시켜 주는 것이 당연하다고 가정한다. 그렇지만, 산업화에 따라 증가하게 된 개인의 복지욕구에 대해 국가가 반드시 책임을 질 이유는 없다. 예를 들어서, 기혼여성이 취업을 하여 양육의 욕구가 발생한다면, 이에 대해서 국가가 사회적 보육을 제공할 수도 있지만, 개인이 자신의 근로소득을 가지고 시장에서 양육서비스를 구입하도록 하는 방법도 있다. 실제로도, 비슷한 수준의 선진산업국가들 가운데서 어떤 곳에서는 양육, 노인부양 및 간병, 빈곤, 실업, 질병 등의 다양한 복지욕구들을 국가가 직접적으로 충족시켜주는 반면에, 다른 곳에서는 국가보다는 개인의 역할이 훨씬 더 크다. 산업화론은 이러한 차이를 무시할 뿐 아니라 왜 그러한 차이가 나타나는지에 대해 관심을 두지 않는다.

셋째로, 산업화론은 모든 국가들이 일정 정도의 산업화나 경제성장의 단계에 이르면 비슷한 수준의 복지국가가 될 것이라는 수렴론을 주장한다. 사회보장지출뿐 아니라 사회보장프로그램이나 복지유형의 측면에서도 모든 산업화된 국가들은 비슷한 모습을 보인다는 것이다. 적어도 복지국가의 위기가 닥친 1970년대 중반까지는 모든 국가들이 산업화와 경제성장에 따라서 복지수준이 높아져왔다. 그렇지만, 현실적으로 선진산업국가들은 산업화와 경제성장의 수준이 비슷함에도 불구하고 사회보장지출이나 복지유형의 측면에서 매우 다양화되어 있다. 예를 들어서, 2005년을 기준으로 할 때 선진산업국가들의 GDP 대비 사회보장지출비의 비율은 29%선(스웨덴, 프랑스)에서 16%선(미국, 캐나다)으로 매우 차이가 크며, 전체 사회보장지출에서 차지하는 공공부문의 비율도 93~96%(핀란드, 스웨덴, 노르웨이, 덴마크)에서 66%(미국)로 매우 다양하다(Society at a Glance 2009-OECD Social Indicator : 99). 산업화가 충분하게 진행되어 탈산업화라는 용어가 회자되는 현재까지도 복지국가의 수렴현상은 목격되지 않고 있으며, 미국과 같은 잔여적 복지국가가 스웨덴과 같은 제도적 복지국가가 될 가능성은 거의 없을 것이다.

넷째, 산업화론의 경제적 관점은 경제성장 이외의 다른 요인들이 복지국가의 발달에 미치는 영향을 무시하거나 최소화한다. 해롤드 윌렌스키가 이데올로기나 정치적 요소들의 영향력을 부분적으로 인정하는 것은 사실이지만, 그러한 요소들은 어디까지나 경제성장이라는 핵심요인에 비해 부차적이거나 주변적인 요인으로 간주될 따름이다. 산업화론의 경제적 관점은 어떤 정당이 집권하든지 복지국가의 발달에 미치는 영향은 크지 않은 것으로 간주하며,

이런 점에서 이데올로기의 종언을 선언하고 있다. 그렇지만, 현실적으로 볼 때, 사회프로그램의 도입과 확대에 대해 시장자유주의를 추종하는 정당은 대체로 반대하고 사회민주주의를 따르는 정당은 대체로 찬성한다. 또한, 특정 사회프로그램의 도입으로 인해서 세금을 더 많이 부담하는 사회계층은 그것에 반대하는 입장인 반면에, 그로 인해서 부담보다는 이득이 더 많은 계층은 그것에 찬성한다. 사회프로그램, 그리고 그것들의 총합체인 복지국가에 대해서는 사회계층별로, 그리고 지향하는 이데올로기의 성격에 따라 매우 다양한 입장이 존재하며, 이러한 차이로 인해서 경제적으로는 비슷한 수준이지만 복지수준에서는 차이가 큰 국가들이 목격되는 것이다. 경제적 요인에만 초점을 두어서는 현대 복지국가들의 다양성과 차별성을 설명하는 데 한계가 있다.

전반적으로 볼 때, 산업화론의 주장대로 산업화와 경제성장이 복지국가 출현의 전제조건인 것은 분명하다. 복지국가는 일정 정도의 경제성장을 이룬 산업사회에서 시작되었기 때문이다. 반면에, 산업화론의 주장과는 달리 산업화와 경제성장은 특정 국가의 복지수준이 높아지는 이유를 제대로 설명하지 못한다. 경제수준이 비슷한 선진산업국가들이 사회보장지출수준이나 복지유형의 측면에서 커다란 차이를 보인다는 것이 이를 잘 말해 준다. 산업화는 사회적으로 복지욕구를 만들어낸다는 점에서 복지국가의 출발점이 된다. 산업화는 복지국가 발달의 가능성을 제공해 주는 것이다. 반면에, 산업화나 경제성장 그 자체는 사회적 복지욕구가 누구에 의해 어떻게 충족되는지를 설명하지 못한다. 산업화로 인해 발생한 복지욕구를 국가가 어느 정도로 충족시켜주는가, 혹은 그러한 복지욕구가 어떻게 사회정책으로 시행되는가 하는 문제에 대답하기 위해서는 사회정책의 도입과 확대를 두고 서로 대립하고 갈등하는 사회세력들과 정당들의 역학관계에 초점을 맞출 필요가 있다.

2) 에밀 뒤르케임과의 관련성

산업화론은 기술과 과학기술의 발전에 기초한 사회변화를 중시하고 복지국가를 물질적 욕구의 충족의 관점에서 서술한다. 또한, 산업화론은 근대사회를 산업사회로 규정하면서 대립, 갈등, 모순이 아니라 성장, 공평, 타협이라는 특징을 지니는 것으로 간주한다. 산업화론에 따르면, 근대사회는 산업화로 인한 복지욕구의 증대 이외에는 별다른 사회문제가 없으며, 모든 시민들에게 산업화로 인한 소득증대나 소득평준화, 그리고 수명연장이라는 긍정적 결과들을 안겨주고 있는 것이다. 이와 같이 산업화론은 고전사회학자들의 핵심 주제였던 사회불평등에 대해 관심이 없으며, 기회의 평등 문제에 대해서조차 언급하지 않는다. 산업화론에 있어서 사회불평등은 산업사회의 보편적인 조건이며, 경제성장은 모든 사회문제를 치료하는 만병통치약인 것이다.

산업화론은 고전사회이론가들 가운데서 에밀 뒤르케임과 매우 가깝다. 산업화론은 에밀 뒤르케임에 의해 확립된 기능주의의 관점을 취하고 있을 뿐 아니라 에밀 뒤르케임과 마찬가지로 분업과 전문화에 따른 가족의 복지기능의 약화를 강조하고 사회집단 간의 타협과 직업집단(혹은 이차집단)을 중시한다. 이에 대해서 보다 상세하게 설명하면 다음과 같다.

우선, 산업화론은 사회복지의 출발점을 분업과 전문화의 증대에서 찾는다. 분업과 전문화의 발달에 따라서 개인적 능력에 기초한 사회불평등 체계가 만들어졌고, 공간적 이동과 계층상의 이동이 활발해짐으로써 핵가족이 지배적으로 되고 기혼여성의 노동시장참여가 급증하였으며, 그 결과 개인의 복지욕구를 더 이상 가족이 충족시키지 못하게 되어 국가가 그 역할을 담당하게 되었다는 것이다. 이런 식의 견해는 에밀 뒤르케임의 주장을 그대로 반복하고 있는 것이다. 그에 따르면, 분업의 발달은 특히 가족구조에 커다란 변화를 초래하여 가족기능의 축소와 전문화를 가져오며, 그 결과 개인의 복지욕구는 더 이상 가족이 아니라 국가에 의해 충족되게 되었다고 한다.

다음에, 산업화론은 에밀 뒤르케임과 마찬가지로 사회적 안정과 사회통합에 관심이 크며, 이를 위한 직업집단 혹은 이차집단의 역할을 강조한다. 에밀 뒤르케임에게 있어서 직업집단은 같은 업종에 종사하는 사람들의 자발적 단체로서 생산과 복지의 기능을 할 뿐 아니라 소속원에 대한 도덕적 규제를 수행하고 집단 간의 갈등을 조정함으로써 사회통합에 기여하는 핵심적인 사회조직이었다. 산업화론은 그러한 직업집단 개념을 그대로 차용하여 직업집단이 사회적 안정과 통합의 근원이 될 것으로 생각한다. 산업화론은 직업집단의 기능을 에밀 뒤르케임만큼 그렇게 포괄적인 것으로 그려내지는 않았지만 직업집단이 사회통합의 기본적인 단위라는 에밀 뒤르케임의 핵심논지를 그대로 수용한다.[4)]

셋째로, 산업화론은 에밀 뒤르케임과 마찬가지로 사회생활에서 집단 간의 타협과 상호의존성을 강조한다. 에밀 뒤르케임은 사회불평등의 문제를 인정하면서도 급진적인 혁명이나 계급갈등에는 반대했다. 그는 직업집단들이 상호 신뢰를 바탕으로 대화하고 타협함으로써 사회문제가 해결되고, 사회구성원들이 상호의존성에 대한 인식을 회복함으로써 사회갈등이 해결될 것으로 기대했다. 산업화론 역시 분업과 경제성장에 따라서 사회구성원들 간에 상호의존성이 증대하는 것으로 간주하고(Wilensky and Lebeaux, 1958 : 133, 340), 산업화가 진행될수록 계급대립이 사라지고 타협과 갈등의 제도화가 지배적으로 될 것으로 예상한다.

에밀 뒤르케임은 근대사회의 불평등 문제에 관심이 많았고 비례적 평등을 넘어 절대적인 평등이 어떻게 가능한지를 고민하였다. 또한 그는 물질적 욕구의 충족이 아니라 공감과 자선이라는 도덕적 가치의 관점에서 복지국가를 설명했다. 이에 반해서 산업화론은 사회불평등을 사회적 문제로 간주하지 않고 사회불평등의 문제에 대해 별다른 관심이 없다. 또한 산업화론에 있어서

---

4) 해롤드 윌렌스키는 이차집단이라는 용어를 사용하는데, 이것은 직업집단 혹은 전문집단을 포함하는 보다 포괄적인 개념이다. 사실 이 용어도 에밀 뒤르케임에게서 빌려온 것이다. 에밀 뒤르케임이 이차집단을 산업체, 교회, 지역단체, 직업집단 등으로 구성되는 것으로 간주하는 것처럼(Durkheim, 1992 : 65), 해롤드 윌렌스키도 이차집단이 교회, 기업, 노동조합, 직업집단 등으로 구성된 것으로 본다.

복지국가는 어떤 도덕적 목적을 지니고 있는 것이 아니라 물질적 욕구를 비롯한 사회구성원들의 복지욕구를 충족하는 존재이다.

이런 점에서 산업화론과 에밀 뒤르케임 사이에는 커다란 간극이 있다. 그럼에도 불구하고 위에 서술한 세 가지 근거에서 보듯이 산업화론은 에밀 뒤르케임의 사회이론을 상당부분 수용하고 있다. 경제적 관점에 이르면 그 관련성이 다소 흐려지기는 하지만 산업화론은 고전사회이론들 가운데서 에밀 뒤르케임에 근원을 두고 있으며, 그의 사회이론을 현대의 사회정책이론에 일정 정도 재현하고 있다.

Chapter 6
사회양심론

1. 머리말

사회양심론이란 사회정책 혹은 복지국가의 발전을 사회구성원들의 동정심이나 이타주의를 가지고 설명하는 견해로서 우리나라의 일부 사회정책론 교과서들에 소개되어 있다. 사회양심론은 1979년의 한 논문에서 영국의 사회학자 존 베이커(John Baker)가 영국 대학에서 사용되는 사회정책론 교과서들을 분석한 결과 그것들이 대체로 사회적 양심의 관점을 취하고 있는 것으로 나타났다고 주장한 데서 연유한다. 분석의 대상이 된 교과서의 저자들은 T. H. 마샬, 리차드 팃머스, 로버트 핀커, 페넬로페 홀, 개스턴 림링거, 뮤리엘 브라운 등 영국을 대표하는 10여 명의 사회정책학자들이다.

존 베이커에 따르면, 이들은 적어도 암묵적으로 다음과 같은 다섯 가지의 명제들 가운데서 하나 혹은 그 이상의 명제들에 동의한다고 한다. 첫째, 사회정책은 사회구성원들이 서로에게 가지고 있는 사랑을 국가를 통해 표현하는 것이며, 수급자와 공동체 전체를 위해 급여를 제공한다. 둘째, 사회정책은 사회적 의무가 심화되고 사회적 욕구에 대한 우리의 지식이 증가함에 따라서 확대된다. 셋째, 사회정책의 도입으로 인해 발생한 사회변화는 지속적으로 축적되며, 사회정책은 관대성을 강화하고 범위를 넓히는 방향으로 진행한다. 넷째,

사회정책으로 인한 생활상의 향상은 되돌릴 수 없으며, 현재의 사회복지서비스는 역사상 최고 수준의 것이다. 다섯째, 현재의 사회복지서비스가 불완전하고 문제가 많기는 하지만 사회복지의 핵심적인 문제들은 해결되어 왔으며, 현재의 사회는 지속적인 향상이 기대될 수 있도록 구성되었다(Baker, 1979 : 178).

사회양심론은 존 베이커가 영국의 대표적인 사회정책학자들의 다양한 견해들을 정리하면서 도출한 견해로서 그 자신은 사회양심론의 관점에서 복지국가의 발전을 설명하지 않았다. 또한, 존 베이커 스스로도 인정하고 있듯이 그가 언급한 사회정책학자들 어느 누구도 사회정책과 복지국가의 발전을 설명하는 데 있어서 사회적 양심이 가장 중요하거나 핵심적인 요인이라고 분명하게 주장한 적이 없다. 그들은 복지국가와 사회정책의 발전에 중요한 영향력을 행사한 요인들로서 산업화, 민주주의의 진전, 시민권의 확대, 대규모 전쟁, 경제위기 등을 강조하며, 사회적 양심에 대해서는 대체로 암묵적으로 동의하는 수준에 그치고 있을 따름이다. 이런 점에서 사회양심론은 그 실체가 불분명한 이론이며, 당연하게도 서양의 복지국가 연구서에서는 거의 언급조차 되지 않을 정도로 매우 낮은 위상을 가지고 있다.

그렇다고 해서 복지국가연구에서 사회양심론이 가치를 지니지 않는 것은 아니다. 일반적인 복지국가발전 이론들이 사회의 거시적 변화나 권력관계, 집단갈등, 경제적 이해관계 등에 초점을 두는 반면에, 사회양심론은 복지국가에 대한 집합적 지지와 동의라는 사회적 가치관을 강조한다는 점에서 그 독특성이 인정된다. 또한, 존 베이커는 제대로 밝혀내지 못했지만, 사회적 양심 혹은 이타주의를 바탕으로 하여 사회정책의 발전을 설명하는 학자가 실재한다. 영국의 대표적인 사회정책학자인 리차드 팃머스가 바로 그 사람이다.

리차드 팃머스가 스스로를 사회양심론자로 규정한 적은 없다. 그렇지만, 그의 대표작은 이타주의의 관점에서 사회정책을 설명한 『선물관계』(The Gift Relationship)이고, 그의 수많은 저서들을 관통하는 핵심주제는 이타주의였다고 평가된다. 또한, 그는 그의 저작들 여러 곳에서 사회적 양심(social conscience)이라는 용어를 사용하기도 했다.[1] 이런 점에서 리차드 팃머스는 사회양심론의

대표자로 간주될 수 있으며, 이에 대해 그 자신도 절대로 반대하지 않을 것이다.[2)]

2. 리차드 팃머스의 사회정책이론

리차드 팃머스는 사회복지정책을 독립적인 학문으로 확립했을 뿐 아니라 영국 사회복지정책연구의 본산인 런던경제대학(London School of Economics) 사회정책학과의 초대 학과장으로서 수많은 사회정책학자들을 양성했다. 그는 『복지국가에세이』(1958), 『소득분포와 사회변화』(1962), 『복지에의 헌신』(1968), 『선물관계 : 인간 혈액으로부터 사회정책에로』(1970), 『사회정책론』(1974) 등의 다양한 저서를 통해 사회복지정책연구의 기본개념, 방법론, 이론틀, 연구방향을 제시했고, 현재까지도 복지국가 및 사회정책의 연구에 심대한 영향을 미치고 있다.

리차드 팃머스는 1907년에 영세농의 빈곤한 가정에서 태어나 14세부터 정규교육을 접고 생업에 종사하였다. 그는 16년간의 보험회사 사무원으로서의 경험과 독학, 우생학회(British Eugenics Society, 여기에는 존 M. 케인즈, 윌리엄 베버

1) 예를 들어서, 리차드 팃머스는 기업복지에 대해 언급하면서 그것이 사회적으로 특권을 양성하며 사회적 양심을 줄이는 경향이 있다고 지적하고(Titmuss, 1963 : 52), 무엇이 사회서비스이고 무엇이 아닌가에 대한 정확한 지식이 결여되어 있기 때문에 사회적 양심이 혼돈되고 제한된다고 서술한다(Titmuss, 1963 : 54). 또한, 그는 사회정책의 발전에 있어서 노동자의 연대의식과 상호부조를 필두로 하여 혁명에 대한 두려움, 노동계급의 체제내화의 필요성, 정당들과 이익집단들 간의 권력투쟁, 사회적 변화에 대한 사회적 비용의 감소 요구, 부유층의 사회적 양심 등이 모두 일정 정도의 역할을 수행하였다고 주장한다(Titmuss, 1965 : 130).

2) 존 베이커가 자신의 분석을 위해 사용한 수많은 사회복지정책교과서들 가운데서 영국대학에서 가장 많이 채택되고 있는 것은 T. H. 마샬의 저서(Social Policy in the Twentieth Century)와 리차드 팃머스의 두 권의 저서(Essays on the Welfare State와 Social Policy)였다. 리차드 팃머스의 또 다른 저작(Commitment to Welfare)은 그 다음으로 많이 사용되었다. 여기에서 보듯이 리차드 팃머스는 존 베이커가 사회양심론을 구성하기 위해서 가장 많이 의존한 참고자료가 되었다. 다만, 존 베이커는 부분적으로 흩어져있는 리차드 팃머스의 사회양심론을 재구성하기는커녕 체계적으로 소개하지도 않았다. 그의 논문에서는 복지국가의 발전을 설명하는 데 있어서 산업화나 대규모 전쟁의 역할을 매우 중시했던 리차드 팃머스가 왜 산업화론자나 전쟁-복지국가론자가 아니라 사회양심론자로 분류되어야 하는가가 전혀 드러나 있지 않다.

리지 등 대표적인 사회정책 관련 연구자들이 다수 참여하고 있었다)에서의 활동 등을 통해 사회정책의 지식들을 습득하였고, 이차대전 전후로 영국정부의 사회정책관련 연구사업들에 참여하면서 본격적으로 사회정책 연구의 길에 들어섰다. 비록 고등학교도 졸업하지 못했지만 그는 30대에 몇 권의 사회정책 관련 저서를 출간하였고, 결국 1950년에 당시 저명한 사회정책학자였던 T. H. 마샬의 초청을 받아 런던경제대학의 교수가 되었다.[3)]

그가 남긴 수많은 저작들 가운데서 특정한 이론적 틀이나 관점을 바탕으로 체계적인 주장을 제시한 것은 매우 드물다. 대부분의 저작들은 강의나 강연의 원고 및 논문을 묶은 것들이거나 사회조사를 바탕으로 한 보고서의 성격이 강한 것이었다. 그럼에도 불구하고, 리차드 팃머스는 사회정책분야에서 매우 독특하고 중요한 개념들과 관점들을 제시한 것으로 평가된다. 사회정책분야에서 그가 제안하거나 강조했던 중요한 개념들로는 복지분업(복지의 사회적 분할), 복지모형, 보편주의와 선별주의 등이 있다.

1) 복지분업

복지분업(Social Division of Welfare) 혹은 복지의 사회적 분할이란 현대의 사회복지체제가 국가에 의해 직접적으로 제공되는 사회복지(social welfare), 국가에 의한 조세감면 조치인 재정복지(fiscal welfare), 그리고 기업에 의해 제공되는 기업복지(occupational Welfare)의 세 부분으로 구성된다는 것이다. 당시의 사회정책 연구자들이 사회복지를 주로 국가가 제공하는 사회복지의 관점에서만 분석했던 데 반해서, 리차드 팃머스는 재정복지와 기업복지도 사회복지체제의 한 부분으로 인정한 것이다.

리차드 팃머스에 따르면, 사회복지와 재정복지 및 기업복지는 모두 개인들의 욕구를 충족시키기 위한 사회의 집합적인 개입의 한 형태이며, 비록 형태

3) 그는 사회과학분야 가운데서 사회학에 가장 많은 애착을 가지고 있었고, 에밀 뒤르케임과 막스 베버의 고전사회학으로부터 많은 영감을 얻었다고 한다(Reisman, 2001 : 273-5).

와 작동원리는 다르더라도 궁극적 목적이나 재분배의 관점에서는 차별성보다는 유사성이 더 크다고 한다(Titmuss, 1963 : 42; Titmuss, 1968 : 192). 특히, 육아나 질병 등의 복지욕구를 지닌 가족에 대해 세금감면을 제공하여 실질임금을 올려주는 역할을 하는 재정복지는 소득세에 누진적 요소가 강화됨에 따라서 사회복지와 마찬가지로 사회정책상 매우 중요한 역할을 수행하게 되었다고 한다(Titmuss, 1963 : 45).

이와 함께, 리차드 팃머스는 기업복지는 역진적이고 사회분열적인 요소가 강하다는 점을 지적한다. 그에 따르면, 기업복지급여는 더 부유한 사람들에게 더 많이 제공된다는 점에서 역진성이 강하고 특권층을 양성하며, 기업에 대한 종업원들의 충성심을 강화함으로써 사회적 분열을 조장한다는 문제점을 지닌다는 것이다(Titmuss, 1963 : 52). 또한 그는 재정복지도 기업복지와 마찬가지로 기본적으로는 개인의 성취와 지위를 반영한다는 점에서 역진적인 성격이 있음을 지적한다(Titmuss, 1968 : 194). 재정복지와 기업복지는 단일적이고 평등주의적인 복지국가의 형성에 제도적인 방해물이 될 수 있다는 것이다.

이와 같이 현대사회에서 사회복지체제가 복잡해진 것은 분업이 발달하면서 개인들이 전문화되는 것과 관련이 있다. 리차드 팃머스는 에밀 뒤르케임의 『분업론』을 인용하면서 사람들이 더욱 개인화되고 전문화됨에 따라서 사회적으로 더욱 의존적으로 되고, 이것이 복지분업체제의 발전을 이해하는 데 일차적으로 중요하다고 한다(Titmuss, 1963 : 44). 즉, 전문화가 증가함에 따라서 개인들은 복지욕구의 충족을 위해 타인들에게 보다 더 의존하게 되며, 국가에 의한 직접적인 도움뿐 아니라 다른 형태의 원조도 필요로 하게 된 것이다. 리차드 팃머스에 따르면, 복지분업의 발달은 개인이 스스로의 생활을 온전히 혼자서 책임질 수 없다는 현대사회의 견해를 반영한 것으로서(Titmuss, 1963 : 53) 빈민층이나 사회적 약자만이 아니라 부유층을 포함한 사회구성원 모두가 어떤 형태로든지 복지에 의존하고 있음을 보여준다고 한다(Mann, 2008 : 14).

리차드 팃머스는 복지분업체제를 빙산에 비유한다. 사회복지는 국가가 개인들에게 직접적으로 급여를 제공하는 것이라는 점에서 사회정책이라는 빙산의 상부인 반면에, 재정복지와 기업복지는 간접적이거나 국가가 직접 제공하지 않는다는 점에서 빙산의 하부를 구성한다는 것이다(Titmuss, 1968 : 192). 이와 같이 복지분업체제에서 차지하는 재정복지와 기업복지의 역할을 인정하면서도 리차드 팃머스는 이 두 가지 형태의 복지급여가 지닌 역진성, 특권형성, 사회분열 등의 문제점 또한 분명하게 지적한다. 사회가 복잡해짐에 따라서 국가복지 이외에 다른 형태의 복지도 발전하지만 가장 바람직한 형태의 복지는 국가가 제공하는 사회복지라는 것이다.[4)]

2) 복지모형

복지모형 혹은 사회정책의 모형은 해롤드 윌렌스키와 찰스 르보에 의해 처음 제시되었다. 그들은 복지모형을 잔여적인 것과 제도적인 것의 두 가지로 분류했다. 잔여적 복지모형은 개인의 복지욕구 충족을 위해서 일차적으로 시장과 가족의 역할이 중요하고, 국가는 개인이 더 이상의 다른 대안이 없을 때에만 복지급여를 제공한다는 특징을 지닌다. 이 모형의 명칭은 국가의 복지기능이 주변적으로 혹은 잔여적으로만 작동한다는 뜻을 담고 있다. 다른 한편, 제도적 복지모형은 국가복지가 제도적으로 정착되어 개인복지의 충족을 위해 시장이나 가족의 역할만큼 중요한 역할을 수행하는 것을 의미한다.

리차드 팃머스는 그들의 복지모형을 더욱 세분화한다. 그는 잔여적 복지모형은 그대로 두고, 제도적 복지모형 대신에 산업상 업적 모형(industrial achievement-performance model)과 제도적 재분배 모형(institutional redistributive model)을 추가한 것이다. 이러한 작업은 복지모형론의 발전에 한 획을 긋는 중요한 업적이다. 해롤드 윌렌스키와 찰스 르보는 사회보장지출수준이 높고 국가개입의 정도가 큰 국가들을 모두 제도적 복지모형으로 분류했던 데 반해서, 리차드 팃

4) 리차드 팃머스는 복지욕구를 지닌 모든 시민들에게 아무 조건 없이 동등한 급여를 제공하는 보편주의 사회프로그램을 가장 선호했다. 그에 따르면, 영국의 대표적인 보편주의 사회프로그램인 NHS가 보건 및 복지정책의 역사상 가장 건전하고 문명화된 조치라고 한다(Titmuss, 1968 : 208).

머스는 그 국가들을 개인의 능력과 성취를 중시하는 복지국가와 사회보장제도의 재분배기능을 중시하는 복지국가로 다시 나눈 것이다.[5] 리차드 팃머스의 복지모형에 대해 보다 구체적으로 서술하면 다음과 같다.

우선, 잔여적 복지모형은 개인의 욕구가 주로 시장과 가족을 통해 충족되며, 국가복지는 이 두 가지 기제에서 문제가 발생할 경우에만 작동한다. 시민생활의 보장을 위한 국가의 역할이 최소화되어 있는 것이다. 이 모형은 영국의 빈민법에 기원을 두고 있으며, 국가복지는 낙인을 동반하는 공공부조를 중심으로 이루어진다. 국가복지가 주로 시장에서 낙오한 실패자들에 대해서만 선별적이고 차별적으로 제공되는 것이다(Titmuss, 1974 : 30-31, 121, 133). 이들에 대해서 국가복지가 제공되는 이유는 그들을 방치할 경우 사회적으로 불안정해지기 때문이다. 이런 점에서 사회복지는 개인생활의 보장보다는 사회질서의 유지를 위한 사회통제의 기능에 초점이 맞춰져 있다(Titmuss, 1974 : 48). 잔여적 복지모형은 허버트 스펜서, 프리드리히 폰 하이에크, 밀턴 프리드먼 등의 자유주의자들에 의해 지지되고 있는 데서 알 수 있듯이 시장자유의 최대화를 추구한다. 따라서 시장의 자유로운 작동을 방해하는 복지국가는 최소화되며 사회보장제도의 민영화가 추구된다.

다음에, 산업상 업적모형의 특징은 사회적 욕구가 개인의 능력, 근로의 성과, 생산성에 기초하여 충족된다는 것이다. 이와 같이 개인의 능력과 생산성을 강조한다는 점에서 산업상 업적 모형은 잔여적 모형과 마찬가지로 시장의 역할을 중시한다. 또한, 사회복지가 시장경제의 활성화를 위한 부속물에 불과하다고 간주된다는 점에서도 산업상 업적모형은 잔여적 모형과 유사하다.[6] 그에

---

5) 복지모형론 혹은 복지유형론이 사회정책학계에서 각광을 받게 된 것은 요스타 에스핑-안데르센의 기념비적인 저서 Three Worlds of Welfare Capitalism(1990)의 출간 이후이다. 이 저서에서 요스타 에스핑-안데르센은 복지유형을 자유주의, 보수주의(조합주의), 사회민주주의의 세 가지로 분류했는데, 이것은 리차드 팃머스의 분류를 그대로 따른 것이다.

6) 리차드 팃머스는 산업상 업적모형에서는 사회복지기관이 경제의 부속물에 불과하다고 하면서 산업상 업적모형을 '시장의 시녀 모형'(Handmaiden Model)이라고도 부른다(Titmuss, 1974 : 31).

따르면, 산업상 업적모형에서는 기업복지가 발달하는데, 이것은 개인의 성취 욕구를 북돋워 기업의 생산성을 높이는 역할을 하는 것이다(Titmuss, 1974 : 140). 다만, 잔여적 모형에서는 사회복지가 공공부조와 같은 형태로 매우 주변적으로만 기능하는 데 반해서, 산업상 업적모형에서는 사회복지의 역할이 보다 광범하다는 차이가 있다. 이 모형에서는 연금과 의료부문을 중심으로 사회보험이 발달한다. 이러한 사회보험은, 비록 민영보험과 마찬가지로 위험에 비례하여 보험료를 납부하고 보험료에 비례하여 보험금을 지급하는 보험수리의 원칙을 철저하게 따르기는 하더라도, 시장의 실패자가 아니라 일반시민들을 대상으로 다양한 사회적 위험에 대해 보장해 주는 역할을 한다(Titmuss, 1974 : 90).

마지막으로, 리차드 팃머스는 제도적 재분배 모형에 대해 매우 간단하게 언급한다. 그에 따르면, 제도적 재분배 모형에서는 사회복지제도가 시장과 마찬가지로 사회의 주요 기관으로 간주되며, 개인의 능력이나 성과가 아니라 사회적 평등의 원칙에 기초하여 사회복지급여가 제공된다. 잔여적 모형에서는 공공부조가 중심이고, 산업상 업적모형에서는 기업복지와 사회보험이 중심이라면, 제도적 재분배 모형에서는 욕구를 지닌 모든 시민들에게 동등한 급여를 제공하는 보편주의 사회프로그램이 중심을 이룬다(Titmuss, 1974 : 31). 그가 제도적 재분배 모형의 특징으로 제시했던 보편주의에 대해서는 다음 절에 보다 상세하게 서술한다.

3) 보편주의

리차드 팃머스는 복지욕구를 지닌 모든 개인들에 대해서 사회복지급여가 적절한 수준으로 제공되어야 한다고 믿는다. 비록 복지분업에 대한 논의에서 보듯이 개인의 다양한 욕구의 충족을 위해 재정복지와 기업복지가 수행하는 역할을 일정 정도 인정하기는 했지만, 그는 국가복지, 그 가운데서도 모든 개인들에 대해서 시민권으로 제공되는 보편주의 사회프로그램을 가장 핵심적인 것으로 간주했으며, 실제로도 영국에서의 보편주의 사회프로그램의 확립과 확대를 위해 많은 노력을 기울였다.

리차드 팃머스가 보편주의 사회프로그램의 필요성과 정당성을 주장하는 이유는 다음과 같다. 첫째, 현대사회는 계층이나 인종 등으로 인해 분열되어 매우 불안정하다. 이러한 문제를 해결하기 위해서는 빈곤, 사회불평등, 교육불평등 등과 같은 분열적 요인들의 영향력을 완화하고 사회구성원들을 통합시킬 수 있는 사회프로그램이 제공되어야 한다. 소수의 빈곤층을 대상으로 하는 공공부조나 개인의 성취를 바탕으로 하는 사회보험이 아니라 복지욕구를 지닌 모든 개인들에게 동등한 급여를 제공하는 보편주의 사회프로그램이 바로 그러한 사회통합의 기능에 적합하다(Titmuss, 1968 : 123).

둘째, 사회프로그램을 선별주의가 아니라 보편주의에 기초하여 제공하는 이유는 모든 시민들이 자신에게 필요한 서비스를 손쉽게 이용할 수 있도록 보장하기 위해서이다. 만일 공공서비스의 이용에 있어서 열등감, 빈곤상태, 수치, 낙인, 공적인 부담 등의 느낌이 주어진다면 적지 않은 사람들이 자신에게 필요한 서비스를 받지 않는 선택을 하게 될 것이고, 사회적 위험을 사전에 차단하는 사회프로그램의 예방적 효과가 반감하게 될 것이다. 이런 점에서 개인의 복지욕구를 충족시키는 사회프로그램은 사회적 권리로 제공되어야 하며, 보편주의와 사회적 권리는 동전의 양면과 같은 것이다(Titmuss, 1968 : 129).

셋째, 보편주의 사회프로그램은 산업사회의 급격한 변화에 따라 지위와 생활이 불안정해진 사람들에 대한 부분적인 보상의 성격을 지닌다. 산업사회에서 어떤 사람들은 새로운 기회를 발견하고 보다 풍요로운 생활을 영위하지만, 어떤 사람들은 보유하고 있는 지식이나 기술이 낙후되어 실업을 당하고, 조기에 퇴직해야 하며, 사고나 질병의 위험에 더 많이 노출되고, 교육기회를 박탈당한다. 이와 같이 산업화의 진전으로 인해서 사회구성원들이 경험하는 비복지(diswelfare)에 대해서는 국가가 적절한 보상을 제공해야 하며, 그것은 보편주의 프로그램을 통해서 가능하다. 보편주의 사회프로그램은 진보의 대가를 치르고 있는 사람들에 대해서 사회가 부담해야 하는 비용인 것이다(Titmuss, 1968 : 133, 158).

이상과 같이 보편주의 사회프로그램의 정당성을 주장한다고 해서 리차드 팃머스가 선별주의 사회프로그램의 필요성을 부정하는 것은 아니다. 그는 소득심사와 같이 경제적 기준에 기초한 선별주의 프로그램을 수급자에게 열등감과 수치를 조장하고 인간존엄성을 파괴한다는 이유에서 반대한다. 반면에, 그는 특별한 범주의 욕구라는 기준에 따른 선별주의에 대해서는 찬성한다. 도움을 가장 많이 필요로 하는 사람들에게 유리하도록 낙인의 위험을 최소화하면서 긍정적으로 차별하는 선별주의 프로그램이 사회적 권리로 제공되어야 한다는 것이다. 그에 따르면, 사회적 권리로서의 선별주의 프로그램이 발전하려면 보편주의 사회프로그램이 잘 정립되어 있어야 한다고 한다(Titmuss, 1968 : 122).

3. 사회양심론 : 이타주의로서의 복지국가

리차드 팃머스는 1970년에 『선물관계』(The Gift Relationship)라는 저서를 출간했다. 이 책은 '인간 혈액으로부터 사회정책에로'라는 부제가 나타내듯이 수혈제도에 대한 국가들 간의 비교(특히 미국과 영국)를 통해 이타주의와 사회정책의 관계를 분석한 것이다. 300여 페이지에 걸친 이 책에서 그는 이타주의의 관점에서 사회정책을 설명하려고 시도하였으며, 자신의 사회정책사상을 체계적으로 이론화하고자 하였다.

이와 함께, 이 책은 리차드 팃머스가 사회정책 혹은 복지국가를 이타주의와 같은 사회적 양심의 집합적 결과로 간주하고 있다는 것을 보여준다는 데 의의가 있다. 그는 수많은 저작들을 통해 사회정책의 발전을 가져온 요인들로서 산업화, 대규모 전쟁, 시민권 등 다양한 요소들을 지적한 바 있지만, 이 책은 다양한 요인들 가운데서 그가 가장 중시하는 것은 바로 사람들에 내재한 '남을 돕고자 하는' 성향이라는 점을 나타내고 있는 것이다.

1) 혈액공급체계에 대한 비교연구

『선물관계』에서 리차드 팃머스는 혈액공급을 순수하게 자발적인 기여에만 의존하는 국가(영국)와 부분적인 매매혈(혈액을 사고파는 행위)에도 의존하는 국가(미국)에서 혈액공급의 양과 질이 어떤 차이가 있는지를 경험적으로 보여준다. 그에 따르면, 부분적으로나마(전체 혈액공급량의 약 1/3) 매매혈을 허용하는 미국에서는 제공되는 혈액의 양이 부족하고 혈액이 질이 크게 떨어진다고 한다.

리차드 팃머스는 그 이유를 다음과 같이 설명한다. 우선, 혈액이 시장에서 거래되면 남을 돕겠다는 순수한 마음에서 헌혈을 하려는 사람들이 줄어든다. 자신의 혈액이 시장에서 매매되는 것을 알게 되면 사람들은 공짜로 자신의 혈액을 제공하려 하지 않기 때문이다. 이에 따라서 혈액의 제공은 생활상의 곤란을 겪는 저소득층을 중심으로 이루어지며, 이들이 제공하는 혈액의 양은 수요를 따르지 못한다. 다음에, 헌혈자들은 금전상의 동기를 지니고 있기 때문에 자신의 혈액에 문제가 발생할 수도 있는 개인적 병력을 가능하면 은폐하고자 한다. 이에 따라 이들이 제공하는 혈액에는 B형간염 등과 같은 질병 유발인자들이 존재할 가능성이 높고, 제공된 혈액 중 일부는 폐기처분될 수 밖에 없는 것이다.

결국, 혈액공급에서 매매혈과 같은 시장적 요소를 허용하는 미국에서는 제공되는 혈액의 양과 질 모두에서 문제가 발생한다. 게다가 미국에서는 저소득층, 흑인, 남성, 청년, 미숙련노동자, 실업자 등이 혈액을 공급하는 혈액 프롤레타리아(blood proletariat)가 되는 반면에, 비용을 지불할 능력이 있는 부유층이 시장에서 거래되는 혈액의 주요 소비층이 된다고 하는 문제도 있다(Titmuss, 1970 : 245). 혈액공급에 시장적 요소를 허용하면 이와 같이 사회계층상의 분열과 불평등의 문제가 발생하는 것이다.

이에 반해서, 매매혈을 전혀 허용하지 않는 영국에서는 그 반대의 현상이 나타난다. 영국에서는 사람들이 자발적으로 남을 돕겠다는 동기에서 헌혈한다. 영국의 헌혈자들 가운데 80%는 헌혈의 이유로 사회의 다른 구성원의 욕구에 대한 사회적 책임의 필요성을 들고 있다. 보다 구체적으로 이들은 순수한 이타주의(곤경에 처한 다른 사람들의 복지에 기여하고자 하는 욕구), 사회적 의식(자신 혹은 가족의 과거 수혈에 대한 감사의 표시), 미래의 대비(미래에 자신이 헌혈을 받을 가능성), 사회적 의무감(타인을 도울 의무) 등의 이유에서 헌혈하고 있는 것이다.

매매혈을 허용하는 미국에서는 혈액제공자들이 사회계층이나 연령 등에서 특정 집단에 집중되는 반면에, 헌혈에 대한 아무런 보상이 없는 영국에서는 연령, 성, 사회적 지위 등에서 헌혈자들의 분포에 커다란 차이가 없고, 오히려 소득상층부가 하층부에 비해 더 많이 헌혈한다는 특징을 지닌다. 이와 같이 사회의 모든 계층에서 골고루 헌혈을 하기 때문에 영국에서의 혈액공급은 미국에 비해 안정되어 있다. 또한, 영국에서는 헌혈자의 일차적인 동기가 다른 사람을 도우려는 데 있기 때문에 헌혈자들이 자신들의 과거 병력을 감추려고 하지 않아 제공되는 혈액의 질이 상대적으로 높다.

결국, 미국에서와 같이 헌혈이 부분적으로라도 상업화되면 이해타산을 중시하는 풍조가 지배적으로 되어 순수하게 남을 도우려는 마음에서 헌혈을 하려는 사람이 줄어들고, 사회전체적으로 공동체정신이 쇠퇴하게 된다. 혈액공급체계에 도입된 시장적 요소가 사회전체의 이타주의를 훼손하는 방식으로 사람들의 가치관에 영향을 주는 것이다. 반면에, 혈액공급이 주로 이타주의에 기초하여 이루어지는 영국의 경우에는 시장적 요소가 작동하지 않기 때문에 사람들의 자발적 기여가 지속되고, 이를 통해서 서로를 도우려는 공동체의식과 사회적 연대가 더욱 강화된다.

2) 선물로서의 헌혈과 사회정책

리차드 팃머스는 자발적인 헌혈을 익명의 타자에 대한 선물에 비유한다. 여기서 선물이라는 말의 뜻은 혈액이 제공자와 수혜자 간에 아무런 권리-의무 관계가 없이 제공자의 선의에 기초하여 일방적으로 제공되는 것을 말한다. 헌혈하지 않는다고 하여 개인적으로 처벌받거나 비난받지 않으며, 헌혈한다고 하여 현재와 미래에 어떤 보상이 주어지거나 보상받을 권리가 주어지지 않는다. 마찬가지로, 수혈자는 타인에 대해 헌혈을 강요할 권리가 없으며, 헌혈을 받았다고 하여 현재와 미래에 어떤 의무가 주어지는 것도 아니다. 다음에, 익명의 타자란 헌혈자가 대부분 수혈자를 지정하지 않으며, 개인적으로 알지 못하는 사람들에게 자신의 혈액을 제공한다는 것을 나타낸다. 헌혈자와 수혈자 간에는 물질적·비물질적 형태의 보상이나 권리 혹은 도덕적 권리와 의무를 포함한 어떠한 개인적인 관계가 없는 것이다(Titmuss, 1970 : 74).

이와 같이 이타주의에 기초한 자발적 헌혈은 헌혈자와 수혈자 사이에 아무런 개인적 권리-의무 관계를 발생시키지는 않지만, 헌혈자들은 익명의 타자들이 자신과 마찬가지로 이타적으로 행동하리라고 생각한다. 그들은 미래에 자신들이 필요로 할 때 다른 사람들도 이타주의에 기초하여 혈액을 선물해 줄 것으로 믿는 것이다. 이것은 자기이해의 표현이 아니라 미래의 익명의 타자들의 행동에 대한 신뢰를 표현하는 것이며, 경쟁과 자기이익을 부추기는 시장경제사회에서도 여전히 도덕적 가치들이 강력하게 남아있다는 것을 나타낸다(Titmuss, 1970 : 239).

리차드 팃머스는 선물관계로서의 자발적 헌혈이 보편주의적인 사회정책에도 그대로 적용될 수 있다고 본다. 그에 따르면, 익명의 타자에게 선물을 제공하는 이타주의는 헌혈만이 아니라 사회생활의 모든 측면에서 나타나며(Titmuss, 1970 : 198), 헌혈제도에 대한 연구를 통해 얻은 결론들은 사회정책의 광범한 영역들과 사회보장제도에도 적용될 수 있다고 한다(Titmuss, 1970 : 213). 헌혈제도는 사회정책 일반을 대표하는 하나의 사례이며, 선물관계는 자발적 헌혈에서의 도덕적 요소로서만이 아니라 사회정책의 전반적인 차원에서 다루어져야 한다는 것이다(Titmuss, 1970 : 242).

사회정책이 익명의 타인에게 일방적인 이전을 제공한다는 것은 크게 두 가지 의미를 지닌다. 첫째, 가족을 비롯한 친밀한 관계에 있는 사람들에 대한 원조는 사회정책의 대상이 아니라는 것이다. 이러한 일차적 집단 내에서의 원조는 사회정책과 마찬가지로 일방적 이전의 성격을 지니지만, 제공자와 수혜자 간에 도덕적 권리-의무의 관계를 발생시킨다는 점에서 사회정책과는 다르다.[7] 둘째, 익명의 타인을 대상으로 하기 때문에 사회정책은 모든 개인들이 공통적으로 지니고 있는 욕구를 대상으로 한다. 따라서 사회정책은 무엇보다도 보편주의적인 성격의 프로그램에 초점을 맞추어야 한다(Watson, 1980 : 151).

다만, 리차드 팃머스는 모든 사회정책이 이타주의에 기초한 선물은 아니라고 서술한다. 그는 공공부조와 같이 빈민법의 전통에 서있는 사회정책들은 의무관계를 발생시키고 낙인을 찍을 수 있다는 것을 경고하였으며, 잔여적 형태의 사회정책은 사회의 붕괴를 방지하기 위해 기존 질서를 위협하는 대중들을 통제하는 수단으로서 사용되었다고 지적한다(Titmuss, 1970 : 241). 따라서 "사회정책이라는 용어를 사용할 때 우리는 그것에게 이타주의의 후광을 자동적으로 입혀서는 안 되며"(Titmuss, 1974 : 27), 사회정책의 역할은 보다 넓은 시각에서 재정립되어야 한다는 것이다(Titmuss, 1970 : 241). 그는 복지욕구를 지닌 모든 시민들에게 아무 조건 없이 동등한 급여를 제공하는 보편주의 사회프로그램만을 이타주의에 기초한 사회정책의 범주에 포함시키며, 보편주의적인 사회프로그램을 중심으로 사회정책이 재구성되어야 한다고 주장한다.

3) 이타주의로서의 복지국가

『선물관계』를 비롯한 몇 권의 저서들에서 리차드 팃머스는 보편주의 사회정책과 이타주의와의 관련성을 세 가지 차원에서 지적한다. 첫째는 사회정책이 익명의 타자에 대한 일방적 이전의 성격을 지니는 사회적 선물이라는 것이

7) 리차드 팃머스는 "가족 관계에서는 주고받는 것이 어떤 보상을 요구하거나 어떤 의무를 만들어낸다"고 하면서 가족 간의 원조를 사회정책에서 제외한다(Titmuss, 1970 : 210). 사회정책의 대상을 익명의 타자로 한정한다는 그의 주장은 해롤드 윌렌스키와 찰스 르보에서 빌려온 것이다. 이들에 따르면, "근대적 사회복지는 개인적인 관계에 있는 사람이 아니라 익명의 타자에 대한 조건 없는 원조로 간주되어야 한다"(Wilensky and Lebeaux, 1958 : 141).

다. 둘째는 사회정책이 사회 전체적으로 이타주의와 공동체적 연대를 강화한다는 것이다. 셋째는 사회정책이 이타주의의 반영이라는 것이다. 이와 같이 그는 모든 시민들을 평등하게 대우하는 보편주의 사회프로그램이 이타주의적인 성격을 지닐 뿐 아니라 이타주의의 원인이면서 동시에 결과라고 생각한다.

우선, 리차드 팃머스는 시장과 사회정책이 서로 대립되는 성격을 지닌다는 점을 강조한다. 시장은 기여에 비례한 보상이나 등가교환과 같은 쌍방적 이전을 특징으로 하는 반면에, 보편주의 형태의 사회정책은 복지욕구를 지닌 시민들에게 국가가 아무 조건 없이 급여를 제공하는 일방적 이전의 특징을 지닌다는 것이다. 그에 따르면, “현금, 시간, 에너지, 만족, 헌혈 혹은 삶 그 자체 등 어떤 형태를 취하건 선물 혹은 일방적 이전은 사회정책의 특징이며, 사회정책은 경제적 시장에 대비되는 사회적 시장(social market)에 속한다”고 한다(Titmuss, 1968 : 22, 131).

경제적 시장이 경제성장을 중시한다면, 사회적 시장은 사회적 성장을 중시한다. 여기서 사회적 성장이란 사회관계의 성장이며, 통합에의 욕구, 보다 많은 기회의 평등에의 욕구, 결핍으로부터의 자유에의 욕구 등을 포함한다. 사회정책은 익명의 타자에 대한 일방적 이전을 통해서 사회적 성장을 북돋워주는 역할을 하는 것이다(Titmuss, 1968 : 35; Titmuss, 1970 : 209). 따라서 사회정책의 목적은 개인의 정체감과 사회적 참여 및 공동체를 장려하고, 사회적 통합의 확대를 통해 개인의 소외를 줄이며, 익명의 타자들의 삶을 더욱 풍요롭게 만드는 데 있다(Titmuss, 1970 : 212, 224).

리차드 팃머스에 따르면, 사회적 선물로서의 사회정책은 자발적 헌혈의 사례에서와 마찬가지로 제공자(비용을 부담하는 시민들)에게 아무런 물질적 보상이나 도덕적 권리를 제공하지 않으며, 수혜자에게도 어떤 권리나 사회적·도덕적 의무를 부과하지 않는다(Titmuss, 1970 : 212). 제공자와 수혜자는 사회정책이라는 사회적 선물을 통해 공동체의 일원으로서의 관계를 맺으며, 동등한 도덕적 정체성을 공유한다. 이러한 공통적인 정체성의 확대와 강화를 통해 사회는 보다 더 큰 통합의 기회를 갖게 되는 것이다(Watson, 1980 : 154).

다음에, 리차드 팃머스는 자발적 헌혈제도가 사회구성원들의 이타주의를 강화하는 것처럼 보편주의에 기초한 사회정책도 이타주의와 공동체적 연대를 강화한다고 주장한다. 그는 이러한 주장을 위해 영국의 보편주의 의료제도인 NHS(National Health Service)의 사례를 거론한다. 그에 따르면, 의료욕구가 있는 모든 시민들에 대해 아무 조건 없이 동등한 급여를 제공하는 NHS는 선물제공의 모범을 보임으로써 개인들이 익명의 타자들에게 호의를 베푸는데 익숙하게 하도록 만들며, 이타주의, 호혜성, 사회적 의무감 등과 같이 공동체의 지속에 필요한 가치들을 보유하고 표현하도록 장려한다고 한다.

이와 마찬가지로, 보편주의 사회정책은 모든 개인들에게 사회적 선물을 제공하여 그들로 하여금 자신의 도덕적 잠재성을 실현하고 이타주의를 표현할 수 있도록 하며, 이를 통해서 사회전체적으로 이타주의를 양성하고 촉진한다(Titmuss, 1970 : 224, 238). 사회구성원들의 자발적인 이타주의에 기초한 사회정책은 사회 전체적으로 이타주의를 더욱 강화하는 효과를 낳는 것이다(Titmuss, 1970 : 225).

이와 같이 보편주의 사회프로그램이 이타주의를 강화하는 반면에, 미국의 혈액공급체계에서 보듯이 시장이나 시장적 요소가 가미된 사회정책은 이타주의를 침식하고 이기주의를 강화한다. 혈액이나 사회서비스가 선물이 아니라 상품으로 거래되면 사회구성원들 사이에는 이타주의가 아니라 이해타산이 점차 지배적으로 되고, 이러한 상업화는 사람들을 의무의 양심(conscience of obligation)으로부터 해방시키고(Titmuss, 1970 : 159) 공동체의식을 약화시킨다(Titmuss, 1970 : 245).

더욱 중요한 것은 시장적 요소가 인간생활의 어느 한 부분에 도입되면 이기주의는 다른 영역들로 확산되어 사회전체적으로 이타주의와 공동체의식이 약화된다는 것이다(Titmuss, 1970 : 198). 이런 점에서 리차드 팃머스는 시장의 영향력을 최소화시키기 위한 국가의 책임을 강조한다(Titmuss, 1970 : 242). 국가가 보편주의 사회정책을 강력하게 실행함으로써 사회적으로 이타주의를 보호해야 한다는 것이다.

마지막으로, 리차드 팃머스는 선물로서의 보편주의 사회정책은 사람들의 이타주의에서 비롯된다고 주장한다. 그에 따르면, 사회정책은 공동체에 대한 자발적인 기여라는 이타주의의 성격을 지니며, 이타주의의 표현으로서의 사회정책은 개인들의 자유의지와 양심에 따른 행위이다(Titmuss, 1970 : 89). 사회정책이 사회구성원들의 적극적인 지지를 바탕으로 해야 한다는 점을 고려할 때 보편주의 사회정책은 사회구성원들이 이타주의에 동조하지 않는 한 성립할 수 없다는 것이다.[8)]

리차드 팃머스에 따르면, 복지욕구를 지닌 모든 시민들에게 무조건적이고 비차별적으로 제공되는 보편주의 소득보장제도와 NHS는 기아, 사회적 불평등, 질병 등으로 인해 사회공동체의 일원들이 고통받아서는 안 된다는 사회구성원 전체의 희망의 표현, 혹은 이타주의의 표현이라고 한다(Titmuss, 1968 : 19). 보편주의 사회정책은 모든 사회구성원들이 건전한 생활을 하도록 희망하는 사람들의 일반의지가 표현된 것(Titmuss, 1974 : 24), 혹은 공동체를 유지하고자 하는 사회의 의지가 구현된 것(Titmuss, 1974 : 141)으로 간주되어야 한다는 것이다. 이와 같이 사회구성원 전체 혹은 사회 그 자체의 염원과 의지를 표현하는 바로 그 이유 때문에 보편주의 사회프로그램들은 정당화될 수 있는 것이다(Titmuss, 1968 : 19).

그렇다면, 사회구성원들이 공유하는 이타주의는 어디에서 발원하는가? 이에 대해서 리차드 팃머스는 사람들에게 남을 도우려는 선천적인 욕구가 내재해 있다고 대답한다(Titmuss, 1970 : 198, 212). 사람들이 선물관계에 들어가는 것은 그러한 이타주의의 성향을 실현하기 위해서이며, 남에게 선물을 제공하는 것은 익명의 타인과 사회공동체에 대한 자신들의 애착을 보여주고 이타주의의 욕구를 실현시켜 준다는 점에서 그 제공자들에게도 기쁨을 주는 것이다(Titmuss, 1970 : 239).

시장자유주의 경제학자들은 개인을 이기주의적인 존재로 간주하기 때문에 개인들이 보상에 대한 보장도 없이 익명의 타인을 위해 자신의 시간과 돈을

8) 그에 따르면, 사회정책을 제공하는 데 있어서 핵심적인 것은 모든 시민들이 그것을 인지하고 동의하는 것이라고 한다(Titmuss, 1950).

사용하는 비합리적인 선택을 하지 않으리라고 가정한다. 이에 반해서, 리차드 팃머스는 개인적 욕구의 실현에서 오는 성취감과 공동체의 일원으로서의 정체감을 제공한다는 점에서 이타주의적 행위는 개인들에게 합리적인 선택이 되는 것으로 간주한다.[9] 시장자유주의 경제학자들은 개인들이 자발적 헌혈을 위해 자신의 소중한 시간과 돈을 쓰기보다는 무임승차자가 되어 자신의 이익을 보호하려는 경향이 있다고 지적하는 반면에, 도덕주의자인 리차드 팃머스는 무임승차자는 사회적 유대감에 반응하고 사회적 연대에 기여하는 인간의 본질적인 권리를 스스로 포기한 것으로 간주한다(Titmuss, 1970 : 13).

리차드 팃머스는 사회적 선물로서의 사회정책이 축적되면 결국에는 이상적인 사회로서의 '선한 사회'(The Good Society)가 도래할 것으로 믿는다. 사실, 그는 이상주의적인 선한 사회가 구체적으로 어떤 모습인지에 대해서는 자세하게 언급하지는 않았다. 다만, 그는 선한 사회의 특징으로 사회연대, 무조건적이고 보편적인 복지급여, 평등과 사회정의, 상호성과 사회적 책임 등을 자주 언급하였다(Deacon, 2002).

선한 사회에 대한 그의 생각은 다음과 같은 그의 서술에서 어느 정도 드러난다. 그에 따르면, 선한 사회는 사람들을 사회계급이나 소득, 부, 가족배경, 종교 혹은 인종에 따라서가 아니라 인간으로서 존중하며, 그들 부모의 실수나 불행 때문에 아동들이 빈곤에 시달리고 적절한 교육의 기회를 박탈당하지 않도록 하는 사회라는 것이다(Titmuss, 1967).

이와 같이 사람들이 이웃의 가치를 인식하고 다른 사람들을 존중하는 것은 모두가 공동체의 일원으로서 평등한 존재라는 인식을 전제로 한다. 또한, 이런 식의 사회는 모든 개인들의 욕구가 동등하게 존중되고, 사회적으로 충족

---

9) 리차드 팃머스는 자발적인 헌혈과 같이 명시적으로나 묵시적으로 보상에 대한 개인적 권리를 동반하지 않는 사회적 선물과 행동들을 사회학자 피티림 소로킨(Pitirim Sorokin)의 용어를 빌려 '창조적 이타주의'라고 표현한다. 여기서 창조적이란 자발적 헌혈이 익명의 타자들을 도움으로써 헌혈자의 자아가 실현된다는 것을 의미한다. 그에 따르면, 이타주의는 남을 도우려는 생물학적 욕구가 발현되도록 한다는 점에서 자기사랑의 한 형태로 보이기도 하지만 본질적으로는 기부자의 희생을 통해 익명의 타자의 생활을 풍요롭게 하는 역할을 한다고 한다(Titmuss, 1970 : 212).

되는 것을 전제로 한다. 리차드 팃머스가 지적하듯이 진정한 의미에서의 평등은 사회적 자원이 개인의 능력이나 가족배경에 따라서가 아니라 개인의 욕구에 따라서 분배되는 것이며,[10] 이런 식의 평등을 실현한다는 것은 바로 다른 사회구성원들을 자신처럼 사랑하는 것, 즉 이타주의를 의미하는 것이다(Titmuss, 1972 : 132).

리차드 팃머스는 급진적인 사회주의에 대해서는 언제나 반대했지만, 사회주의가 지향하는 평등과 공동체주의에 대해서는 적극적으로 동의했다. 그에 따르면, 사회주의도 사회정책과 마찬가지로 선물에 관한 것이며(Titmuss, 1970 : 187), 평등, 자유, 사회통합, 그리고 공동체를 지향한다고 한다(Titmuss, 1968 : 116, 151, 168). 그가 말하는 선한 사회 혹은 이상적 형태의 복지국가는 욕구에 따라 분배가 이루어지고 모든 사회구성원들이 동등한 존재로 대우받는 공동체라는 점에서 이상주의적인 형태의 공산주의의 사회와 매우 유사하다.

4. 평 가

1) 평 가

『선물관계』는 사회정책 관련 서적으로서는 드물게도 1971년도에 뉴욕타임즈가 선정한 가장 중요한 7권의 저서 가운데 한 권으로 꼽힐 만큼 사회적으로 강력한 반향을 일으켰다. 이 책은 매우 중요한 사회정책 이론상의 함의를 내포하고 있음에도 불구하고 초기에는 사회정책학계보다는 의료계와 경제학계에서 더 많이 논의되었다. 『선물관계』의 주요 내용들이 시장적 요소가 가미된 미국 혈액공급체계의 문제점을 부각시키는 결과를 가져왔기 때문이다. 이들 가운데 일부는 미국의 헌혈공급체계의 문제점에 대한 리차드 팃머스의 지적에 공감했지만, 대다수는 그에 대해 반대하는 입장이었다.

---

10) 리차드 팃머스에 따르면, 선한 사회의 건설을 위한 복지정책은 인간성과 재분배적 사회정의를 결합하는 새로운 형태의 것이어야 한다고 한다(Titmuss, 1972 : 131).

특히 시장자유주의자들은 혈액공급체계에 시장적 요소가 도입되면 혈액의 공급량이나 질에 커다란 문제가 발생한다는 리차드 팃머스의 주장을 비판한다. 예를 들어서, 리차드 팃머스가 『선물관계』를 저술할 때 비판의 대상으로 삼았던 자유주의 경제학자들에 따르면, 무료수혈의 경우 비용부담의 문제가 없기 때문에 혈액낭비의 가능성이 커지는 반면에, 수혈을 위해 비용을 지불하면 환자들이 보다 비용에 민감해지기 때문에 그 반대의 현상이 나타난다고 지적한다(Cooper and Culyer, 1968 : 21, 35). 또한, 미국의 혈액공급체계는 자발적 헌혈이나 자신과 가족을 위한 헌혈 등 비시장적 요소가 강력하며, 여기에 부분적으로 시장적 요소를 첨가하게 되면 누구의 자유도 제한하지 않으면서 혈액공급량은 늘어나는 효과가 있다고 한다(Arrow, 1972; Culyer, 1973).

이러한 이데올로기적 비판과는 별도로, 사회정책학계에서는 『선물관계』에서 사용된 방법론이나 통계적 수치들에 대해 의문을 제기하였다. 예를 들어, 한 연구자에 따르면, 매매혈을 허용하는 미국이 순수한 자발적 헌혈에 의존하는 영국에 비해 혈액공급의 측면에서 비효율적이라는 리차드 팃머스의 주장은 서로 비교 가능하지 않은 수치들이나 임의로 선정된 수치들을 기초로 한다는 점에서 신뢰성이 떨어진다고 한다(Steiner, 2003 : 148). 또 다른 연구자는 리차드 팃머스가 시장체제와 자발적인 헌혈제도에서의 혈액공급의 차이가 왜 발생하는지에 대해 이론적인 설명을 제공하지 않으며, 그의 주장과는 달리 영국의 혈액공급이 미국처럼 그다지 효율적으로 관리되고 있지 않다고 반박한다(Le Grand, 2003 : 42).

더욱 중요한 것으로서, 일부 사회정책학자들은 혈액공급체계에 대한 경험적 분석으로부터 사회정책의 일반적인 특성을 끌어내는 것이 과연 타당한 것인가 하는 질문을 제기한다. 예를 들어서, 리처드 핀커에 따르면, 헌혈은 헌혈자에게 시간과 체액의 손실 등 약간의 개인적 희생을 요구하기는 하지만 제공된 혈액이 일정 시간 이후에는 다시 재생된다는 점에서 헌혈자에게 심각한 손실을 끼치는 것은 아닌 반면에, 사회정책의 시행을 위해 부과되는 세금과 사회보험료는 개인들에게 커다란 부담을 초래한다고 한다. 따라서, 헌혈자에게 심각한 비용의 부담을 지우지 않는 헌혈 사례를 기초로 하여 사회정책의 일반적인 성격을 규정하는 것은 무리가 있다는 것이다(Pinker, 2006 : 14). 이와 비슷하게, T. H. 마샬도 헌혈과 같이 지나치게 전문화되고 비전형적인 사례에 기초하여 사회정책의 일반론을 제시하기는 어렵다고 평가하며(Marshall, 1973 : 139), 또 다른 연구자는 자발적 헌혈이 이타주의를 기초로 한다는 점을 인정한다고 하더라도 각종 이해관계의 산물인 복지국가가 전통적인 형태의 박애주의를 촉진한다고 볼 수는 없다고 한다(Obler, 1981 : 26).

이데올로기적인 비판을 제외한다면 이상과 같은 비판과 지적들은 적어도 부분적으로는 타당하다. 리차드 팃머스는 이타주의의 관점에서 자발적 헌혈과 사회정책의 일반적인 특징을 주장하면서도 이타주의가 사회정책의 기본 동력이거나 산물이라는 점을 구체적이고 체계적으로 증명하지는 않았다. 그는 그러한 작업에 관심조차 없었기 때문에 『선물관계』는 방법론적으로 매우 심각한 문제를 안고 있고, 사회정책의 성격에 대한 그의 결론은 매우 불안정한 기초 위에 서있는 것이다. 또한, 사회정책의 성격에 대한 그의 논의는 동어 반복적이라는 논리적인 결함을 지니고 있기도 하다. 그에게 있어서 사회정책은 그 자체가 이타주의이면서 동시에 이타주의의 원인이자 결과물이다. 이타주의가 이타주의의 원인이자 결과라는 식의 주장은 사회정책의 발전에 대한 인과적인 설명이 될 수 없는 것이다.

무엇보다도, 보편주의 사회정책 혹은 복지국가가 사회적 선물이고 사회구성원들이 공유하는 이타주의의 산물인지에 대해서는 학문적으로 논란의 소지가 많다. 그렇게 보기에는 사회정책의 형성과정에 경제적 이해관계, 정치권력, 집단갈등 등 다양한 요소들이 심대한 영향력을 행사하기 때문이다. 또한, 공공복지시스템을 통해서 조세가 징수되고 사회보장제도를 통해서 강제적으로 소득재분배가 이루어진다는 점에서 사회정책은 자발적인 것이 아니고 수급자에게 어떤 의무와 조건의 충족을 요구한다는 점에서 일방적 이전도 아니다(Wilding, 1976 : 148). 이와 함께, 사회정책을 사회적 선물로 간주하여 제공자와 수혜자 간의 권리-의무 관계를 부정하는 것은 자칫하면 복지권 내지는 사회권을 부정하는 결과를 낳을 수도 있다. 비록 익명의 관계를 바탕으로 한다고 하더라도 현대 사회에서 사회적 약자 혹은 일반시민이 기본생활을 보장받는 것은 그들의 권리이지 익명의 타자의 동정심의 발로일 수는 없는 것이다(Watson, 1980 : 155-7).

이상과 같은 문제점들이 있기는 하지만, 『선물관계』는 리차드 팃머스의 사회정책이론뿐 아니라 사회정책이론 전반에 있어서 매우 중요한 의미를 지닌다. 우선, 이 연구서는 복지국가에 대한 논의의 핵심에는 단순하게 재정과 권력의 문제만이 아니라 도덕과 이타주의 및 공동체의 문제도 있다는 점을 부각시킨다(Wilding, 1995 : 156). 리차드 팃머스 자신도 사회정책이 다양한 요인들에 의해 발전되어 왔고 이타주의와는 상반되는 성격을 지니고 있음을 잘 알고 있었다. 그럼에도 불구하고, 그는 사회정책 혹은 복지국가가 궁극적으로는 선행이나 이웃되기, 혹은 가진 것을 나눌 자유에 관한 것이라고 평가하였다(Reisman, 2004 : 771). 이러한 평가를 통해 그는 권력과 특권의 위계질서에 기초한 경쟁적이고 물질주의적인 현대사회가 진정한 의미의 복지를 위해 요구되는 이타주의로의 충동을 무시하고 방행한다는 그의 도덕 철학을 드러내었다(Oakley and Ashiton, 1997 : 7). 이와 같이 그는 도덕적 가치를 중시하는 이상주의자이며(Offer, 2006), 바로 이런 점에서 그는 다른 사회정책학자들과 구분된다.

다음에, 리차드 팃머스는 『선물관계』를 통해 시장경제와 사회정책/복지국가 간의 대립관계를 체계적으로 보여주면서 사회정책이 시장경제의 악영향으로부터 사회를 보호해야 한다고 주장한다. 그에 따르면, 시장경제는 인간의 선천적인 이타주의와 휴머니즘을 약화시키고 계급 간의 사회갈등을 악화시키는 반면에, 사회정책과 복지국가는 이타주의에 기초하여 평등사회를 지향함으로써 시장경제로부터 공동체와 공동체의 이상을 지키는 역할을 한다는 것이다(Pinker, 2006 : 14). 시장과 사적 서비스 혹은 민간부문에 대한 리차드 팃머스의 도덕적 비난이 다소 지나치다는 평가가 있기는 하다(Obler, 1981; Offer, 2006; Pinker, 1993). 그럼에도 불구하고, 국가가 시장에 대항하여 사회통합의 기능을 수행해야 하고, 이를 위해서 보편주의 사회프로그램 중심의 사회정책을 시행해야

한다는 그의 주장은 현대 사회복지정책의 핵심 명제가 되어 있다.[11]

마지막으로, 『선물관계』는 리차드 팃머스의 모든 저작들에 대한 통합적인 이론적 틀을 제시하고 있다(Oakley and Ashiton, 1997 : 7). 이 저작은 사회정책의 형성과 실행에 있어서 이타주의, 평등, 휴머니즘, 공동체주의, 박애주의 등의 가치들이 핵심적이라는 것을 보여줌으로써 그의 저작들을 하나로 묶는 핵심 주제를 제시했던 것이다. 실제로, 리차드 팃머스의 핵심개념인 복지분업, 복지모형, 보편주의는 그 자체만으로 보면 서로 간의 연관성이 뚜렷하지 않다. 그렇지만, 그가 왜 복지분업에서 국가가 담당하는 사회복지를 강조하고, 복지모형에서는 보편주의 사회프로그램이 지배적인 제도적 재분배 모형을 중시했으며, 다양한 사회프로그램들 가운데서 왜 그렇게도 보편주의 사회정책을 지지했는가 하는 것에 대한 답변이 『선물관계』를 통해 잘 드러나게 되었다. 이 모든 것은 그가 사회정책을 사회분열을 조장하는 시장에 대항하여 공동체를 지키는 사회적 선물로 간주하였기 때문인 것이다. 이와 함께, 『선물관계』는 리차드 팃머스가 『복지에의 헌신』(1968)이나『사회정책』(1974)을 비롯한 몇몇 저서에서 이타주의에 대해 언급하고 있는 이유를 잘 알려주고 있다.[12]

2) 에밀 뒤르케임과의 관련성

리차드 팃머스는 자신의 대표작들인『복지국가 에세이』와『복지에의 헌신』에서 복지분업에 대한 서술을 하면서 자신이 에밀 뒤르케임의 분업론에 나타난 개념과 논지를 따르고 있음을 분명히 밝힌 바 있다. 그에 따르면, 사회적

11) 리차드 팃머스는 국가가 사회정책의 시행을 통해서 시장의 강제력을 줄이거나 제거하거나 통제할 책임이 있다고 주장한다(Titmuss, 1971 : 242). 저명한 사회정책학자 요스타 에스핑-안데르센은 자신의 박사학위논문을 출간한 『시장에 대항하는 정치』(Politics Against Market)에서 리차드 팃머스의 그러한 주장을 적극적으로 수용하였다.

12) 한 연구사에 따르면, 『선물관계』 이전에도 리차드 팃머스 저작들의 핵심주제는 익명의 선물이었다고 한다. 리차드 팃머스는 이타주의 및 일방적 이전과 어떤 식으로든 관련되지 않은 주제에 대해 저술한 적이 없다는 것이다(Reisman, 2004 : 772).

분업이 진전함에 따라서 타인들에 대한 개인들의 의존성이 높아지고, 국가가 직접적으로 급여를 제공하는 사회복지 이외에 다른 형태의 기제들이 발달하게 되며, 복지분업체제의 발달은 바로 그러한 개인들의 상호의존성의 증대경향을 반영한다고 한다. 이런 식의 서술은 사회적 분업의 발달에 따라 개인들 간의 상호의존성이 증가한다는 에밀 뒤르케임의 논지를 거의 그대로 반복하고 있는 것이다.

에밀 뒤르케임에 대한 리차드 팃머스의 의존은 거기서 그치지 않는다. 그는 에밀 뒤르케임이 복지국가를 상호의존성, 자선, 선행, 공동체주의의 관점에서 서술하는 것과 매우 유사하게 사회정책과 복지국가를 이타주의, 휴머니즘, 공동체정신 등의 관점에서 분석한다. 에밀 뒤르케임이 말하는 자선은 리차드 팃머스의 이타주의와 같은 뜻이며, 실제로 에밀 뒤르케임은 자선과 이타주의를 혼용하기도 했다.

이와 함께, 에밀 뒤르케임과 리차드 팃머스가 이상적으로 생각하는 (복지) 사회는 서로 많이 닮아있다. 그 두 학자 모두에게 있어서 이상사회는 외적 불평등이 모두 제거되고, 자원이 개인의 능력에 따라서가 아니라 욕구에 따라서 배분되며, 모든 사람들이 평등하게 대우받는 공동체인 것이다.[13] 또한, 이들이 지향하는 이상사회는 이상주의적 형태의 사회주의 사회와 일치한다. 두 학자 모두 급진적인 사회주의에 반대하고 계급갈등의 문제에 대해서 일정 정도 거리를 유지했음에도 불구하고 이타주의와 평등, 그리고 공동체를 지향하는 순수한 형태의 사회주의에 대해서는 적극적으로 찬성하였다.

이러한 유사성과 공통점에도 불구하고 『선물관계』에서 리차드 팃머스는 에밀 뒤르케임을 인용하지 않았다. 이 때문에 과연 두 학자 간에 직접적인 학문적 연관성이 있는가 하는 의문이 제기될 수도 있다. 그렇지만, 『선물관계』는 1923년에 출간된 프랑스의 사회학자 마르셀 모스(Marcel Mauss)의 저서 『선물』

---

13) 리차드 팃머스는 사회분업론(Durkheim, 1933 : 384-5)을 인용하면서 외적 불평등(자연적 불평등을 반영하지 않는 불평등)은 분업이 진행함에 따라서 사회적으로 더욱더 지지를 받을 수 없게 된다고 지적한다(Titmuss, 1963 : 54).

(혹은, 『증여론』)을 바탕으로 한 것이며, 마르셀 모스는 에밀 뒤르케임의 조카이자 공식적인 학문적 계승자였다. 『선물』에서 마르셀 모스는 선물에 대한 그의 문제의식에 에밀 뒤르케임의 영향이 녹아있음을 밝힌 바 있으며(Mauss, 1967 : 67, 70), 이런 점에서 에밀 뒤르케임의 사회사상과 이론은 마르셀 모스를 통해 리차드 팃머스에게로 흘러들어간 것으로 간주할 수 있다. 에밀 뒤르케임은 직접적으로 선물에 관한 글을 쓴 적은 없지만 『사회분업론』에서 유기적 연대의 사회를 이타주의에 기반한 사회, 혹은 리차드 팃머스식으로 말하면 사회적 선물로 묘사하였으며, 바로 이런 점 때문에 『사회분업론』을 선물에 대한 글이라고 평가할 수도 있는 것이다(Guizzardi, 2009 : 86).

에밀 뒤르케임과 리차드 팃머스는 물질적 이해관계를 무시하지 않으면서도 궁극적으로는 도덕적 가치를 가장 중시한 도덕주의자들이었다. 고전사회학자들 가운데서 도덕적 가치를 중심으로 근대사회를 분석한 사람이 에밀 뒤르케임이었다면, 현대사회정책학자들 가운데서 도덕적 가치를 중심으로 사회정책과 복지국가를 분석한 사람은 리차드 팃머스였다. 에밀 뒤르케임이 급격한 사회변화에 따른 아노미의 극복을 위해 도덕적 가치와 자선을 강조했던 것처럼 리차드 팃머스는 경쟁과 물질주의를 조장하는 시장의 확대로 인한 사회생활의 불안정에 맞서기 위해 이타주의와 보편주의 사회정책을 강조했다(Mann, 2008; Zimmerman, 1991).

리차드 팃머스는 이타주의의 관점에서 사회정책을 분석함으로써 에밀 뒤르케임의 도덕사회학을 사회정책분야에 충실하게 재현하였고, 사회정책의 발전에 있어서 다른 어떤 요인들보다도 이타주의와 같은 도덕적 가치가 가장 강력한 것이라는 점을 보여주었다. 그는 사회정책과 복지국가를 개인들의 이타주의가 국가에 의해 실현된 것으로 간주하였으며, 이를 통해서 스스로는 분명하게 밝히지 않았지만 복지국가이론으로서의 사회양심론을 확립하였다.

Chapter 7
권력자원이론/사회민주주의론

1. 머리말

서구에서는 2차 대전 이후 거의 동시적으로 복지국가가 급성장하였다. 이러한 새로운 사회현상을 설명하기 위해 가장 먼저 제시된 복지국가이론은 산업화론이었다. 산업화론에 따르면, 산업화의 진전과 경제성장에 따라 새로운 사회문제들이 동시다발적으로 발생하고, 재정적으로 풍족해진 정부가 사회적 욕구에 대응하는 과정에서 복지국가가 성장하게 되었다고 한다.

산업화론의 맹점들 가운데 하나는 현실적으로 사회정책의 형성과 실행에 막대한 영향력을 행사하는 사회계급 혹은 집단들 간의 갈등과 타협 문제를 도외시하고, 선진산업국가들 간의 복지수준의 차이를 적절하게 설명하지 못한다는 것이다. 복지국가의 성장을 자본주의사회의 착취와 사회불평등에 대한 대응이 아니라 인구노령화와 생활수준의 향상에 따른 복지욕구의 증가에 대한 대응으로 해석하는 산업화론의 우파적 관점에 대해 좌파적 관점에서의 비판이 잇달았다. 그리고 1970년대 중반부터 복지국가의 성장에 대한 좌파적 관점의 설명들이 제시되기 시작했다.

권력자원이론은 그러한 좌파적 관점들 가운데 하나이다. 권력자원이론은 복지국가의 발전을 자본주의사회의 주요 계급인 노동계급과 자본계급 간의 갈등의 결과로 간주한다. 노동계급이 강할수록 복지국가는 성장하고 자본계급이 강할수록 복지국가는 지체된다는 것이다. 복지국가는 노동계급의 권력자원이 자본계급의 권력자원보다 우위에 있을 때, 혹은 노동계급이 자본계급에 비해 자신의 권력자원을 더 잘 동원했을 때 발전의 동력을 얻게 된다는 것이다.

권력자원이론은 노동조합과 사회민주당의 역할을 모두 중시하지만 현실적으로는 사회민주당에 더 많은 초점을 둔다. 노동계급을 대변하는 사회민주당이 정부를 통제해야만 노동계급을 대상으로 하는 각종 형태의 사회보장 프로그램들이 도입되고 확산될 수 있다는 것이다. 이런 점에서 권력자원이론은 복지국가 발전에 대한 사회민주주의론이라고도 불린다. 권력자원이론은 산업화론과 더불어서 복지국가 발전 연구 분야에서 가장 지배적인 위치에 있다.

권력자원이론은 대체로 스웨덴을 비롯한 스칸디나비아 국가들을 대상으로 연구되었으며, 북구출신의 학자들에 의해 주도되었다. 스웨덴의 사회학자 발터 코르피(Walter Korpi)는 1978년에 출간된 『복지자본주의의 노동계급』(Working Class in Welfare Capitalism)과 1983년에 출간된 『민주적 계급투쟁』(The Democratic Class Struggle)을 통하여 권력자원이론의 기초를 놓았고, 덴마크 출신의 사회학자 요스타 에스핑-안데르센(Gösta Esping-Andersen)은 『시장에 대항하는 정치』(Politics Against Market, 1985년)과 『복지자본주의의 세 가지 유형들』(Three Worlds of Welfare Capitalism, 1990년)에서 권력자원이론을 정교화하고 완성시켰다. 이하에서는 이들의 저작들을 기본으로 하여 권력자원이론의 주장들을 소개하고 평가하겠다.

2. 권력자원이론/사회민주주의론의 주요 내용들

권력자원이론에 따르면 복지국가의 발달은 자본계급이 보유한 권력자원과 노동계급이 보유한 권력자원의 상대적 크기에 달려있다고 한다. 자본계급의 권력자원이 노동계급의 것에 비해 크면 클수록 복지국가의 발달은 지체되는 반면에, 노동계급의 권력자원이 상대적으로 크면 클수록 복지국가의 발달이 촉진된다는 것이다. 이런 관점에서 보면, 경제성장이나 문화적 차이가 아니라 자본주의사회의 핵심적인 두 계급 간의 갈등과 투쟁이 복지국가의 발전 정도를 결정하는 것이다.

우선, 자본계급이 보유한 권력자원의 핵심은 자본이다(Korpi 1978 : 317-8; Korpi 1983 : 4). 자본주의시장경제에서는 자본을 소유한 사람들이 그렇지 못한 사람들을 착취하고 통제하며, 자본계급은 경제적 영역에서의 지배력을 바탕으로 하여 정치 영역과 사회 영역에서의 지배력을 확립하고자 한다. 경제적 지배가 다른 영역에서의 지배를 보장하지는 않지만 자본계급은 노동계급에 비해 정치적·사회적 우위를 점할 가능성이 크다. 이러한 자본계급의 이해관계는 자유주의정당이나 보수주의정당과 같은 정당을 통해 정치적으로 실현되며, 이러한 정당도 자본계급의 권력자원이 된다.

다음에, 노동계급이 보유한 권력자원으로는 노동운동과 노동계급을 대변하는 정당이 포함된다. 여기서 노동운동은 노동조합에 가입한 노동자의 비율(노동조합조직률)과 노동조합본부의 통제력으로 평가된다. 노동조합조직률이 높으면 높을수록, 그리고 개별 노동조합에 대한 노동조합본부의 통제력이 강력하면 강력할수록 노동운동의 강도는 높아지게 되는 것이다. 특히 중요한 것은 노동조합본부의 통제력인데, 노동조합본부의 통제력은 기업별 노동조합 체제에서는 매우 약화되는 반면에 산업별 노동조합 체제에서 강화된다. 또한 노동조합본부가 복수 이상의 단체로 분열되지 않을수록 노동조합본부의 통제력은 강해진다.[1)]

노동계급이 보유한 또 다른 권력자원인 정당은 의회민주주의하에서 노동계급의 이익을 대변하는 사회민주당 혹은 노동당이다. 사회민주당이라는 권력자원이 얼마나 강력한가 하는 것은 사회민주당의 득표비율, 극좌정당의 존재여부 및 득표비율, 사회민주당의 정부 참여 기간 및 정부통제의 정도로 평가된다. 이 가운데 사회민주당이 정부를 어느 정도나 오래 통치하는가가 가장 중요하다. 야당의 지위에 있을 경우에도 의석수가 충분하기만 하다면 사회민주당은 집권여당이 사회개혁입법을 도입하도록 압력을 가하거나 타협을 시도할 수도 있지만, 집권정당이 되었을 경우 사회민주당은 자신의 지지기반인 노동계급을 위한 사회프로그램들을 훨씬 원활하게 시행할 수 있기 때문이다.

권력자원이론은 이론적으로는 노동계급의 권력자원으로 노동운동과 사회민주당을 모두 중시한다. 양자 모두 사회민주주의 사회세력의 일부라는 것이다. 그렇지만, 권력자원이론은 실제로는 복지국가의 발달을 결정하는 가장 중요한 요인으로 사회민주당의 통치를 내세운다. 강력한 노동조합이 집권여당과 정치권에 일정 정도의 영향력을 행사하여 노동계급에게 유리한 사회정책을 도입하도록 만들 가능성을 완전히 부정하지는 않지만, 권력자원이론은 사회정책의 성격과 도입 여부의 결정권이 의회 및 정부의 손에 놓여있다는 점을 훨씬 더 강조하기 때문이다. 강력한 노동운동은 복지국가의 발전에 직접적인 영향을 미치기보다는 노동계급을 동원하여 사회민주당의 집권에 조력함으로써 복지국가의 발전에 간접적으로 기여하는 것으로 묘사된다.[2] 이와 같이 사회민주주의 정당의 승리를 위한 노동계급의 동원을 강조한다는 점에서 권력자원이론은 권력동원이론으로 불리기도 한다.

---

1) 권력자원 이론가들은 노동계급의 권력자원으로 "노동조합의 높은 조직도, 강력한 노동조합본부에 의해 통일된 산업별 노동조합, 노동조합본부와 사회민주당 간의 밀접한 협조, 강력한 사회민주당"을 지적한다(Korpi and Shalev, 1979 : 170).

2) 권력자원 이론가들에 따르면, 조직노동의 정치세력화가 성공적이면 성공적일수록 복지국가는 더욱 잘 확립되고 제도화되는 반면에, 시장을 통한 분배의 원칙은 더욱 약화될 것이라고 한다(Esping-Andersen, 1985; Esping-Andersen and Korpi, 1984; Korpi, 1989). 이런 점 때문에 어떤 학자들은 "권력자원이론이 노동계급의 권력이 최대화되는 곳에서 복지국가가 최대로 발달한다고 주장"한다고 평가한다(O'Connor and Oson, 1998 : 6-7).

권력자원이론에 따르면, 강력한 노동조합과 강력한 사회민주당 사이에는 매우 커다란 상관관계가 존재한다고 한다. 노동조합조직률이 높고 노동조합본부의 통제력이 강력한 북구 국가들에서 사회민주당이 장기간 통치한다는 사실이 이를 증명한다. 실제로 어떤 연구자들에 따르면, 사회민주당의 통치와 노동조합의 강도(노동조합조직률) 간의 상관관계가 0.89로 매우 높게 나타난다고 한다(Stephens and Stephens, 1982 : 222). 이와 같이 양자 사이에 높은 상관관계가 있기 때문에 권력자원이론은 복지국가의 발달을 설명하는 데 있어서 사회민주당의 통치에 초점을 두게 되는 것이다.[3)]

결국, 권력자원이론의 관점에서 볼 때 복지국가의 발전은 자본계급의 이익을 대변하는 보수정당과 노동계급의 이익을 대변하는 사회민주당의 대결에서 누가 얼마나 오래 집권하는가에 달려있다. 즉, 의회의석에서 차지하는 사회민주당의 비율이 높으면 높을수록, 그리고 사회민주당 정부의 통치기간이 길면 길수록 복지국가는 더 성장한다는 것이다. 이와 같이 권력자원이론은 복지국가의 발달을 설명하는 데 있어서 대립하는 정당들 간의 선거에서의 경쟁, 특히 노동계급을 대변하는 사회민주당의 집권능력에 초점을 맞춘다는 점에서 사회민주주의론으로 불린다.

일반적으로 복지국가발전 연구분야에서는 권력자원이론보다는 사회민주주의론이라는 용어가 더 많이 사용된다. 엄밀하게 말하면 사회민주주의론은 권력자원이론의 한 부분에 불과하지만, 사회민주당의 집권능력을 강조하는 권력자원이론의 특성으로 인해 사회민주주의론이라는 용어가 보다 대중화되어

3) 한 연구자에 따르면, 권력자원이론의 핵심적인 주장은 사회민주당에 대한 단순한 선거상의 지지나 노동조합이 의회 밖에서 행사하는 정치권력이 아니라 행정부에 대한 사회민주당의 직접적인 통제가 노동계급이 원하는 복지정책을 실행시킬 수 있는 가장 주요한 수단이라고 한다(Shalev, 1983a : 319). 또 다른 연구자는 노동운동에 의한 의회 밖의 압력이 사회지출의 절대액 증가에 효과적이기는 하지만 사회민주당의 정부통제가 실질 지출을 증가시키는 데 보다 효과적이라고 하며(O'Connor, 1988 : 291), 어떤 연구자들은 선진산업국가들에서의 복지지출과 급여수준에서의 차이를 설명하는 가장 중요한 요소는 민주적 계급투쟁을 형성하는 데 있어서 강력한 노동조합과 연계된 사회민주당의 상대적 성공이라고 한다(Myles and Quadagno, 2002 : 38).

있는 것이다.[4] 노동계급이 지닌 권력자원의 다양한 측면들 가운데서 사회민주당의 집권능력에 초점을 맞춤으로써 권력자원이론은 복지국가의 발달에 있어서 집권정당의 성격이 가장 중요하다는 점을 부각시킨다. 권력자원이론/사회민주주의론은 이데올로기의 종언을 이야기하는 산업화론이나 후기산업화론과는 달리 현대사회에서도 정치는 여전히 중요하다(politics matters)고 주장하고 있는 것이다.[5]

경제영역에서는 자본을 통제하는 자본계급이 지배적이지만 보통선거권이 보장되는 정치영역에서는 유권자의 수가 많은 노동계급이 지배적인 지위를 차지할 수도 있다는 권력자원이론의 주장은 국가가 자본계급과 같은 어떤 특정 계급의 소유물이나 계급통치의 수단이 아니라는 가정에 기초한다.[6] 권력자원이론의 관점에서 국가는 집권정당의 정책적 요구를 그대로 수용하여 실행하는 존재이며, 집권정당이 사회민주당일 경우에는 국가가 자본계급에게 불리한 사회복지정책들을 도입하고 확대할 수 있는 것이다. 요스타 에스핑안데르센에 따르면, "의회는 노동계급의 동원된 권력을 바람직한 정책과 개혁으로 실행시킬 수 있는 효과적인 기관이[며]… 의회정치는 자본의 지배력을 통제하고 자본에 적대적인 이익에 봉사하도록 만들어질 수 있다"고 한다 (Esping-Andersen, 1990 : 16).

권력자원이론은 자신의 주장의 타당성을 보여주기 위해 통계적 방법을 자주 사용한다. 단, 산업화론이 개발도상국가들에서부터 서구의 선진산업국가들에 이르기까지 수많은 국가들을 대상으로 통계분석을 하는 데 비해서, 권

---

4) 권력자원이론이 사회민주주의론의 부분적인 변형이라는 주장이 있기는 하지만(Pierson, 1991 : 29), 실제로는 사회민주주의론이 권력자원이론의 부분적인 변형이다.

5) 요스타 에스핑-안데르센은 정치적 행위자로서의 계급이 복지국가의 발달에 얼마나 중요한가를 권력자원이론이 잘 논증하고 있다고 평가한다(Esping-Andersen, 1990 : 16).

6) 발터 코르피에 따르면, 국가는 독자적인 행위자가 아니며 자본계급이 지배하는 도구도 아니라고 한다 (Korpi, 1983 : 19). 국가는 자율적으로 경제관계에 영향을 미치는 존재이며, 반드시 자본에 의해 지배되거나 제한받는 존재가 아니라는 것이다. 이런 점에서 발터 코르피는 정치를 대립하는 계급들이 자신의 권력자원에 기초하여 민주적으로 계급투쟁을 하는 것으로 표현한다(Korpi, 1983 : 21).

력자원이론은 선진산업국가군에 속하는 10-20개 정도의 국가들을 대상으로 사회민주당의 지배력과 복지수준 간의 관계를 분석한다. 한 연구자에 따르면, 17개 OECD 국가들을 대상으로 하여 복지수준(GNI 대비 비군사적 공공지출의 비율)에 대한 사회민주당 통치(1945년에서 1970년까지)의 영향력을 분석한 결과 상관관계 0.72, 표준화된 회귀계수 0.89로 나타나 사회민주당의 통치가 복지지출에 매우 커다란 영향을 미친다고 한다(Stephens, 1979 : 99-100).

또 다른 연구자도 17개 서유럽국가들을 대상으로 국가 간 회귀분석을 한 결과 복지국가의 수준(GNP 대비 사회보장예산의 비율)에 대한 사회민주당의 영향력이 매우 크다는 점에서 평등주의적 복지지출은 강력한 사회민주당에 의해 촉진된다고 결론지으며(Hewitt, 1977 : 451), 요스타 에스핑-안데르센은 사회민주당의 정부통제가 복지국가 발달의 약 40%를 설명한다고 주장한다(Esping-Andersen, 1990 : 52). 대부분의 권력자원이론가들은 경제수준이 비슷한 선진산업국가들을 대상으로 할 때 노동운동이 잘 동원되고 좌파정당의 정부지배가 안정적인 곳에서 복지지출이 극대화된다고 결론짓는다(Cameron, 1978; Castles, 1983; Korpi, 1980).

3. 복지수준의 차이와 복지유형

권력자원이론의 학문적 성과 중의 하나는 경제성장 수준이 비슷한 선진산업국가들을 대상으로 했을 때 복지국가 발달수준에서의 차이를 가져오는 요소가 무엇인가를 밝힌 것이다. 산업화론은 경제성장이 복지국가 발달을 가져온 핵심 요인이라고 주장한다. 이에 대해서 권력자원이론은 경제성장이 복지국가 발달을 위해 꼭 필요한 조건이기는 하지만 경제적 수준이 높아진다고 하여 반드시 복지국가 수준이 높아지지는 않는다고 지적한다. 경제성장으로 인해 복지국가 발달의 가능성이 높아지기는 하지만 그러한 가능성을 현실화하는 것은 노동계급을 대변하는 사회민주당의 집권능력이라는 것이다.

여기에서 더 나아가, 권력자원이론은 집권정당의 성격에 따라서 복지국가의 성격이 달라진다고 주장한다. 권력자원이론은 처음에는 해롤드 윌렌스키와 찰스 르보가 제안한 두 가지 형태의 복지모형을 받아들여 선진산업사회의 복지국가들을 잔여적 유형과 제도적 유형으로 분류하였다. 해롤드 윌렌스키와 찰스 르보는 복지모형을 분류하기는 했지만 왜 특정 국가가 잔여적 유형이나 제도적 유형으로 만들어지는지에 대해 관심이 없었다.

이에 반해서 권력자원이론은 노동계급의 권력자원에 초점을 맞추어 복지유형 형성에서의 차이를 설명한다. 발터 코르피는 해롤드 윌렌스키 및 찰스 르보와 비슷하게 주변적 복지국가와 제도적 복지국가의 이분법을 채택하였다. 그에 따르면 주변적 유형의 복지국가는 주로 영미계통의 국가에 나타나고, 제도적 유형의 복지국가는 북구에 특징적으로 나타난다고 한다(Korpi, 1985). 발터 코르피와 요스타-에스핑 안데르센에 따르면, 임금소득자의 권력상의 상대적 지위가 제도적 유형의 복지국가로의 발전을 결정하는 핵심요소이고(Esping-Andersen and Korpi, 1984), 스칸디나비아 복지국가들이 제도적 유형으로 이행된 것은 이들 국가에서의 노동운동의 권력자원이 상대적으로 많다는 것과 밀접한 연관이 있다고 한다(Esping-Andersen and Korpi, 1987 : 72).

요스타 에스핑-안데르센은 잔여적 모형과 제도적 모형의 이분법에서 벗어나 리차드 팃머스의 세 가지 형태의 복지유형론을 받아들인다. 리차드 팃머스의 복지유형론은 해롤드 윌렌스키와 찰스 르보의 제도적 모형을 산업상 업적모형과 제도적 재분배모형으로 세분화했다는 특징을 지닌다. 이러한 세분화로 인해서 복지지출수준은 비슷하지만 국가복지의 소득평등화 효과나 시민생활에 대한 국가개입의 성격은 다른 국가들의 구분이 가능하게 되었다. 시장의 원리가 상대적으로 강력하게 작용하는 사회보험 중심의 대륙유럽 복지국가와 보편주의 프로그램의 발달로 인해 평등주의가 보다 강력하게 시행되는 북구의 복지국가가 서로 다른 유형에 속하게 된 것이다.

요스타-에스핑 안데르센은 리차드 팃머스의 삼분법적 복지유형론을 받아들이기는 하되 리차드 팃머스와는 달리 그러한 복지유형상의 차이의 발생 원인을 밝히고자 한다. 여기서 그는 복지국가의 건설을 담당한 정치세력의 성격을 중시한다.[7] 원래의 권력자원이론에서라면 자본계급을 대변하는 정당과 노동계급을 대변하는 정당의 이분법을 사용해야 하지만, 세 가지 형태의 복지유형을 설명하기 위해서는 그러한 이분법으로는 불가능하다. 이에 따라서 요스타 에스핑-안데르센은 노동계급과 자본계급의 권력자원에서의 상대적 차이에 초점을 두는 전통적인 권력자원이론에서 벗어나 복지국가의 건설을 주도한 정치세력의 성격을 세 가지로 분류한다. 그의 세 가지 복지유형의 특징을 정리하면 다음과 같다(Esping-Andersen, 1990 : 21-29).

첫째, 자유주의 복지국가는 자유주의 정치세력에 의해 주도되었으며, 시민생활에서 차지하는 국가의 역할이 최소화되어 있다. 국가는 시장의 효율성 제고를 최우선적인 과제로 하며 국가에 의한 사회복지는 시장기제의 보조기구에 불과하다. 따라서 민영보험이나 기업복지와 같은 민영복지기제가 발달하고, 사회보장제도 가운데서는 저소득층을 대상으로 하는 공공부조와 함께 적당한 수준의 보편급여와 사회보험이 지배적이다. 이 유형은 자유주의적 성향이 강한 미국, 캐나다, 오스트레일리아에서 발견되며, 사회보장프로그램 가운데서 공공부조가 상대적으로 발달되어 있다는 점에서 '사회부조 지배적인 복지국가'(social-assistance dominated welfare states) 모형으로도 불린다.

둘째, 보수주의 복지국가는 신분적 차이의 유지를 중시하는 보수주의 정치세력에 의해 주도된 복지국가 유형이다. 여기서는 시장효율성과 같은 자유주의적 가치와 기업복지 및 민영보험이 미약하며, 복지제공자로서 국가기구의 역할이 매우 크다. 사회적 권리가 발달해 있기는 하지만, 사회적 권리는 계급과 신분, 또는 기여(근로와 고용)에 연계되어 있다. 사회보험이 발달해 있다는 점에서 '강제적 국가사회보험'(compulsory state social insurance with fairly strong entitlements) 모형이라고도 불린다. 사회보장제도의 재분배 효과가 미약하며, 가톨릭교회의 영향을 받아 이 유형의 복지프로그램들은 전통적인 가족주의의 보존을 장려한

---

7) 요스타 에스핑-안데르센은 복지유형의 분류 기준으로 복지국가를 건설한 사회세력의 성격이나 정치적 이념, 노동계급의 동원능력과 계급정치의 연합 구조, 체제제도화의 역사적 전통의 차이 등 다양한 요소들을 들고 있다. 이 가운데서 그는 복지국가를 건설한 정치세력의 성격에 초점을 두고 있다.

다. 보수주의 복지국가는 프랑스, 독일, 이탈리아 등 대륙유럽 국가들에서 발견된다.

셋째, 사회민주주의 정치세력이 중심이 되어 건설된 사회민주주의 복지국가는 보편주의의 원칙을 기본으로 하여 국가복지를 중간계층에게까지 확대한다. 이 유형에서는 최대한의 평등이 추구되고, 사회의 모든 계층이 하나의 보편적이고 포괄적인 복지체계에 통합되며, 노동계급과 중간계급 간의 분열 최소화된다. 이에 따라 시장의 복지기능은 최소화되고 시민생활에 대한 국가복지의 역할은 극대화된다. 이 유형의 복지국가는 소득이나 기여에 관계없이 모든 시민들에 대한 기본적이고 동일한 사회보장급여를 제공한다는 점에서 '베버리지 유형의 시민급여'(Beveridge-type citizens' benefit) 모형으로 불리기도 한다. 스웨덴을 비롯한 스칸디나비아에서 발견되는 이 유형의 가장 현저한 특징은 복지와 노동의 결합으로서 완전고용을 지향한다는 것이다. 위의 다른 두 유형에서는 완전고용이 복지국가의 핵심부분으로 채택되어 있지 않다.

이상과 같이 복지국가를 세 가지 유형으로 나누면서 요스타 에스핑-안데르센은 탈상품화라는 개념을 적용한다. 여기서 탈상품화란 노동이 상품화되어 있는 자본주의시장경제체제에서 개인이 시장(특히 노동시장)에 의존하지 않고 생활할 수 있는 정도를 말한다. 그에 따르면, 복지국가는 국가에 의한 소득재분배를 통해 일정 정도의 탈상품화 효과를 가진다고 한다(Esping-Andersen, 1990 : 21-3).

요스타 에스핑-안데르센의 관점에서 볼 때 복지국가는 결국 탈상품화를 지향하며, 복지국가의 탈상품화 정도는 복지유형에 따라 상이하다. 시민생활에 대한 국가복지의 역할이 최소화된 자유주의 유형에서는 탈상품화가 매우 낮다. 반면에, 평등주의를 지향하면서 중산층을 포괄하는 보편주의 사회프로그램이 지배적인 사회민주주의 유형에서는 탈상품화 효과가 최대화된다. 사회보험 중심의 보수주의 복지유형에서는 복지지출수준이 높음에도 불구하고 연금 등의 사회보험급여가 시장소득에 비례한다는 점에서 시장의 원리가 작동하며, 탈상품화 효과는 사회민주주의 유형에 비해 제한적이다.

복지유형을 두 가지에서 세 가지로 확대하면서 요스타 에스핑-안데르센은 권력자원이론의 전통적인 주장에서 벗어났다. 그렇지만, 그의 새로운 복지유형론에는 권력자원이론의 핵심적인 주장, 즉 노동계급이 성공적으로 동원되어 사회민주당 정부가 장기간 집권할 때에는 복지수준이 높아지고 제도적 유형의 복지유형이 발달한다는 주장이 여전히 남아있다. 이런 점에서 요스타 에스핑-안데르센의 확대된 복지유형론은 권력자원이론의 한 변형으로 평가될 수 있다.

4. 보편주의 복지국가

권력자원이론의 관점에서 볼 때, 복지국가는 사회민주당이 자신의 지지기반을 확보하고 집권 가능성을 높이기 위해 채택하는 전략이다. 노동계급을 지지기반으로 하는 사회민주당은 집권정당이 될 때마다 가능하면 국가복지의 확대를 도모한다. 이와 같이 사회보장프로그램의 제공을 통해 노동계급에게 직접적인 이득을 제공함으로써 사회민주당은 자신에 대한 노동계급의 지지를 더욱 공고하게 할 수 있는 것이다.

그렇지만, 권력자원이론의 관점에서 더욱 중요한 것은 복지국가의 확대로 인해서 노동이 탈상품화된다는 사실이다. 시장경제체제에서 노동자 개인들은 보다 나은 일자리와 경제적 보상을 위해 서로 간에 치열하게 경쟁할 수밖에 없고, 이로 인해서 노동계급의 연대성이 파괴된다. 이렇게 되면 노동계급의 정치적 동원화가 매우 어려워진다. 이러한 난관을 해결하려면 노동자들이 노동시장에 의존하지 않고도 적절한 생활이 가능하도록 만들어줘야 하며, 사회보장프로그램의 확대는 그것을 가능하게 하는 대안이 된다.

이와 같이 노동이 탈상품화되면 될수록 노동계급의 연대는 강화되고 노동계급의 권력자원은 증가하게 된다. 특히, 사회민주당이 중심이 되어 형성된 사회민주주의유형의 복지국가는 보편주의적이고 관대한 사회프로그램들을 제공함으로써 노동의 탈상품화 효과를 높이고, 이를 통해서 노동계급의 권력자원을 만들어 내고 노동운동을 강화한다(Esping-Andersen and Korpi, 1987 : 72). 권력자원이론의 관점에서 볼 때 복지국가의 확대는 노동계급의 권력을 상대적으로 높이는 데에 기여하며(Korpi 1978b : 105), 사회민주당은 자신의 지지기반을 확고하게 만들기 위한 전략으로서 사회복지정책을 개발하는 것이다(Esping-Andersen, 1985).

사실, 노동계급에게 가장 유리한 사회보장제도는 연금 등의 사회보험이다. 사회보험은 기여금의 절반 이상을 고용주가 납부하지만 급여는 노동자 개인에게 주어지기 때문이다. 일반조세에 기초하여 모든 시민들에게 동일한 급여를 제공하는 보편주의 사회프로그램은 노동계급에게만이 아니라 자영업자와 중산층 모두에게 이득이 된다는 점에서 노동운동이 그다지 선호하지 않을 수 있다. 그렇다면, 권력자원이론의 관점에서 볼 때 노동계급의 동원화가 활발하고 사회민주당이 강력한 국가일수록 사회보험이 발달해야 할 것이다. 그렇지만, 현실은 그렇지 않다. 사회민주당이 장기간 집권한 사회민주주의 유형의 복지국가들에서는 보편주의 사회프로그램이 상대적으로 발달하고, 사회보험은 독일 등의 보수주의 유형의 복지국가들에서 발달한 것이다.

이에 대해서 권력자원이론은 사회민주주의 계급형성(social democratic class formation)이라는 개념으로 설명한다. 이에 따르면, 노동계급을 기반으로 하는 사회민주주의정당은 전통적인 노동계급의 수적 열세와 감소 경향으로 인해서 집권을 위해서는 화이트칼라나 전문직, 또는 자영업자 등의 중간층을 대변하는 정당들과의 연대가 필수적이다. 사회민주당은 노동계급을 중심으로 하여 중간층을 연대세력으로 포섭할 때에만 집권이 가능하며, 이를 위해서는 사회보험과 같이 노동계급에게만 집중적으로 혜택을 주는 사회보험이 아니라 모든 시민들을 대상으로 하는 보편급여를 도입해야만 한다는 것이다.

보편급여는 노동계급에게 일정 정도의 혜택을 제공할 뿐 아니라 전통적으로 사회정책에서 배제되어 있던 중간층들에게도 매력적이다. 보편급여를 통해 사회정책의 틀 속에 편입된 중간층들은 사회민주당의 보조적인 지지기반이 되거나 최소한 사회민주당에 반대하지 않게 되며, 사회민주당은 중간층을 대변하는 정당들과의 전략적 제휴를 통해 집권 가능성을 높일 수 있는 것이다. 요스타 에스핑-안데르센에 따르면, 사회민주주의 계급형성의 궁극적인 수단은 사회정책이고, 이것은 개인주의와 조합주의에 맞서는 보편주의적 대안을 실행하는 것이어야 하며, 보편주의 복지국가 전략은 사회민주주의 계급동원의 자연적인 결과라고 한다(Esping-Andersen, 1985 : 33-4).

이상과 같은 주장은 스웨덴 등의 북구 국가들의 경험에 기초하고 있다. 예를 들어서, 1920년대 동안 지지부진했던 스웨덴의 사회민주당은 1930년대 초반 농민당과의 연정에 성공하였으며, 이를 바탕으로 1976년까지 장기적으로 집권할 수 있었다. 이러한 적록동맹(red–green alliance)은 국내농산물에 대한 정부지원과 보편주의 사회프로그램의 도입을 조건으로 해서 이루어진 것이었다(Esping–Andersen, 1990 : 18; Esping–Andersen and Korpi, 1984; Korpi, 1983). 다른 북구국가들에서도 이런 식의 정치적 연대가 이루어졌으며, 그 매개체는 보편주의 사회프로그램이었다. "덴마크, 스웨덴, 노르웨이에서 복지국가의 기초는 1940~1950년대에 비기여식의 보편주의 사회프로그램들을 도입함으로써 마련되었던" 것이다(Esping–Andersen, 1985 : 157).

권력자원이론은 보편주의 사회프로그램의 성립 배경으로 사회민주주의 정당의 계급동원 전략을 지적하면서 보편주의 복지국가를 노동계급의 정치적 승리의 결과물로 간주한다. 스웨덴을 비롯한 북구 국가들의 경우 사회민주당이 중간층을 대변하는 정당들과의 연대를 통해 집권을 하였고, 대륙유럽 국가들이나 앵글로색슨 국가들에 비해 보편주의 사회프로그램이 상대적으로 발달되어 있다. 이런 점들을 고려할 때 권력자원이론의 주장은 매우 타당한 것으로 평가된다.

5. 신조합주의론

권력자원이론은 노동계급 권력자원의 원천으로 노동조합과 사회민주당을 지적하면서도 실제적인 분석에 있어서는 사회민주당의 영향력에 초점을 두는 경향을 보인다. 이것은 강력한 노동운동과 강력한 사회민주당 간에 매우 밀접한 상관관계가 있고, 복지정책을 결정하는 것은 한 국가의 의회나 정부이기 때문이다. 그렇다고 해서 권력자원이론이 복지국가의 발전에 대한 노동운동의 영향력을 무시하는 것은 아니다. 한 연구자의 지적대로, 권력자원이론은 복지국가의 발전을 노동계급의 투쟁의 산물로 간주하고, 강력한 노동운동을 복지제도를 통한 소득평등화의 핵심 요인으로 간주하는 것이다(Stephens, 1979 : 2, 55).

권력자원이론에서 상대적으로 덜 강조되고 있기는 하지만 노동운동은 복지국가 발전에 있어서 독자적이고 때로는 강력한 영향력을 행사한다. 이것은 사회민주당이 강력하지는 않지만 복지지출수준이 높은 대륙유럽 국가들의 사례에서 잘 드러난다. 예를 들어서, 독일은 사회민주당이 그다지 강력하지 않음에도 불구하고 최근까지도 스웨덴에 버금갈 정도의 복지지출수준을 보이고 있다. 네덜란드는 사회민주당의 독자적인 집권경험이 없음에도 불구하고 1970년대까지는 북구국가들과 비슷한 정도의 복지지출을 나타냈다. 이들 국가들에서는 강력하게 조직된 노동운동이 보수적인 집권세력에게 압력을 가하거나 고용주집단과의 타협을 통해서 복지국가의 확대를 가져온 것으로 평가된다.

복지국가 발전에 대한 강력한 노동운동의 영향력을 강조하는 이론적 관점으로는 신조합주의론 또는 사회적조합주의론이 있다.[8] 신조합주의는 2차 대전 이후 서구에 등장한 노동, 자본, 국가 간의 전 사회적인 타협체제를 말한

8) 사회정책에서는 조합주의(corporatism), 신조합주의, 사회적조합주의(social corporatism), 네오 코오포라티즘이 동일한 의미로 사용된다.

다. 여기서 노동 측은 임금인상 요구 및 파업을 자제하여 생산에 적극적으로 협조하고, 자본 측은 그로부터 발생한 이윤을 생산의 효율성 증대와 점증하는 사회보험료 지급에 사용하며, 국가는 그 두 지배적인 사회세력 간의 협상에 기초하여 공공복지의 확대를 추진하는 것이다. 이러한 체제가 성립하게 된 것은 2차 대전 이후의 호경기를 적극적으로 이용하려는 서구의 자본이 상대적으로 강력한 노동운동을 체제내화하면서 평화적인 노사관계 정립을 추구하였기 때문이다(Hicks, 1988; Mishra 1986; Rothstein, 1987).[9)]

신조합주의론의 관점에서 볼 때 고용주집단이 노동조합과 전사회적인 타협에 나서게 된 것은 노동조합이 잘 조직되고 노동운동이 강력한 영향력을 발휘하였기 때문이다. 이 관점에 따르면, 잘 조직되고 중앙집권화된 노동운동은 경영자들을 조직화하여 단체협상에 나서도록 강제하며, 노동조합의 중앙집권화가 강력하여 노동운동이 조합본부에 의해 잘 통제될 경우 신조합주의의 정착이 용이하다는 것이다(Baccaro, 2003 : 685; Golden, 1993 : 439; Iversen, 1999 : 48-57; Regini, 1982 : 130; Wilson, 1983 : 114).

신조합주의론에 따르면, 복지정책에 대한 결정은 노동계급과 자본계급을 대표하는 집단들 간의 전사회적인 타협과 이에 대한 정부의 조정을 통해 이루어진다고 한다. 집권정당이 사회민주당일 경우 신조합주의가 더 발달할 수도 있지만, 보수당이 집권정당일 때라도 노동운동이 강력할 경우에는 신조합주의가 확립될 수 있다. 복지정책은 투표권을 지닌 시민들의 요구를 정치인들이 받아들이거나 노동계급을 대변하는 사회민주당이 집권해서라기보다는 고용주집단 및 노동조합과 같은 사회의 강력한 이해조직들과 정부와의 타협과 협상에 의해 제공되는 것이다(Therborn, 1986 : 212-3).

이런 점에서 신조합주의론은 복지국가의 발전을 집권정당의 성격, 특히 사

9) 어떤 연구자들에 따르면, 사회적조합주의 타협의 핵심은 임금억제에 대한 보상으로 사회적 임금을 확대하는 것이고, 강력한 노동조합과 높은 조직율을 전제로 할 때 임금협상이 중앙집권화되고 조정되는 것이 핵심적이며, 이것은 중앙집권화된 노동조합과 고용주협회에 의해 가능하게 된다고 한다(Huo and Stephens, 2012 : 4).

회민주당의 집권능력에 기초하여 설명하는 권력자원이론과 어느 정도 상반된 견해를 제시하는 것으로 평가될 수도 있다. 예를 들어서, 발터 코르피는 사회적조합주의의 발달과 함께 정책결정에 있어서 정당의 중요성은 줄어들고, 사회적조합주의는 부르조아사회에서 지배집단들이 자신의 지배력을 유지하기 위한 안정적인 수단이 된다고 비판한 바 있다(Korpi, 1983 : 10-11).

그렇지만, 넓게 본다면 신조합주의론은 권력자원이론의 한 부분으로 평가될 수 있다. 양자 모두 복지국가의 발전을 자본계급과 노동계급의 갈등에 기초하여 설명하고 있는데다가 중앙집권화된 강력한 노동운동을 복지국가 발전의 핵심적인 요인으로 간주하고 있기 때문이다. 권력자원이론이 두 계급의 갈등을 강조하고 신조합주의론이 두 계급의 타협을 부각시키는 차이가 있기는 하지만, 그것은 커다란 틀에서 본다면 심각한 차이가 될 수 없다.

실제로, 발터 코르피 자신도 권력자원이론과 사회적조합주의론의 유사성에 대해 서술한 바 있다. 그에 따르면, 사회적조합주의는 강력하게 조직된 노동조합의 힘을 반영하며, 노동조합조직률과 노동조합의 중앙집권화로 측정되는 노동계급의 권력자원이 강력하면 강력할수록 사회적조합주의가 확립될 가능성이 높아지고 사회적조합주의가 복지정책에 대한 미치는 영향력이 더 커진다고 한다(Korpi, 1983 : 20-21).[10)]

결국, 신조합주의론은 노동계급의 권력자원들 가운데서 노동조합에 초점을 두는 권력자원이론의 한 분파라고 할 수 있다. 권력자원이론은 강력한 노동조합을 강조하는 관점과 사회민주당의 집권능력을 강조하는 관점으로 나뉜다. 사회민주주의론이 사회민주당에 초점을 둔 정치적 관점의 설명이라면 신조합주의론은 노동운동과 고용주집단의 갈등과 타협에 초점을 둔 사회적 관점의 설명이라고 할 수 있다.[11)]

10) 그는 국가, 노동, 자본 3자간의 타협 형태가 노동조합의 강도와 좌파정당의 정부통제의 정도에 좌우된다고 지적하면서 노동운동의 권력자원에서의 불리가 작을수록, 그리고 정부에 대한 좌파정당의 통제가 강할수록 사회적조합주의에서 국가가 노동조합의 편에 설 가능성이 더 높아진다고 주장한다(Korpi, 1983 : 13, 25).

6. 평 가

1) 평 가

권력자원이론은 복지정책의 형성과 결정에 있어서 노동계급의 이익을 대변하는 노동조합과 사회민주당의 역할을 핵심적인 것으로 간주한다. 노동계급의 권력자원인 노동조합과 사회민주당이 강력하면 강력할수록, 즉 노동계급이 노동조합에 의해 잘 통제되고 사회민주당이 장기간 집권할수록 복지국가는 발달한다는 것이다.

권력자원이론은 복지국가발달의 전제조건으로서 경제성장과 정치적 민주주의의 중요성을 인정한다. 경제성장은 대규모의 노동계급을 만들어냄과 동시에 소득재분배를 위한 물질적인 기초를 창출하고, 정치적 민주주의는 노동계급이 정치권력을 획득할 수 있도록 허용하기 때문이다. 그렇지만, 권력자원이론은 그러한 조건들이 충족된다고 해서 모든 국가들의 복지수준이 높아지는 것으로는 보지 않는다. 그러한 조건들은 복지국가발달의 가능성을 제공할 따름이며, 그러한 가능성의 현실화는 노동계급을 조직하고 동원하여 사회민주당의 집권을 가져오도록 하는 노동조합과 좌파정당의 능력에 달려있다는 것이다.

경제수준의 차이가 있는 국가들에서의 복지수준의 차이를 설명하는 산업화론과는 달리 권력자원이론은 경제수준이 비슷한 선진산업국가들에서 왜 복지수준의 차이가 발생하는가를 설명하는 데 적합하다. 대체적으로 볼 때 스웨덴을 비롯한 스칸디나비아국가들처럼 사회민주당과 노동조합이 강력한 곳에서는 복지수준이 높고, 미국이나 일본처럼 사회민주주의세력이 허약한

---

11) 프랜시스 캐슬즈에 따르면, 사회정책 형성에 대한 사회민주주의의 영향력에 대해서는 두 가지 관점이 존재한다고 한다. 첫째는 사회민주주의론으로서 여기서는 사회민주주의 정당에 의한 정부통제가 사회개혁의 중심요소라고 주장된다. 둘째는 계급정치론(class politics paradigm)으로서 여기서는 집권세력의 성격이 아니라 집권세력에게 영향력을 행사하는 노동계급의 압력이 보다 중요한 것이라고 한다 (Castles, 1986).

곳에서는 복지국가의 발달이 지체되고 있기 때문이다.

또한, 권력자원이론은 복지국가연구에 있어서 정치와 사회계급의 역할을 부각시킨다는 의의를 지닌다. 복지국가의 발달을 경제성장과 사회적 복지욕구의 증가에 대한 국가의 대응으로 간주한다는 점에서 산업화론은 복지국가의 문제를 탈정치화시킨다. 복지국가는 정치, 혹은 사회집단 간의 갈등과는 관계가 없다는 것이다. 이에 반해서, 권력자원이론은 복지국가의 발전을 사회계급과 계급정당들 간의 갈등과 타협의 결과로 간주하면서 복지정치의 핵심적 역할을 강조한다. 권력자원이론을 통해 사회계급은 복지국가연구의 핵심적인 지위를 다시 찾게 된 것이다.

복지국가연구에 있어서 권력자원이론의 또 다른 공헌은 복지국가의 질적인 차이를 강조하는 복지유형론을 확립하였다는 것이다. 복지유형론의 출발점은 잔여적 모형과 제도적 모형의 이분법을 채택한 산업화론자 해롤드 윌렌스키였다. 그렇지만, 복지유형론이 사회정책학계의 폭넓은 관심을 받게 된 것은 요스타 에스핑-안데르센이 세 가지 유형으로 구성된 복지유형론을 제시하고부터이다. 권력자원이론은 노동계급과 자본계급의 권력자원의 상대적 분포에 따라 복지국가의 질적인 차이가 발생한다고 간주하기 때문에 복지유형론을 세밀하고 체계적으로 발전시키는 데 관심을 갖게 된 것이다.

다수의 사회정책이론가들이 지적하는 대로 서구의 복지국가가 노동계급의 독립적인 사회적·정치적 세력화에 대한 대응으로 발생했기 때문에 권력자원이론이 주장하는 대로 노동자 정당과 노동조합 강도에서의 차이가 복지국가 발전수준의 차이를 설명하는 핵심 요소들 가운데 하나라는 데는 이의가 없을 것이다(Flora and Alber, 1981 : 43). 또한, 스웨덴과 같이 사회민주당이 강력한 국가들에서는 공공복지지출 수준이 높고 시민생활에 대한 국가복지의 역할이 크다는 점에서 복지국가 발달에 대한 권력자원이론의 주장은 설득력이 매우 크다.

이에 반해서, 권력자원이론은 다음과 같은 몇 가지의 문제점을 지니고 있다. 우선, 권력자원이론은 복지국가의 발달을 설명하는 데 있어서 사회민주당의 정권참여라는 단일요인에 집착하는 경향이 있다. 권력자원이론은 사회민주당 지배체제에서는 복지국가가 발달하지만 보수당이나 자유당 등 다른 정당이 집권할 경우에는 복지국가의 발달이 지체되는 것으로 간주한다. 그렇지만, 자주 지적되는 대로 현대 복지국가의 기원을 이룬 독일의 사회보험은 보수주의 정치세력인 오토 폰 비스마르크에 의해 도입되었고, 영국 복지국가의 근간은 사회민주주의세력이 아니라 자유주의정치세력에 의해 주도되었다. 또한, 때로는 고용주집단이 사회프로그램의 도입을 주도하기도 했고, 좌파정당 집권 시에 비해서 우파정당 집권 시에 오히려 사회지출이 증가하는 경우도 있는 것이다(Rimlinger, 1971 : 116; Quadagno, 1984 : 632-47; Shalev, 1983a : 341).

권력자원이론의 주장대로 북구국가들과 같이 사회민주당이 강력한 곳에서는 일반적으로 복지국가가 발달한다. 반면에, 사회민주당이 강력하지 않은 곳에서도 복지국가가 발달할 수 있다. 복지지출수준만을 고려할 경우, 독일 등 대륙유럽 국가들은 사회민주당이 보수당에 비해 세력이 약했음에도 불구하고 스웨덴 못지않은 복지수준을 보였다. 특히, 1980년대의 사회개혁 이전의 네덜란드에서는 사회민주당이 연정파트너로 정권에 참여한 이외에는 집권한 적이 없음에도 불구하고 북구국가들과 비슷한 정도의 복지지출을 기록했다. 이런 점에서 사회민주당이 강력하다는 요인은 복지국가 발달을 위한 충분조건일 수는 있지만 필요조건일 수는 없는 것이다.[12)]

이와 비슷한 맥락에서, 일부 연구자들은 권력자원이론이 스웨덴을 비롯한 북구국가들을 대상으로 이론을 구성하였고, 이에 따라서 다른 지역에는 잘 적용되지 않는다는 점을 지적한다. 스웨덴 중심주의(Swedo-centrism)라는 용어가 표현하듯이 권력자원이론은 세계사적으로 매우 이례적인 스웨덴 사례를 바탕으로 하여 다른 국가들을 판단하고 있는 것이다(Shalev, 1983b; Therborn, 1986 : 220). 하나의 이론이 복지국가라는 복잡다단한 사회현상을 모두 설명할 수는

12) 프랜시스 캐슬즈의 지적대로, 스칸디나비아에서는 사회민주당의 지배가 높은 복지수준의 충분조건인 반면에, 네덜란드 사례는 사회민주당의 지배력이 복지국가 발달의 필요조건이 아니라는 것을 보여준다(Castles, 1978 : 74).

없지만, 권력자원이론은 사회민주당이 강력하지 않음에도 불구하고 복지수준이 높은 대부분의 대륙유럽 국가들을 설명하기에 어려움이 많다.

마지막으로, 보편주의 사회프로그램을 중심으로 한 북구 복지국가의 발달이 자본계급에 대한 노동계급의 승리라는 권력자원이론의 주장에 대해서도 의문이 제기된다. 권력자원이론에 따르면 보편주의 사회프로그램은 사회민주당의 계급동원전략의 일환이며, 그 결과 사회민주당은 집권정당의 지위를 유지하면서 노동계급에게 유리한 사회정책들을 시행할 수 있게 되었다고 한다. 여기서 문제가 되는 것은 노동계급이 보편주의 사회프로그램을 원했는가 하는 것과 보편주의 사회프로그램이 사회민주당 집권하에서만 발달할 수 있는가 하는 것이다.

권력자원이론에 대한 비판자들은 보편주의 사회프로그램의 계급적 기반이 국가별로, 그리고 역사적으로 상이하다는 점을 지적한다. 예를 들어서, 사회민주주의정당이 강력하지 않은 독일과 프랑스에서는 보편주의 사회프로그램이 한때 노동계급과 좌파정당의 지지를 받다가 1960년대와 1970년대 동안에는 노동계급이 아니라 중간계급의 강력한 지지를 받았다는 것이다(Baldwin, 1989 : 477).

보편주의 사회프로그램은 한 국가의 시민 전체를 대상으로 하고 있다는 점에서 노동계급만의 이익을 반영하지는 않는다. 일부 연구자들은 보편주의 사회프로그램의 진정한 수혜자는 중간층이며, 이런 점에서 보편주의 복지국가는 사회민주당이 주도한 것이 아니라 중간계급의 이익실현을 위한 대중정당의 노력의 결과, 혹은 부르주아 정당들의 압력의 결과라고 주장한다.[13] 그들

13) 권력자원이론에 대한 대표적인 비판자인 피터 볼드윈은 스웨덴에서도 초기에는 사회민주당 정부와 노동조합이 전 국민을 대상으로 하는 보편연금이 아니라 노동계급만을 위한 사회보험식의 연금제도를 선호했지만 농민계층이 정치적으로 성장함에 따라 보편연금을 선택하게 되었다고 한다. 그에 따르면, 스웨덴에서 보편주의 사회프로그램이 발달하게 된 것은 사회보장의 혜택에서 소외되지 않고자 하는 농민계층의 결단 때문이었다(Baldwin, 1989 : 15-21). 이런 점에서, 그는 북구국가들에서의 보편주의 사회프로그램의 발달은 사회민주당이 얼마나 강력한가가 아니라 사회정책을 통해 자신의 이해관계를 관철하고자 했던 [쁘띠]부르조아 계급과 정당들이 정치적으로 얼마나 강력한 영향력을 행사했는가를

에 따르면, 노동계급은 보편주의 사회프로그램을 옹호하거나 장려하지 않았으며, 노동계급에 보다 유리한 것은 보편주의 사회프로그램이 아니라 기여금의 절반 이상을 고용주가 분담하는 사회보험 프로그램이라는 것이다(Baldwin, 1990; Flora and Heidenheimer, 1981; Ginsberg, 1979; Stinchcombe, 1985).

2) 칼 맑스와의 관련성

권력자원이론은 복지국가의 발달을 노동계급과 자본계급 간의 대립과 갈등의 결과물로 간주한다. 노동계급의 권력자원이 자본계급의 권력자원에 비해 상대적으로 우세할 경우, 특히 노동계급을 대변하는 사회민주당이 강력할 경우 복지국가는 더 발달한다는 것이다. 이와 같이 사회현상의 설명에 있어서 주요한 사회계급들 간의 대립과 갈등을 핵심 요인으로 간주한다는 점에서 권력자원이론은 칼 맑스의 설명틀을 그대로 수용하는 것으로 평가된다.

권력자원이론은 복지국가 발달의 요인에 대한 설명에 있어서 칼 맑스의 견해를 따른다. 칼 맑스는 19세기 영국의 공장법과 같이 노동계급에게 유리한 사회정책의 도입 배경으로서 지배계급에 대한 노동계급의 지속적인 압력을 지적한 바 있다. 여기서 중요한 것은 노동조합의 역할이다. 그에 따르면, 강력한 노동조합을 통해 개별노동자들이 결속되고 노동자정당이 강력하게 되었고, 이를 바탕으로 하여 자본계급의 반대를 무릅쓰고 노동계급의 이해를 반영한 사회정책이 통과될 수 있었다고 한다. 이러한 견해는 복지국가의 발달을 노동조합을 통한 노동계급의 동원과 노동계급의 권력자원의 증가에 초점을 두는 권력자원이론에 계승되었다.

사회보장프로그램의 시행에 있어서 보편주의의 원칙과 강력한 소득재분배를 통한 탈상품화를 강조한다는 점에서도 권력자원이론은 칼 맑스의 견해를 계승한다. 사회주의사회에서의 사회정책에 대해 논하면서 칼 맑스는 모든 아

반영하며, 영국과 북구 국가들의 보편주의 사회프로그램은 이전에는 빈곤층에게만 주어졌던 것을 중산층에게도 준다는 것을 의미한다고 한다(Baldwin, 1988 : 128-129).

동에 대한 무상교육을 주장하는 한편, 각종 사회정책의 재원으로 누진성이 강력한 소득세를 사용할 것을 제안한다. 이렇게 되어야만 시장경제가 초래하는 사회불평등이 줄어들고 노동계급의 생활이 보다 안정화될 수 있기 때문이다. 이와 비슷하게, 권력자원이론은 사회민주주의 유형에 속하는 스웨덴을 비롯한 북구국가들을 가장 발달한 형태의 복지국가로 간주하고, 이들 국가의 특징으로 누진성이 강력한 일반조세를 재원으로 한 보편주의 사회프로그램의 발달을 지적한다.

의회를 통한 점진적이고 평화적인 체제변화를 주장하고, 자본주의 국가가 노동계급의 통치 도구가 되어 노동계급의 장기적인 이해관계를 추구할 수 있다고 가정함으로써 권력자원이론은 칼 맑스의 핵심 사상에서 벗어나 있다. 그렇지만, 이러한 이데올로기적인 측면을 제거하고 복지국가이론의 차원에서만 본다면 권력자원이론은 칼 맑스의 영향하에 있을 뿐 아니라 그의 충실한 추종자이다. 사회정책과 복지국가에 대해 칼 맑스가 견지했던 서로 다른 두 가지 관점들 가운데서 권력자원이론은 보다 온건한 관점을 따르고 있는 것이다.

Chapter 8
맑스주의/독점자본론

1. 머리말

칼 맑스는 생전에 복지국가가 발달하는 것을 보지 못했기 때문에 복지국가에 대한 관심이 크지 않았고, 복지국가에 대한 체계적인 견해나 이론을 제시하지도 않았다. 그렇지만, 그의 사후 복지국가는 비약적으로 발전하여 현대 자본주의의 핵심적인 사회제도로 확립되었다. 또한, 복지국가는 다양한 방식으로 노동계급을 비롯한 일반대중의 생활에 막대한 영향을 미치고, 노동계급과 자본계급 간의 갈등과 대립을 조정하는 역할을 수행하고 있다. 오랜 기간 복지국가에 대해 커다란 관심을 보이지 않았던 맑스주의 연구자들도 더 이상 더 이상 복지국가에 대한 체계적인 연구를 미룰 수 없게 된 것이다.

맑스주의 관점에서 복지국가에 대한 연구가 본격화된 것은 1973년에 제임스 오코너가 『국가의 재정위기』(The Fiscal Crisis of the State)라는 책을 출간하고부터이다. 이 책에서 그는 복지국가가 자본가에게 이윤을 보장해주고 자본주의를 정당화하는 기능을 하는 것으로 간주하고, 복지국가로 인해서 노동계급의 계급의식이 약화되고 사회주의혁명이 지체되고 있다고 주장한다. 그 후 몇몇 맑스주의 학자들이 복지국가에 대한 연구결과를 발표했지만, 그것들은 대부분 제임스 오코너의 주장을 근간으로 한 것이었다.

복지국가에 대한 맑스주의의 핵심적인 주장들을 요약하면 다음과 같다. 첫째, 복지국가는 건강하고 질 좋은 노동력을 제공하고 각종 투자의 기회를 제공하여 자본의 이윤을 높이는 데 기여한다. 둘째, 복지국가는 노동계급과 실업자의 기본생활을 보장함으로써 계급갈등을 완화하고 자본주의체제를 안정시킨다. 셋째, 복지국가는 재정적 부담을 주로 노동계급에게 지움으로써 소득재분배를 수직적인 것이 아니라 수평적인 것으로 만든다. 넷째, 복지국가는 정당화 기능을 수행하기 위하여 지나치게 많은 비용을 지출하며, 결국에 가서는 국가가 재정적자를 더 이상 견디지 못하도록 만든다. 복지국가는 자본주의체제의 수명을 연장시키기만 할 뿐 자본주의의 근본 문제를 해결할 수는 없는 것이다.

제임스 오코너를 비롯한 맑스주의 학자들은 복지국가가 발달한 배경에 독점자본이 있다고 주장한다. 가격을 통제할 수 있을 정도로 시장지배력을 지닌 독점자본이 이윤극대화를 위해 노동절약적인 테크놀로지를 광범하게 채택한 결과 실업자가 급증하여 사회가 매우 불안정해졌고, 복지국가는 이러한 사회적 위기에 대한 대응책이라는 것이다. 이와 같이 복지국가의 발달을 설명하는 데 있어서 독점자본의 역할을 강조하기 때문에 복지국가연구에 있어서 맑스주의는 독점자본론이라고 불리기도 한다.

이하에서는 복지국가에 대한 맑스주의의 견해를 소개하고 평가한다. 맑스주의 관점에서 복지국가에 대해 연구한 대표자로는 제임스 오코너(James O'Connor), 클라우스 오페(Claus Offe), 이언 고프(Ian Gough)를 들 수 있다. 이하에서는 이들 각각의 견해를 소개한 다음, 이들 견해의 비교를 통해 맑스주의 복지국가론의 특징을 서술하고 평가하겠다.

2. 제임스 오코너

제임스 오코너(James O'Connor)는 미국 산타 크루즈에 있는 캘리포니아 대학교(University of California at Santa Cruz) 사회학과의 명예교수로서 미국의 대표적인 맑스주의 학자이다. 그는 1973년에 출간된 『국가의 재정위기』를 통해 복지국가에 대한 맑스주의 관점의 체계적인 견해를 최초로 제시하였다. 그의 핵심적인 주장은 복지국가가 자본축적과 체제안정이라는 독점자본의 니즈 때문에 발달했다는 것이며, 이런 점에서 복지국가는 궁극적으로는 노동계급이나 사회적 약자가 아니라 독점자본의 이익에 봉사한다는 것이다. 그는 1984년에 『축적위기』(Accumulation Crisis)를 출간하는 등 자본주의의 위기에 대한 연구를 지속하다가 최근에는 맑스주의 관점에서의 생태주의 연구에 몰두하고 있다.

제임스 오코너는 현대 미국(및 서구)사회를 독점자본이 지배하는 사회로 규정한다. 여기서 독점자본이란 특정 산업분야에서 막대한 시장지배력을 지니는 독점기업들을 지칭한다. 자본주의 초기단계(산업자본단계)에서는 다수의 기업들이 경쟁한 결과 모든 기업들이 수요-공급 곡선에 따라 결정된 시장가격을 받아들일 수밖에 없는 반면에, 자본주의 후기단계(독점자본단계)에서는 강력한 시장지배력을 지닌 독점기업이 자신의 이윤 목표치에 따라 스스로 가격을 결정할 수 있게 된다(O'Connor, 1973 : 19-20).

독점자본은 이윤극대화를 위해 인력을 절감하는 기술혁신을 적극적으로 수용함으로써 대규모 실업을 발생시킨다는 문제점을 지닌다. 제임스 오코너는 이것을 잉여인구의 증가라는 말로 표현한다. 여기서 잉여인구란 고용되지 못하거나 생산에 참여하지 못하는 사람들을 지칭하는 말로서 독점자본이 발달할수록 증가하는 경향을 보인다. 또한, 이러한 잉여인구의 증가로 인해서 자본도 점차 투자할 곳을 잃게 되어 잉여자본(생산에 투자되어 이윤을 산출하지 못하는 자본)이 늘어나게 된다. 독점자본은 개별적인 차원에서 이윤추구에 지나치게 몰두한 결과 사회적으로 노동력과 자본 모두를 충분하게 사용하지 못하도록 하며, 이러한 잉여인구와 잉여자본의 증대로 인해서 자본주의체제는 매우 불안정해진다(O'Connor, 1973 : 25-7).

제임스 오코너에 따르면, 독점자본주의에서 국가의 핵심 목적은 이러한 문제들을 해결하는 데 있다. 그는 독점자본단계에서 국가가 수행해야 할 기능을 크게 두 가지로 분류한다. 첫째는 축적(accumulation)으로서 국가는 독점자본의 이윤을 최대화할 수 있는 경제적 · 사회적 조건을 유지해야 한다. 둘째는 정당화(legitimization)로서 국가는 실업자와 빈곤층 등 사회적 약자들에 대한 원조를 제공함으로써 사회계급들 간의 갈등을 최소화하고 일반시민들로부터 자신의 정당성을 인정받아야 한다. 이와 같이 국가는 독점자본의 이익을 최대한 보장하면서 동시에 스스로가 독점자본이 아니라 모든 시민들의 이익에 봉사하는 것으로 보이도록 노력해야 하는 것이다. 제임스 오코너는 이것을 자본주의 국가의 모순적 기능이라는 말로 표현한다(O'Connor, 1973 : 6).

제임스 오코너는 독점자본주의에서 국가가 축적과 정당화라는 두 가지 기능을 수행하기 위해 재정지출을 늘린다고 한다. 그는 축적을 위해 사용되는 재정지출을 사회적 자본(social capital)이라고 부르고, 정당화를 위해 사용되는 재정지출을 사회적 비용(social expenses)이라고 부른다. 또한 그는 사회적 자본을 사회적 투자(social investment)와 사회적 소비(social consumption)로 다시 나눈다. 이하에서는 이 세 가지 개념에 대해 보다 상세하게 설명하겠다.

우선, 사회적 자본의 일부분인 사회적 투자는 노동력의 생산성을 향상시켜 독점자본의 이윤율을 높이는 각종 형태의 프로젝트와 서비스로 구성된다고 한다. 여기에는 도로, 항만, 철도, 공항, 전기, 가스, 수도, 산업개발프로젝트, 교육과 연구를 위한 시설 및 장비, 도시재생프로젝트 등의 사회기간산업뿐 아니라 교육이나 직업훈련 등 인적자본의 향상을 위한 각종 서비스가 포함된다. 국가는 개별적인 독점기업들을 대신하여 이러한 항목들에 대해 재정을 지출하며, 이를 통해서 독점자본의 이윤율 증가, 혹은 자본축적에 기여한다. 독점자본의 입장에서는 자신이 지불해야 할 비용을 국가가 대신해서 내주는 것이기 때문에 사회적 투자에 대해 적극적으로 찬성한다(O'Connor, 1973 : 101).

다음에, 사회적 자본의 또 다른 형태인 사회적 소비는 노동력의 재생산비용을 낮추어서 이윤율을 증가시키는 각종 형태의 프로젝트와 서비스로 구성된다. 여기서 노동력의 재생산비용이란 노동자와 그 가족이 생활하는 데 필요한 비용을 말하며, 재생산비용을 낮춘다는 것은 생계비를 줄여준다는 뜻이다. 독점자본단계에서 국가가 노동자의 생계비를 줄여주는 좋은 방법은 노동자와 그 가족의 생계유지에 필요한 물자 및 서비스를 국가가 무료 혹은 염가로 제공하는 것이다. 주거환경을 개선하고, 주거비를 낮추기 위해 교외를 개발하고 도시재생사업을 벌리는 것이 사회적 소비의 좋은 사례이다. 국가가 직접 제공하거나 재정을 보조하는 의료서비스와 보육서비스 및 교육서비스도 노동자와 그 가족의 생계비를 낮춰주는 사회적 소비에 해당한다. 이와 같이 노동의 재생산비용을 낮추게 되면 임금하락의 압력이 작용하여 독점자본의 이윤율을 높이는 데 도움이 된다. 제임스 오코너에 따르면, 바로 이러한 이유 때문에 독점자본은 사회적 소비에 대한 지출의 확대를 적극적으로 지지한다고 한다(O'Connor, 1973 : 124).

이와 같이 사회적 소비는 복지국가와 직접적으로 연관된다. 주거, 의료, 교육, 보육 등은 현대 복지국가가 수행하는 핵심적인 기능들이기 때문이다. 이외에도 제임스 오코너는 모든 형태의 사회보험을 사회적 소비의 범주에 포함시킨다. 여기서 의료보험과 산재보험은 생계비를 직접적으로 낮추어 준다는 점에서 사회적 소비가 분명하다. 반면에, 노후소득을 보장하는 연금과 실업자를 보호하는 실업보험은 노동계급의 생계비 인하와 직접적인 연관이 없다. 이에 대해서 제임스 오코너는 이 사회보험들이 퇴직노동자와 실업노동자에게 생계비를 지급함으로써 노동자의 가족을 유지시키고 노동계급의 자식들을 미래의 노동자로 만들어 준다는 점에서 사회적 소비의 범주에 속하는 것으로 간주한다(O'Connor, 1973 : 6, 124).

마지막으로, 정당화 기능을 위해 국가는 사회적 비용을 지출한다. 국가가 정당화 기능을 수행해야 하는 이유는 독점자본의 이윤극대화를 위해 국가가 사회적 투자와 사회적 소비에 막대한 예산을 지출함으로써 일반시민과 사회적 약자들에게 국가가 독점자본의 편이라는 인식을 심어주기 때문이다. 국가는 실업자와 빈곤층 등 사회적 약자들이 사회적 소요를 일으키거나 자본주의 사회질서에 저항하는 것을 막기 위해서 국가가 독점자본이 아니라 국민전체의 이익을 추구한다는 것을 보여줌으로써 자신의 정당성을 확보해야만 하는 것이다. 사회적 비용에 대한 지출은 국가의 정당성을 확보하고, 이를 통해 사회적 평화를 유지하고 자본주의체제를 유지시키는 데 기여한다.[1)]

사회적 비용에 속하는 항목으로는 독점자본의 확장으로 인해 존립을 위협받고 있는 소상공인과 농부 등의 자영업자를 보호하는 각종 조치들을 들 수 있다. 이러한 조치들은 자영업자들의 사회적 불만을 가라앉히고 사회적 이탈을 방지하는 데 기여한다. 사회보장제도 가운데서는 공공부조와 실업수당이 사회적 비용에 속한다. 이 두 항목은 노동시장에서 퇴출당하였거나 기본생활을 영위하기에 적절한 수준의 소득을 벌지 못하는 잉여노동자들에게 생계비를 지급함으로써 이들의 사회적 불만을 잠재우고 자본주의적 사회질서에 순응하도록 하는 기능을 한다.

제임스 오코너는 현대 자본주의사회에서 사회적 비용이 증가하게 된 이유를 독점자본의 성장에서 찾는다. 그에 따르면, 독점자본의 성장으로 인해서 노동시장에서 강제로 퇴출되는 실업자들이 많아지고(잉여인구의 증가), 독점가격의 설정으로 인해서 사회적 양극화와 빈곤이 심각해진다. 이러한 사회문제들은 모든 공급자들이 자유롭게 경쟁하는 산업자본단계에서는 시장의 자유로운 작동에 따른 자연스러운 결과로 대중들에게 인식되지만, 독점자본단계에서는 거대독점기업과 정부의 의도적인 정책들의 결과로 비추어진다(O'Connor, 1973 : 159-161). 결국 국가가 나서서 문제의 본질을 덮고 심각한 사회적 갈등을 막아야만 하는 것이다.

제임스 오코너는 복지국가의 성장을 독점자본의 확장의 결과로 간주한다.

---

1) 제임스 오코너에 따르면, "국가는 대중의 충성과 자신의 정당성을 보장하기 위하여 경제성장의 비용을 짊어진 사람들의 다양한 요구들을 충족시켜야 한다"고 한다(O'Connor, 1973 : 8).

독점자본이 성장함에 따라 빈곤과 실업 등의 사회문제들이 심화되었기 때문이다. 공공부조와 실업수당의 확대는 독점자본의 확장이 초래한 사회문제들에 대한 국가의 대응인 것이다. 다른 한편, 제임스 오코너는 독점자본의 성장을 복지국가 확대의 결과로 간주하기도 한다. 국가가 각종 형태의 사회서비스와 사회보험을 제공하면 할수록 독점자본의 이윤율은 더 높아지기 때문이다. 제임스 오코너에 따르면, 사회적 자본이 증가하면 할수록 독점부문이 더욱 확대되고, 독점부문이 확대하면 할수록 국가의 사회적 비용 지출은 늘어난다고 한다. 복지국가의 성장은 독점자본 확장의 원인이자 결과인 것이다 (O'Connor, 1973 : 8-9).

이상에서 서술했듯이, 제임스 오코너는 사회보장제도를 독점자본의 축적을 돕고 자본주의 사회질서를 유지하기 위해 국가가 수행해야 하는 기능의 관점에서 설명한다. 그에 따르면, 교육이나 직업훈련(적극적 노동시장 정책) 등의 사회서비스는 노동자의 생산성을 향상시켜 독점자본의 이윤을 높이는 데 사용되는 사회적 투자의 기능을 담당하고, 주거・교육・보육・의료 등의 사회서비스와 각종 형태의 사회보험은 생계비를 낮추고 노동계급의 지속성을 보장하기 위해 사용되는 사회적 소비의 기능을 수행하며, 실업수당과 공공부조는 국가의 정당화와 자본주의 체제의 존속을 위해 필요한 사회적 지출의 기능을 담당한다는 것이다. 복지국가는 축적과 정당화를 위한 세 가지 기능을 중복적으로 수행하는 것이다.[2)]

제임스 오코너에 따르면, 복지국가가 노동계급과 사회적 약자들에게 일정 정도의 혜택을 주는 것은 사실이지만, 복지국가의 가장 큰 수혜자는 독점자본이라고 한다. 복지국가의 각종 정책들은 생산성 향상이나 생계비 저하를 통해 독점자본의 이윤을 극대화하는 데 기여하며, 사회적 약자와 노동계급의 사회적 불만이나 계급의식을 사전에 차단하여 자본주의체제의 유지라는 독

2) 제임스 오코너에 따르면, "국가자본의 사회적 성격으로 인해 거의 모든 국가지출은 부분적으로 사회투자, 사회소비, 사회비용"이라고 한다(O'Connor, 1973 : 105).

점자본의 궁극적인 이해관계를 대변하기 때문이다. 예를 들어서, 사회보험은 노동자에게 경제적인 안정감을 심어주고 어려운 노동환경을 견디게 만들며 조화로운 노사관계를 조성함으로써 생산성을 높이고 이윤을 늘리는 데 기여한다. 이런 점에서, 사회보험은 일차적으로는 자본가와 기업의 이익에 봉사하며, 노동자를 위한 사회보장제도로서의 역할은 어디까지나 부차적인 것이다(O'Connor, 1973 : 138).

복지국가의 결실이 결국에는 주로 독점자본에게 주어진다는 점에서 제임스 오코너는 독점자본이 복지정책을 적극적으로 지지한다고 주장한다. 그에 따르면, 독점자본은 오래전부터 생산과 이윤을 위해 노동자들에 대한 경제적 보장이 중요하다는 것을 인식하였고, 평화적인 노사관계를 보장한다는 점에서 연금 등의 사회보험의 도입을 지지했다고 한다(O'Connor, 1973 : 138-9). 이러한 주장을 확대하게 되면, 국가는 독점자본의 요구에 따라 복지정책을 도입하고 확대한 것이 된다. 복지국가의 확대는 독점자본 스스로가 원한 결과이며, 독점자본은 자신이 원하는 것을 실행하도록 국가를 조종하거나 통제할 수 있는 파워를 지니고 있는 것이다.

제임스 오코너는 복지국가를 노동계급과 자본계급의 대립과 갈등의 산물로 보는 관점에 대해 반대한다. 그가 볼 때 복지국가는 독점자본뿐 아니라 대기업의 조직노동자들(노동조합조직원)에게도 이익을 가져다주며, 이런 점에서 독점부문의 자본과 노동은 복지국가의 확대와 사회지출의 증가를 지지한다. 독점자본은 이윤율을 높여준다는 점에서 사회적 투자를 지지하고, 조직노동은 생산성 향상으로 인한 임금인상을 초래한다는 점에서 사회적 투자를 지지한다. 독점자본은 임금인상을 억제할 수 있다는 점에서 사회적 소비의 확대에 찬성하고, 조직노동은 연금이나 의료보장에서 보다 나은 혜택을 얻기 위해 사회적 소비의 확대를 지지한다. 또한, 독점자본은 잉여인구가 자본추의체제를 반대하지 않도록 사회적 비용의 증가를 옹호하고, 노동조합은 잉여인구가 노동조합에 반대하지 않도록 사회적 비용의 증가에 찬성한다(O'Connor, 1973 : 41-2). 결국, 복지국가는 독점부문의 자본과 노동을 위해 비독점부문의 자본과 노동 및 잉여인구를 희생시키는 체제인 것이다.

사회보장재원의 상당부분이 기업에 대한 법인세이거나 고소득층에 대한 누진적인 소득세, 그리고 기업이 반 이상을 부담하는 사회보험료라는 점에서 사회보장제도의 확대는 독점자본의 이익에 반하는 것이라고 일반적으로 이야기된다. 이에 대해서 제임스 오코너는 사회보험의 재정은 많은 경우 비독점부문이 부담하며, 사회보험에서의 소득재분배는 자본가로부터 노동자에게로가 아니라(수직적 소득재분배) 비독점부문의 노동자로부터 독점부문의 노동자에게로(수평적 소득재분배) 이루어진다고 주장한다(O'Connor, 1973 : 139). 사회보험의 확대로 인해서 독점자본은 스스로가 부담해야 하는 재정적 손실에 비해 생산성 향상으로 인해 얻을 수 있는 이윤의 증가가 훨씬 더 크다는 것이다.

독점자본 확장의 결과 잉여인구와 잉여자본이 증가한다는 관점에서 제임스 오코너는 복지부문과 국방부문이 동전의 양면의 관계가 있다고 주장한다. 복지지출과 국방지출의 증가는 동일한 과정의 양 측면이고, 복지국가의 성장은 전쟁국가의 성장과 밀접한 관련이 있다는 것이다. 이런 점에서 그는 독점자본이 지배하는 현대 자본주의국가를 전쟁-복지국가(warfare-welfare state)라고 부른다(O'Connor, 1973 : 28, 99).

그에 따르면, 복지국가는 잉여인구가 사회적 소요를 일으키지 않도록 정치적으로 통제하는 기능을 수행한다. 다른 한편, 국방지출을 급격하게 늘리는 전쟁국가는 군수산업의 활성화를 통해 국내시장에서는 처분될 수 없는 잉여자본 혹은 잉여 생산능력을 활용하도록 한다.[3] 또한, 복지와 국방은 복지기구 및 군대 혹은 군수산업을 통해 잉여인구를 취업시키고, 사회적으로 유효수요를 만들어내어 경제를 활성화시킴으로써 독점자본의 이윤 증대에 기여한다. 복지와 국방은 외양을 달리할 뿐 독점자본의 이익에 봉사한다는 점에서는 동일한 기능을 수행하는 것이다(O'Connor, 1973 : 29, 150-151).

3) 제임스 오코너에 따르면, 잉여자본의 문제를 나치 독일은 전쟁을 통해 해결하고자 했고, 스웨덴은 복지를 통해 해결하고자 했다고 한다. 그는 한 국가의 독특한 역사적 발전은 국방지출과 복지지출 간의 혼합의 정도를 결정짓는 핵심적인 요인이라고 주장한다(O'Connor, 1973 : 28).

제임스 오코너는 복지국가가 독점자본의 이윤을 보장하고, 노동계급을 독점자본에 기생하도록 만들며, 실업자 등의 잉여인구를 정치적으로 통제한다는 점에서 자본주의체제의 유지에 필수불가결한 요소라고 주장한다. 그가 볼 때, 독점자본이 발달하면 발달할수록 국가의 사회지출은 증가하고, 복지국가는 발달하게 된다. 그렇지만, 복지국가가 자본주의체제를 영속시킬 수는 없다. 독점자본의 이윤 보장이라는 기능과 국가의 정당성 확보라는 기능은 상호 모순적인 것으로서 국가가 두 가지 기능을 언제까지나 동시적으로 수행할 수는 없기 때문이다. 국가의 정당성 확보를 위한 사회적 지출을 위해 국가는 막대한 조세수입을 필요로 하지만 조세수입이 무한정 늘어날 수는 없다. 세금이 일정 수준을 넘어서면 사회적으로 조세저항이 커질 뿐 아니라 독점자본의 이윤이 줄어들기 때문이다.

제임스 오코너는 장차 국가지출이 조세수입에 비해 훨씬 더 빠르게 증가하게 됨에 따라서 국가는 재정위기에 직면할 수밖에 없다고 주장한다. 그에 따르면, 이러한 재정위기는 국가지출과 수입 사이의 구조적 갭에서 발생하는 불가피한 결과로서 그에 대한 지속가능한 유일한 해결책은 사회주의라고 한다(O'Connor, 1973 : 221). 그가 볼 때, 복지국가는 독점단계에 들어선 자본주의체제를 연명시키는 데 도움이 되기는 하지만 자본주의체제의 근본적인 문제를 해결할 수는 없으며, 칼 맑스가 예견했던 대로 자본주의가 최고도로 발달한 다음에는 사회주의사회가 도래할 수밖에 없는 것이다.

3. 클라우스 오페

클라우스 오페(Claus Offe)는 독일의 정치학자이자 사회학자이다. 그는 독일의 대표적인 사회학자 위르겐 하버마스의 제자로서 맑스주의 관점에서 자본주의 사회를 분석한 체계론자이기도 하다. 클라우스 오페는 1984년에 『복지국가의 모순들』(Contradictions of the Welfare State)을 출간하면서 학계의 주목을 받았다. 이 책에서 그는 독점단계의 자본주의사회에서 국가가 자본축적과 정당화라는 상호 모순된 기능을 수행해야 한다는 제임스 오코너의 견해를 바탕으로 하여 체계이론의 관점에서 복지국가를 분석하였다. 그는 1985년에 『해체된 자본주의』(Disorganized Capitalism)를 출간하는 등 맑스주의의 관점에서 현대 자본주의에 대한 분석과 진단을 지속하고 있으며, 신사회운동에 대해서도 깊은 관심을 보이고 있다.

클라우스 오페에 따르면, 현대 자본주의사회는 크게 세 가지 하위체계로 구성된다. 첫째, 경제적 하위체계는 자본주의 시장경제를 지칭하며, 생산수단과 이윤의 개인적 소유를 바탕으로 하여 자본축적이 일어나는 곳이다. 둘째, 정당화 하위체계는 기존 사회질서와 사회체제에 대한 사회구성원의 적응과 충성을 이끌어내는 데 도움이 되는 각종 규범들과 제도들, 가족 등의 사회화 기제들로 구성된다. 셋째, 정치적 하위체계인 국가는 지속적인 자본축적과 정당화를 보장하기 위하여 경제적 하위체계와 정당화 하위체계를 조정하고 조화시키는 역할을 한다(Offe, 1984 : 47-51).

이상의 세 가지 하위체계는 자유경쟁이 지배적인 초기 자본주의에서는 서로 경계가 분명하고 안정적인 관계를 유지했다. 그렇지만, 19세기 말 독점자본의 시대 이래로 만성적인 경제위기가 불거지고 정당화 기제가 무너지면서(예를 들어서, 가족기능의 쇠퇴) 국가가 이들 하위체계들에 개입하게 되고, 세 가지 하위체계 간의 경계가 불투명하게 되었다. 클라우스 오페에 따르면, 이러한 과정에서 발달한 복지국가는 자본주의 시장경제와 정당화 기제들을 조화시켜 자본주의체제의 위기를 관리하고자 하는 제도적·행정적 집합체라고 한다(Offe, 1984 : 51).

제임스 오코너와 마찬가지로 클라우스 오페도 현대 자본주의의 근본적인 문제점을 독점자본의 지배에서 찾는다. 자유경쟁을 바탕으로 하는 산업자본과 달리 시장가격을 따르지 않는 독점자본은 이윤 극대화를 위해 노동절약적인 테크놀로지를 지속적으로 도입하여 점점 더 많은 노동자를 노동시장에서 쫓아낸다. 개별적인 독점자본의 이러한 결정으로 인해서 실업자 등 노동시장에 고용되지 못하는 대규모의 잉여인구가 발생하며, 이로 인해 노동력과 자본의 상당수가 생산에 활용되지 못하게 된다(Offe, 1984 : 139).

대규모 잉여인구의 발생과 그로 인한 노동과 자본의 불충분한 활용은 경제적 하위체계와 정당화 하위체계에 심각한 문제를 초래한다. 우선, 경제적 하위체계에서는 사회의 생산능력 가운데 상당부분이 생산에 투입되지 않음으로써 독점자본이 얻을 수 있는 이윤이 줄어들고 자본축적이 상대적으로 미약하게 된다. 이것은 경제성장의 지체와 만성적인 경제위기를 초래한다. 다음에, 정당화 하위체계에서는 노동시장에 참여하지 못하는 대규모의 잉여인구가 자본주의체제에 반감을 품고, 노동계급도 경제성장의 지체에 따른 임금인상 억제로 인해 자본계급과 갈등하게 된다. 경제성장의 지체는 자본주의에 대한 사회적 신뢰를 약화시키는 것이다.

이와 같이 노동력이 충분히 활용되지 못하여 이윤 증가율이 정체 내지는 후퇴하는 상태를 클라우스 오페는 탈상품화(de-commodification)라는 용어로 표현한다. 자본주의에서는 노동력의 보유자인 노동자가 자신의 노동을 자본가에게 팔고 그 대가로 임금을 받아 생활한다. 이와 같이 자신의 생활을 유지하기 위해 노동자가 자신의 노동을 자본가에게 파는 것을 노동의 상품화(commodification)라고 하고, 그 반대 개념인 탈상품화란 실업이나 질병 등으로 인해서 노동자가 노동을 팔지 못하는 상태를 말한다. 자본은 노동자를 고용하여야만 이윤을 얻을 수 있기 때문에 탈상품화가 만연하면 할수록 자본의 이윤 획득 가능성은 줄어들게 된다. 독점자본이 자신의 이윤을 극대화하기 위해 개별적인 차원에서 노동절약적인 전략을 채택한 결과 사회적으로는 탈상품화가 만연하게 되고, 독점자본이 얻을 수 있는 이윤의 총량이 감소하게 되는 것이다.

이상과 같은 문제를 해결하려면 국가가 경제적 하위체계에 직접적으로 개입하여 노동과 자본이 충분하게 활용되도록 하는 조치들을 취할 필요가 있다. 그렇지만, 자본주의사회에서는 사유재산권이 신성시되고 기업가의 결정권이 보장되기 때문에 국가는 그러한 조치들을 시행은커녕 생각할 수조차 없다. 만일 국가가 그러한 조치를 시행하게 되면 정당화 하위체계로부터 제재를 받을 뿐 아니라 자본의 투자 회피나 국외 유출과 같은 경제적 하위체계에 치명적인 결과가 초래될 수 있다. 따라서 국가는 시장에 직접적으로가 아니라 간접적으로 개입하여 자본과 노동이 이윤을 창출하는 교환관계에 다시 들어갈 수 있도록 하는 조건들을 만들어내야 한다.

시장에 대한 국가의 간접적인 개입방식에는 법인세 감면, 특별투자지역 설정, 에너지 비용 보조와 같은 재정 인센티브 정책들도 있지만, 이차 세계대전 이후 선진산업국가들에서는 완전고용과 보편적 복지국가를 지향하는 케인즈주의 정책들이 채택되었다. 클라우스 오페에 따르면, 현대 복지국가를 대변하는 케인즈주의 복지국가는 완전고용을 달성하기 위해 적극적 노동시장정책을 채택하는데, 이 정책의 핵심은 직업훈련과 구직서비스의 제공을 통해 실업자의 재취업 가능성을 높이는 한편, 고용 가능한 사람들의 수를 늘려 자본에게 새로운 투자처를 마련해 주는 데 있다. 이러한 노동시장정책은 노동력을 보유한 노동자와 자본을 보유한 자본가 간의 교환관계를 확대함으로써 시장경제를 활성화시키고 독점자본의 이윤율을 높이는 데 기여하며, 경제적 하위체계를 안정시키는 역할을 한다.

이와 같이 케인즈주의 복지국가의 사회정책은 노동시장에서 축출되어 탈상품화된 노동을 다시 노동시장에 참여하게 하는 재상품화(re-commodification)의 기능을 수행한다. 탈상품화된 노동은 경제적 하위체계인 시장을 통해서가 아니라 정치적 하위체계인 국가의 사회정책을 통해서 재상품화되는 것이다. 클라우스 오페에 따르면, 바로 이러한 노동의 재상품화가 현대 복지국가의 핵심적인 기능인 것이다(Offe, 1984 : 92-99).

케인즈주의 복지국가의 또 다른 축은 포괄적이고 보편적인 사회보장프로그램의 제공이다. 사회보장프로그램들도 경제적 하위체계의 안정화를 목표로 한다. 케인즈주의 복지국가에서는 노인·아동·장애인·빈민층 등의 사회적 약자들을 대상으로 하는 사회서비스가 발달하는데, 사회서비스는 일자리를 늘림으로써 생산적 노동에 참여하지 못하는 잉여인구를 흡수한다. 공공부조와 각종 형태의 사회보험프로그램들도 공공부문의 고용확대를 통해 보다 많은 인력이 노동시장에 진입할 수 있는 여건을 조성한다. 또한, 공공부조 등 일부 사회보장프로그램은 인위적으로 유효수요를 만들어 냄으로써 경제를 활성화시키고 자본의 이윤획득 가능성을 높이기도 한다(Offe, 1984 : 143, 195).

케인즈주의 복지국가의 노동시장정책과 복지정책은 정당화 체계를 안정시키는 데도 기여한다. 노동시장정책을 통한 노동의 재상품화는 시장의 활성화와 경제성장의 추진을 통해 자본주의체제에 대한 대중의 신뢰를 높이는 기능을 한다. 또한, 각종 형태의 사회보장프로그램들은 사회적 약자들에게 기본적인 생활을 보장하고, 노동계급을 실업이나 질병, 노령 등의 사회적 위험에서 보호하며, 의료서비스와 사회서비스의 제공을 통해 대중들의 생계비를 줄여줌으로써 국가와 자본주의체제의 정당성을 높이는 데 기여한다.

특히, 복지국가는 노동계급의 욕구를 보다 효율적이고 집합적으로 충족시킴으로써 계급갈등의 요인을 제거하고, 노동과 자본 간의 상호 이해관계를 증진시킴으로써 자본주의체제에 대한 갈등의 여지를 근본적으로 제거한다. 복지국가는 자본주의의 가장 강력한 반대세력인 노동계급을 체제내화하고 계급투쟁을 약화시킴으로써 자본주의체제를 유지시키는 기능을 수행하는 것이다(Offe, 1984 : 143-147, 195). 이런 점에서 클라우스 오페는 복지국가가 매우 효율적이고 효과적인 갈등완화 메커니즘이라고 서술한다(Offe, 1984 : 288).

클라우스 오페에 따르면, 역사적으로 볼 때 복지국가는 사회민주주의, 기독교 사회주의, 계몽적 보수주의, 산업별 노동조합주의 등 다양한 사회적 요인들에 의해 추진되어 왔다(Offe, 1984 : 143). 그렇지만, 복지국가는 어떤 특정 사회세력이나 개혁 이념에 의해 만들어진 것이 아니라 자본주의의 위기관리라는 체제상의 필요성에 의해 만들어진 것이다(Offe, 1972 : 481-5). 복지국가는 독점단계에 들어선 자본주의체제의 필수적인 산물인 것이지 집권정당의 이데올로기나 개혁의지, 혹은 노동운동 압력의 결과가 아닌 것이다.

클라우스 오페의 관점에서 볼 때, 복지국가는 인도주의와 같은 어떤 고귀한 목적을 실현하기 위한 것이 아니라 자본주의체제의 붕괴와 같은 사회적 위기를 관리하기 위한 것이다. 따라서 복지국가가 자본으로부터 노동에게로, 혹은 소득 상층부로부터 하층부로 소득을 재분배하여 보다 평등한 사회를 이루는 데 기여한다는 주장은 사실과 다르다. 그에 따르면, 복지국가가 임금노동자의 생활수준을 어느 정도 높이기는 했지만, 복지국가의 재원은 많은 경우 임금노동자가 납부한 세금과 사회보험료이며, 이런 점에서 복지국가의 소득재분배는 자본계급으로부터 노동계급으로의 수직적인 것이 아니라 임금노동자들 간의 수평적인 것이다(Offe, 1984 : 154).

클라우스 오페에 따르면, 복지국가가 분배정의를 실현하기 위해 시장경제를 희생시키거나 경제효율성을 떨어뜨린다는 일반적인 견해도 잘못된 것이다. 복지국가는 조세와 사회보험료에 의해 유지되며, 정치인이나 행정관료 등 국가기구의 담당자들은 이러한 조세수입에 기초하여 권력을 행사할 수 있다. 따라서 국가기구의 담당자들은 자본주의 시장경제를 활성화시키는 데 자본가와 공통의 이해관계를 지니며, 시장경제를 훼손시키지 않는 범위에서만 복지정책을 시행할 수 있는 것이다. 이와 같이 자본주의 경제의 성공은 복지국가의 장기적인 생존을 위해 필요불가결할 뿐 아니라 국가에 대한 대중의 충성심과 정당성의 기초가 되기도 한다. 이를 두고 클라우스 오페는 복지국가의 정책들이 자본축적에 부정적으로 종속되어 있다고 표현한다(Offe, 1984 : 121-2).

이상과 같이 복지국가의 목적은 시장경제를 활성화시키고, 국가와 자본주의체제에 대한 대중의 지지를 높이는 데 있다. 복지국가 정책으로 인해서 자본주의 시장경제에 부분적인 개혁이 가해지기는 하지만 그것은 자본주의의 핵심적인 문제인 자본에 의한 노동의 착취에는 아무런 변화를 주지 않는다. 복지정책으로 인해 대중들의 생활수준이 높아지기는 했지만, 전반적으로 볼 때 복지국가는 노동계급이나 사회적 약자가 아니라 자본가들에게 훨씬 더 유리한 제도이다.

클라우스 오페는 복지국가를 '빈곤층을 위한 자본주의이자 부유층을 위한 사회주의'라고 표현한다. 빈곤층(노동계급)에게는 착취와 저임금을 주는 반면에 부유층(자본계급)에게는 풍족한 생활을 보장한다는 것이다(Offe, 1972 : 481-4). 또한 그에 따르면, 복지국가는 노동계급의 생활을 일정 정도 보장하여 노동자의 계급의식을 약화시키고 계급대립을 완화시킨다고 한다. 복지국가는 노동계급을 착취관계에서 해방시켜 진정한 복지를 누릴 수 있도록 하는 사회주의 혁명을 가로막는다는 것이다(Offe, 1984 : 156-7).

클라우스 오페에 따르면, 이차대전 이래로 케인즈주의 복지국가는 노동의 재상품화를 통해 시장을 활성화하고 각종 사회보장제도를 통해 노동과 자본의 갈등을 완화시키는 데 성공했지만, 그러한 성공이 언제까지나 지속될 수는 없다고 한다. 무엇보다도 케인즈주의 복지국가의 전략은 국가의 재정지출을 기형적으로 증가시키는 약점이 있다. 이러한 재정지출의 증가는 시장경제의 효율성과 안정성을 저해하며, 국가권력의 기반인 조세수입을 제한한다(Offe, 1984 : 122). 또한, 노동의 재상품화를 위해 노동시장정책과 각종 사회복지정책을 시행했지만, 그러한 정책들로 인해서 상품교환의 영역에 속하지 않는 공공부문의 노동인구가 급증한다는 문제가 발생하기도 한다. 이와 같이 이윤극대화를 위해 노동의 재상품화 전략을 채택하였지만 그로 인해서 광범위한 탈상품화가 초래된다는 것이 바로 복지국가의 모순인 것이다(Offe, 1984 : 124-7, 263).

결국, 복지국가는 자본주의사회의 문제들 몇 가지에 대해서는 부분적인 해결책이 될 수도 있지만 근본적인 해결책이 될 수는 없다. 복지국가는 자본주의의 결함을 덮어버림으로써 현존 자본주의 사회질서를 정당화하는 데 도움이 되기는 하지만, 광범위한 탈상품화를 초래함으로써 새로운 위기를 만들어낸다. 위기관리의 주체인 복지국가로 인해서 장기적으로는 위기가 더욱 악화되는 것이다. 게다가 다양한 형태의 사회보장프로그램들을 제공함으로써 복지국가는 스스로를 사회적 자원의 분배를 둘러싼 갈등의 대상으로 만들며,

개혁의 주체가 아니라 투쟁의 대상으로 변질된다(Offe, 1984 : 143).

자본축적을 돕기 위해 발달한 복지국가가 오히려 자본축적을 방해하고 자본주의의 위기를 더욱 악화시킨다면 신자유주의 등 복지국가에 반대하는 정치적 이념들이 주장하는 대로 복지국가를 폐지하는 것이 바람직할 수도 있다. 그렇지만, 클라우스 오페는 복지국가의 폐지는 대안이 될 수 없다고 주장한다. 복지국가는 매우 문제가 많고 비용이 많이 들며 자본축적을 방해하는 제도이기는 하지만, 그것이 없어지게 되면 자본주의체제 자체가 파국을 맞게 될 것이기 때문이다. 그가 볼 때, 자본주의는 복지국가와 공존할 수도 없지만 복지국가 없이는 존재할 수도 없으며, 바로 이런 점에서 자본주의와 복지국가는 모순관계에 있는 것이다(Offe, 1984 : 153, 288).

4. 이언 고프

이언 고프는(Ian Gough) 영국을 대표하는 사회정책학자로서 1979년에 출간된 『복지국가의 정치경제학』(Political Economy of the Welfare State)을 통해 맑스주의 관점에서 복지국가에 대한 체계적인 분석을 제공하였다. 이 책은 복지국가에 대한 맑스주의의 다양한 견해들을 통합하고자 시도하였다는 점에서 의의가 크다. 이후에도 그는 2010년에 『개발도상국에서의 복지』(Wellbeing in Developing Countries)를 펴내는 등 복지국가에 대한 몇 권의 저서들을 출간하였으며, 최근에는 생태주의와 복지국가의 관계에 대해 연구하고 있다.

이언 고프는 복지국가에 대한 맑스주의의 기존 견해들을 크게 두 가지로 분류한다. 첫째, 사회민주주의 관점(권력자원이론)은 복지국가가 자본계급에 대한 노동계급의 투쟁의 결과이고, 노동계급을 비롯한 일반대중에게 이로우며, 자본주의에서 사회주의로 가는 징검다리라고 주장한다. 둘째, 정통 맑스주의 관점은 복지국가를 사회민주당과 같은 특정 정당이나 노동조합과 같은 특정 사회집단에 의해 추진된 것이 아니라 자본주의체제의 안정화를 위해 어쩔 수 없이 도입되고, 일반대중이 아니라 자본계급을 비롯한 지배계급에게 유리한 것으로 간주한다.

그는 이러한 두 관점 가운데 어느 하나만으로는 복지국가의 전체적인 모습을 파악할 수 없다고 주장한다. 그에 따르면, 복지국가는 전적으로 노동계급 투쟁의 결실도 아니고 전적으로 자본주의체제 유지의 필요성 때문에 발전한 것도 아니며, 복지국가는 노동계급의 투쟁에 의해 발달하기는 하지만 결국에 가서는 자본주의체제의 안정화에 기여한다는 것이다(Gough, 1979 : 56-7).

이언 고프는 다른 맑스주의 학자들과는 달리 복지국가의 발달을 설명하는데 있어서 계급투쟁의 역할을 강조한다. 그는 역사상 수많은 사회프로그램들이 노동계급과 일반대중의 정치적 사회적 압력에 의해 도입되고 확대되었다고 주장한다. 예를 들어서, 1880년대 독일 비스마르크 시대에 도입된 사회보험들은 당시 급성장하고 있던 노동계급에 대한 보수주의 정치세력의 양보였으며, 1911년 영국 로이드 조지 정부의 실업보험이나 1940년대 NHS의 도입도 사회적 불만을 지닌 노동계급에 대한 지배계급의 선제적 조치였다는 것이다(Gough, 1979 : 57).

노동계급의 성장이나 투쟁에 대해 지배계급이 사회프로그램의 도입 내지는 확대의 형태로 대응하는 이유는 노동계급의 불만을 가라앉혀서 자신들의 경제적 이익을 지키고 자본주의체제를 안정시키기 위해서이다. 노동계급이 광범위한 파업이나 강력한 노동조합과 좌파정당의 결성 등의 방법으로 자신들에게 도전해 오면, 지배계급은 자본의 정치적 지배를 보장받기 위해 국가를 분권적이고 자유방임적인 형태로부터 중앙집권적이고 개입주의적인 형태로 변화시킨다. 케인즈주의 복지국가와 같은 중앙집권적 형태의 개입주의 국가는 노동계급의 도전에 대한 지배계급의 대응 조치인 것이다(Gough, 1979 : 65-6).

노동계급의 정치적 압력에 대한 지배계급의 타협의 산물인 복지국가는 자본주의체제를 안정화시킨다는 점에서 지배계급의 환영을 받았다. 그렇지만, 복지국가의 지속적인 확대의 결과 국가의 재정지출이 급증하고 경제성장이 둔화되는 문제가 발생한다. 제임스 오코너가 주장하는 대로 사회복지지출의 급증에 따라 재정적자가 발생하게 되면 인플레가 촉발되고 투자가 줄어들기 때문이다. 이러한 재정위기의 상황하에서 지배계급은 사회보장지출을 줄이고자 하지만 노동운동은 이에 반대하고, 계급 간의 갈등은 더욱 악화된다(Gough, 1979 : 124-7).

이상에서 보듯이, 복지국가의 발달 배경에는 강력한 노동운동과 노동계급의 정치적 투쟁이 있었다. 그렇다면, 권력자원이론/사회민주주의론에서 주장하는 대로 복지국가는 노동계급의 승리이며 대중들에게 더 유리한 것인가? 이에 대해서 이어 고프는 부정적으로 대답한다. 노동계급의 압력에 떠밀려 지배계급이 양보한 결과이기는 하지만, 복지국가는 자본주의체제를 안정시켜 자본계급의 장기적인 이해관계를 보장하며, 이런 점에서 복지국가의 궁극적인 수혜자는 자본계급이라는 것이다.

이언 고프에 따르면, 자본주의 사회에서 국가는 다른 모든 것을 희생하고서라도 자본이 충분한 이윤을 얻을 수 있도록 하는 조건들을 조성해야만 한다. 칼 맑스의 주장대로 상부구조인 국가는 하부구조인 자본주의 경제체제의 제약을 받을 수밖에 없기 때문이다. 복지국가도 그와 같은 자본주의 국가의 한계를 벗어날 수 없으며, 복지정책들은 결국 노동계급과 대중들을 통제하거나 사회질서에 순응하게 함으로써 자본주의 국가에게 맡겨진 핵심적인 기능을 충실히 이행하는 것을 목적으로 한다. 포괄적이고 보편주의적인 사회보장프로그램들은 노동계급을 비롯한 대중들의 생활을 향상시키기는 하지만, 그것들의 궁극적인 목적은 자본주의의 착취관계를 더욱 강화시키는 데 있는 것이다(Gough, 1979 : 12-14).

이언 고프가 볼 때 복지국가의 핵심적인 기능 중 하나는 생산과정에 투입되는 노동력을 꾸준하게 확보하고 재생산하는 것이다. 그에 따르면, 복지국가는 "자본주의사회에서 노동력의 재생산을 조정하고 비노동인구를 유지하기 위해 국가권력을 사용하는 것"이라고 한다(Gough, 1979 : 44-5). 여기서 노동력을 재생산한다는 것은 현역 노동자와 미래의 노동자를 일정 수준으로 유지하는 것을 말하며, 이를 위해 국가는 소득보장프로그램이나 사회서비스를 제공한다. 비노동인구는 노동시장에 참여하지 못하는 사람들을 말하며 사회전체의 임금수준을 일정 수준 이하로 낮추는 역할을 한다. 이들을 위해서도 공공부조, 실업보험, 직업훈련 등의 다양한 사회프로그램이 제공된다(Gough, 1979 : 50-52). 여기에서 보듯이 복지국가는 노동력의 제공을 유지함으로써 자본에게 이윤 증대의 기회를 제공하는 한편, 비노동인구에게는 각종 사회프로그램을 제공함으로써 임금인상을 억제하고 사회질서의 유지에 기여하는 것이다.

이언 고프에 따르면, 복지국가는 대중들의 기본적인 욕구들을 충족시키고 개인들의 파워를 증진시키며 시장의 무분별한 공격으로부터 개인들을 보호한다. 또한, 복지국가는 다양한 형태의 소득보조와 완전고용을 제도화함으로써 노동계급의 단결을 용이하게 하고 노동조합의 파워를 강화하기도 한다. 반면에, 복지국가는 자본주의 발전과정에서 나타나는 주기적인 실업이나 숙련노동 공급의 문제에 효과적으로 대응하여 자본의 이익에 봉사할 뿐 아니라 노동계급을 비롯한 일반대중을 자본주의의 경제적 요구에 순응하도록 통제하거나 유도한다. 이언 고프는 복지국가가 이상과 같이 상반되는 두 가지 기능을 수행한다고 하면서 이를 복지국가의 모순이라고 부른다(Gough, 1979 : 11-12, 57).

이언 고프에 따르면, 현대적 의미의 복지국가는 이차대전 이후 선진자본주의 혹은 독점자본주의하에서 본격적으로 발달했다. 서유럽 국가들에서 경제가 활성화되어 실업률이 감소함으로써 노동조합의 파워가 강력해졌고, 노동계급의 정치적 압력이 강화되었기 때문이다. 노동조합은 노동계급의 생활 향상을 위해 다양한 형태의 투쟁을 전개하였고 지배계급으로부터 복지국가라는 형태의 양보를 얻어내었다. 그렇지만, 그 결과 자본주의체제는 더욱 안정되고 자본축적은 더욱 용이해졌다. 노동계급의 정치적 압력의 결과인 복지국가가 역설적이게도 궁극적으로는 노동계급이 아니라 자본계급의 이익에 더 봉사하게 된 것이다(Gough, 1979 : 57).

5. 비교와 평가

1) 비 교

위에 서술한 세 학자들은 맑스주의의 관점에서 복지국가를 연구한 대표적인 학자들로서 대부분의 사회정책연구서에 이름을 같이 올리고 있다. 그들은 복지국가 연구분야에서 독점자본론을 대표하는 학자들로 간주되며, 어떤 학자는 복지국가에 대한 그들의 견해가 매우 유사하다고 평가하면서 그들의 견해를 통칭하여 '오고페의 견해'(O'Goffe's tale)라고 부르기도 한다(Klein, 1993).

그들 모두는 칼 맑스의 사상과 이론을 바탕으로 하여 복지국가를 분석한다는 점에서 맑스주의에 속하는 학자들이다. 그렇지만, 그들은 세부사항들에 있어서는 때때로 적지 않은 차이를 보이며, 특히 이언 고프는 다른 두 학자와는 상반된 주장을 내놓기도 한다. 이하에서는 그들의 견해의 공통점과 차이점에 대해 서술하면서 복지국가에 대한 맑스주의의 핵심 주장들을 정리해 보겠다.

첫째, 그들은 복지국가의 기능에 대해 동일한 견해를 제시한다. 그들은 모두 복지국가가 노동계급과 비노동인구의 생활을 일정 수준으로 보장함으로써 계급갈등을 완화시키고, 노동계급을 체제내화하며, 이를 통해서 (독점)자본주의체제를 안정시키는 것으로 간주한다. 이와 함께 그들은 복지국가가 아동 및 교육 관련 사회서비스의 제공을 통해서 아동의 사회화과정에 개입하고, 이를 통해 자본주의 사회질서의 정당성을 교육한다고 주장한다. 그들에 따르면, 복지국가는 자본주의체제를 정당화하는 기능을 수행하는 것이다.

또한, 그들은 모두 복지국가가 독점자본의 이윤을 보장하고 이윤율을 높이도록 하는 기능을 한다고 주장한다. 복지국가는 교육서비스, 의료서비스, 직업훈련 서비스의 제공을 통해 독점자본에게 양질의 노동력을 값싸게 제공하고, 노동계급의 생활비를 줄여 독점자본이 부담해야 할 노동비용을 낮추며, 소득보조금의 지급을 통해 시장에 필요한 유효수요를 만들어 낸다. 복지국가의 이러한 노력을 통해 독점자본의 이윤율은 높아진다.

둘째, 복지국가의 진정한 수혜자가 누구인가 하는 데 대해서도 그들은 견해를 같이한다. 그들에 따르면, 복지국가는 노동계급과 일반대중의 생활수준을 높이는 데 기여하기는 했지만 그 진정한 수혜자는 독점자본이라고 한다. 복지국가는 자본주의체제를 안정화시키고 유지시킴으로써 독점자본의 장기적인 이해에 봉사할 뿐 아니라 독점자본의 이윤증대를 위한 다양한 정책들을 제공하기 때문이다.

일반적으로 복지국가는 누진적인 조세정책과 관대한 사회보장제도를 통해 소득계층의 상층부로부터 하층부로 소득을 재분배하는 것으로 이야기된다. 이에 대해서 제임스 오코너와 클라우스 오페는 사회보장의 재원은 독점자본보다는 비독점부문의 자본이나 노동이 보다 많이 부담하며, 복지국가에서의 소득재분배는 자본가로부터 노동자에게로의 수직적인 것이 아니라 임금노동자들 간의 수평적인 형태를 취하고 있다고 한다.

이에 반해서, 이언 고프는 복지국가가 모든 측면에서 언제나 자본가에게 유리한 것은 아니며, 자본가가 일정 정도의 재정적인 부담을 감수한다고 지적한다. 자본가들은 자본주의체제의 유지와 같은 보다 장기적이고 근본적인 이익을 위해 이런 정도의 희생을 감수하고 있는 것이다. 명확하게 밝히고 있지는 않지만, 이언 고프는 노동계급이 전개하는 정치적·사회적 투쟁의 정도에 따라서 복지국가에 대한 자본의 재정 부담이 달라지며, 복지국가에서의 수직적 소득재분배의 정도도 달라진다고 시사한다.

셋째, 그들은 복지국가와 자본주의의 미래에 대해서도 비슷한 진단을 내린다. 그들에 따르면, 복지국가는 자본이 노동을 착취한다고 하는 자본주의의 근본적인 문제점을 덮어버리고 노동계급을 체재 내화함으로써 사회주의혁명을 지연시키는 기능을 한다. 그렇지만, 복지국가는 정당화 기능을 수행하기 위하여 지나치게 많은 비용을 지출하며, 결국에 가서는 국가가 재정적자를 더 이상 견디지 못하도록 만든다. 그 결과 자본주의가 붕괴하고 사회주의가 도래하거나(제임스 오코너), 자본주의의 위기가 더욱 심화되거나(클라우스 오페), 노동과 자본 간의 계급갈등이 더욱 격화된다고 한다(이언 고프). 그들이 볼 때 복지국가는 자본주의의 사회문제들을 해결하는 것이 아니라 그러한 사회문제들이 초래하는 사회적 악영향이 늦게 나타나도록 시간을 연장할 따름이다.

넷째, 그들은 모두 복지국가를 모순의 개념을 통해 설명한다. 제임스 오코너에 따르면, 복지국가는 축적의 기능과 정당화의 기능을 동시에 수행해야 한다. 그런데, 축적은 자본의 이윤율을 높이기 위한 것이고 정당화는 자본가의 이윤을 제약하는 것이기 때문에 복지국가는 서로 모순되는 두 가지 기능을 동시에 수행한다는 것이다. 클라우스 오페는 복지국가가 이윤율 향상을 위해 재상품화 전략을 사용하지만 그 결과 시장의 통제를 받지 않는 공공부문 종사자가 다수 발생하게 되어 오히려 탈상품화가 확대되는 모순을 낳았다는 점을 지적한다. 이언 고프에 따르면, 노동계급의 생활향상을 위한 노동운동의 압력에 의해 발달한 복지국가가 결국에 가서는 노동계급을 통제하고 자본주의체제의 착취관계를 강화하는 모순적인 결과를 발생시켰다고 한다.

이상과 같은 공통점이 있는 반면에, 제임스 오코너, 클라우스 오페, 이언 고프는 복지국가의 발달 원인에 대해서 서로 다른 견해를 보이고 있다. 제임스 오코너에 따르면, 독점자본의 이윤추구를 위해 인력을 절감하는 기술이 생산과정에 광범하게 채택됨으로써 다수의 노동자가 실업상태에 빠지게 되고, 이러한 잉여인구의 증가로 인해 정당성의 위기가 발생하기 때문에 복지국가가 발달한다고 한다. 복지국가는 독점자본 확대의 자연스러운 결과인 것이다. 클라우스 오페도 복지국가 발달의 근본 원인으로 독점자본의 확대를 지적한다. 독점자본 확장의 결과 실업이 증가하고 이에 따라 독점자본의 이윤율이 축소되고 자본주의체제의 정당성이 흔들리며, 복지국가는 이러한 위기에 대한 대응이라는 것이다.

다만, 독점자본이 복지국가의 발달에 있어서 어떤 역할을 하는가에 대해 제임스 오코너와 클라우스 오페는 의견을 달리한다. 제임스 오코너는 독점자본이 자신에게 이익이 되는 복지국가를 확대하기 위해 국가에게 압력을 가하거나 정부관료와 정치인에게 직접적인 영향력을 행사하는 것으로 간주한다. 제임스 오코너는 독점자본이 자신의 이익을 위해 국가를 통제할 수 있다고 하는 도구주의적 관점을 취하고 있는 것이다. 반면에, 클라우스 오페에 따르면, 국가가 복지확대정책을 추구하는 것은 경제적 하위체계와 정당화 하위체계를 조정하고 조절하기 위한 것이지 독점자본의 통제나 직간접적인 영향 때문이 아니다. 그가 볼 때 복지국가는 자본주의체제의 관리상의 필요성에 의해서 발달한 것이지 독점자본이나 노동계급을 비롯한 어떤 사회세력이 의도적으로 추진한 결과가 아닌 것이다.

이언 고프는 복지국가의 발달을 설명하는 데 있어서 제임스 오코너나 클라우스 오페와 다른 견해를 제시한다. 그에 따르면, 경제발전 단계에서 노동력이 부족해짐으로써 노동의 지위가 상대적으로 높아졌고, 이 과정에서 노동운동이 국가와 독점자본에 대해 정치적·사회적 압력을 행사함으로써 복지국가가 발달하게 되었다고 한다. 다른 두 학자와는 달리 이언 고프는 복지국가의 발달을 설명하는 데 있어서 계급투쟁의 중요성을 강조하고 있는 것이다.[4]

이에 반해서, 다른 두 학자는 노동에 의한 계급투쟁이 복지국가의 발달에 별다른 영향을 미치지 않은 것으로 간주한다. 제임스 오코너는 독점자본과 조직노동이 복지국가에 대해 공통의 이해관계를 지닌다는 점에서 복지국가는 노동계급의 투쟁의 결과가 아니라 독점자본과 조직노동의 타협의 결과이며, 독점자본이 조직노동을 체제내화하는 과정에서 발달했다고 주장한다. 클라우스 오페는 복지국가의 발달에 있어서 노동계급의 투쟁은 물론이고 독점자본의 정치적 의지도 어떠한 영향을 미친 바 없다고 주장한다. 그에 따르면 복지국가는 사회적 위기와 붕괴의 위험으로부터 스스로를 지키고자 하는 자본주의체제의 필요성에 의해 발달하는 것이다.

---

4) 이언 고프는 자본주의 국가가 언제나 독점자본의 이익을 위한 정책만을 시행하지는 않는다고 주장한다. 그에 따르면, 국가는 독점자본을 비롯한 지배계급의 통치 도구가 아니며, 독점자본의 조종을 받지도 않는다고 한다. 국가는 독점자본의 가장 근본적인 이해관계인 자본주의체제의 유지를 위해 기능하도록 제약되어 있기는 하지만, 이러한 기능을 적절하게 수행하기 위해서는 지배계급으로부터 일정 정도의 자율성을 지녀야 한다. 이윤추구라는 단기적이고 근시안적인 관점을 지니는 독점자본에 의해 조종될 경우 국가는 자본주의체제의 붕괴를 막을 수 있는 정책을 시행할 수 없기 때문이다. 이와 같이 이언 고프는 제임스 오코너와는 달리 자본주의 국가의 상대적 자율성 개념을 수용하고 있다(Gough, 1979 : 41-2).

2) 평 가

일반적으로 제임스 오코너와 클라우스 오페 및 이언 고프는 독점자본론에 속하는 학자들로 분류된다. 그렇지만, 위에 서술했듯이 이언 고프는 다른 두 학자들과는 달리 복지국가를 독점자본의 확장의 결과로 간주하지 않는다. 또한, 그들 모두는 스스로를 맑스주의에 속한다고 생각하지 독점자본론을 주장한다고는 생각하지 않는다. 따라서 아무런 설명도 없이 그들 모두를 독점자본론이라는 하나의 이론 틀로 묶는 것은 다소 무리가 있다. 다만, 그들 모두가 복지국가의 분석에 있어서 맑스주의라는 동일한 관점을 취하고 있고, 맑스주의 관점의 핵심요소가 복지국가의 발달을 설명하는 데 있어서 독점자본의 역할을 강조하는 것이라는 점에서 편의상 그들을 독점자본론자라고 부를 수는 있을 것이다.

전반적으로 볼 때 맑스주의/독점자본론은 복지국가에 대해 매우 부정적이다. 복지국가는 독점자본의 이익에 봉사하고, 노동계급의 계급의식을 약화시켜 계급갈등을 완화시키며, 자본주의의 착취관계를 지속시킨다는 것이다. 또한, 복지국가가 노동계급을 비롯한 일반 대중의 생활수준을 부분적으로 높이기는 했지만, 노동계급으로 하여금 자본주의체제하에서의 노예생활을 지속하도록 회유하고 통제한다는 것이다. 이런 점에서 맑스주의/독점자본론은 복지국가를 노동계급의 적으로 간주하고 복지국가에 대해 반대한다.

대부분의 복지국가이론들은 복지국가를 사회적 복지욕구의 충족이나 사회적 약자 보호라는 관점에서 매우 긍정적으로 평가한다. 또한, 일반적으로 복지국가는 수직적 소득재분배 기능을 수행한다는 점에서 노동계급과 사회적 약자에게 유리한 반면에 비용을 부담해야 하는 자본계급에게는 불리한 것으로 간주된다. 이러한 일반적인 견해와는 달리, 맑스주의/독점자본론은 복지국가가 다양한 방법을 통해 지배계급에게 유리한 결과를 낳는다는 매우 독창적인 주장을 개진하고 있다. 이러한 독창성에도 불구하고, 맑스주의/독점자본론 몇 가지 문제점을 지니고 있다.

첫째, 제임스 오코너와 클라우스 오페는 복지국가가 독점자본단계에서 자본주의체제의 유지를 위해 발달했다고 주장한다. 이들은 복지국가가 발달하게 된 원인을 자본축적과 정당화, 혹은 자본주의체제의 관리라고 하는 복지국가의 기능에서 찾고 있는 것이다. 그들에게 있어서 노동계급의 투쟁이나 사회집단 간의 갈등, 혹은 정당들 간의 경쟁과 같은 요인들은 복지국가의 발달에 직접적인 관련이 없으며, 어떤 정치세력이 집권하든지, 그리고 사회집단 간의 갈등이 어떠하든지에 관계없이 복지국가는 독점자본의 이익 보호를 위해 발달할 수밖에 없는 것이다.

이와 같이 맑스주의/독점자본론은 복지국가의 발달을 설명하는 데 있어서 복지국가의 기능을 강조한다. 여러 학자들의 지적대로 그들은 기능주의적인 설명을 하고 있는 것이다(Lavalette, 1997; Lee and Raban, 1988; Mishra, 1981; Therborn, 1986). 이러한 기능주의적인 설명의 문제점은 어떤 현상의 목적과 원인을 혼동하고, 어떤 현상의 기능과 발생 원인이 다르다는 사실을 무시하는 데 있다.

맑스주의/독점자본론의 주장대로 복지국가는 자본주의체제 유지의 기능을 수행하는 측면이 있다. 그렇지만, 그러한 기능이 복지국가 발달의 원인일 수는 없다. 자본주의체제의 유지를 위해 복지국가가 발달한 것이 아니라 어떤 요인들에 의해 복지국가가 발달하였고 그 결과 자본주의체제가 안정화되는 것으로 간주되어야 한다. 일반적으로 학계에서는 복지국가의 발달을 가져온 요인들로 정치적 민주주의의 확립, 노동계급의 투쟁, 강력한 사회민주당, 사회적조합주의, 이익집단 간의 갈등, 지배엘리트의 통치 전략 등이 지적된다. 맑스주의의 기능주의적 설명에서는 이러한 요인들에 대한 고려가 배제되어 있다.

둘째, 위의 지적과 연관된 것으로서 맑스주의/독점자본론은 왜 선진산업국가들의 복지수준이 서로 다른지를 설명하지 않는다(Lee and Raban, 1988). 일반적으로 국가들 간의 복지수준의 차이는 산업화와 경제성장의 정도, 노동운동과 사회민주당의 파워의 정도, 사회적조합주의의 정도, 정당 간의 경쟁, 국가복지에 대한 시민의 태도 등 다양한 요인들에 의해 결정된다고 한다. 맑스주의는 이러한 요인들에 대한 고려가 없으며, 이에 따라서 예를 들어 사회민주당이 얼마나 강력하고 국가복지에 대한 시민의 지지도가 얼마나 높은가에 관계없이 독점자본단계에서는 모든 나라에서 복지국가가 자동적으로 발달하는 것으로 간주한다. 그렇지만, 똑같이 독점자본단계에 들어섰음에도 불구하고 선진산업국가들의 복지수준은 국가별로 커다란 차이를 보이고 있다.

셋째, 맑스주의/독점자본론의 주장은 반증 가능성(falsifiability)이 없다. 어떤 주장이 과학적 이론으로 성립하려면 반증 가능성이 있어야 한다. 그 주장이 틀렸다는 것을 증명할 가능성이 열려 있어야 하는 것이다. 이러한 반증 가능성을 지니려면 어떤 주장이든지 자신의 주장을 지지하는 논리적·경험적 근거를 제시해야 한다. 그래야만 그 근거를 검토하여 그 주장이 사실인지 아닌지를 다른 사람이 판단할 수 있는 것이다. 맑스주의는 복지국가가 독점자본에게 유리하고 자본주의체제 유지의 기능을 한다고 주장하지만 그 근거를 제시하지는 않는다(Pemberton, 1983). 이들의 주장이 반증 가능성을 지니려면 복지국가의 확대로 인해 독점자본이 부담해야 할 비용과 얻을 수 있는 이익의 정도를 비교하고, 자본주의체제의 위기를 측정할 지표를 제시하며, 복지국가의 확대로 인해서 체제의 위기가 얼마나 축소되는지를 경험적으로 제시해야만 한다. 이러한 근거들을 제시하지 않기 때문에 맑스주의는 복지국가에 대한 훌륭한 통찰력을 제공하고 있을지는 몰라도 사회과학 이론으로서는 결함이 있다.

넷째, 맑스주의/독점자본론에 따르면, 복지국가가 사회불평등의 해소에 별다른 도움이 되지 않는다고 한다. 사회보장재원을 자본가를 비롯한 사회상층부가 아니라 노동자들이 주로 부담하기 때문에 복지국가를 통한 소득재분배는 수직적인 것이 아니라 수평적인 형태가 된다는 것이다. 경험적으로 검증하여 그 진위를 판단해야 하겠지만, 이러한 주장은 복지국가가 수직적 소득재분배 기능을 수행한다는 기존 학계의 일반적인 견해와 정면으로 배치되는 것이다. 비교사적으로 볼 때 국가복지의 수준이 높을수록 사회불평등의 수준이 낮고, 특정 선진산업국가 내에서 시장소득의 불평등도과 가처분소득(시장소득에서 조세를 빼고 사회보장급여를 더한 금액)의 불평등도를 비교하면 언제나 후자가 낮다. 정도의 차이는 있지만 선진산업국가들에서는 조세와 사회보장제도를 통한 수직적 소득재분배 효과가 나타나고 있는 것이다.

다섯째, 맑스주의/독점자본론은 복지국가가 확대될수록 노동계급은 손해를 보고 자본계급은 더 많은 이득을 얻는다고 주장한다. 이렇게 되면, 노동조합이나 사회민주주의정당이 복지국가의 확대를 주장하는 것은 자살행위나 마찬가지가 된다. 여기에 대해서 두 가지를 지적해 두겠다. 우선, 노동조합이나 사회민주당은 계산도 제대로 못하는 바보가 아니다. 이들이 국가복지의 확대를 주장하는 것은 그것이 노동계급과 사회적 약자에게 분명하게 유리하기 때문이다. 다음에, 복지국가의 확대가 자본에게 그렇게 유리한 것이라면, 자본을 대변하는 사회단체 및 정당과 신자유주의학자들은 복지국가의 확대에 찬성해야 한다. 그렇지만, 현실은 그 반대이다. 이들 역시 계산도 제대로 못하는 바보가 아니다.

복지국가가 노동계급을 체제내화하고 비노동인구의 혁명적 잠재력을 약화시키는 기능을 한다는 맑스주의의 주장은 어느 정도 설득력이 있다. 이차대전 이래로 노동계급을 비롯한 일반대중들은 사회변혁이나 비합법적인 정치투쟁에 무관심해졌기 때문이다. 그렇지만, 맑스주의의 그러한 주장이 맞으려면 복지국가는 자본계급이 아니라 노동계급에게 실질적으로 보다 많은 이익을 제공하고 사회불평등의 해소에 도움이 되었어야만 한다. 이러한 실질적인 이득이 없다면 노동계급과 비노동인구가 체제에 대한 불만을 접고 자본주의 사회질서에 순응하지 않았을 것이기 때문이다. 역사적으로 복지국가가 자본주의체제 안정화의 기능을 했다면, 그것은 바로 복지국가의 확대로 인해서 대중들의 생활수준이 높아지고 체제에 대한 불만이 수그러들었기 때문인 것이다.

3) 칼 맑스와의 관련성

칼 맑스는 복지국가에 대해 체계적인 분석이나 제대로 된 견해를 내놓지 않았다. 그는 자본주의사회에서 복지국가가 지금처럼 확대될 것으로는 예상조차 못했을 것이다. 이에 반해서 현대의 맑스주의 학자들은 복지국가가 이차대전 이후 급속하게 발달하여 자본주의 시장경제를 압박하는 것을 목격하고, 칼 맑스의 사상과 이론을 바탕으로 하여 복지국가라고 하는 현대사회의 새로운 현상을 체계적으로 분석하였다.

맑스주의/독점자본론은 자본주의 시장경제가 초래하는 빈곤과 사회불평등은 사회주의혁명을 통한 자본주의체제의 극복을 통해서만 해결 가능한 것으로 간주한다. 사회정책이나 사회프로그램들과 같은 사회개혁조치들은 노동계급의 계급의식을 약화시키고 자본주의체제를 안정화시킨다는 점에서 빈곤층과 노동계급의 진정한 해방을 가로막는 방해물에 불과하다는 것이다. 이러한 인식을 바탕으로 하여 맑스주의는 복지국가가 독점자본의 이익을 보호하고 국가와 자본주의체제를 정당화하며, 이를 통해서 자본주의체제를 안정시키는 것으로 간주한다. 맑스주의는 복지국가에 대한 칼 맑스의 상반된 두 가지 견해 가운데서 급진적인 견해를 계승하고 있는 것이다.

맑스주의/독점자본론은 가까운 미래에 자본주의가 고도로 발전하게 되면 자본주의가 붕괴하고 사회주의가 도래할 것이라는 칼 맑스의 예견이 왜 아직까지 실현되지 않는가 하는 질문에 대한 현대 맑스주의자들의 응답이라고 볼 수 있다. 맑스주의에 따르면, 복지국가는 자본의 축적과 정당화 기능을 수행함으로써 자본주의체제의 수명을 연장시켰다는 것이다. 그렇지만, 복지국가는 자본에 의한 착취와 생산의 무정부성이라는 자본주의의 근본 문제를 해결하는 것이 아니라 덮어두는 데 그치기 때문에 시간이 지남에 따라 자본주의체제는 더욱 불안정해지고 심각한 위기에 빠지며 결국은 붕괴할 것이라고 한다. 맑스주의는 칼 맑스 이후로 자본주의가 급격한 변화를 겪었음에도 불구하고 자본주의에 대한 칼 맑스의 분석과 결론이 여전히 유효하다고 주장한다.

Chapter 9
사회통제론/엘리트론

1. 머리말

사회통제론이란 사회복지정책을 빈민과 실업자 등 하층 사회집단의 불만을 잠재우는 사회통제의 수단으로 간주하는 이론적 관점이다. 사회통제론에 따르면, 경제불황 등으로 인해서 생활이 어려워진 빈민과 실업자들이 대규모 소요를 일으켜 사회질서를 위협할 때, 지배집단을 대변하는 정부가 사회복지정책을 시행하여 그들의 생활을 안정시키고 사회질서를 회복시킨다고 한다. 이와 같이 사회적 불만을 지닌 하층 사회집단의 저항을 잠재우고 사회적 안정과 지배질서를 회복시키도록 한다는 점에서 사회복지정책은 사회통제의 기능을 수행한다는 것이다.

사회통제론은 엘리트론으로 불릴 수도 있다. 사회정책분야에서 엘리트론이란 사회복지정책을 엘리트집단이 사회질서와 자신들의 지배적인 지위를 유지하기 위해 시행하는 것으로 간주하는 이론적 관점이다. 사회복지정책의 배경과 기능에 대한 엘리트론의 설명은 사회통제론의 것과 별다른 차이가 없다.

사회정책분야에서 사회통제론을 부각시킨 학자들은 프란시스 피븐(Frances Fox Piven)과 리차드 클로워드(Richard Cloward)이다. 정치학자이자 사회학자인 프란시스 피븐은 보스톤대학교와 뉴욕시립대학교 등에서 교수생활을 했고, 사회정책학자인 리차드 클로워드는 콜롬비아대학교 사회복지대학원의 교수를 역임했다. 부부이자 평생 동지였던 이 두 사람은 다양한 사회활동에 헌신하는 한편, 사회정책분야의 명저들을 공동으로 저술하였다. 이들의 대표작은 1971년에 출간된 『빈민들의 통제 : 공공복지의 기능들』(Regulating the Poor : The Functions of Public Welfare)과 1977년에 출간된 『빈민들의 사회운동 : 왜 성공하고 어떻게 실패하는가?』(Poor People's Movements : Why They Succeed, How They Fail)이며, 그들은 이 두 권의 저서를 통해 사회통제론을 확립하였다.

이후 그들은 주로 미국 정치에 대한 연구서들을 내놓았다. 대표작으로는 『왜 미국인들은 투표하지 않는가?』(Why Americans Don't Vote, 1988년), 『미국 사회협약의 파기』(The Breaking of the American Social Compact, 1997년), 『왜 미국인들은 여전히 투표하지 않는가? 그리고 왜 정치인들은 그것을 원하는가?』(Why Americans Still Don't Vote? : And Why Politicians Want it That Way?, 2000년)를 들 수 있다. 사회정책분야의 저서로는 1970년대 중후반 미국의 복지축소정책을 비판하고 평가한 『새로운 계급전쟁 : 복지국가에 대한 레이건 대통령의 공격과 그 결과들』(New Class War : Reagan's Attack on the Welfare State and Its Consequences, 1982년)이 있다.

이하에서는 『빈민들의 통제 : 공공복지의 기능들』과 『빈민들의 사회운동 : 왜 성공하고 어떻게 실패하는가?』를 비롯한 몇몇 저작들을 중심으로 하여 프란시스 피븐과 리차드 클로워드의 사회통제론을 소개하고 평가하겠다. 우선, 사회통제론의 핵심적인 주장들을 서술하고, 사회통제론과 엘리트론의 관련성을 밝힌 다음에, 프란시스 피븐과 리차드 클로워드가 자신들의 이론적 주장을 뒷받침하기 위해 제시한 경험적 사례들을 간략하게 소개하겠다. 이어서, 사회통제론의 문제점들을 지적하고, 사회통제론과 막스 베버의 복지국가론의 관계에 대해 서술하겠다.

2. 사회통제론과 엘리트론

프란시스 피븐과 리차드 클로워드는 자신들의 이론틀을 잘 정돈된 형태로 제시하지는 않았다. 그들은 빈민들이 야기한 사회적 혼란과 그에 따른 정치적 위기의 관점에서 사회복지정책의 도입과 확대를 설명하고 있을 뿐 자신들의 주장을 체계적인 이론으로 제시하거나 경험적인 자료를 통해 증명하려고 하지는 않았던 것이다. 이하에서는 다양한 저작들 속에 흩어져 있는 견해들을 바탕으로 하여 사회복지정책의 도입과 확대에 대한 프란시스 피븐과 리차드 클로워드의 사회통제론을 재구성하고, 사회복지정책의 시행 과정에서 지배엘리트들이 어떤 역할을 수행하는지를 서술하겠다.

1) 사회통제론

프란시스 피븐과 리차드 클로워드는 특정 사회복지정책이 도입되거나 확대되는 것을 설명하는 데 있어서 빈곤층과 실업자들의 사회적 소요와 그로 인한 사회질서의 파괴 위협에 초점을 둔다. 그들에 따르면, 빈곤층들에 의한 사회적 소요가 심하면 심할수록, 그리고 사회질서가 불안정해지면 불안정해질수록 그들을 대상으로 하는 사회복지정책이 도입되고 확대될 가능성이 높아진다고 한다. 달리 말하면, 사회복지정책은 빈곤층과 실업자 등 하층 사회집단의 '밑으로부터의 압력'의 결과라는 것이다.

프란시스 피븐과 리차드 클로워드에 따르면, 경제에 특별한 문제가 없고 시장기제가 정상적으로 작동할 때에는 사회복지정책이 굳이 필요하지 않다고 한다. 이러한 정상적인 시기에는 대중들이 자신과 가족의 생활을 위해 노동시장에 참여하여 시장의 규제에 순응하며, 이로 인해서 사회질서가 원활하게 유지되기 때문이다. 또한, 집단적인 범죄행위나 대중들의 비합법적인 사회적 소요에 대해서는 정부가 경찰 등의 물리력을 사용하여 대처한다고 한다. 이와 같이 일상적인 상황에서는 사회복지정책이 시행될 필요가 없는 것이다(Piven and Cloward, 1971 : 6-7).

그렇지만, 경제대공황이나 대규모의 경제적 변동에 의해 다수의 대중들이 실업을 당하고 빈곤층이 크게 늘어나면 상황은 급변한다. 실업자와 빈민들은 생활상의 곤란을 겪을 뿐 아니라 자존감의 하락과 상대적 박탈감에 시달리게 되며, 자신이 순응해 왔던 사회질서의 정당성에 대해 의문을 제기하게 된다. 이들은 실업이나 빈곤 등 자신들을 괴롭히는 문제들이 자신 때문이 아니라 정부나 기업 등 지배집단 때문에 발생하는 것으로 간주하고 사회질서에 저항하는 다양한 형태의 활동들을 전개한다.[1] 이러한 활동들에는 반달리즘이나 절도 및 강도 등의 일반적인 범죄에서부터 항의집회나 거리행진과 같은 합법적·비합법적인 의사표시, 그리고 나아가서는 집단폭동과 같은 극단적인 행위들까지 포함된다.

이상과 같이 사회질서를 어지럽히는 하층 사회집단의 각종 활동들은 때로는 특정 지역을 넘어 전국적으로 확대되기도 한다. 이렇게 되면 사회질서와 시장질서가 위협받게 되며, 정부를 비롯한 지배집단은 그러한 사회적 무질서와 혼란을 바로잡기 위한 대응조치들을 강구한다. 대중들이 사회질서에 저항하는 행위를 전개하게 된 이유가 실업과 빈곤에 따른 생활상의 어려움에 있다는 점에서 일반적으로 정부의 대응조치들은 저소득층을 대상으로 하는 구호프로그램들의 도입이나 확대로 귀결된다.

이런 점에서, 사회복지정책, 특히 저소득층을 대상으로 하는 공공부조정책들은 빈곤층의 불만과 사회적 소요를 잠재우고 사회질서를 복구하기 위한 수단이다. 정상적인 상황에서라면 시장의 규제에 의해 대중들의 행동이 통제됨으로써 사회질서가 유지되지만, 경제대공황과 같은 예외적인 상황에서는 시장의 규제기능이 약화되어 대중들을 통제할 수 없기 때문에 정부는 시장을

1) 프란시스 피븐과 리차드 클라워드에 따르면, 경제파탄에 따른 좌절만으로 사람들이 거리로 뛰쳐나오지는 않는다고 한다. 대중들이 그러한 경제적 박탈이 자신의 잘못이 아니라 외부로부터 강요된 것으로 생각하고 자신들의 통치자들을 비난할 때에만 사회적으로 위협이 되는 행위들을 전개한다는 것이다(Piven and Cloward, 1977 : 12).

대신하여 사회통제 기능을 수행할 수 있는 구호프로그램을 제공하게 되는 것이다(Piven and Cloward, 1971 : 7, 33). 이와 같이 사회복지정책을 사회통제의 기능의 관점에서 설명한다는 점에서 프란시스 피븐과 리차드 클로워드의 견해는 사회통제론을 대표하고 있다.

프란시스 피븐과 리차드 클로워드에 따르면, 구호프로그램들이 대규모로 도입되거나 확대되면 실업자와 빈곤층의 생활이 안정되고, 사회적 소요 사태가 진정되면서 사회질서가 회복의 조짐을 보인다고 한다. 이렇게 되면, 시장의 규제기능이 다시 살아나고, 구호프로그램과 같은 비상조치들의 유효성은 크게 떨어지게 된다. 이에 더하여, 대규모 구호프로그램의 시행에 따른 재정 부담과 저임금 노동의 부족 혹은 근로동기의 약화를 우려하는 경제계의 견해가 힘을 얻으면서 구호프로그램들은 크게 축소되거나 폐지된다. 더 이상 사회적인 위협요인이 되지 않는 실업자와 빈곤층 중 다수는 공공부조의 수급자격을 박탈당하고 저임금 노동시장으로 쫓겨 가게 되는 것이다(Piven and Cloward, 1971 : 45).

이런 점에서 프란시스 피븐과 리차드 클로워드는 사회복지정책의 발달을 누적적인 것이 아니라 순환적인 것으로 간주한다. 사회정책학계에서는 대다수의 사회복지정책들이 일단 도입되면 제도적으로 확립되고, 복지국가는 이러한 사회복지정책과 제도들이 지속적으로 누적되면서 발달하는 것으로 간주된다. 이에 반해서, 프란시스 피븐과 리차드 클로워드는 사회복지정책이 심각한 사회적 위기의 발생과 소멸에 따라 도입(확대)과 폐지(축소)를 반복한다는 점에서 사회복지정책의 발달은 순환적인 것이라고 주장한다(Piven and Cloward, 1971 : xiii).

위에 서술한 대로, 사회적 위기의 상황에서 구호프로그램과 같은 대규모의 공공부조정책들은 사회적 소요를 일으키는 대중들의 불만을 가라앉히고, 이를 통해서 사회통제의 기능을 수행한다. 프란시스 피븐과 리차드 클로워드에 따르면, 사회질서가 회복되면 구호프로그램들은 크게 축소되는데, 이 경우에도 구호프로그램들의 사회통제 기능은 여전히 작동한다고 한다. 기존의 수급자들 가운데 노동능력이 있는 사람들은 근로를 조건으로 제공되는 구호를 받거나 공공근로에 투입되어 근로규범에 순응하게 되고, 어느 정도 사회가 안정되면 실업과 저임금에 시달리는 노동시장으로 다시 떠밀려감으로써 시장의 규제기능에 순응하게 되기 때문이다(Piven and Cloward, 1971 : 22). 그들에 따르면, "확대 지향의 구호정책들은 사회적 무질서를 잠재우기 위해 고안되었고, 축소 지향의 구호정책들은 근로규범을 강화하기 위해 고안"되었다고 한다(Piven and Cloward, 1974 : 147).

그렇다면, 왜 빈민들은 사회질서를 위협함으로써 자신들에게 유리한 정책을 제공하게 만들어준 저항운동을 중단하게 되는가? 이에 대해서 프란시스 피븐과 리차드 클로워드는 몇 가지 이유를 제시한다. 첫째, 지배집단이 제공한 구호책프로그램으로 인해서 빈민들의 경제생활이 일정 정도 향상됨으로써 저항운동의 동력이 약화된다. 둘째, 정부에 의한 정치적 양보가 주어지면 저항운동조직은 사회운동집단으로부터 통상적인 조직으로 변화하고, 저항운동의 지도자들은 제도권에 포섭된다. 셋째, 빈곤층에 대해 대규모 구호프로그램을 제공함으로써 정부는 자신이 대중들에게 책임적이고 관대한 존재라는 인식을 심어주고, 이를 통해서 저항운동에 대한 일반시민들의 동정론을 잠재운다(Piven and Cloward, 1977 : 32-34).

2) 사회복지정책과 지배엘리트

프란시스 피븐과 리차드 클로워드는 사회가 엘리트집단에 의해 지배되는 것으로 간주한다. 이러한 엘리트집단에는 정부관료, 정치인, 기업가, 경영인 등 정치・경제・사회적으로 막강한 영향력을 행사하는 사람들이 포함된다. 엘리트집단은 크게 두 가지로 분류된다. 첫째는 정치권력을 지닌 정치인과 국가관료들로 구성되는 정치엘리트이고, 둘째는 기업을 소유하고 통제하는 기업가와 경영인들로 구성된 경제엘리트이다. 그렇지만, 정치권력을 가진 자는 경제력을 얻기 쉽고, 경제력을 가진 자는 정치권력을 얻기 쉽다는 점에서 정치엘리트와 경제엘리트는 상호 중첩되거나 밀접한 연관성을 지니고 있고,

지배엘리트라는 단일집단을 구성한다(Piven and Cloward, 1977 : 1).

엘리트집단은 지배질서의 현상유지라는 공통의 이해관계를 지니며, 서로의 이해관계를 지켜주고자 하는 동맹의 관계에 있다. 국가관료 등의 정치엘리트들은 경제활성화에 민감하기 때문에 투자를 결정하는 경제엘리트의 영향을 받을 수밖에 없고, 특히 지역수준의 정치엘리트들은 지역경제에 막대한 영향력을 행사하는 기업가들에게 의존적일 수밖에 없다(Piven and Cloward, 1971 : 148; Piven and Cloward, 1977 : 379). 따라서 평상시라면 정치엘리트들은 경제엘리트가 원하는 방향으로 정부의 정책을 결정하는 것이 일반적이다. 또한, 대중들에 의한 사회적 소요와 항의집회가 발생할 경우 일반적으로 정치엘리트들은 물리적 수단을 사용하여 진압하고자 한다. 그것이 정치엘리트와 경제엘리트의 연합체인 지배계급이 원하는 것이기 때문이다.

그렇지만, 경제파탄과 같은 비상상황에서 피지배집단이 사회질서를 심각하게 위협할 정도의 광범하고 급진적인 사회적 소요를 야기하면 문제가 달라진다. 우선, 정부는 물리적 억압 조치들을 사용하기 어렵다. 왜냐하면 그것은 오히려 사회적 소요를 더욱 부추겨 정치적 위기를 심화시키기 때문이다. 따라서 정치엘리트들은 평화적인 수단을 채택하며, 그것은 대규모 구호프로그램의 제공이라는 정치적 양보의 형태로 나타난다. 정치엘리트의 입장에서는 분열된 사회를 재통합하여 정치적 위기를 극복하고 차기 선거에서 승리하는 것이 가장 중요한 사안이기 때문이다(Piven and Cloward, 1971 : 40-41; Piven and Cloward, 1979 : 29-32).

반면에, 경제엘리트는 사회복지정책이 정부 재정에 과도한 부담을 주고 노동시장을 왜곡시키며 근로동기를 약화시킨다는 점에서 대규모 구호 프로그램의 제공에 반대한다. 이와 더불어, 경제엘리트들은 공공부조를 포함한 모든 사회보장프로그램들이 노동자들을 시장의 강제로부터 보호함으로써 노동자에 대한 고용주의 막대한 권력을 제한한다고 비판한다(Piven and Cloward, 1987 : 10). 사회복지정책의 도입과 확대에 대해 경제엘리트는 자신들의 이해관계가 심각하게 침해되는 것으로 인식하여 저항하는 것이다. 이와 같이 사회질서를 뒤흔드는 심각하고 광범한 사회적 소요는 지배계급의 분열을 초래하고 정치엘리트와 경제엘리트 간의 갈등을 야기한다.

이러한 정치엘리트와 경제엘리트 간의 이해관계의 충돌은 보통 정치엘리트의 승리로 귀결된다. 정치엘리트가 경제엘리트에 비해 보다 강력한 권력을 행사하고, 정책결정 과정에서 보다 핵심적인 역할을 수행하기 때문이다. 정치엘리트는 가능하면 경제엘리트의 요구를 수용한다는 입장이지만, 지배계급으로서의 자신들의 지위가 위협받는 비상상황에서는 경제엘리트의 이해관계를 침해하는 결정을 내리며, 경제엘리트에게 양보를 하도록 압력을 행사하는 것이다. 특히, 선거를 통해 권력을 얻는 정치인들은 자신들의 재선출을 위해 저항집단들에게 일정 정도의 정치적인 양보를 할 준비가 되어 있다.

정치엘리트들은 지배집단으로서의 지위를 유지한다는 자신들의 이해관계를 지켜내기 위해 정치적인 양보를 할 뿐 아니라 경제엘리트들에게도 양보를 하도록 압력을 행사한다. 이와 더불어, 사회질서가 심각하게 위협받게 되면 경제엘리트들 가운데 일부는 정치엘리트의 선택에 찬성하기도 한다. 이와 같이 심각한 정치적 위기의 상황에서 정치엘리트와 경제엘리트 간에 갈등이 발생하기는 하지만, 저항집단들에 대해 정치적 양보를 제공한다는 정치엘리트의 선택은 사회질서를 유지시키고 시장의 작동을 원상 복구한다는 점에서 종국적으로는 경제엘리트에게도 유리한 결과를 가져온다(Piven and Cloward, 1977 : 28-9).

사회질서가 회복되고 정치적 위기가 약화되면 구호프로그램들은 크게 축소되거나 폐지된다. 이것은 저항집단들의 불만을 가라앉힌다는 구호프로그램의 효용이 떨어지기 때문이기도 하고, 경제엘리트의 요구가 정치엘리트에 의해 수용되기 때문이기도 하다. 위에 서술한 대로 경제엘리트는 자신들의 이익을 침해하는 대규모 공공부조정책들을 축소하거나 폐지할 것을 요구하는데, 정치적 위기가 약화된 상황에서는 정치엘리트가 경제엘리트의 요구를 받아들이는 것이다. 사회적 평화가 회복되면, 경제엘리트들은 정치엘리트들에게 사회복지프로그램의 급여수준을 낮추고, 수급자격을 까다롭게 하며, 대중들이 노동시장에 참여하여 노동을 팔지 않고는 생활할 수 없도록 하는 각종 조치들을 시행하도록 압박을 가하며, 국가통치와 자신들의 지배집단으로서의 지위를 유지하기 위해 경제엘리트의 지원을 필요로 하는 정치엘리트들은 그러한 요구에 응하게 되는 것이다(Piven and Cloward, 1987 : 11).

요약하자면, 평상시에는 정치엘리트가 경제엘리트의 요구를 반영한 정책을 시행하지만, 사회질서의 전복 위기와 같은 비상상황에서는 정치엘리트가 대중들의 불만을 달래기 위해 경제엘리트의 저항에도 불구하고 대규모 사회복지정책을 시행한다. 이와 같이 대중들은 지배집단의 분열과 갈등이 있을 때에만 자신들에게 유리한 정책을 제공받을 수 있으며, 정치적 위기가 극복되어 대중들이 더 이상 중요한 정치세력이 되지 못하게 되면 경제엘리트의 이해관계가 정치엘리트가 고려해야 할 가장 중요한 정책사항으로 다시 부상한다. 이런 점에서 사회복지정책의 도입(확대)과 폐지(축소)는 사회질서에 대한 심각한 위협의 등장과 퇴장의 결과이자 지배계급의 분열과 일치의 결과인 것이다.

3. 경험적 연구

프란시스 피븐과 리차드 클로워드는 빈민법 시대의 영국에 대해 언급한 것 이외에는 자신들의 경험적 자료들을 주로 미국 사례에서 찾는다. 그 가운데서도 그들은 세계대공황 이후 1930년대 동안 미국에서 추진되었던 뉴딜정책과 1960년대의 '위대한 사회'(Great Society) 정책에 초점을 둔다.

1) 뉴딜시대

1929년 10월 뉴욕 증권거래소의 주가대폭락에서 시작된 세계대공황으로 인해 미국의 기업들은 도산의 위기에 직면했고 실업률은 폭발적으로 높아졌다. 1931년 8월에 미국의 실업자는 전체 근로자의 18%에 해당하는 8백만 명이었다. 이 수치는 1932년에는 1,200만 명으로 늘어났고, 1933년에는 전체 근로자의 30%에 해당하는 1,500만 명으로 급증했다.

이와 같이 다수의 실업자가 발생하고 경제생활이 어려워지면서 빈민 등 대중들의 사회적 불만은 높아만 갔다. 이런 상황 속에서 다수의 빈민들은 생계를 위해 절도와 약탈 등의 범죄행위에 가담하기도 하고, 구호사무소를 비롯한 정부기관에 대한 공격을 감행하기도 했다. 나아가서, 일부 대도시 지역과 광산 지역에서는 빈민들에 의한 폭동사태가 발생하기도 했다.

이러한 사회적 혼란기에 공산당과 사회당 등 급진주의 정당들은 실업자와 빈민들을 조직하여 항의집회와 거리행진을 주도하였으며, 이로 인해 사회적 불안감은 더욱 높아갔다. 항의집회는 특히 대도시 지역에서 활발하였는데, 그것은 대도시 지역의 실업률이 상대적으로 높고 급진주의 정당들의 조직활동이 상대적으로 용이했기 때문이었다. 예를 들어서, 1931년 시카고의 실업률은 전국 평균보다 훨씬 높은 40%였으며, 항의집회와 거리행진 횟수가 1931년에는 408건으로 전국 최고 수준이었고, 1932년에는 566건으로 더욱 증가하였다(Piven and Cloward, 1977 : 58-9).

급진주의 정당들과 사회단체들은 실업자와 빈곤층을 대상으로 한 사회운동 조직들을 창립하기도 했다. 예를 들어서, 1931년에 공산당은 「진보적 노동행동회의」(Congress for Progressive Labor Action)를 창립하여 대도시를 중심으로 항의집회를 개최하였다. 또한, 각 지역별로 실업단체가 조직되어 1933년 말 오하이오주에서는 10만 명, 펜실베이니아주에서는 7만 명, 그리고 피츠버그시에서는 5만 명이 각 지역의 실업단체에 가입하였다. 1935년에는 실업자조직들의 연합체인 「전미 노동자연맹」(Workers Alliance of America)이 창립되었는데, 1936년 말 이 조직에는 모두 1,600개 지부에 60만 명의 회원이 가입해 있었다(Piven and Cloward, 1977 : 72-6). 이러한 사회운동 조직들은 실업자와 빈민들의 생활 보호를 요구하면서 거리행진과 항의집회뿐 아니라 구호사무소 습격이나 주의회 점거 등의 극단적인 저항운동을 전개하였다(Piven and Cloward, 1977 : 105-7).

경제대공황 초기에 실업률이 폭등하고 빈곤층이 급증함에도 불구하고 미국 정부와 정치엘리트들은 빈곤층을 대상으로 한 구호프로그램들의 제공에 커다란 관심을 갖지 않았다. 경제엘리트가 그러한 프로그램의 제공에 반대했을 뿐 아니라 아직은 정치엘리트들의 지배집단으로서의 지위를 위협하고 사회질서를 심각하게 흔들 정도로 사태가 심각하지 않았기 때문이다.

그렇지만, 빈민들과 실업자들의 저항운동이 전국적인 차원에서 광범하게 조직화되고 급진화하면서 정치엘리트들은 실업자와 빈민들의 사회적 불만을 달래기 위해 대규모 구호프로그램의 도입을 강구하게 되었다. 정부와 정당들에게 있어서는 실업과 빈곤의 광범한 확산 자체가 아니라 빈민들에 의한 광범한 사회적 소요와 그에 따른 사회질서 파괴의 위험이 문제였던 것이다(Piven and Cloward, 1971 : 76-7).

대공황직후 빈민들이 급증했음에도 불구하고 연방정부는 1932년이 되어서야 「비상구호법」(Emergency Relief Act)의 제정을 통해 빈민구제에 나서게 되었다. 이제까지 주정부와 지방정부가 자체적인 구호프로그램을 운영했지만, 한정된 예산으로 인해서 다수의 빈곤층이 배제될 수밖에 없었고 지방정부들은 재정파탄의 위기에 직면했다. 1932년의 경우 1,200만 명의 실업자 가운데서 지방정부가 제공하는 구호프로그램의 혜택을 받는 사람은 1/4에도 미치지 못했던 것이다. 이런 상황을 완화시키기 위해 연방정부는 「비상구호법」을 통해 주정부와 지방정부에 대해 구호예산의 일부를 지원하게 되었다(Piven and Cloward, 1971 : 52).

빈곤층과 실업자에 대한 연방정부의 사회프로그램이 본격적으로 도입된 것은 1933년부터이다. 1933년 3월에 취임한 프랭클린 루즈벨트 대통령은 5월에 「농업조정법안」(AAA : Agricultural Adjustment Act)과 「연방비상구호법안」(Federal Emergency Relief Act)을 인준하고, 6월에는 「국가산업재건법안」(NIRA : National Industrial Recovery Act)을 통과시켰다. 이 가운데 「연방비상구호법안」은 주정부에게 5억 달러의 매칭 예산을 제공함으로써 실업자와 빈민들의 구호를 적극 지원하였다(Piven and Cloward, 1971 : 72-3).

일부 경제계 지도자들은 전복 직전에 놓인 사회질서와 시장경제의 조속한

회복을 위해 연방정부에게 직접구호를 제공할 것을 요구하였다. 그렇지만, 대다수의 기업인들은 연방정부의 직접구호의 제공에 대해서 적어도 마음속으로는 반대하였다. 빈곤층에 대해서 아무런 대가 없이 생계비를 지급하는 것은 자립과 자조라는 미국의 기본 이념에 배치될 뿐 아니라 기업에게 재정적인 부담을 가중시키는 것이기 때문이다. 프랭클린 루즈벨트 대통령을 비롯한 정치인들과 관료들도 연방정부의 직접구호를 비상시국에 대응하기 위한 일시적인 조치로 생각하고 있었다. 그들은 사회적 안정을 회복하고 지속적으로 유지하기 위해서는 빈곤층이 취업을 통해 근로윤리를 실천하도록 만들 필요가 있다고 생각했던 것이다(Piven and Cloward, 1971 : 89).

결국, 1933년 11월에 근로구호(work relief) 제도가 시행되었다. 뉴딜정책의 일환으로 다양한 형태의 공공근로사업이 대규모로 추진됨에 따라 근로능력이 있는 빈곤층은 시장임금보다는 낮지만 직접구호의 급여액보다는 높은 '보장임금'을 받으며 공공근로에 종사하게 된 것이다.[2] 이에 따라서 직접구호의 제공은 노인과 장애인 등 근로능력이 없는 빈곤층에게 한정되었다. 근로구호의 시행으로 인해서 연방정부는 거대한 사업체의 고용주가 되었고, 1936년까지 매년 2~3백만 명에게 일자리를 제공했다(Piven and Cloward, 1971 : 95).

이와 같이 연방정부가 몇 년에 걸쳐 직접구호와 근로구호를 대규모로 제공한 결과 미국 사회는 점차 안정을 되찾았다. 특히, 뉴딜정책을 통해 대규모로 제공된 근로구호는 빈곤층과 실업자들에게 일자리를 제공하여 한편으로는 근로윤리에 순응하도록 하고 다른 한편으로는 거리의 항의집회에 나가지 않도록 만들었다. 근로구호는 빈민들을 사회적 통제의 핵심인 근로로 밀어 넣음으로써 사회무질서를 빠르게 바로잡고 지배집단과 통치기관들을 붕괴의 위험에서 구해냈던 것이다(Piven and Cloward, 1971 : 80, 96-7). 1936년을 기점으로 하여 항의집회와 거리행진이 급속하게 줄어들었고, 급진단체가 주도한 사회

---

2) 뉴딜시대의 구호근로는 근로촉진청(Works Progress Administration)을 중심으로 이루어졌다. 이 시기 공공근로의 대상은 11만 개의 공공건물, 600개의 공항, 60만 마일의 도로, 11만 6천 개의 다리 등의 신축과 개축이었으며, 일부 전문직도 있었지만 대부분은 단순노동이었다(Piven and Cloward, 1971 : 95).

운동조직들은 약화되고 해체되기 시작했다(Piven and Cloward, 1971 : 108).

이와 같이 사회적 위기가 잦아들자 연방정부는 구호프로 그램들을 점차 축소하였다. 처음에는 직접구호의 급여액을 낮추고 수급자격을 까다롭게 하였고, 근로구호의 제공을 통해 노동능력이 있는 빈곤층을 직접구호의 대상에서 제외하였다. 1936년 6월에는 연방정부의 직접구호 프로그램이 모두 종결되고, 실업자와 빈민들에 대한 직접구호는 다시 주정부와 지방정부의 책임으로 돌아갔다. 직접구호 프로그램은 노인, 맹인, 고아 등을 대상으로 주정부가 운영하는 범주적 공공부조의 형태로만 남게 된 것이다(Piven and Cloward, 1971 : 117).

근로구호는 사회를 안정시키고 경제를 활성화하는 데 핵심적인 역할을 하지만, 직접구호에 비해 비용이 많이 드는데다가 기업가의 입장에서는 기업의 임금수준을 낮추기 어렵게 만드는 문제가 있었다(Piven and Cloward, 1971 : 89). 사회가 점차 안정을 되찾아가는 가운데 근로구호에 대한 기업인들의 반대 여론이 높아짐에 따라서 근로구호도 점차 축소되기 시작했다. 근로구호가 최고조에 달했던 1936년 3월에는 약 290만 명이 고용되었지만, 1937년 9월에는 150만 명으로 그 숫자가 줄어든 것이다. 결국, 1942년에 구호근로 프로그램은 모두 종료되었고, 세계대공황에서 시작된 미국의 사회복지정책 확대기도 막을 내리게 되었다(Piven and Cloward, 1971 : 112-3).

뉴딜시대 동안 연방정부는 사상최초로 빈곤층에 대해 구호복지를 제공했고, 직접구호와 근로구호에 막대한 규모의 재정투자를 단행했다. 그리고 연방정부의 대규모 구호복지는 사회질서를 빠르게 회복시키는 데 핵심적인 역할을 수행했다. 이것을 가장 잘 보여주는 것이 1936년의 연방의회선거 결과이다. 이 선거에서 프랭클린 루즈벨트를 수반으로 하는 민주당은 사상 유례가 없는 승리를 거둔 것이다. 정치적 위기로부터 완전히 벗어나자 민주당 연방정부는 연방정부의 직접구호를 중단하고 근로구호프로그램을 도입하였으며, 이마저도 6년 뒤에는 폐지하게 된 것이다(Piven and Cloward, 1971 : 111).

이상에서 보듯이 연방정부는 세계대공황에 의해 촉발된 사회적 무실서와 혼란에 대응하기 위해 대규모의 직접구호 프로그램을 도입하였고, 사회질서의 부분적인 회복과 함께 직접구호 대신에 근로구호를 시행하였으며, 정치적 위기가 해소되자 구호프로그램을 모두 종결하였다. 빈곤층과 실업자는 광범하고 급진적인 사회적 소요를 통해 사회질서 전복의 위협을 가함으로써 연방정부로부터 대규모 구호프로그램을 얻어낼 수 있었지만, 구호프로그램에 대한 참여를 통해 생활이 안정되면서 더 이상 강력한 정치세력이 될 수 없었고, 이에 따라서 빈민들을 대상으로 하는 사회복지정책들은 급속하게 축소된 것이다.[3)]

2) 1960년대 '위대한 사회'

세계대공황 이후의 사회질서 붕괴의 위험과 정치적 위기의 상황에서 급속하게 확대되었던 미국의 사회복지정책은 1930년대 중반 급속하게 쇠퇴한 후 1940년대 이후부터는 정체상태를 보이고 있었다. 미국의 사회복지정책이 또다시 도약의 발판을 마련하게 된 것은 1960년대 중반 린든 존슨 행정부가 '위대한 사회'(Great Society) 정책을 발표하고부터였다. 프란시스 피븐과 리차드 클로워드에 따르면, '위대한 사회' 정책과 그 이후의 빈곤해소 및 도시재생 정책들은 뉴딜정책과 마찬가지로 미국 사회의 심각한 사회분열과 정치적 위기를 배경으로 탄생한 것이었다.

---

3) 뉴딜시대에는 구호복지 이외에도 1935년에 제정된 「사회보장법안」(Social Security Act of 1935)이 제정되어 실업자와 빈민들의 생활에 영향을 주었다. 사회보장법안은 노동자를 대상으로 하는 실업보험, 노인을 대상으로 하는 연금, 주정부가 운영하는 범주적 공공부조프로그램에 대한 연방정부의 지원의 세 가지로 구성되었으며, 프란시스 피븐과 리차드 클로워드는 이 법안이 세계대공황 이후의 격렬했던 사회운동들에 대한 연방정부의 대응으로 간주한다. 사회보장법안은 당시 사회운동들의 급진적인 주장을 매우 순화된 형태로 수용했다는 것이다. 예를 들어서, 당시 노동조합은 노동자가 실업보험료를 분담하는 것에 반대했지만, 사회보장법안은 노동조합과 기업의 입장을 절충하여 근로자와 고용주가 공동으로 재정을 부담하는 형태의 실업보험을 만들었다는 것이다. 또한 F. E. 타운센드를 중심으로 한 노인단체의 연금제정촉구운동은 60세 이상의 모든 노인들에게 연금보험료 납부 없이 월 200달러의 연금을 제공할 것을 요구했지만, 사회보장법안은 근로자와 고용주에게 사회보장세를 분담시키고 소득수준에 따라 차등적으로 지급되는 매우 순화된 형태의 연금제도를 만들었다는 것이다. 프란시스 피븐과 리차드 클로워드에 따르면, 새로 제정된 연금은 노인들을 달래기에는 매우 부족했지만 그들을 지지하는 공중들을 달래기에는 충분했다고 한다(Piven and Cloward, 1971 : 92-94, 100-1).

프란시스 피븐과 리차드 클로워드는 '위대한 사회' 정책의 출발점을 1950년대 남부의 농업근대화에서 찾는다. 남부 지역경제의 주춧돌이었던 대규모 농장들이 생산성 향상을 위해 농업기계화를 급속하게 진행하였고, 이에 따라서 다수의 흑인농민들이 자신들의 일터에서 밀려나서 북부의 대도시지역으로 집단적으로 이주하게 되었다. 이 당시 주정부와 지방정부의 관할이었던 공공부조프로그램은 근로능력이 있는 빈곤층을 배제했을 뿐 아니라 수급자격을 매우 까다롭게 하였기 때문에 실업상태에 있었던 대다수의 흑인이주민들은 공공부조의 혜택을 입을 수 없었다(Piven and Cloward, 1971 : 222).

대도시에 밀집한 흑인빈민들 가운데 일부는 절도, 강도, 약탈과 같은 범죄를 저지르고, 때로는 지역적인 수준에서 집단적 폭동을 일으키기도 하였다. 흑인빈민들은 자신들의 경제적 어려움이 미국사회에 뿌리 깊은 인종차별과 자신들에게 적대적인 정부의 정책 때문이라고 생각했고, 이러한 흑인빈곤층의 사회적 불만을 배경으로 하여 민권운동(civil right movement)이 1950년대 중후반부터 활성화되었다. 다수의 흑인실업자들은 민권운동에 참여하여 정치세력화 하였고, 대규모의 항의집회와 거리행진을 통해 사회불안을 야기했으며, 일부 참가자들은 흑인을 차별하고 억압하는 백인체제를 전복시키기 위한 무력투쟁의 필요성을 주장하기도 했다. 1960년대 들어서 민권운동은 전국적으로 더욱 광범해지고 급진화했으며, 대도시를 중심으로 다양한 형태의 폭동사태를 촉발하였다(Piven and Cloward, 1971 : 234-5).

이와 같은 사회질서의 전복 위기에 직면하여 정치엘리트들은 흑인빈곤층의 생활 향상을 위해 일정 정도의 정치적 양보를 제공할 준비를 하였다. 이미 1960년대 들어 민주당 연방정부는 흑인민권운동의 급진성을 누그러뜨리기 위해서 흑인들에 대한 지방정부의 지원을 늘리기 위해 노력했다. 나아가서, 흑인민권운동이 광역화하고 급진화함에 따라서 정치엘리트들은 연방정부 차원의 공공복지확대를 추진하였다. 이들은 이념적으로는 공공구호에 대해 반내하는 입장이있지만, 심각한 정치적 위기의 상황에서 흑인실입자들을 달래어 사회질서에 재통합시키기 위해 구호복지의 제공이라는 비장의 카드를 꺼내든 것이다(Piven and Cloward, 1971 : 280-1). 이러한 구호복지의 제공에 대해 경제엘리트들은 반대했지만, 그들로서도 사회질서와 시장경제를 혼란에 빠뜨리는 흑인민권운동에 대해 완전히 무관심할 수는 없었다(Piven and Cloward, 1971 : 232-3).

결국, 린든 존슨 행정부는 1964년에 빈곤타파를 목적으로 하는 '위대한 사회' 정책을 발표하였다. 교육, 의료, 사회보장 등 다양한 내용들을 포함하고 있는 '위대한 사회' 정책들 가운데 핵심적인 것은 '빈곤과의 전쟁'(War on Poverty) 정책이었다. 이에 따라서 빈민지역에 대한 특별 교육프로그램과 빈민지역정비, 도시재생사업 등이 추진되었고, 지역사회를 기반으로 한 다양한 형태의 빈곤반대프로그램들이 도입되었다. 구호프로그램으로는 연방 차원의 푸드스탬프 프로그램이 도입되고, 빈곤층 여성 한부모가정을 대상으로 하는 AFDC(Aid to Families with Dependent Children)가 확대되었다.[4)]

AFDC의 확대가 연방정부의 핵심전략이 된 것은 복지권 확대가 흑인민권운동의 가장 중요한 요구사항이었기 때문이다. 인종차별에 대한 반대에서 출발한 민권운동은 1960년대 들어 경제문제에 관심을 갖고 빈민들의 복지권 확대를 요구하기 시작하였다. 1967년 2월에 다양한 빈곤반대 단체들이 결성한 「전미복지권연합」(National Welfare Rights Organization)은 약 10만 명에 달하는 회원들을 바탕으로 하여 빈민들의 복지의식을 높이고 정치권에게 강력한 압력을 가하였다. 이러한 복지확대운동의 결과, 대도시를 중심으로 구호프로그램이 급속하게 확대되었다(Piven and Cloward, 1977 : 265-7, 322).

이 시기 AFDC를 수급하는 가정은 1960년의 75만 가구에서 1968년에는 150만 가구로 두 배 이상 늘어났고, 1972년에는 300만 가구로 다시 두 배 증가했다. 가구당 급여액도 지속적으로 증가하였고, AFDC에 대한 정부예산은 1960년의 10억 달러에서 1972년에는 60억 달러로 여섯 배나 늘어났다(Piven

4) 이와 같은 복지제도의 확대에 대해 경제계는 부분적으로 동의했으며, 이것을 두고 자본과 노동 간의 새로운 협약의 등장이라는 평가가 있다고 한다(Piven and Cloward, 1987 : 10).

and Cloward, 1977 : 264, 275). AFDC를 수급하는 가정이 증가한 것은 AFDC 신청 가구가 늘어나고, AFDC의 수급자격이 완화되었기 때문이다. AFDC 신청자는 1960년의 59만 명에서 1968년에는 109만 명으로 두 배 늘어났고, 신청자 가운데 수급자로 인정된 비율은 1960년의 55%에서 1968년에는 70%로 크게 높아졌던 것이다(Piven and Cloward, 1971 : 333-5).

'빈곤과의 전쟁' 정책이 추진되었음에도 불구하고 흑인빈민들의 폭동 사태는 여전히 지속되었다. 1966년에도 21개의 대규모 폭동이 발생했고, 1967년에는 83개의 대규모 폭동이 발생했으며, 1968년에는 그 숫자가 더 늘어났던 것이다. 결국, 린든 존슨 대통령은 폭동대책위원회(Riot Commission)를 구성하였고, 이 위원회는 1968년 2월에 빈곤과 인종차별을 종식시킬 정책프로그램들을 제시하였다. 이에 따라서 장기실업자들에 대한 직업훈련과 취업, 도시재생 등을 주요 내용으로 하는 법안이 발표되었다(Piven and Cloward, 1977 : 272-3).

AFDC를 비롯한 구호프로그램들의 급속한 확대는 농업근대화, 대규모 이주, 도시실업 및 빈곤 급증 등의 다양한 요인들에 의해 촉발되었지만, 그 핵심은 흑인빈민들의 사회적 소요와 정치세력화, 그리고 그에 대응한 연방정부의 양보조치였다(Piven and Cloward, 1971 : 338). 이것은 AFDC의 수급자가 급증하고 인정률이 높아진 것이 흑인민권운동이 본격화하고 대규모 폭동이 빈발했던 1965년부터 1960대 말 사이의 기간이었다는 것을 보면 잘 알 수 있다. 예를 들어서, AFDC 신청자 가운데서 수급자로 인정된 비율은 1960년의 55%에서 1963년 57%로 점증하다가 1966년에는 64%로 크게 높아지고, 1968년에는 79%로 급증했던 것이다(Piven and Cloward, 1977 : 274).

1960년대는 사회질서가 심각하게 위협받던 시대였으며, 연방정부는 빈민들의 불만을 누그러뜨리고 사회무질서를 완화시키기 위해 AFDC를 포함한 다양한 형태의 빈곤반대정책들을 도입하고 확대하였다. 이러한 정치적인 양보는 연방정부의 재정 부담을 크게 높이지는 않는다는 점에서 실제로는 매우 온건한 것이었지만, 흑인빈민들을 달래고 사회질서를 회복시키기에는 충분한 것이었다. 이와 같이 1960년대 말 이래로 흑인빈민들의 항의운동이 잦아들고 민권운동이 약화되자 연방정부는 구호프로그램을 축소하기 시작했다(Piven and Cloward, 1971 : 338).

1969년 8월에 리처드 닉슨 행정부는 비록 현실화되지는 않았지만 AFDC의 폐지를 포함한 일련의 복지개혁안을 발표하였고, 1970년대에 들어서는 AFDC의 수급자격을 강화하고 급여액을 통제하였다. 그 결과, 1970년대 중반까지 공공부조 수급자의 실질소득은 경우에 따라 반 정도로 축소되기도 했다(Piven and Cloward, 1977 : 354). 사회질서가 회복되자 정치엘리트들이 더 이상 정치적 양보를 유지할 필요가 없어지게 된 것이다(Piven and Cloward, 1971 : 348).

4. 평 가

1) 요약과 정리

사회복지정책의 발달에 대한 프란시스 피븐과 리차드 클로워드의 이론적 견해를 요약하면 다음과 같다. 일상적으로는 시장의 규제를 통해 사회질서가 유지되고, 범죄와 사회적 소요는 정부가 행사하는 물리력에 의해 통제된다. 그렇지만, 경제파탄과 같은 극단적인 상황에서는 사회적 소요가 대규모화하고 급진화하면서 사회질서와 시장이 전복될 위험에 처하게 되고, 이러한 정치적 위기에 대해 지배엘리트는 저항집단들의 불만을 누그러뜨리기 위해 복지확대정책을 추진한다. 이런 점에서 복지확대는 '밑으로부터의 압력'에 대한 지배집단의 양보의 결과인 것이다.

새로 도입되거나 확대된 사회복지정책은 빈곤층의 생활을 크게 향상시키지는 않는다는 점에서 그다지 혁신적인 것은 아니며, 정부에 대해 커다란 재정적 부담을 지우지 않는다는 점에서 지배집단에게 커다란 희생을 요구하는 것도 아니다. 그렇지만, 지배집단의 약간의 양보에 불과한 사회복지정책은 사회적 소요를 가라앉히는 효과를 지닌다. 빈곤층 가운데 일부가 복지정책의 실질적인 혜택을 입음으로써 저항운동에서 이탈하고, 사회운동조직이 통상화과정을 거쳐 점차 일반적인 사회조직으로 제도화되기 때문이다. 이와 같이 사회복지정책은 저항운동을 달래고 가라앉혀 사회질서를 회복시키며, 시장의 규제가 느슨해지고 정부의 물리적 통제가 불가능한 상황에서 사회통제의 기능을 대신하고 있는 것이다.

이러한 과정을 거쳐 사회질서가 회복되면 지배집단에게 있어서 사회복지정책은 더 이상 필요 없게 되며, 용도를 잃은 사회복지정책은 급속하게 위축되고 때로는 완전히 폐지된다. '밑으로의 압력'이 없는 곳에서 사회복지정책은 지배집단에 의해 회수되며, 사회질서는 다시 시장의 규제와 정부의 물리적 통제에 맡겨지는 것이다. 이와 같이 사회복지정책은 정치적 위기가 높아지고 낮아짐에 따라서 도입(확대)과 폐지(축소)를 반복하며, 이런 점에서 사회복지정책은 누적적으로 발전하는 것이 아니라 순환되는 경향을 보이고 있다.

동일한 지배집단에 속한다고 하더라도 정치엘리트와 경제엘리트는 복지확대에 대한 견해가 다르다. 두 집단 모두 기본적으로는 사회복지정책에 대해 반대하지만, 정치엘리트는 사회무질서와 그에 따른 정치적 위기의 해결책을 마련하는 일에 훨씬 적극적이다. 정치엘리트는 국가운영에 책임을 지고 있을 뿐 아니라 선거를 통해서 정치권력을 얻을 수 있기 때문이다. 정치엘리트는 경제엘리트와 함께 지배집단을 구성하고 있기는 하지만, 비상상황에서는 경제엘리트의 반대에도 무릅쓰고 복지확대정책을 시행한다. 이것은 정치엘리트가 정치권력의 측면에서 경제엘리트보다 더 우월하기 때문에 가능하다. 다만, 사회질서 전복의 위기가 가라앉기 시작하면 정치엘리트들은 경제엘리트의 요구를 받아들여 복지축소정책을 시행하게 된다.

이상과 같은 자신들의 이론적 견해를 설명하기 위해서 프란시스 피븐과 리차드 클로워드는 미국 사례 두 가지를 거론한다. 첫째는 세계대공황 이후 급속하게 확산된 연방정부의 구호프로그램이다. 실업이 급증하고 대중들이 경제적으로 도탄에 빠진 1930년대 초반까지 연방정부는 특별한 빈곤구제프로그램을 제공하지 않았다. 그렇지만, 급진정당과 사회단체들이 전국 차원에서 대규모 저항운동을 전개하면서 사회무질서가 극에 달하게 되자 연방정부는 경제엘리트들의 부분적인 반대에도 불구하고 1933년에 「연방비상구호법안」을 인준하여 사상 처음으로 구호프로그램에 개입하게 되었고, 뉴딜정책에 의해 창출된 다양한 형태의 공공일자리를 통해 근로복지를 제공하였다. 이런 대규모 구호사업의 결과 사회질서는 빠른 속도로 회복되었고, 효용성이 줄어든 구호프로그램들은 급진적으로 축소되었다. 결국, 1936년 6월에 연방정부의 직접구호프로그램이 모두 종결되고, 1942년에는 근로구호프로그램도 종결되었다.

둘째는 1960년대 시행된 '위대한 사회' 정책이다. 1950년대 남부지역의 농업근대화에 의해 대도시로 이주한 다수의 흑인빈민들이 실업으로 인해 경제적 곤궁을 겪는 가운데 공공부조의 혜택을 받지 못하는 상황이 지속되었다. 이와 함께, 1950년대 중반부터 인종차별에 반대하는 흑인민권운동이 활발하게 전개되었다. 1960년대에는 흑인빈민들이 사회적 소요와 대규모 폭동을 야기했고 흑인민권운동을 통해 조직화되면서 거대한 정치세력으로 변신했다. 이러한 극심한 사회적 불안에 직면하여 정치엘리트들은 '빈곤과의 전쟁' 정책을 제시하게 되었고, 이를 통해서 빈민지역에 대한 교육과 일자리 창출 정책을 지원하고 AFDC의 수급조건을 완화했다. 1960년대 동안 AFDC의 신청자가 늘어날 뿐 아니라 신청자 가운데 수급자로 선정된 사람들이 비율이 높아지면서 AFDC의 수급자들이 급속히 증가하였다. 그 결과, 흑인민권운동의 참여자들 가운데 이탈자들이 늘어나게 되고, 저항운동조직은 점차 힘을 잃게 되었다. 1960년대 말을 기점으로 사회적 평화가 찾아들자 AFDC는 수급조건이 까다로워지고 급여액이 줄어들면서 점차 축소되는 과정을 밟게 되었다.

2) 평 가

프란시스 피븐과 리차드 클로워드는 사회복지정책의 발달을 설명하는 데 있어서 빈민과 실업자의 극심한 사회적 소요와 그에 따른 정치권의 양보를 강조한다. 그들에 따르면, 사회복지정책은 사회적 혼란기에 저항집단들을 달램으로써 사회질서를 회복시키는 사회적 통제의 기능을 수행한다는 것이다. 이런 점에서, 프란시스 피븐과 리차드 클로워드는 사회정책분야에서 사회통제론을 대표한다고 할 수 있다. 또한, 사회복지정책을 지배체제를 유지하기 위한 지배엘리트의 전략으로 간주한다는 점에서 그들의 견해는 엘리트론이며, 사회복지정책을 저항하는 대중들을 사회체제에 다시 통합시키기 위한 지배엘리트의 음모로 간주한다는 점에서 그들의 견해는 음모론이다.

역사적으로 볼 때 사회복지정책의 도입과 확대가 대중들의 '밑으로부터의 압력'에 대한 지배집단의 '위로부터의 양보'의 형태로 진행된 사례는 적지 않다. 프란시스 피븐과 리차드 클로워드가 지적한 대로, 영국의 빈민법은 엔클로저 운동 확산의 결과 농토에서 쫓겨난 농노들이 대도시에 밀집하면서 야기된 사회적 혼란에 대한 지배집단의 대응책이었다. 이런 점에서 사회복지정책을 빈민들의 사회통제를 위한 지배엘리트의 대책 혹은 음모로 간주하는 견해는 설득력이 있다. 실제로, 몇몇 경험적 연구들에 따르면, 사회적 불안정과 구호프로그램의 확대 사이에 일정한 관계가 있다는 것이 입증되었다고 한다 (Isaac and Kelly, 1981; Jennings, 1979; Schram and Turbett, 1983a).

프란시스 피븐과 리차드 클로워드의 사회통제론은 사회복지정책의 발달을 빈민과 실업자 등의 하층 사회집단의 압력의 관점에서 설명한다는 점에서 매우 특이하다. 노동계급을 제외한 하층 사회집단의 압력이라는 요소는 대부분의 복지국가이론들에서 그다지 중요한 것으로 간주되지 않기 때문이다. 권력자원이론이 사회복지정책을 사회집단들 간의 갈등과 타협의 관점에서 설명하고 있기는 하다. 그렇지만, 그 이론에서는 밑으로부터의 압력이 빈민이나 실업자와 같은 하층 사회집단이 아니라 조직화된 노동계급에 의해 가해지며, 사회복지정책은 노동계급을 대변하는 좌파정당의 집권, 혹은 노동계급과 자본계급과의 타협(사회적조합주의)을 통해 도입되거나 확대되는 것으로 간주된다.

사회통제론은 몇 가지 문제점을 지니고 있다. 우선, 사회통제론은 사회복지정책의 발달을 매우 제한적으로만 설명할 수 있다. 사회통제론의 관점에서 볼 때 사회복지정책의 도입과 확산을 초래하는 가장 중요한 요인은 빈민과 실업자들의 사회적 소요이며, 이에 대한 지배집단의 대응책은 구호프로그램과 같은 공공부조정책이다.[5] 그렇지만, 전체 사회보장프로그램 가운데서 공공부조가 차지하는 비중은 매우 낮다. 공공부조, 특히 구호적 성격의 공공부조는 프란시스 피븐과 리차드 클로워드가 지적하고 있듯이 지배집단과 시장에 대해 커다란 부담을 주지 않을 정도로만 제공되고 있는 것이다.[6] 사회복지정책이 빈민들에 의한 밑으로부터의 압력의 결과라는 이들의 주장을 액면 그대로 받아들이더라도 사회통제론이 사회복지정책의 발달에 대해 설명할 수 있는 부분은 매우 작다고 할 수 있다.

다음에, 사회통제론에 따르면, 사회복지정책은 누적적으로 발달하는 것이 아니라 확대와 축소를 반복한다는 점에서 순환적이라고 한다. 그렇지만, 역사적으로 볼 때 복지국가는 누적적으로 발전해 왔다. 독일에서 사회보험이 도입된 이래로 서유럽을 비롯한 거의 모든 나라들에서 사회보장제도들은 지속적으로 확대되었으며, 보편성, 포괄성, 적절성의 측면에서 비약적으로 발전해 왔다. 사회보장제도들은 보다 많은 시민들에게 보다 다양한 형태로 보다 많은 급여를 제공하게 된 것이다. 공공부조프로그램만 하더라도 미국뿐 아니라 모든 선진산업국가들에서 빈민법시대나 20세기 초반에 비해 비교할 수 없을 정도로 관대해졌다. 사회적 위기의 심화와 약화에 따라 사회복지정책이 확대와 축소를 반복한다는 사회통제론의 주장은 미국의 공공부조를 설명하는 데는 일정 정도 적용될 수 있겠지만 19세기 말 이래 지속적으로 확대해온 복지국가의 현실에는 들어맞지 않는다.

---

5) 프란시스 피븐과 리차드 클로워드는 연금이나 실업보험 등의 사회보험도 하층 사회집단의 사회적 압력의 결과로 간주하기는 한다. 그렇지만, 그들은 실업자와 노인의 사회운동이나 사회적 압력이 미국에서의 연금과 실업보험의 창설에 어떻게 연관되는지를 밝히지 않고 있다. 또한, 구호프로그램은 사회적 위기가 높아지고 낮아짐에 따라 확대와 축소를 반복했던 반면에, 사회보험들은 사회적 위기의 부침과는 관계없이 지속적으로 확대되었다는 점에서 그들의 이론틀에 들어맞지 않는다.

6) 1993년 미국의 전체 사회보장지출에서 차지하는 공공부조의 비율은 26.8%였지만, 이 가운데 반 정도는 메디케이드였고, 프란시스 피븐과 리차드 클로워드가 중시했던 AFDC는 3%만을 차지했다. 이 외에, SSI(공공부조연금)와 푸드스탬프에 대한 지출이 5%를 약간 넘었다(SSA, 1997 : 110-1). 영국을 제외한 대부분의 서구 국가들에서 공공부조가 사회보장지출에서 차지하는 비율은 10% 미만이다.

셋째로, 프란시스 피븐과 리차드 클로워드는 구호프로그램의 도입과 확대를 설명하는 데 있어서 빈곤층의 사회적 소요라는 요인을 지나치게 강조한다. 그렇지만, 빈민과 실업자의 사회적 소요가 없이 심각한 경제위기나 빈곤층의 급증만으로도 공공부조는 확대될 수 있다. 경제위기나 빈곤층의 급증 자체가 체제 위기의 신호이고, 국가관료나 정치인들은 원활한 국정운영의 관점에서 유효수요의 확대라든가 빈민들의 기본생활 보장을 위해 공공부조프로그램을 확대하기도 하는 것이다. 예를 들어서, 1990년대 말 IMF 구제금융하에 있던 한국에서 국민기초생활보장제도가 도입되었지만, 그 당시 사회질서를 위협할 정도의 심각한 사회적 소요는 없었다. 또한, 몇몇 학자들이 지적하듯이, 미국에서 AFDC를 비롯한 구호프로그램이 도입되고 확대된 배경에는 실업률의 급증이나 여성가장가구의 증가, 빈곤층 이외의 다양한 사회집단들(관료, 시민운동단체, 사회복지사 등)의 개입, 정책결정자들의 인도주의 등 다양한 요인들이 있었다(Derman, 1973; Hicks and Swank, 1983; Higgins, 1978). 구호프로그램의 도입과 확대를 설명하는 데 있어서 빈곤층의 사회적 소요가 하나의 요인이 될 수는 있지만, 유일하거나 가장 중요한 요인일 수는 없다.

마지막으로, 프란시스 피븐과 리차드 클로워드는 공공부조프로그램의 성격에 대해 모호한 태도를 취하고 있다. 그들의 주장을 논리적으로 확대하면, 공공부조는 빈민들의 사회통제를 목적으로 하는 것이기 때문에 빈민들에게는 불리하고 지배집단에게는 유리하며, 인도주의와 같은 사회적 선의와 전혀 관계가 없는 것이 된다. 실제로, 그들은 자신들의 주장이 "구호정책을 포함한 정부의 사회정책들이 더욱 책임적이고, 인간적이며, 관대해 갈 것이라는 일반적인 생각과 반대"되고(Piven and Cloward, 1974 : 147), 지배엘리트들이 구호를 제공하는 것은 "빈민들의 곤경에 대한 관심 때문이 아니라 사회질서의 유지와 자신들의 권력의 유지에 대한 관심 때문"이라고 서술한 바 있다(Piven and Cloward, 1974 : 149).

이와 같이 공공부조를 부정적인 것으로 평가했다는 점에서 프란시스 피븐과 리차드 클로워드는 빈민들이 자신들의 진정한 권리를 지키기 위해서는 공공부조를 거부해야 한다고 주장했어야만 한다. 그렇지만, 그들은 그렇게 하지 않았다. 오히려, 그들은 공공부조에 대해 매우 긍정적으로 평가한다. 그들에 따르면, 자본주의 경제질서가 지속되는 한 빈민층의 생활은 곤궁할 수밖에 없기 때문에, 공공부조 수급자를 확대하는 것이 진정한 사회개혁이라고 한다(Piven and Cloward, 1971 : 348). 공공부조의 확대를 통해 빈민들의 생활을 지지해야 한다는 것이다. 이러한 주장을 하는 이유는 공공부조가 빈곤과 소득불평등을 줄이는 데 기여하기 때문이다(Piven and Cloward, 1987 : 5-6). 이와 같이 공공부조를 긍정적으로 평가했다는 점에서 프란시스 피븐과 리차드 클로워드는 빈민들이 공공부조의 확대를 환영해야 한다고 시사하고 있다.

이와 같이 프란시스 피븐과 리차드 클로워드는 공공부조에 대해 비판적이면서 동시에 우호적이다. 그들은 공공부조의 사회통제 기능을 비판함과 동시에 빈민들을 위한 공공부조의 생활보장 기능을 칭송하고 있는 것이다. 현실적으로 공공부조가 부정적인 측면과 긍정적인 측면을 모두 지니고 있다는 점을 감안할 때 공공부조에 대한 그들의 모호한 태도는 어느 정도 이해될 수도 있다. 어쩌면 사회정책학자로서의 그들은 공공부조의 부정적 측면을 강조한 반면에 사회운동가로서의 그들은 긍정적 측면을 강조하려고 했을 수도 있다. 어찌되었든, 중요한 것은 그들이 사회통제론의 이론 틀 속에 공공부조의 부정적 기능과 긍정적 기능을 모두 포괄할 수 있는 방법을 찾아야 한다는 것이다. 이러한 방법이 구체적으로 제시되지 않는다면 그들은 공공부조가 빈민들에게 불리한 것이면서 동시에 유리한 것이라는 모순적인 주장을 되풀이하는 것으로 보이게 될 것이다.

3) 막스 베버와의 관련성

사회복지정책을 전투적이고 급진화된 빈민들을 통제하여 사회질서를 유지하려는 지배엘리트의 음모로 간주하는 사회통제론의 견해는 고전사회학자들 가운데서 막스 베버의 것과 유사하다. 막스 베버는 사회통제론과는 달리 빈민들의 사회적 소요에 관심을 두지는 않았지만, 근대사회의 복지정책이 소수의 지배엘리트가 다수의 대중을 통치하기 위한 수단이라는 점을 강조하였다. 그에 따르면, 물질적 복지의 향상이 지배계급에 대한 대중의 충성심을 이끌어내기에 가장 좋은 방법이며, 이를 통해서 지배질서는 안정되고 강화된다고 한다. 여기에서 보듯이, 사회통제론은 막스 베버의 엘리트론과 거의 동일한 주장을 하고 있는 것이다.

프란시스 피븐과 리차드 클로워드는 자신들의 저작들에서 막스 베버를 그다지 많이 인용하지는 않는다. 그렇지만, 위에 서술한 대로 그들은 사회복지정책의 기능 및 지배엘리트와의 관련성에 대한 막스 베버의 견해를 거의 그대로 수용하고 있다. 이와 함께, 그들은 자신들의 이론틀을 구성하는 핵심적인 개념들을 막스 베버로부터 빌려왔다. 예를 들어서, 그들은 하층 사회집단에 의한 저항운동의 발발과 소멸을 주로 막스 베버의 정당성 개념과 사회운동의 통상화 개념에 기초하여 설명하고 있다.

사회복지정책이 사회질서를 유지하기 위해 지배집단에 의해 제공된다는 사회통제론의 주장은 맑스주의의 것과 유사해 보일 수도 있다. 맑스주의는 사회복지정책을 노동자와 빈민들의 생활을 일정 수준으로 보장함으로써 계급갈등을 완화시키고, 노동계급을 체제내화하며, 이를 통해서 자본주의체제를 안정시키는 기능을 수행하는 것으로 간주한다. 사회통제론과 맑스주의는 모두 사회복지정책이 대중들의 생활상의 불만을 가라앉힘으로써 지배질서를 유지하도록 만드는 기능을 수행한다고 주장하고 있는 것이다. 이런 점 때문에, 일부 학자들은 프란시스 피븐과 리차드 클로워드의 사회통제론을 맑스주의에 속하는 것으로 분류하기도 한다(Schram and Turbett, 1983b : 614).

그렇지만, 막스 베버를 따르는 사회통제론이 칼 맑스를 따르는 맑스주의와 동일시될 수는 없다. 이들은 서로 다른 이론적 기반에 서있으며, 복지국가와 사회복지정책에 대해 서로 다른 해석을 내놓고 있기 때문이다. 우선, 맑스주의는 사회보험과 공공부조 등 모든 사회프로그램들을 포함한 복지국가의 기능을 강조하는 반면에, 사회통제론은 공공부조에만 관심을 둔다. 또한, 맑스주의에 있어서 복지국가는 자본주의의 유지에 필수적인 자본주의체제의 일부로 간주되는 반면에, 사회통제론에 있어서 사회복지정책은 지배엘리트의 의지에 따라 확대되고 축소될 수 있는 일시적인 조치에 불과하다.

다음에, 맑스주의에 있어서는 복지국가의 확대와 관련해서 (독점)자본계급과 노동계급 간의 대립과 갈등이 핵심 사안인 데 반해서, 사회통제론에서는 지배엘리트와 빈곤층 간의 갈등이 핵심이다. 사회통제론이 저항운동의 핵심세력으로 생각하는 빈민층과 실업자는 맑스주의에 있어서는 사회운동에서 주변적인 역할을 하는 룸펜 프롤레타리아로 간주된다. 맑스주의에 있어서 룸펜 프롤레타리아는 사회적으로 별다른 영향력을 행사할 수 없는 존재인 것이다.

셋째로, 맑스주의에서는 국가가 자본계급의 지배를 위한 도구이거나 자본계급의 이익에 봉사하는 존재로 간주된다. 국가는 복지정책과 같이 자본계급이 반대하는 정책을 시행할 수 있을 정도의 자율성을 지니기는 하지만 자본주의체제를 유지시키는 기능을 한다는 점에서 자본계급의 이익을 가장 중시하는 것이다. 이에 반해서, 사회통제론에서는 정치엘리트가 경제엘리트에 비해 보다 많은 권력을 지닐 뿐 아니라 때로는 기업가의 것과는 다른 자신만의 독자적인 이해관계를 추구하는 존재로 묘사된다. 정치엘리트는 경제엘리트의 이해관계를 중시하기는 하지만, 그렇다고 해서 언제나 경제엘리트의 이해관계만을 지키려고 한다거나 자신들을 경제엘리트에 종속시키지는 않는다는 것이다.

마지막으로, 맑스주의에 있어서 복지국가가 수호하려고 하는 것은 자본주의의 착취관계와 독점자본의 이익인 데 반해서, 사회통제론에서 공공부조정책이 수호하려는 것은 정치엘리트를 포함한 지배집단의 통치권과 지배력이다. 맑스주의는 자본주의체제를 문제로 삼으며, 노동계급이 복지국가의 환상에서 벗어나 자본주의체제의 폐지에 나설 것을 주장한다. 이에 반해서, 사회통제론은 엘리트의 지배질서를 문제로 삼지만, 빈민들이 지배질서에 대해 어떤 태도를 취해야 하는지에 대해서는 분명하게 밝히지 않는다. 공공부조가 지배질서를 유지시키는 기능을 하는 것이 문제라면 빈민이 공공부조를 거부하고 기존의 지배질서를 변혁해야 한다고 주장해야 하지만, 사회통제론에는 그러한 주장이 발견되지 않는다. 무엇보다도, 사회통제론은 맑스주의와는 달리 자본주의체제의 변혁에는 관심이 전혀 없다.

Chapter 10
국가중심이론

1. 머리말

국가중심이론(state-centered approach)은 복지국가의 발달을 설명하는 데 있어서 국가 혹은 정부의 주도성을 가장 중시하는 견해이다. 이 이론에 따르면, 특정 사회복지정책이 만들어지거나 확대되는 데 있어서 사회계급이나 이익집단 등 사회세력들의 이해관계를 비롯한 다양한 요인들이 영향을 미치기는 하지만, 정부가 사회복지정책을 결정하고 실행한다는 점에서 복지국가의 발달은 국가의 주도성을 중심으로 설명되어야 한다는 것이다.

전통적으로 정치학에서는 국가와 정부를 중심으로 정치생활을 설명해 왔다는 점에서 국가중심이론은 새로운 견해가 아니다. 그렇지만, 국가와 정부의 주도성을 강조하는 국가중심이론은 복지국가이론에서 매우 중요한 위치를 차지한다. 대부분의 복지국가이론들이 복지국가의 발전을 설명하는 데 있어서 경제성장에 따른 시민들의 복지욕구의 증대(산업화론)라든가 노동계급의 정치적 승리(권력자원이론)라는 점을 강조하면서 국가를 사회적인 복지확대 요구에 대해 수동적으로 순응하는 존재로 간주하기 때문이다.

국가중심이론은 크게 세 가지 측면에서 국가의 역할을 강조한다. 첫째는 국가 자율성이다. 국가는 사회집단이나 사회계급과는 다른 자신만의 독자적인 목적과 이해관계가 있고 그것들을 실현하기 위해 필요한 정책을 채택하고 시행한다. 둘째는 국가의 능력이다. 국가는 특정 사회계급의 이익에 봉사할 때도 있지만 권력관계에 있어서 국가 내의 모든 정치행위자들보다 더 우월하다. 셋째는 사회세력들에 대한 국가의 구속력이다. 국가의 각종 제도와 조직상의 특징들은 모든 사회세력들의 정치활동의 목표와 방법에 깊은 영향을 미친다.

국가중심이론을 현대 사회과학에 부활시킨 대표적인 학자는 미국의 사회학자 테다 스카치폴(Theda Skocpol)이다. 그녀는 1979년에 간행된『국가와 사회혁명』에서 사회혁명의 발발과 진행과정에서 사회계급이 아니라 국가의 역할이 가장 중요하다고 주장하고, 1980년대 초반에서 중후반에 걸쳐 주로 뉴딜시대의 미국사회를 대상으로 국가의 주도성에 초점을 두고 사회정책의 발달을 설명하는 다수의 논문들을 발표하였다. 이러한 학문적 작업을 통해 그녀는 국가와 사회계급의 관계에 대한 맑스주의의 견해를 비판하는 한편, 다수의 학문적 동반자들과의 협업을 통해 사회정책분야에서 국가중심이론을 확립하였다.

테다 스카치폴은 시카고대학과 하버드대학 등에서 사회학과 정치학을 가르쳤다. 그녀가 주장하는 국가중심이론은『국가를 다시 부각시킴』(Bringing the State Back In, 1985년)이라는 편집서에 잘 나타나 있다. 사회정책분야에서 그녀의 대표적인 저작으로는『군인과 어머니를 보호함 : 미국 사회정책의 정치적 기원』(Protecting Soldiers and Mothers : The Political Origins of Social Policy in the United States, 1992년),『미국의 사회정책 : 역사적 관점에서 본 미래의 가능성들』(Social Policy in the United States : Future Possibilities in Historical Perspective, 1995년),『부메랑 : 의료개혁과 정부에 대한 저항』(Boomerang : Health Reform and the Turn Against Government, 1997)을 들 수 있다.

이하에서는 우선 국가주도성에 대한 테다 스카치폴의 이론적 주장들을 소개한다. 여기서는 국가 자율성과 국가의 능력 및 국가의 구속성에 대한 이론적 근거가 제시된다. 이어서, 국가중심이론 관점에서의 경험적 연구가 소개된다. 여기서는 세계대공황 직후 영국, 스웨덴, 미국에서 서로 다른 사회정책이 채택된 이유와 뉴딜 시대의 미국에서 대규모의 사회지출을 필요로 하는 사회복지 확대정책이 채택되지 않은 이유가 국가의 제도적 전통과 조직상의 특징을 중심으로 제시된다. 마지막으로, 국가중심이론의 장단점에 대해 평가하고 국가중심이론과 막스 베버의 견해를 비교한다.

2. 이론적 주장

국가중심이론은 이론적으로 매우 밀접한 관련이 있는 세 가지의 명제들로 구성된다. 첫째는 국가가 사회계급의 요구로는 환원될 수 없는 독자적인 영역을 지닌다는 의미의 국가 자율성(state autonomy)이고, 둘째는 국가가 자신의 독자적인 목적을 성취할 수 있다는 국가의 능력(state capacity)이며, 셋째는 국가가 사회세력들의 목적과 활동을 제약한다는 국가의 구속성(effects of the state)이다. 이하에서는 이 세 개념에 대해 서술하겠다.

1) 국가 자율성

테다 스카치폴은 크게 두 가지의 이론적 관점에 대해 반대한다. 첫째는 다원주의 혹은 이익집단이론이다. 이 이론적 관점에 따르면, 정부의 특정 정책은 서로 경쟁하는 이익집단들 가운데서 가장 강력한 이익집단의 요구를 반영하는 것이며, 정책의 형성과 결정에 있어서 정부와 국가는 수동적으로 반응할 뿐 주도성이나 자율성을 지니지 않는다. 이에 대해서, 테다 스카치폴은 정부는 이익집단의 하수인이 아니라 독자적인 이해관계를 지니는 자율적인 존재라고 주장한다.

둘째는 맑스주의이다. 맑스주의는 국가가 자본계급의 통치를 위한 도구에 불과하거나 설사 어느 정도 자율적이라고 하더라도 결국에는 자본주의체제의 유지라는 궁극적인 목적에 봉사하는 존재로 간주한다. 이에 대해서, 테다 스카치폴은 국가는 자본계급이나 노동계급 등 어떤 특정 사회계급에 의해 조종되는 존재가 아니고 자본주의체제의 유지라는 궁극적인 목적을 지니지도 않는다고 주장한다. 국가는 상황에 따라 다르기는 하지만 본질적으로는 지배계급을 비롯한 사회계급들과는 관계없는 자신만의 독자적인 목적을 지닌다고 한다.[1] 국가는 사회의 지배계급의 이해와 반드시 일치하지 않는 자신의 독자적인 이해와 논리를 가진 자율적인 구조인 것이다(Skocpol, 1979 : 27; Skocpol, 2008 : 110).

테다 스카치폴이 말하는 국가 자율성이란 국가가 자신의 독자적인 목적을 설정하고 그것을 추구할 수 있다는 것을 의미한다. 국가가 모든 사회관계나 사회적 요구로부터 완전히 자유로울 수는 없지만, 그렇다고 해서 특정 사회계급의 요구대로 움직이거나 자본주의체제의 유지와 같은 궁극적인 목적을 위해 봉사하도록 종속되어 있지도 않다는 것이다. 설사 국가가 특정 사회세력의 요구를 수용할 때가 있더라도 그것은 그렇게 하는 것이 국가의 독자적인 목적에 부합하거나 국가가 수용할 여지가 있기 때문이지 국가가 특정 사회세력의 요구에 의해 움직이는 타율적인 존재이기 때문은 아닌 것이다.

그렇다면, 국가가 사회계급이나 집단으로부터 매우 자율적일 수 있는 근거는 무엇인가? 이에 대해서 테다 스카치폴은 두 가지의 근거를 제시한다. 첫째는 국가가 국경을 통제하는 조직으로서 다른 국가들과 경쟁 상태에 있다는 것이다. 이러한 경쟁 관계에 적절하게 대처하기 위해서 국가는 자신의 영토를 통치하고 통제와 질서를 유지해야 할 필요성을 지니며, 이러한 필요성은 어떤 특정 사회세력의 이해관계와는 관련이 없는 것이다. 그녀에 따르면, 국가가 지닌 그러한 기본적인 필요성으로 인해서 국가의 독자적인 목적이 발생하며, 국가주도적인 정책들이 제시될 수 있다고 한다(Skocpol, 1985 : 7-8).

---

1) 테다 스카치폴은 특히 프랑스의 정치사회학자 니코스 풀란차스(Nicos Poulantzas)의 국가의 상대적 자율성 개념을 집중적으로 비판한다. 니코스 풀란차스에 따르면, 자본주의사회에서 정부가 자본계급의 이익을 침해하는 정책들을 적지 않게 시행하는 데서 알 수 있듯이 국가는 자본계급에 대해 자율성을 지닌다고 한다. 그렇지만, 그러한 자율성은 절대적인 것이 아니라 상대적인 것이라고 한다. 자본주의사회의 국가는 자본주의체제의 유지라는 궁극적인 목적에 종속되어 있으며, 국가가 자본계급에 대해 일정 정도의 자율성을 가지는 것은 바로 그러한 궁극적인 목적을 수행하기 위해서이기 때문이다.

둘째는 정부의 담당자인 국가관료들이 사회세력들과는 구분되는 자신만의 독자적인 이해관계를 지닌다고 하는 것이다. 국가관료들은 자신이 속해 있는 특정 조직의 이해관계나 자신의 경력상의 이해관계를 증진시키고자 하며, 이러한 이해관계는 사회세력들의 이해관계와 관련이 없을 뿐 아니라 때로는 그것과 충돌하기도 한다. 정부의 정책들 가운데 상당수는 바로 이러한 국가관료들의 독자적인 이해관계를 반영한다(Skocpol, 1985 : 10-11; Weir and Skocpol, 1985 : 118).

이상과 같이 국가는 사회 내의 어느 누구에게도 통제받지 않고 자신의 독자적인 목적을 추구할 수 있는 자율적인 존재이다. 그렇지만, 국가는 모든 사회세력의 영향력으로부터 언제나 완전히 자유로울 수는 없으며, 때로는 특정 사회계급이나 이익집단의 요구를 반영한 정책을 채택하기도 한다. 이런 점에서 국가는 절대적인 자율성을 지니지는 않으며, 국가의 자율성은 잠재적인 것이다. 국가가 자율성을 현실적으로 온전히 확보하기 위해서는 다양한 국내외적 조건들이 충족되어야만 한다(Skocpol, 2008 : 110; Evans, Rueschemeyer and Skocpol, 1985 : 356).

2) 국가의 능력

테다 스카치폴은 국가가 잠재적인 자율성을 보유함과 동시에 자신의 독자적인 목적을 실행할 수 있는 능력이 있는 것으로 간주한다. 여기서 국가의 능력이란 국가가 사회세력들의 강력한 반대와 저항, 그리고 사회경제적인 어려움에도 불구하고 자신이 내건 정책 목표를 실현할 수 있다는 것을 의미한다.

국가가 사회세력들, 특히 지배계급의 저항을 극복하고 자신의 목표를 실현할 수 있는 능력은 어디에서 나오는가? 이에 대해서 테다 스카치폴은 국가가 사회의 모든 세력들에 비해 훨씬 강력한 권력을 갖고, 영토 내에서 안정된 행정적・군사적 통제력을 행사하며, 막대한 재정적 자원과 조직에 헌신하는 능력있는 관료집단을 보유한다는 사실을 지적한다(Skocpol, 1985 : 16). 즉, 국경 내에서의 무력 독점을 바탕으로 국민 모두에게 자신의 명령을 따르도록 할 수 있고, 조세독점권을 기반으로 하여 재정적인 능력을 지니며, 자신에게 헌신하는 강력한 관료집단에 의해 지지된다는 점에서 국가는 지배계급을 포함한 사회의 어떤 세력들에 비해서도 더 뛰어난 능력을 보유하고 있는 것이다.

그렇지만 국가의 능력이 언제나 보장되는 것은 아니다. 국가 자율성이 잠재적인 것처럼 국가의 능력도 잠재적인 것이며, 국제관계, 사회질서나 재정, 혹은 관료집단에 어떤 심각한 문제가 발생하면 국가는 사회세력들의 반대에 굴복하여 자신의 목적과는 관계없이 특정 사회계급의 이익을 추구할 수밖에 없다. 또한 국가의 능력은 모든 정책 분야에 동등하게 분배되어 있지 않다. 정부의 어떤 부서는 사회의 어떤 부문에 성공적으로 개입할 수 있을 정도의 충분한 능력을 가지는 데 반해서, 다른 부서들은 그렇지 못한 것이다(Skocpol, 1985 : 17).

테다 스카치폴은 국가의 능력을 설명하는 데 있어서 특히 관료집단에 초점을 맞춘다. 그녀에 따르면, 국가관료들은 정치질서를 안정시키고 국가경제를 발전시키기 위해 국가개입을 해야 한다는 공통의 이데올로기를 보유한다는 점에서 내부적인 결속이 강력하다는 특징을 지닌다. 또한, 그들은 다양한 형태의 법적·행정적 권한을 바탕으로 하여 일반시민과 사회세력에 대해 국가의 목표 실현을 위한 특정 행동을 강제하거나 사회적 지지를 동원할 수 있는 능력을 지니고 있기도 하다(Skocpol, 1985 : 10-11; Weir and Skocpol, 1985).

이와 같이 국가가 모든 사회세력들의 반대를 무릅쓰고 자신의 독자적인 정책 목표를 실현하기 위해서는 관료집단의 역할이 핵심적이다. 특히 테다 스카치폴은 관료집단의 전문성 내지는 전문적 식견의 정도를 중시한다. 관료집단이 전문적 식견을 지니면 지닐수록 정부는 목표를 설정하고 실행하는 데 있어서 외부의 전문가들이나 외부 기관에 의존할 필요성이 줄어들고, 정책을 보다 강력하게 추진할 수 있기 때문이다(Skocpol and Finegold, 1982 : 260-1).

3) 국가의 구속성

앞에 서술했듯이, 테다 스카치폴은 국가가 잠재적으로 자율적일 뿐 아니라 강력한 관료집단을 통해 자신의 목표를 실행할 잠재적인 능력이 있는 것으로 간주한다. 여기서 더 나아가, 그녀는 국가의 제도와 구조들이 사회계급이나 이익집단 등 모든 사회세력들의 요구와 정치적 능력에 영향을 미친다고 주장한다. 이러한 주장의 근거는 다음과 같다.

첫째, 국가의 각종 제도와 구조는 사회경제적인 변화나 지배계급을 비롯한 사회세력들의 요구에 반응하여 형성되는 것이 아니라 관료와 정치인들의 대립과 갈등을 통해 형성된다. 국가의 구조는 사회세력들의 영향을 받지 않는 독자적인 역사를 지니는 것이다. 그러한 대립과 갈등의 과정에서 관료와 정치인들은 자신들의 이해관계를 실현하기 위해서 사회적 지지를 동원하고, 다른 경쟁자들에 대한 정치적 우위를 차지하기 위해서 시민사회와 경제부문에 영향력을 행사한다(Skocpol, 1980 : 200).

둘째, 국가의 각종 제도와 조직상의 구조는 모든 사회세력들의 정치적 활동에 영향을 미친다. 국가는 행정체제, 재정체제, 법적체제 등으로 구성되며, 이러한 체제들과 국가의 기존 정책들은 모든 사회세력들로 하여금 어떤 목표가 바람직하고 실현 가능한가를 결정하는 데 영향을 미친다. 사회세력들은 자신들의 정치적 요구를 만들어낼 때 기존의 공공정책들뿐 아니라 국가구조도 고려할 수밖에 없으며, 결국 사회세력의 정치적 요구들은 많은 경우 국가의 제도와 조직상의 구조의 직·간접적인 산물인 것이다(Orloff and Skocpol, 1984 : 731; Weir and Skocpol, 1985 : 118).

셋째, 국가의 각종 제도와 조직상의 구조는 사회의 정치문화에 영향을 미친다. 각 사회의 고유한 정치문화로 인해서 어떤 사회집단은 장려되는 반면에 어떤 사회집단은 형성되기 어려우며, 사회집단의 어떤 정치적 활동은 보장되는 반면에 어떤 활동은 시도조차 되지 못한다. 사회정책이 만들어지려면 사회적으로 이슈가 제기되어야 하는데, 정치문화는 어떤 이슈는 사회적으로 커다란 반향을 일으키도록 하지만, 어떤 이슈는 아예 제기조차 되지 못하도록 봉쇄한다. 테다 스카치폴에 따르면, "국가의 조직상의 구조는 정치문화에 영향을 미치고, 어떤 형태의 집단 형성과 집합적인 정치적 행동들을 조장하며, 특정 정치적 이슈들의 제기를 가능하게 만든"다는 것이다(Skocpol, 1985 : 21).

이상과 같은 근거들에 기초하여 테다 스카치폴은 사회정책을 비롯한 국가의 정책들이 자본계급을 비롯한 특정 사회세력의 이익을 반영하는 것이 아니며, 그 반대로 모든 사회세력들의 정치적 요구가 국가의 구조적 특징을 반영한다고 주장한다. 모든 사회세력들은 자신들의 정치적 요구를 만들어 낼 때 지배적인 정치문화와 공공정책의 전통을 고려하지 않을 수 없다는 것이다. 또한, 국가의 제도와 구조는 각 사회세력들이 자신들의 정치적 요구를 현실정치에 반영시키고자 할 때 어떤 전략과 행동을 취할 것인가를 결정하는 데에도 막대한 영향력을 행사한다고 한다. 국가의 구조와 행위들은 스스로가 의도하지는 않았지만 모든 사회세력들의 요구와 이념 및 정치적 능력에 영향을 미치는 것이다(Skocpol, 2008 : 111).

3. 사회정책에 대한 경험적 연구

국가중심이론은 국가의 모든 정책들에 적용될 수 있지만, 테다 스카치폴은 자신의 이론을 주로 사회정책의 형성과 결정을 설명하는 데 사용한다. 그것은 사회정책분야가 각 사회세력들이 자신들의 이해관계를 실현하기 위해 서로 경쟁하는 곳인데다가 그녀의 이론적 비판대상인 다원주의와 맑스주의가 사회정책을 강력한 이익집단 혹은 자본계급의 이해관계를 실현하기 위한 수단으로 간주하기 때문이다. 국가중심이론의 관점에서 볼 때, 사회정책은 지배적인 사회집단들의 요구에 떠밀려 국가가 시행하는 것이 아니라 사회통합이나 사회질서의 유지, 혹은 경제활성화와 같은 국가의 독자적인 목적을 위해 국가가 주체적으로 시행하는 것이다.

이상과 같은 이론적 주장의 타당성을 검토하기 위해 테다 스카치폴은 몇 가지 사례연구를 제시한다. 그 가운데 대표적인 것은 영국, 스웨덴, 미국을 대상으로 하여 1920년대 말의 세계대공황 이후에 이들 국가에서 채택된 사회정책이 왜 서로 다른가를 비교 연구한 것이다. 또 다른 하나는 1930년대 미국의 뉴딜시대에 채택된 사회정책들의 형성에 있어서 국가구조와 사회세력의 영향력을 비교 분석한 것이다.

1) 영국, 스웨덴, 미국의 비교연구

1920년대 말에 발발한 세계대공황으로 인해 선진산업국가들은 이제까지 경험하지 못했던 엄청난 경제적 파국과 사회적 불안정에 시달렸다. 실업률이 급증하고, 기업들이 도산하며, 대다수의 시민들이 경제적 도탄에 빠져버린 것이다. 이 당시 영국의 경제학자 존 케인즈(John Keynes)는 세계대공황이 사회적 수요의 증가가 생산성 향상으로 인한 공급의 증가를 따라가지 못하기 때문에 발생한 것으로 진단하고 정부가 인위적으로 유효수요를 만들어 낼 필요가 있다고 주장했다. 이러한 존 케인즈의 주장은 타당한 것으로 받아들여졌고, 각국의 정부들은 국내의 유효수요를 진작시키기 위한 다양한 형태의 사회정책들을 고안하고 실행하였다.

시장에 넘쳐나는 생산품을 소비할 수 있는 유효수요를 인위적으로 만들어 낸다는 목적은 똑같았지만, 그러한 목적을 성취하기 위한 방식은 각국의 사정에 따라 달랐다. 테다 스카치폴은 세계대공황에 대한 대응방식을 세 가지로 나누고, 국가별로 서로 다른 사회정책이 채택된 이유를 분석하고자 한다. 그녀에 따르면, 영국에서는 케인즈주의 정책이 채택되지 않고 기존의 사회보장급여를 확대하는 데 그친 반면에, 스웨덴에서는 복지지출의 급속한 확대와 완전고용을 기반으로 하는 사회적 케인즈주의가 채택되었고, 미국에서는 세금감면과 점진적인 복지지출의 확대를 지향하는 상업적 케인즈주의가 확립되었다고 한다. 또한, 이와 같이 세계대공황이라는 동일한 도전에 대해서 세

국가에서 서로 다른 대응방안이 나온 것은 각 국가의 독특한 국가구조와 정책적 전통의 차이 때문이라고 한다.

우선, 영국은 비교 대상 국가들 가운데서 케인즈주의 사회정책을 가장 성공적으로 도입할 수 있는 조건을 가진 나라였다. 영국에는 1920년대 초반에 산재보험, 연금, 건강보험 등 기본적인 사회보험프로그램들이 확립되어 있었을 뿐 아니라 대부분의 산업노동자에게 적용되는 강제적 실업보험도 도입되어 있었다. 또한, 당시 야당이었던 자유당이 대공황 직후 집권한 노동당 정부에 대해 대규모 공공사업의 추진을 비롯하여 복지지출의 확대를 요구하고 있었다. 그렇지만, 세계대공황 직후의 기간 동안 영국은 케인즈주의 정책을 도입하지 않았고, 포괄적인 복지국가로의 길로 가지도 않았다.

그 이유에 대해 테다 스카치폴은 다음과 같이 정리한다. 첫째, 1911년 강제적 실업보험의 도입을 주도했던 노동당은 1920년대 동안 보수당에 대항하여 실업보험을 확대하는 데 전력을 기울였다. 1929년 세계대공황 직후 집권하게 된 노동당은 당연히 실업급여를 보다 관대하게 만드는 데 초점을 두었으며, 1930년대 말까지 실업률이 20% 가까이 유지되는 상황에서 새로운 제도의 도입보다는 이미 존재하는 실업보험의 확대를 통해 실업문제에 대처하게 된 것이다. 이로 인해 영국은 세계 최고 수준의 실업보험체제를 지니게 되었지만, 완전고용과 같은 포괄적인 고용촉진 정책을 추진하지 않게 되었다.

둘째, 1920년대에서 1930년대 동안 영국의 정부부처들 가운데 가장 강력했던 것은 재무부였다. 재무부는 정통 경제학의 논리에 따라 적자재정과 지출확대에 반대하였고, 다른 정부부처들의 지출을 통제했을 뿐 아니라 지출확대를 지향하는 개혁적 정책에 대한 비판을 정부 내에 광범하게 유포시켰다. 이와 같이 재무부가 정부를 통제하는 상황하에서는 적자예산을 필요로 하는 개혁적인 정책들에 대한 의견들이 정부 내에서 지지를 얻기 어려웠다. 실업보험의 확대를 선호했던 노동당 정부로서도 굳이 정부내부의 전반적인 지지를 받지 못하는 새로운 정책을 채택할 이유가 없었다. 결국, 대공황 이전의 사회정책상의 전통들과 개혁적 아이디어를 수용할 수 없는 정부구조상의 특징으로 인해서 노동당 정부는 대규모의 사회개혁 정책들을 도입하지 않았다(Weir and Skocpol, 1985 : 126-9).

다음에, 스웨덴에는 영국과는 달리 실업보험이 존재하지 않은 반면에 국가실업위원회가 관리하는 공공사업 중심의 실업정책이 있었다. 세계대공황 이후 집권한 사회민주당 정부는 새로운 사회프로그램을 도입하는 것보다는 기존의 프로그램을 확대 내지는 수정하는 것이 보다 현실적인 방안이라고 생각하고 실업문제의 극복을 위해 공공사업의 확대를 추진하게 되었다. 사회적 케인즈주의의 길에 들어서게 된 것이다.

그렇다면, 대규모 재정적자를 필요로 하는 사회적 케인즈주의가 스웨덴에서 채택될 수 있었던 요인은 무엇인가? 여기에 대해서 테다 스카치폴은 스웨덴 국가구조의 전통을 지적한다. 여기서 특기할 만한 스웨덴 국가구조의 전통은 두 가지이다. 첫째, 스웨덴은 중앙집권적인 입헌군주제의 전통을 유지해 왔다. 이러한 중앙집권제의 전통으로 인해서 전국 단위의 포괄적인 사회정책을 비교적 용이하게 채택할 수 있었고, 대규모 재정적자에 기초한 사회적 케인즈주의의 채택에 대한 사회적 저항을 최소화할 수 있었던 것이다.

둘째, 스웨덴의 중앙정부에는 다른 정부부처들로부터 독립적인 행정위원회가 존속하였고, 이 행정위원회는 정부의 정책을 형성하고 결정하는 데 막대한 영향력을 행사해 왔다. 이러한 행정위원회에는 관료뿐 아니라 학계의 전문가들도 참여하며, 세계대공황 직후의 기간에는 지출확대와 재정적자를 용인하는 개혁적인 경제학자들(스톡홀름학파)이 다수 포진하게 되었다. 이와 같이 행정위원회를 중심으로 정계와 학계가 활발하게 교류하는 전통 속에서 사회민주당 정부는 유효수요 창출을 주장하는 개혁적 경제학자들의 의견을 수용하게 되었던 것이다.

이러한 국가구조상의 특징들 이외에도 스웨덴에서 사회적 케인즈주의의 확립에 기여한 요인들이 몇 가지 더 있다. 그 가운데 하나는 의원내각제로 인해서 행정부와 의회가 매우 밀접한 협조관계에 있었다는 것이다. 이로 인해서 행정부에서 마련한 대규모 재정적자 개혁안이 의회에서 별다른 마찰 없이 통과되었다. 또 하나는 이 당시 집권정당이 실용적인 성격의 사회민주당이었다는 사실이다. 사회민주당이 집권했기 때문에 기업은 대규모 적자재정의 편성을 요구하는 노동조합과 타협해야 할 필요성이 컸던 것이다. 또한, 사회민주당 정부의 주도하에 기업과 노동조합 간의 전사회적 타협을 의미하는 사회적조합주의가 확립되었고, 이러한 사회적조합주의를 바탕으로 복지국가가 급속하게 확대될 수 있었다. 사회민주당 정부의 현실타협적인 자세와 안정적인 정치적 통제를 바탕으로 하여 사회복지와 경제효율성 및 완전고용을 목표로 하는 스웨덴 복지국가의 기틀이 마련된 것이다(Weir and Skocpol, 1985 : 123-5, 129-32, 141).

마지막으로, 세계대공황 직후 미국은 여러 가지 측면에서 스웨덴과 매우 유사한 특징을 보였다. 미국과 스웨덴에서는 노동자와 농민의 강력한 지지를 받는 개혁정당(미국의 민주당, 스웨덴의 사회민주당)이 집권하였고, 실업보험이 없었으며, 공공근로가 그 당시 급증하고 있던 실업에 대한 적절한 대책으로 간주되고 있었다. 스웨덴과 마찬가지로 미국은 세계대공황 초기에는 공공근로사업 등의 대규모 구호사업의 추진을 위해 적자예산의 편성을 추구하였고, 유효수요의 창출을 위해 케인즈주의를 수용하였다. 그렇지만, 스웨덴과는 달리 미국은 결국에는 완전고용이 아니라 물가통제를 더 중시하고 지출확대보다는 세금감면을 위주로 하는 상업적 케인즈주의를 도입하였다. 왜 이러한 차이가 발생했는가?

테다 스카치폴은 다음과 같은 몇 가지 점을 지적한다. 우선, 미국에는 강력한 중앙정부가 없었다. 미국에서는 전통적으로 각종 정책의 형성과 결정에서 주정부가 주도권을 쥐었으며, 연방정부의 개입에 대한 주정부와 지방정부의 거부감이 매우 컸다. 경제재건계획을 조정하고 다양한 이해관계자들의 타협을 이끌어 내려면 연방정부가 강력한 주도성을 발휘해야 하지만, 세계대공황 기간 동안의 미국에서는 주정부 차원의 반대와 저항을 이겨낼 수 있을 만큼 연방정부가 강력하지 않았다. 영국과 스웨덴에서는 세계대공황 이전에 전국 차원의 정치제도들이 잘 확립되어 있었던 반면에, 미국에서는 1930년대의 뉴딜 기간이 되어서야 중앙집권화가 시작되었고 정치가 지역 차원을 벗어나 전국화되기 시작했던 것이다.

둘째, 전통적으로 연방정부와 의회가 경쟁과 갈등의 관계에 있었다. 뉴딜 기간 동안 중앙집권화가 가속화되면서 연방정부의 조직과 기구가 급성장할 기회가 주어졌지만, 전통적으로 연방정부의 조직 확대에 반대했던 의회는 케인즈주의 경제정책을 수행하기 위한 행정부의 정부조직개편안을 의회의 권한과 영향력을 약화시키려는 의도로 간주하여 부결시켰다. 정책결정의 채널이 되었던 의회가 연방정부의 조직확대안에 대해 거부권을 행사하는 한 사회보장제도의 급속한 확대와 완전고용정책을 축으로 하는 사회적 케인즈주의는 도입될 수 없는 것이다.

셋째, 이 당시에는 전국차원에서 사회집단의 이해를 대변하는 실용적인 정당이 존재하지 않았다. 정당들은 주로 자기당 소속 연방의원들이 포진한 주나 지방차원의 이해관계를 대변하는 데 치중하였고, 노동계급이나 농민들의 집합적 요구에는 거의 반응하지 않았다. 의원들이 전국단위의 사회단체가 아니라 지역의 이해관계자로부터 정치후원금을 받았기 때문이다. 이런 상황에서 전국 수준의 정치적 결정은 지역적 이해관계를 대변하는 정치인들 간의 입법상의 거래를 통해 이루어졌으며, 완전고용이나 사회보장제도의 확대와 같은 노동계급의 공통적인 이해관계는 의회의 관심사항이 아니었다.

마지막으로, 미국에는 스웨덴과 같은 사회적조합주의가 존재하지 않았다. 기업과 노동조합의 정치적 타협체제인 사회적조합주의는 스웨덴을 비롯한 유럽 국가들에서 임금상승 억제에 대한 대가로 노동계급을 위한 사회보장제도의 확대를 가져왔다. 이에 반해서, 미국에서는 매우 분권화된 국가구조로 인해서 국가가 기업과 노동 간의 타협에 적극적으로 개입할 수 없었고, 노동조합도 지역적으로 분열되어 기업과의 관계에 있어서 한 목소리를 낼 수 없었다(Ikenberry and Skocpol, 1987; Skocpol and Ikenberry, 1983; Weir & Skocpol, 1985).

2) 미국 뉴딜 시대의 사회정책

이상과 같은 이유들 때문에 미국에서는 연방정부가 대규모의 적자재정을 편성할 수 없었다. 연방정부가 주정부와 의회 등 각종 이해관계자들의 반대를 무릅쓰고 적자재정에 기초한 혁신적인 경제재건안을 추진할 여건이 안 되었던 것이다. 이러한 국가의 구조적 특징은 연방정부의 개입을 꺼리고 균형예산을 선호하는 미국의 정치문화와도 관련이 깊다. 미국에서는 전통적으로 적자예산을 행정부의 임의적 예산 사용이나 전용으로 간주하였으며, 이러한 정치문화 속에서 대규모 재정적자는 그것이 세계대공황의 폐해를 극복하기 위해 꼭 필요한 조치라고 하더라도 대다수의 의원들에 의해 거부될 수밖에 없는 것이다.

이와 같이 적자재정에 대한 거부감이 팽배해 있었기 때문에 초기 뉴딜 정책은 기본적으로 균형예산을 기반으로 추진되었다. 그 당시 뉴딜 정책의 핵심축은 NRA(국가재건청 : National Recovery Administration)와 AAA(농업조정청 : Agricultural Adjustment Administration)이었다. NRA는 경제재건을 위한 산업상의 각종 조치들을 고안하고 시행했고, AAA는 과잉 생산된 농산품의 공급조절을 위해 농부들에게 보조금을 지급했다. 이 두 기관의 공통적인 특징은 연방정부의 재정부담이 거의 없다는 것이다. NRA는 기업과 산업에 대한 규제에 초점을 두었고, AAA는 수익자부담의 원칙에 서있었기 때문이다. 1935년에 제정된 Social Security Act(사회보장법)도 연방정부의 재정부담 없이 주로 수익자인 가입자가 낸 보험료를 기반으로 운영되는 것이었다.

연방정부의 재정적자가 일부 허용되었던 부문은 실업자 구제를 위한 공공근로와 구호사업이었다. 이 당시 실업자와 빈민을 대상으로 하는 구호프로그램들과 공공근로의 운영을 담당했던 지방정부와 주정부가 세계대공황의 여파로 과도한 재정 부담에 시달리게 됨에 따라 연방정부의 지원을 요구했고, 지역에 기반을 둔 의원들이 연방정부의 재정지출을 용인했기 때문이었다. 그렇지만, 구호사업에 대한 연방정부의 지출은 인도적인 차원에서의 일시적인 조치에 그쳤고, 장기적으로 유지될 수는 없었다.

테다 스카치폴은 뉴딜 시대의 미국에서 국가의 구조적 특징이 공공정책의 형성에 미치는 영향을 보여주는 사례로 다음의 몇 가지를 소개한다. 첫째, 농업부문 담당부처와 산업부문 담당부처의 능력의 차이로 인해서 농업정책은 성공한 반면에 산업정책은 실패하였다. 이 당시 농업담당부처는 풍부한 인적 자원과 정치적 네트워크를 확보하고 있었고, 이를 바탕으로 하여 자신의 정책을 강력하게 추진할 수 있었다. 담당부처가 어느 정도 자율성을 확보한 농업부문에서는 농업자본가들이 국가가 제공하는 프로그램을 적절하게 이용하여 노사안정을 꾀하고 농업생산을 안정적으로 유지할 수 있었던 것이다. 반면에, 산업부문을 담당했던 NRA는 인적자원이나 정치적 네트워크가 미약했고, 이러한 능력부족으로 인해서 산업자본가들을 적절하게 통제하거나 타협할 수 없었다. 그 결과 대기업들은 자신들의 단기적인 이익 극대화를 위해서 노동조합의 권리를 무시하고 중소기업의 이익을 침해하였으며, 이로 인해서 산업상의 혼란이 가중되었다(Skocpol and Finegold, 1982 : 258-60).

둘째, 노동조합 활동의 자유를 보장한 노동관계법(일명 와그너법)이 기업가들의 반대를 무릅쓰고 1935년 7월에 제정되었다. 세계대공황 직후 한동안 노동조합 활동이 대기업에 의해 방해받았지만, 이러한 상황은 오래 갈 수 없었다. 산업분규가 빈발하고 노동자들의 생활이 매우 어려워지면서 국가가 노사관계에 개입하게 되었고, 결국 와그너법이 제정된 것이다. 대기업은 단기적인 이익의 추구에 몰두한 결과 더 큰 손실을 입게 된 것이다. NRA가 무능한 가운데서도 와그너법과 같은 강력한 규제책이 제정될 수 있었던 것은 산업자본가들이 제대로 단결되지 않았을 뿐 아니라 노동조합이 노동부장관인 프랭크 퍼킨스(Frank Perkins) 및 상원의원인 로버트 와그너(Robert Wagner)와 친밀한 관계를 유지했고, 로버트 와그너가 의회 내에서 강력한 영향력을 행사할 수 있었기 때문이다(Skocpol, 1980 : 166-7, 180).

셋째, 기업가들의 반대에도 불구하고 사회보장법(Social Securkty Act)이 1935년에 제정되었다. 이 시기의 사회보장법은 연방정부가 담당하는 노령연금뿐 아니라 연방정부와 주정부가 공동운영하는 연금부조와 실업보험으로 구성되었다. 와그너법과 마찬가지로 사회보장법의 제정 과정에서 자본가들은 국가기구에 비해 상대적으로 열등한 지위에 있었다. 그들은 정치과정에 대해 통제력을 지니지 못했을 뿐 아니라 주요 법안들을 반대할 능력도 부족했던 것이다. 사회보장법에 연금부조와 실업보험이 포함된 것은 이미 세계대공황이 전부터 주정부가 그 두 프로그램을 운영해왔기 때문이다. 사회보장법의 제정과 관련하여 사회집단들의 경제적 이해관계의 영향력을 완전히 무시할 수는 없지만, 가장 중요한 요인은 국가의 능력과 미국 국가의 구조이다(Skocpol and Amenta, 1985 : 574; Skocpol and Ikenberry, 1982 :74).

4. 평 가

1) 요약과 정리

테다 스카치폴이 주장하는 국가중심이론에 따르면, 정책의 형성과 결정을 비롯한 다양한 정치생활을 설명하는 데 있어서 국가가 가장 중요한 요인이라는 것이다. 사회계급이나 이익집단과 같은 사회세력들이나 경제적 변동 등도 정치생활에 커다란 영향을 미치지만, 그들의 영향력은 국가를 매개로 하여 이루어진다는 것이다.

국가가 이렇게 중요한 요인이 되는 이유는 국가가 사회세력들에 의해 조종받지 않는 자율적인 존재로서 모든 사회세력들의 반대를 무릅쓰고 자신의 목적을 추구할 수 있으며, 자신이 바람직하다고 여기는 정책을 실행할 수 있기 때문이다. 또한, 국가는 제도, 구조, 정치문화 등 자신의 구성요소들을 통해 정치생활에 있어서 사회구성원들의 목적과 행동을 조정하며, 사회계급이나 이익집단 등 모든 사회세력들의 요구와 정치적 능력에 영향을 미친다. 국가는 자율적이고, 자신의 목적을 실행할 능력을 지니며, 사회세력들이 자신들의 정치활동의 목적과 방향을 설정하는 데 있어서 필수적으로 고려해야 할

가이드라인을 제공하는 것이다.

국가중심이론은 이상과 같은 자신의 주장을 사회정책과 같은 공공정책의 형성과 결정 과정에 대한 분석을 통해 입증하고자 한다. 가장 대표적인 사례는 세계대공황 이후 영국, 스웨덴, 미국에서 채택된 유효수요 확대를 위한 정책적 전략의 차이이다. 우선, 이미 잘 갖추어진 실업보험제도가 있었던 영국에서는 그러한 정책적 전통을 강화하는 데 초점이 두어졌으며, 이에 따라 재정적자의 증대를 특징으로 하는 케인즈주의적 경제재건방안이 채택되지 않았다. 이에 반해서 실업보험이 없었던 스웨덴과 미국에서는 케인즈주의적 전략이 채택되었다. 그렇지만, 강력한 중앙집권제, 계급이해를 대변하는 전국적이고 실용적인 정당, 학계 등 외부인사에 개방적인 행정구조, 의회와 행정부의 긴밀한 협조 등의 조건들이 갖추어진 스웨덴에서는 대규모 재정적자를 기반으로 하는 사회적 케인즈주의가 확립된 데 반해서, 그러한 조건들이 부재한 미국에서는 사회지출의 증대보다는 세금감면과 균형예산에 초점을 둔 상업적 케인즈주의가 발달하게 되었다.

뉴딜 시대 미국의 공공정책에 대한 분석도 국가중심이론의 타당성을 입증하는 경험적 자료로 제시된다. 세계대공황이 초래한 경제파국상태를 극복하기 위해서 연방정부는 두 차례에 걸쳐 뉴딜 정책을 시행하였는데, 담당부처의 자원과 능력의 차이에 따라서 정책의 성과는 달랐다. 담당부처의 인력이 풍부하고 정치적 네트워크가 발달했던 농업부문에서는 농업자본가의 이해관계가 보장되고 노사관계도 안정되었던 반면에, 담당부처의 자율성과 능력이 크게 부족했던 산업부문에서는 단기적 이해관계를 추구하던 대기업을 통제할 수 없어서 정책적인 성과가 제대로 나오지 않았다. 다른 한편, 1935년에는 대기업의 반대에도 불구하고 와그너법과 사회보장법이 제정되었는데, 그것은 대기업이 국가에 비해 열등한 위치에 있었기 때문이다.

이상에서 보듯이 정책결정과 관련하여 국가중심이론이 강조하는 요인은 제도적 전통, 강력한 중앙정부, 행정부와 입법부의 협조, 실용적인 정당, 담당부처의 자율성과 능력, 사회세력과 행정부(혹은 담당부처) 간의 권력관계 등이다. 이러한 요인들에서의 차이로 인해서 세계대공황이 초래한 경제파국이라는 동일한 문제에 대해 국가별로 서로 다른 대응전략이 나온 것이며, 그 결과 영국, 스웨덴, 미국에는 서로 다른 형태의 복지국가가 만들어지게 된 것이다. 사회정책을 비롯한 공공정책은 사회세력들의 이해관계와 밀접한 관련이 있다는 점에서 그들의 영향력을 반영하기도 한다. 그렇지만 국가의 자율성과 능력, 그리고 구조적 제약성 등을 고려할 때 공공정책의 결정에 가장 커다란 영향을 미치는 것은 위에 열거한 국가구조상의 특징들이다.

2) 평 가

테다 스카치폴의 학문적 관심은 사회정책의 형성이나 복지국가의 발전을 설명하는 것이 아니라 국가와 사회계급 간의 관계를 규명하는 데 있었다. 사회정책은 그것이 자신의 학문적 작업을 위한 가장 적절한 사례였기 때문에 채택되었던 것이다. 이런 점에서 국가중심이론은 정통적인 복지국가이론들과는 거리가 있다. 그럼에도 불구하고, 국가중심이론은 복지국가이론분야에서 중요한 위치를 차지한다. 복지국가의 발달 요인을 사회내부의 요인들에서 찾고 국가의 수동적 역할을 강조하는 다른 이론들과는 달리 국가중심이론은 복지프로그램을 제공하는 국가의 주도성에 초점을 맞추고 있기 때문이다.

예를 들어서, 산업화론에 따르면, 산업화와 경제성장에 따라 사회적으로 복지욕구가 증대하고, 국가가 이러한 사회적 요구를 충족시켜주는 과정에서 복지국가가 발달한다고 한다. 여기서 국가는 사회적 요구에 순응하기만 할 뿐 자율성이나 주도성을 지니지 않는 것으로 묘사된다. 또한, 권력자원이론은 노동계급을 대변하는 정당이 집권하게 되면 복지국가가 확대된다고 주장하면서 국가를 계급적인 이해관계에 종속되는 것으로 간주한다. 복지국가를 자본주의체제를 안정화시키고 착취관계를 유지하고자 하는 국가의 노력의 결과라고 주장하는 맑스주의도 국가를 자본계급 혹은 자본주의체제의 종속물로 간주한다.

이에 반해서, 국가중심이론은 복지국가의 발달 혹은 사회정책의 공급을 결정하는 가장 중요한 요인을 국가(의 구조적 특징들)에서 찾는다. 국가는 경제발전이나 사회질서의 유지, 혹은 국방과 치안 등 자신의 독자적인 목적을 보유하며, 사회복지정책도 자신의 목적을 실현하기 위한 수단으로서 채택한다는 것이다. 정부부처 간의 대립과 갈등, 혹은 정부부처를 담당하고 있는 국가관료들의 이해관계도 사회복지정책의 형성에 막대한 영향력을 행사한다. 정부부처 가운데 균형예산을 강조하는 재무부가 강력할수록 사회지출확대를 기반으로 하는 포괄적인 사회복지정책이 채택되기 어렵고, 복지부문 관료들의 조직상의 이해관계(재정확보, 조직 확대 등)가 어떠한가에 따라 사회복지정책이 확대되기도 하고 축소되기도 한다는 것이다. 복지정책은 사회적 복지욕구의 발달이나 사회민주당의 집권, 혹은 자본주의체제 유지의 필요성에 따라 국가가 수동적으로 제공하는 것이 아니라 관료집단으로 대표되는 국가의 주도적인 활동의 결과라는 것이다.

사회복지정책의 결정과 복지프로그램의 제공 과정에서 국가의 역할을 무시할 수 없다는 것은 분명하다. 또한, 국가중심이론은 다른 복지이론들과 달리 복지정책의 형성에서 국가의 적극적인 역할과 국가구조의 영향력을 부각시켰다는 점에서 복지국가 연구 분야에서 기여하는 바가 크다. 복지국가의 발달을 설명하는 대부분의 다른 이론들이 복지제공에 대한 수요의 측면에 초점을 두었다면, 국가중심이론은 공급의 측면을 강조하고 있는 것이다.

반면에, 국가중심이론은 몇 가지 문제를 지니고 있다. 우선, 국가중심이론은 정책의 결정권이 마치 국가 관료들에게만 있는 것처럼 서술한다. 그렇지만, 의원내각제를 채택하고 있는 국가들에서는 정책이 의회에서 논의되고 결정되며, 대통령제를 채택하고 있는 국가에서도 국가 관료들이 결정한 정책들은 의회의 승인을 받아야 하고, 시민생활에 커다란 영향을 주는 주요 정책들은 의회에서 인준되거나 결정된다. 또한, 대통령과 각 부처의 장관을 제외한 일반적인 행정 관료들은 주요 정책의 결정자라기보다는 의회나 상급기관에서 결정한 정책을 실행하는 위치에 있으며, 이런 점에서 사회정책의 결정을 설명하는 데 있어서 국가 관료의 전문성이나 정부부처 간의 경쟁을 강조하는 국가중심이론은 현실에 잘 부합하지 않는다.

다음에, 정책이 의회나 행정부에서 결정될 때 과연 사회계급이나 이익집단 등의 사회세력들의 이해관계가 고려되지 않을 수 있을지 의문이다. 대통령과 의원들은 다음 선거를 위해 자신의 지지기반의 이해관계에 민감하며, 다양한 형태의 정치적 로비에 노출되어 있다. 이들이 지닌 이해관계는 자신의 재선을 위한 표심획득에 있으며, 이러한 최고의 목적을 위해 이들은 사회세력들이 원하는 바를 최대한 정책에 반영시키고자 한다. 정치적 성격이 옅은 행정 관료들의 경우에는 최고수준의 국가 관료들과는 달리 재정확보나 인원확대와 같은 조직상의 이해관계를 지닐 수 있지만, 사회정책의 결정과정에서 차지하는 그들의 위상을 고려할 때 그러한 조직상의 이해관계가 사회정책의 결정에 막대한 영향을 미친다고 생각할 수는 없다.

셋째로, 위의 지적과 비슷한 맥락에서, 사회정책, 특히 대규모 사회지출을 필요로 하는 주요한 복지정책은 일반적으로 사회집단들 간의 갈등과 타협의 산물이다. 복지정책은 어떤 집단에게는 이익이 되는 반면에 다른 집단에게는 손해가 된다. 따라서 복지정책의 도입을 둘러싸고 집단 간의 갈등이 수반될 수밖에 없으며, 각 이해집단들은 자신의 이익을 복지정책에 최대한 반영시키고자 노력한다. 특히 노동계급과 자본계급은 특정 복지정책의 도입이나 확대가 자신들의 이해관계와 밀접한 관련이 있기 때문에 다양한 방법을 통해 의회와 행정부에 압력을 행사한다. 이런 상황에서 복지정책은 어떤 강력한 집단 내지는 계급의 이해관계를 반영하든지 아니면 서로 대립하는 집단들의 타협의 결과가 될 가능성이 높다. 이차대전 이후 서구 복지국가가 급성장한 배경에는 노동계급과 자본계급의 타협체제인 사회적조합주의가 있었다. 국가도 이러한 타협체제에 참여하기는 하지만, 여기서 국가의 역할은 주도적인 것이라기보다는 사회계급 간의 타협의 결과물(임금상승억제에 대한 보상으로서의 사회보장확대)을 정책적으로 실행하는 데 있다.

넷째로, 국가중심이론은 현실사례에 대한 적용에 있어서 매우 제한적이다.

국가중심이론의 주장대로 미국은 분권화되어 중앙정부의 권력이 상대적으로 미약하고, 행정부와 입법부가 갈등 관계에 있을 때가 많다. 그렇지만, 국가자율성과 능력 혹은 국가의 조직상의 특징과 같은 요인들을 가지고 유럽이나 다른 지역에서의 복지국가의 발달에 대해 어느 정도나 설명할 수 있겠는가? 예를 들어서, 국가중심이론의 주장과는 달리 중앙집권제이면서 국가의 자율성과 능력이 뛰어남에도 불구하고 복지국가의 발달이 지체되는 국가들이 적지 않다. 권위주의적 정치성향이 강한 한국이나 대만, 혹은 일부 남미국가들이 좋은 사례이다. 또한, 관료의 능력이나 전문성을 어떻게 측정할 수 있을지 모르지만, 유럽 국가들에 비해 미국이나 캐나다의 복지수준이 낮은 이유를 관료들의 능력과 전문성의 차이 때문으로 생각할 수는 없을 것이다. 전반적으로 볼 때, 국가중심이론은 미국 중심적이며, 미국에는 어느 정도 적용될 수 있을지 몰라도 복지국가의 발달을 설명하는 일반이론이 되기는 어렵다.

3) 막스 베버와의 관련성

국가중심이론은 사회복지정책을 설명하는 데 있어서 국가의 구조적 특징과 관료집단에 초점을 둔다. 사회복지정책은 사회적 필요성의 증가, 특정 사회집단의 요구, 체제의 유지 등의 사회적 요구로부터 시작될 수는 있지만, 사회복지정책의 결정을 설명하는 데 있어서 고려해야 할 가장 중요한 요소는 관료집단을 비롯한 국가의 구조적 특징이라는 것이다. 이와 같이 국가의 자율성을 적극적으로 인정하고 모든 사회세력들에 대한 국가의 구속력을 강조하는 국가중심이론은 고전 사회학자들 가운데서 막스 베버의 견해를 따르고 있다.

막스 베버는 복지국가를 가부장주의의 산물, 혹은 지배엘리트의 통치수단으로 간주하면서 개인의 의존성을 조장하고 개인의 자유를 억압하는 부정적인 존재로 평가한다. 국가중심이론은 복지국가를 이런 식으로 간주하거나 평가하지 않는다. 국가중심이론은 막스 베버와 같이 복지국가에 대해 부정적인 평가를 내린 적이 없으며, 오히려 복지국가의 발달을 바람직한 현상으로 간주하는 경향을 보였다. 이런 점에서 국가중심이론은 막스 베버의 복지국가이론과는 관련이 없다.

그럼에도 불구하고, 국가중심이론이 막스 베버의 후계자인 이유는 양자 모두가 국가의 자율성과 국가의 능력, 그리고 정책결정과정에서 관료집단의 적극적인 역할을 강조하기 때문이다. 막스 베버는 칼 맑스의 견해를 비판하면서 국가가 사회계급에 의해 통제되는 것이 아니라 지배계급을 포함한 모든 사회계급이 국가에 의해 지배된다고 주장했다. 국가중심이론은 이와 같이 국가의 자율성과 능력을 강조하는 막스 베버의 견해를 그대로 이어받았다. 테다 스카치폴은 국가중심이론을 확립하는 과정에서 사회정책이 지배계급의 이해를 반영한다거나 자본주의체제 유지의 필요성 때문에 만들어졌다는 맑스주의의 견해를 비판하고 있는데, 이것은 칼 맑스의 견해에 대한 막스 베버의 비판과 궤를 같이하는 것이다.

국가중심이론은 국가의 자율성과 능력의 근거에 대한 설명도 막스 베버에게서 가져왔다. 막스 베버에 따르면, 근대사회에서는 권력이 행정적 절차들을 통해 행사된다는 점에서 정부의 중요한 정치적 결정은 관료들의 손에 달려있으며, 근대국가에서의 실질적인 통치자는 정치가나 대중 혹은 기업가들이 아니라 필연적으로 관료기구일 수밖에 없다고 한다. 또한, 국가의 업무를 담당하는 관료집단이 실질적인 권력을 쥐고 있다는 점에서 국가는 자율성과 능력을 지니게 된다고 한다. 나아가서, 막스 베버는 관료집단이 관료조직의 확대나 권력의 강화와 같은 독자적인 이해관계를 지니며 자신의 우월한 지위를 바탕으로 하여 자신의 이해관계를 정책에 반영시킨다고 주장한다. 막스 베버의 이러한 주장들은 국가중심이론에서 그대로 반복되고 있다.

결국, 복지국가이론에 한정해서 보면 국가중심이론과 막스 베버 간에는 공통점이 없지만, 국가와 사회계급 간의 관계나 정책결정과정에서의 관료집단의 역할에 대한 견해에서는 국가중심이론이 막스 베버를 그대로 따라가고 있다. 막스 베버가 복지국가이론을 제대로 정립하지 않은 것처럼 국가중심이론도 복지국가의 발달에 대한 보편적인 이론을 만들어내는 데에는 커다란 관심이 없었다. 양자의 학문적 관심은 사회정책이라는 연구대상보다는 국가와 사회계급 간의 관계에 대한 이론적 주장에 있었던 것이다. 무엇보다도, 막스 베버와 국가중심이론의 연관성은 테다 스카치폴을 비롯한 국가중심이론가들이 스스로를 (신)베버주의자라고 부르는 데서 잘 드러난다.

Chapter 11
신자유주의

1. 신자유주의의 개념과 배경

1) 신자유주의의 개념

신자유주의(neoliberalism)는 개인의 경제적 자유, 혹은 자유로운 시장경제를 최고의 가치로 여기는 이데올로기이다. 여기서 경제적 자유 혹은 자유로운 시장경제란 개인들이 자신들의 소유물(노동력, 지식, 자본, 자연자원 등)을 스스로의 의지에 따라 자유롭게 교환할 수 있는 상태를 말한다. 신자유주의에 따르면, 자유로운 시장경제하에서 개인은 자신의 이익극대화를 추구한 결과 자신이 원하는 최선의 것을 얻게 되고, 이를 통해 사회전체의 이익이 극대화된다고 한다. 또한, 시장은 외부의 간섭이 없는 한 사회적 자원을 가장 효율적으로 배분하여 모든 사회구성원들에게 최대의 만족을 주는 곳이며, 모든 사회구성원들에게 각자가 사회에 기여한 만큼의 보상을 제공해 주는 공평한 곳이기도 하다. 이런 점에서 신자유주의는 시장의 자유로운 작동을 방해하는 어떤 이데올로기나 정치체제에도 반대한다.

신자유주의는 다양한 이론들과 이념들로 구성되어 있는 복합적인 이데올로기이다. 신자유주의라는 용어가 처음 만들어진 1930년대 이래로 신자유주의를 실질적으로 주도하고 있는 경제학 분야에만 하더라도 오스트리아 학파, 통화주의, 공공선택이론 등이 이 범주에 포함되며, 정치학, 국제정치경제학, 사회이론 등에서도 신자유주의에 포함되는 다양한 견해들이 존재한다(Campbell and Pedersen, 2001; Pratt, 1997). 흥미로운 것은 이들의 대부분이 신자유주의라는 용어 대신에 자유주의 혹은 자유지상주의라는 용어를 선호한다는 점이다(Turner, 2008 : 6).

신자유주의의 범주에 속하는 모든 이론들은 개인의 자유와 자유로운 시장경제를 최고의 가치로 여기고, 이러한 자유를 방해하는 모든 것들을 비판한다. 그들은 19세기 동안 서구사회를 풍미했던 고전적 자유주의의 전통을 잇고 있는 것이다. 개인 자유의 극대화, 시장에 대한 국가의 개입 최소화, 모든 사람들의 법 앞의 평등을 주장한다는 점에서 신자유주의는 고전적 자유주의를 따르고 있으며, 일부 학자들은 신자유주의를 고전적 자유주의의 현대적 화신이라고 부른다(MacEwan, 1999 : 4).

그렇지만, 신자유주의는 몇 가지 점에서 고전적 자유주의와 구분된다. 첫째, 고전적 자유주의와 신자유주의는 이론적인 공격의 대상이 다르다. 18세기에 시작된 시민사회와 자유시장의 형성기를 배경으로 나타난 고전적 자유주의의 가장 큰 공격대상은 그 당시 서구사회를 지배하고 있었던 절대주의 국가였다. 절대주의 국가가 중상주의 정책을 통해 시장에서의 자유경쟁을 방해하고 권위주의에 기초하여 시민들의 자유를 억압하였기 때문이다. 이런 점에서 고전적 자유주의는 그 당시 성장의 초기단계에 있었던 시민계급의 사회변혁 이념이었다.

반면에, 신자유주의의 주요 공격대상은 20세기에 등장한 복지국가이다. 신자유주의의 관점에서 볼 때 복지국가는 개인생활의 보장과 사회질서의 유지를 명분으로 개인의 자유(특히, 경제적 자유)를 침해하고 시장의 자유로운 작동을 방해하며, 평등과 사회정의의 명분으로 일부 계층의 기본적인 권리(자유 및 재산권)를 부정하는 차별적인 체제이다. 이와 같이 자유주의의 기본이념을 훼손한다는 점에서 복지국가는 신자유주의의 공격대상이 된다. 신자유주의는 복지국가체제를 변화시키려는 개혁적인 이념이면서 동시에 시장경제체제를 유지시키려는 보수적인 이념이다.

둘째, 고전적 자유주의와 신자유주의는 국가의 역할에 대한 견해가 서로 다르다. 고전적 자유주의의 관점에서 볼 때 절대주의 국가와 같이 강력한 국가는 시민사회와 시장에 개입하여 개인의 자유와 시장의 자유를 제한하고 속박하는 존재이다. 고전적 자유주의는 절대주의 국가에 대항하여 야경국가 혹은 자유방임국가를 주장한다. 야경국가는 개인생활과 시장에 깊숙하게 개입할 수 없을 정도로 허약하며, 국방과 치안, 혹은 개인의 자유와 사유재산을 보호하는 정도의 기본적인 역할만을 수행한다. 이런 식으로 고전적 자유주의는 국가가 시민사회와 시장에 개입할 여지를 가능하면 축소하려고 한다.

이에 반해서, 신자유주의는 강력한 국가를 요구한다. 복지국가에는 이미 복지수급자와 복지관료, 정치인 등의 다양한 이해관계가 발달해 있고 노동조합과 같은 강력한 이익집단이 존재한다. 자유시장을 방해하는 복지국가를 축소 내지는 해체하려면 이러한 사회세력들과의 투쟁을 승리로 이끌 수 있는 강력한 국가가 필요하다는 것이다. 이와 같이 신자유주의에게 있어서 강력한 국가는 개인의 자유를 보장하고 시장의 자유를 복원하는 데 있어서 필수적인 조건이다. 이와 같이 강력한 국가를 선호한다고 해서 신자유주의가 개인생활과 시장에 대한 국가의 개입을 용인하는 것은 아니다. 신자유주의에 따르면, 국가는 복지국가의 이해관계자들을 이겨낼 수 있을 정도로 강력해야 하지만 절대로 시장의 자유로운 작동을 방해해서는 안 되는 것이다.[1]

---

1) 이와 같이 신자유주의는 자유주의적 요소와 보수주의적 요소가 혼재해있다. 몇몇 연구자들이 지적하듯이 "신자유주의 사상에는 모순이 존재"하는 것이다(Giddens, 1994 : 9, 40-1). 자유주의의 관점에서 볼 때 개인주의와 시장의 자유를 확대하게 되면 가족·종교·민족·국가 등의 전통적인 제도들은 해체되거나 별로 중요하지 않은 존재로 전락해야 한다. 그렇지만, 이러한 전통적인 제도들과 상징들은 개인들의 원자화로 인해 발생하게 될 사회분열의 방지를 위해 필수적인 것이기 때문에 신자유주의는 이 제도들의 중요성을 강조하고 있는 것이다. 이러한 모순은 신자유주의의 사상적 지주인 프리드리히 폰 하이에크)에게서도 발견된다. 어떤 학자에 따르면, 하이에크는 인간의 조건을 향상시키기 위해 이성을 사용하려는 욕구(자유주의)를 갖고 있음과 동시에 선한 사회의 기초로서의 전통과 관습을 강조하고 있다고 한다(Tomlinson, 1995 : 21).

2) 신자유주의의 발흥

신자유주의라는 용어는 1930년대에 독일의 경제학자인 알렉산더 뤼스토브(Alexander Rüstow)가 고안한 것으로서 자유주의를 현대사회에 맞게 재해석한다는 의미를 지니고 있었다(Turner, 2008 : 4). 이 당시는 전 세계적으로 자유주의와 시장경제를 위협하는 두 가지 사회현상이 두드러졌다. 우선, 소비에트 러시아를 중심으로 사회주의체제가 확립되기 시작했다. 이에 대해 신자유주의는 사회주의를 개인의 자유를 억압하는 전체주의체제로 비판하였다. 다음에, 더욱 중요한 것으로서, 1920년대 말의 세계대공황 이래로 선진산업국가들에서는 각종 복지정책과 노동정책이 앞 다투어 도입되면서 복지국가가 급속하게 확대하였다. 신자유주의는 복지국가가 개인의 자유와 자유 시장체제를 크게 위축시킨다고 비판하였고, 복지국가의 축소 내지는 해체를 주장하였다.

국가개입과 중앙집권적 계획경제의 위험성을 경고함으로써 신자유주의의 이론적인 근원을 제공하였던 프리드리히 폰 하이에크(Friedlich von Hayek)의 『예종에의 길』이 1944년에 출판되었다는 데에서 알 수 있듯이,[2] 개입주의 복지국가에 대한 자유주의의 비판이 시작된 것은 이미 오래전의 일이었다. 그렇지만, 2차 세계대전 이후부터 1960년대의 이른바 복지국가의 황금기에 이르기까지 선진산업국가들은 경제호황을 누렸고 복지제도도 지속적으로 확장되었기 때문에 신자유주의의 주장은 학문적으로나 사회적으로 커다란 반향을 일으키지 못했다.

이러한 상황은 1970년대 들어 석유파동에 이은 세계경제불황의 도래에 따라 반전된다. 경제생활의 불안으로 인해 선진산업국가들의 중간계층 시민들은 세금과 사회보장기여금을 과도한 것으로 여기게 되었고, 복지확대를 주장

---

2) 이 책은 주로 사회주의에 대한 비판을 목적으로 하였지만, 복지국가에 대한 언급도 일부 있었다. 예를 들어서, 프리드리히 폰 하이에크는 복지국가가 개인을 가부장적이고 권위주의적인 체제에 밀어 넣는다는 점에서 자유를 위협하고, 시장과는 달리 국가를 통해 제공되는 복지는 개인적 선호도를 반영하지 못한다고 비판하였다(Hayek, 1944 : 100).

하는 사회민주당에게서 등을 돌렸다. 이에 따라서, 영국과 미국에서는 보수 정당을 대표하는 대처수상과 레이건 대통령이 집권하였고, 1980년대 초반이 되면 대부분의 서구국가들에서도 보수주의 정당이 지배하게 되었다.

이러한 복지국가의 위기시대가 도래하면서 복지국가의 확대로 인해 시장의 효율성이 크게 떨어졌고 경제불황의 타개는 복지국가의 축소를 통해서만 가능하다는 신자유주의의 주장이 설득력을 얻게 되었다. 프리드리히 폰 하이에크는 자신의 대표작인 『예종에의 길』이 세상에 나온 지 30년, 그리고 또 다른 핵심저작인 『자유의 헌정』이 저술된 지 10여 년이 지난 1974년이 되어서야 노벨 경제학상을 받았고, 그와 함께 신자유주의의 부흥을 주도하였던 밀턴 프리드먼(Milton Friedman)도 자신의 대표작인 『자본주의와 자유』가 출간되고 나서 10여 년이 지난 1976년에야 노벨 경제학상을 수상하였다. 이러한 사실은 신자유주의가 현실 정치에서뿐 아니라 학계에서도 득세하였다는 것을 압축적으로 잘 보여준다.

이후 신자유주의는 전 세계의 지배적인 이념으로 급속도로 부상했다. 1990년대 들어서는 세계적으로 의미가 있는 두 가지 현상들의 출현으로 인해 신자유주의의 지배력이 더욱 강화되었다. 첫째는 1980년대 말 사회주의 국가들의 몰락이다. 이로 인해 계획경제에 대한 자유시장경제의 우위성이 확인되었고, 시장에 대한 국가의 개입을 추구하는 복지국가에 대한 신자유주의의 비판이 더욱 설득력을 얻었다. 둘째는 세계화의 급진전이다.[3)] 세계화가 진행되면 될수록 모든 국가들은 더욱더 시장을 개방할 수밖에 없으며, 시장이 개방되면 될수록 자유경쟁이나 경제효율성과 같은 신자유주의의 가치들이 더욱 존중받게 된다.

현재 신자유주의 이념의 지배력은 과거에 비해 하락하였다. 신자유주의 구조개혁의 결과 사회양극화와 같은 많은 부작용이 발생했고, 적지 않은 대중

3) 한 연구자에 따르면, 1990년대 들어 미국 경제가 부흥한 이후 신자유주의는 세계화와 깊은 연관을 맺게 되었다고 한다(Gamble, 2001 : 133).

들이 슬로건으로서의 신자유주의에 대해 의심의 눈초리를 보내고 있기 때문이다. 2000년 이후 많은 서구국가들에서 사회민주주의정당이 다시 정권을 획득하였다는 것이 이것을 잘 말해준다. 그렇지만, 복지국가의 축소를 통한 경제효율성의 복원이라는 신자유주의의 주장은 여전히 모든 선진산업국가들의 사회정책에 강력한 영향력을 행사하고 있다. 2010년대 들어 신자유주의의 정치적 지배력이 다소 약화되고 있음에도 불구하고 사회정책에서는 신자유주의의 색채가 여전히 짙게 남아있다.

2. 신자유주의의 사회이론

다양한 이론들과 이념들의 합성체인 신자유주의에는 수많은 이론가들이 있다. 이 글에서는 프리드리히 폰 하이에크와 밀턴 프리드먼을 중심으로 신자유주의의 사회이론과 복지이론을 소개한다. 오스트리아 출신의 프리드리히 폰 하이에크(1899~1992)는 경제학자이면서도 자유, 평등, 사회정의, 국가, 시민권, 민주주의 등 사회과학의 폭넓은 주제에 대해 깊은 통찰력을 보였고, 신자유주의이론의 실질적인 기초를 놓았다. 밀턴 프리드먼(1912~2006)은 미국출신의 경제학자로서 통화주의를 주장하여 케인즈주의를 정면 비판했고,[4] 프리드리히 폰 하이에크와 함께 시카고학파를 주도하여 시장자유주의의 확산에 기여했다. 두 학자는 논쟁을 매우 즐겨했고, 현실 정치에 관심이 많았으며, 노벨 경제학상을 수상했다는 공통점을 지닌다.

4) 통화주의(monetarism)란 케인즈주의 복지국가에서와 같이 정부지출의 증감을 통해서가 아니라 이자율의 인상과 인하를 통해 통화 공급을 조절함으로써 경제를 통제하는 경제이론으로서 통화 공급을 통해 균형예산을 실현하게 되면 낮은 인플레이션과 낮은 실업률, 그리고 지속적인 성장이 가능하다고 한다.

1) 자유와 민주주의

신자유주의는 개인의 자유를 중시한다. 신자유주의가 말하는 자유는 개인이 사적 영역에서는 외부의 어떤 간섭이나 강요도 받지 않고 자신의 목적을 선택하고 추구할 수 있는 것을 의미한다. 즉, 신자유주의에서 말하는 자유는 자유의 형태에 대한 이사야 벌린(Isaiah Berlin)의 구분에 따르면 소극적 자유 혹은 부정적 자유(negative freedom)인 것이다(Pratt, 1977 : 40-1). 신자유주의는 소극적 자유가 완전하게 보장되는 한 어떤 개인의 선택의 결과에 대한 책임은 온전히 그 개인에게 있다고 주장한다.[5] 신자유주의에 따르면, 소극적 자유는 모든 개인들에게 동등하게 보장된 선천적인 권리라고 한다.

이에 반해서, 신자유주의는 개인 스스로가 원하는 것을 실행하거나 성취할 수 있다는 것을 의미하는 적극적 자유 혹은 긍정적 자유(positive freedom)의 개념에는 반대한다. 스스로가 원하는 것을 성취하려면 돈이나 적절한 환경 등의 자원이 필요한데, 이러한 자원은 모든 사람들에게 동등하게 분배되어 있지 않기 때문이다. 적극적 자유를 모든 이들에게 보장하려면 사회적 자원을 동등하게 분배해야 하는데, 이렇게 하려면 국가가 일부 사람들의 자원을 빼앗아 다른 사람들에게 나누어주어야 한다. 이것은 국가가 일부 사람들의 경제적 자유를 침해하는 것이고, 모든 사람들에게 동등하게 보장된 소극적 자유를 제한하는 것이다.

적극적 자유를 주장하는 사람들(주로 복지국가 지지자들)에 따르면, 빈곤층은 자원의 부족으로 인해서 스스로가 원하는 것을 실행할 수 있는 자유가 제한된다고 한다. 이에 대해서 신자유주의는 개인의 자유에 대한 침해는 의도적인 것이어야 하지만 빈곤은 자유시장의 의도하지 않은 결과라는 점에서 개인의 자유에 대한 침해가 될 수 없다고 반박한다. 빈곤의 책임이 개인에게 있다는 점에서 개인의 빈곤은 외부에 의해 강제된 것이 아니며, 국가가 일부

5) 프리드리히 폰 하이에크에 따르면, "자유는 개인이 자신의 행동의 결과를 책임질 것을 요구"한다고 한다(Hayek, 1960 : 71).

사람들의 적극적 자유를 확대시키기 위해 모든 사람에게 동등하게 보장된 소극적 자유를 부정할 수 없다는 것이다(Hayek, 1960 : 113-4).

신자유주의는 다양한 형태의 개인적 자유 가운데서 특히 경제적 자유를 중시한다. 여기서 경제적 자유란 자신의 소득과 재산을 외부의 간섭 없이 자신의 뜻대로 사용할 수 있는 자유를 말한다. 신자유주의에 따르면, 시장경제 사회에서는 이러한 경제적 자유가 모든 형태의 자유의 기초를 이룬다고 한다. 경제적 자유가 없는 사회주의국가나 나치 등의 전체주의국가들에서는 정치적 자유와 사회적 자유도 부정된다는 것이다(Hayek, 1944 : 70-1, 100).

나아가서, 신자유주의는 경제적 자유를 유지하기 위해서는 정치적 자유나 사회적 자유가 일시적으로 제한될 수 있다고 주장한다. 예를 들어서, 어떤 국가의 시장경제가 매우 불안정하여 사회가 혼란스럽다면 시장경제의 회복을 위해 국가가 독재나 권위주의적인 조치를 취할 수 있다는 것이다. 실제로, 프리드리히 폰 하이에크는 시장사회를 유지하기 위해 필요하다면 강력한 국가개입 조치들이 사용되는 것을 용인한다고 했으며(Hayek, 1944 : 36-7), 1980년대에는 밀턴 프리드먼과 함께 칠레의 시장경제 회복을 위해 피노체트 독재정부에게 조언을 제공하였다. 그들에 따르면, 칠레의 폭력적인 독재체제가 경제적 자유를 침해하는 민주주의체제들보다 더 자유주의적이며, 경제적 자유에 헌신하는 권위주의 체제는 결국에는 민주주의로 변신하게 된다고 한다(Antonio, 2012 : 572).

또한, 신자유주의는 민주주의보다는 자본주의 시장경제를 더 중시하며,[6] 민주주의에 반대하지는 않지만 민주주의의 특징인 다수결의 원칙에 내포된 강제성에 대해서는 비판한다. 다수가 소수에게 무엇인가를 강제하는 것을 의미하는 다수결의 원칙은 모든 사람에게 동등하게 보장된 소극적 자유를 침해하는 것이기 때문이다. 특히, 복지국가정책은 재산과 소득 수준이 낮은 다수가 선호하는 정책으로서 다수결의 원칙이라는 미명하에 소수에게 강제적으

6) 프리드리히 폰 하이에크에게 있어서는 민주주의보다는 자본주의의 방어가 더 중요했다. 왜냐하면 "자본주의만이 민주주의를 가능하게 하기" 때문이다(Hayek, 1944 : 63; Turner, 2008 : 66).

로 세금을 많이 걷음으로써 그들의 경제적 자유를 침해한다. 신자유주의 이론가들은 자유를 평등의 요구에 종속시킨다는 것이 바로 민주주의의 문제라고 한다(Griggs, 1991 : 39; Miller, 2010 : 89).

2) 평 등

신자유주의는 모든 개인들이 소극적 자유의 측면에서 평등하다고 주장한다. 이와 함께, 신자유주의는 '법 앞의 평등'을 주장한다. 모든 개인들은 법에 의해 동등한 취급을 받아야 한다는 것이다. 이와 같이 신자유주의는 평등 그 자체에 대해서는 반대하지 않으며 평등의 개념이 자유의 개념과 충돌하지 않는 것으로 간주한다. 평등은 자유의 부산물이며, 자유와 평등은 동전의 양면과 같다는 것이다(Friedman and Friedman, 1980 : 159).

다양한 평등의 개념들 가운데서 신자유주의는 기회의 평등을 지지한다. 여기서 기회의 평등이란 모든 개인들이 자신의 목표를 성취하기 위해 자신의 능력을 발휘하는 과정에서 어떤 외적 간섭이나 장애를 받지 않을 권리를 동등하게 갖는다는 의미이다(Hayek, 1960 : 116). 신분이나 성, 인종, 종교 등의 기준을 가지고 특정 집단을 의도적으로 차별하는 외적 장애물을 제거하면 개인들은 동등한 조건에서 경쟁할 수 있게 되고, 보상은 순수하게 개인적 능력에 비례하게 되는 것이다. 신자유주의에 따르면, 모든 개인이 외적 간섭이나 차별을 받지 않고 자신의 능력을 발휘할 기회를 갖도록 한다는 점에서 기회의 평등은 개인의 자유를 침해하지 않을 뿐 아니라 오히려 자유의 본질적인 구성요소가 된다고 한다(Friedman and Friedman, 1980 : 132).

반면에, 신자유주의는 차별적 요인들의 제거 수준을 넘는 기회의 평등 정책에 대해서는 반대한다. 예를 들어서, 많은 국가들에서 기회의 평등 정책은 교육과 직업훈련프로그램의 제공을 통해 사회적 약자들의 인적자본을 강화하는 것을 포함한다. 사회적 약자들이 가정환경의 불리함 등으로 인해서 능력을 개발하고 발휘할 기회가 적었기 때문에 시장에서 다른 사람들과 동등한 조건으로 경쟁하려면 그들의 인적자본을 인위적으로 향상시켜 주어야 한다는 것이다. 신자유주의는 이런 식의 정책이 특정집단에게만 혜택을 주는 차별적인 조치라고 비판한다. 모든 사람들이 법에 의해 동등한 취급을 받아야 한다는 '법 앞의 평등'의 원칙에서 어긋난다는 점에서 특정집단에게만 편의를 제공하는 기회의 평등 정책은 지양되어야 한다는 것이다(Hayek, 1960 : 117).

이와 마찬가지로, 신자유주의는 시장에서의 불평등을 시정하고 결과의 평등을 성취하려는 모든 조치들에 대해서 반대한다. 이에 대해서 신자유주의는 몇 가지 근거를 제시한다. 첫째, 결과의 평등을 이루기 위해서는 소득과 재산이 많은 사람에게서 소득과 재산이 적은 사람에게로 자원을 이전시켜야 하는데, 이것은 일부 계층의 경제적 자유를 침해하는 것이다. 사회주의에서와 마찬가지로 복지국가들에서도 결과의 평등의 이름으로 개인적 자유가 제한된다는 것이다(Friedman and Friedman, 1980 : 134-5).

둘째, 모든 사람은 동등하게 태어나지 않았으며, 인간의 특징은 바로 그 차별성에 있다(Hayek, 1960 : 87). 이러한 차별성은 유전과 양육환경의 차이에서 발생한다. 즉, 생물학적으로 사람들은 능력이나 소질에서 차이가 있으며, 가정환경과 같은 양육환경의 차이로 인해 어떤 사람은 다른 사람에 비해 소질과 능력을 개발할 기회를 더 많이 제공받는 것이다(Miller, 2010 : 77-8). 이와 같이 서로 다른 사람들이 시장에서 자신의 이익극대화를 위해 노력한 결과 소득과 재산에서의 불평등이 발생한다. 시장에서의 불평등은 개인의 능력과 기여도에 따라 자원이 배분된 결과인 것이며, 이러한 공평한 결과를 인위적으로 조정하는 것은 개인들의 능력과 노력을 무시하는 부당한 조치이다.[7)]

셋째, 사회불평등은 경제성장과 사회의 역동성 유지를 위해서 필수적이다.

---

7) 시장에서의 불평등을 시정하려는 결과의 평등정책에 대해서 신자유주의는 다음과 같은 논리로 비판한다. 모든 사람들의 타고난 재능이 다른 것처럼 모든 사람들의 사회적 배경도 다르다. 재능이 부모로부터 물려받은 것인 것처럼 재산도 그러하며, 소득재분배 정책을 통해 재산과 소득을 강제적으로 재분배하는 것은 뛰어난 재능을 갖고 태어난 사람들에게 일반인에 비해 적은 연습시간을 허용함으로써 이들이 자신의 능력을 최대한 발휘하지 못하도록 차별하는 것과 마찬가지이다(Friedman and Friedman, 1980 : 136).

시장에서의 차별적인 보상으로 인해서 상위계층의 사람들은 자신의 자리를 지키기 위해서, 그리고 하위계층의 사람들은 상위계층으로 이동하기 위해서 자신의 잠재력을 최대한 발휘하고 자신에게 주어진 기회를 살리기 위해 최대한 노력하기 때문이다. 이런 점에서, 시장이 만들어 내는 불평등한 보상은 역동적이고 성장하는 사람을 위한 필요조건이며(Hayek, 1976 : 80-4), 사회불평등을 인위적으로 수정하려는 조치는 개인과 사회의 향상을 억누르고 방해하는 결과를 낳는다고 한다.

마지막으로, 사회불평등은 하위계층에게 어떤 식으로 살아야 사회적 성공을 가져오는가를 가르쳐준다(Hayek, 1960 : 85). 하위계층은 상위계층이 어떻게 살고 행동하는가를 모방하여 자신을 고쳐나가며, 이를 통해 계층이동의 가능성을 높이는 것이다. 이와 함께, 부자들은 의도적으로 그런 것은 아니지만 다른 사람들이 자신의 생활스타일을 모방하도록 자극한다. 이러한 모방의 결과 부자들만이 누렸던 고급제품에 대한 사회적 수요가 증가하여 제품의 가격이 하락하고, 사회 전반적으로 생활수준이 향상된다. 오늘날의 빈곤층이 과거에 비해 상대적으로 풍요로운 물질적 혜택을 누리는 것은 바로 사회불평등 때문이다(Miller, 2010 : 83).

결국, 신자유주의에 따르면, 사회불평등은 개인의 차별성에 따른 공평한 결과이며, 개인의 자유라는 최고의 가치를 위해서 용인되어야 하는 것이다. 또한, 사회불평등은 개인의 잠재력 발휘나 경제성장, 혹은 사회 전반적인 생활수준 향상을 위해 필수적인 것이기도 하다. 사회불평등은 하위계층에게 빈곤으로부터 탈출하도록 자극함과 동시에 시장경제를 활성화하여 사회적으로 부와 직업을 증가시킴으로써 빈곤 감소에 기여한다는 것이다. 신자유주의 이론가들에 따르면, 사회불평등의 완화 혹은 해소를 목표로 했던 사회주의와 복지국가에서 오히려 빈부격차가 더 심해졌고, 결과의 평등을 자유보다 중시하는 사회는 평등도 자유도 잃는 반면에, 자유를 가장 중시하는 사회는 그 부산물로서 보다 많은 자유와 보다 많은 평등을 누리게 된다고 한다(Friedman and Friedman, 1980 : 146-9).

3. 신자유주의의 사회정책

1) 복지국가 비판

신자유주의는 사회불평등을 줄이려는 결과의 평등 개념을 비판하는 것과 같은 맥락에서 복지국가에 대해 비판한다. 신자유주의가 비판하는 복지국가는 강력한 소득재분배 정책의 시행을 통해 사회불평등의 완화를 추구하는 보편주의적 복지국가, 즉 케인즈주의 복지국가를 말한다. 신자유주의에 따르면, 이러한 소득재분배 정책은 시장의 자유로운 작동과 개인의 자유를 심각하게 침해하고, 시장의 효율성과 사회전체의 역동성을 떨어뜨린다고 한다. 복지국가에 대한 신자유주의의 비판은 다음과 같이 요약된다.

우선, 복지국가는 강제적인 소득재분배 정책을 시행함으로써 일부 개인들의 경제적 자유를 제한할 뿐 아니라 관료적인 강제를 통해 복지수급자의 자율성을 침해한다. 복지국가가 제공하는 각종 급여들의 종류와 수준은 복지관료에 의해 결정되고, 수급자 개인들의 요구는 반영되지 않는다. 수급자는 자신에게 필요한 서비스나 급여를 선택할 수 없으며 관료적인 결정에 따라야만 하는 것이다. 이와 같이 중앙집권적인 관료적 권위에 대한 개인의 복종을 요구한다는 점에서 복지국가는 개인들을 종속의 길(road to serfdom)로 이끈다(Hayek, 1944 : 100; Hayek, 1976 : 69).

다음에, 복지국가는 복지관료나 정치인이 개인들의 욕구들을 잘 알고 있고, 그러한 욕구들을 합리적으로 충족시킬 방법을 잘 알고 있는 것을 전제로 한다. 그렇지만, 자유로운 개인들이 다양하게 상호작용하는 사회는 너무 복잡하기 때문에 이러한 전제들은 잘못된 것이다. 누구도 모든 정보를 가질 수 없고, 누구도 개개인의 복지욕구를 제대로 충족시킬 방법을 알 수 없는 것이다. 아담 스미스가 '보이지 않는 손'의 개념을 통해 주장하듯이 사회적 복리는 시장에서 일상적으로 발생하는 수많은 자기 이익추구 활동에 의해 의도되지 않게 효과적으로 충족되며, 합리적인 계획이 아니라 시장을 통해 유지되는 자발적인 질서가 일반적인 복지의 향상에 훨씬 더 유리한 것이다(Antonio, 2012 : 571; George and Wilding, 1994 : 17; Turner, 2008 : 23).

셋째로, 복지국가는 사회구성원 모두를 위한 사회정의를 추구한다는 명목을 내걸지만 실제로는 사회의 일부집단을 차별한다. 기여에 따라 보상을 제공하는 시장과는 달리 복지국가에서는 국가가 설정한 자격에 따라 보상이 제공되는데, 이것은 하위계층과 특정집단에 대해서는 혜택을 주지만 상위집단에 대해서는 불이익을 주는 것을 의미한다. 복지국가가 사용하는 재분배정책은 소득의 정도에 따라 상이한 법률을 적용함으로써 '법 앞의 평등'이라는 기본 원칙을 위반하는 차별적인 조치인 것이다(Hayek, 1960 : 93, 311).

넷째로, 복지국가는 세금 및 사회보장기여금에 대한 시민들과 기업들의 부담을 크게 증가시킨다. 그 결과, 기업의 고용의욕과 기업가의 투자의욕 및 일반시민의 근로의욕이 훼손되고, 누진적 성격의 소득세로 인해서 더욱 무거운 부담을 느끼는 유능한 인재들이 해외로 유출된다. 또한, 일반적으로 가처분소득이 많은 고소득층은 저축을 많이 하는 반면에 저소득은 소비에 주력하기 때문에, 빈곤층에 대한 보다 많은 소득재분배는 사회적으로 보다 많은 소비와 보다 적은 저축을 의미하며, 이로 인해 사회 전체적으로 저축률과 투자수준이 저하된다. 이러한 요인들이 복합적으로 작용하면 경제성장이 둔화되고, 높은 인플레이션과 높은 실업률, 그리고 경제불황의 악순환이 반복된다(Friedman and Friedman, 1980 : 101; MacEwan, 1999 : 73).

다섯째로, 관료적인 복지기구는 그 독점적 지위로 인해서 효율성 문제에 전혀 관심을 갖지 않는다. 시장의 행위자들은 경쟁에서 이기기 위해 보다 저렴한 가격으로 보다 나은 서비스를 제공하려고 노력하며, 그 결과 소비자들에게 더 많은 이익을 가져다준다. 반면에, 생존경쟁의 위협에서 완전히 벗어나 있는 복지국가는 효율성 향상을 위한 동기를 전혀 갖지 않기 때문에 산출(생활향상)에 비해서 비용을 과다하게 지출한다(Friedman and Friedman, 1980 : 116-7).[8)]

마지막으로, 공공선택이론에 따르면, 복지서비스는 그 제공자나 수급자 모두에게 재정적인 부담을 지우지 않기 때문에 정치인·일반시민·복지관료들은 공동의 선을 위해서가 아니라 자신의 이익을 위해 복지지출을 선호한다. 정치인들은 선거에서 표를 얻기 위해 복지확대에 동의하고, 유권자인 일반시민들은 더 많은 혜택을 받기 위해서 복지확대를 지지한다. 복지관료들은 스스로가 강력한 이익단체로서 조직과 인원의 확대를 추구하며, 이 때문에 복지확대에 동의한다. 게다가 정부가 복지공급을 많이 하면 할수록 복지에 대한 사회적 요구는 더욱 늘어나는 과부하의 경향이 있기 때문에, 복지확대정책이 다시 복지확대정책을 불러오는 것이다. 이런 식으로 복지는 사회적으로 꼭 필요하지 않아도 확대되는 경향이 있으며, 이를 통해 사회적 자원을 낭비한다(Deakin, 1987 : 159; George and Wilding, 1994 : 19; Niskanen, 1996).

2) 복지정책이론

이상과 같이 신자유주의는 복지국가가 개인의 자유와 법 앞의 평등이라는 기본원칙을 훼손하고 비효율성과 비용과다지출의 문제를 지니고 있다는 점에서 축소 내지는 해체되어야 한다고 주장한다. 실제로, 어떤 신자유주의 이론가는 재산을 재분배하기 위해 권력을 사용하는 정부들의 시도들을 도둑질의 한 형태로 보고 조세징수를 노예의 한 형태로 간주하면서 시장부문에서의 국가개입을 전면 중단하고 모든 형태의 복지제도를 철폐할 것을 주장하기도 한다(Nozick, 1977). 그렇지만, 이런 식의 극단적인 주장은 예외적인 것이며 대부분의 신자유주의 이론가들은 복지국가의 완전해체를 주장하지는 않는다. 다만, 복지제도를 어느 정도나 허용할 것인가에 대해서는 서로 간에 이견이 있다.

---

8) 이들은 영국의 의료제도인 NHS(National Health Service)를 예로 들면서, 한때 영국 복지국가의 상징처럼 여겨졌던 NHS가 비용이 늘어나고 대기자명단이 길어지는 등의 문제점을 노출하고 있다고 지적한다 (Friedman and Friedman, 1980 : 128).

(1) 공공부조

신자유주의는 원칙적으로 시민생활과 시장에 대한 국가의 개입을 최소화하고자 한다. 국가개입의 증가는 강제성의 부과를 통한 개인적 자유의 제약와 시장효율성의 저하를 가져오기 때문이다. 신자유주의의 관점에서 볼 때 치안이나 국방과 같이 매우 기본적인 분야 이외의 국가개입은 시장체제의 효율적인 작동을 위해 꼭 필요하거나 경제적 자유와 시장의 효율성을 훼손하지 않는 분야에 한정된다. 다양한 사회보장프로그램들 가운데서 이러한 조건을 충족시키는 것은 공공부조뿐이다.

그 이유는 빈곤구제를 목적으로 하는 공공부조는 공공재(public goods)에 속하기 때문이다. 공공재란 일단 그것이 제공되면 사회구성원 모두에게 이익이 되지만 무임승차(free-rider)의 문제로 인해서 개인적으로나 시장을 통해서 제공되지 않는 재화와 서비스를 말한다. 예를 들어서, 환경보호나 전염병의 예방의 경우 사회 전체의 이익을 위해 꼭 필요한 것이기는 하지만, 일단 누군가가 제공하기만 하면 사회구성원 모두가 이익을 보기 때문에 합리적인 사람이라면 어느 누구도 자발적으로 그것을 제공하려고 하지 않고, 시장에서도 제공되지 않는다. 따라서 그것들은 강제적인 조세를 기초로 하여 국가가 제공할 수밖에 없는 것이다(Pratt, 1997).

공공부조가 공공재인 이유에 대해 신자유주의는 다음과 같이 설명한다. 빈곤은 빈곤층에게 생활상의 불편함을 줄 뿐 아니라 빈곤층에 속하지 않는 다른 사회구성원들에게도 심리상의 불편을 제공한다. 따라서 빈곤의 경감을 위한 부조프로그램은 사회구성원 모두에게 이익이 되지만, 무임승차의 문제로 인해서 개인에 의해 자발적으로, 혹은 시장에서 제공되지 않는다. 이런 점에서 부조프로그램은 어떤 사람들의 이익을 위해 다른 사람들의 이익과 자유를 제한하는 재분배적인 정책이 아니며, 공공재로 간주되어야 하는 것이다.[9]

---

9) 한 신자유주의 이론가는 다음과 같이 서술한다. "나는 빈곤을 목격할 때 괴로움을 느끼는 반면에 누가 비용을 대는가에 상관없이 빈곤이 경감되면 이익을 얻는다. 따라서 다른 사람들의 자선이 가져온 이익

이에 반해서, 사회보장프로그램 가운데서 가장 비중이 높은 사회보험, 특히 연금은 공공재가 아니다. 노후소득은 은행저축이나 보험사의 개인연금 혹은 기업연금의 형태로 근로기간 동안 시장에서 구입할 수 있는 상품이며, 사회보험연금은 기여금의 납부를 전제로 한다는 점에서 무임승차를 허용하지도 않기 때문이다. 이런 식의 논리는 의료보험과 산재보험에도 똑같이 적용된다. 이와 같이 공공재가 아니라는 점에서 연금 등의 사회보험은 국가가 아니라 시장이 제공해야 하는 것이다.

국가가 공공부조를 제공해야 하는 또 다른 이유는 그것이 빈곤층이 아닌 사람들의 자기이익에도 부합하는 것이기 때문이다. 빈곤층이 극도로 궁핍한 생활을 영위하다 보면 소요나 폭동을 일으켜서 사회가 불안정해질 수도 있다. 따라서 빈곤층을 그대로 방치하기보다는 공공부조의 제공을 통해 기본적인 생활을 보장해줄 필요가 있다. 공공부조는 정상적인 사회생활과 시장기제의 자유로운 작동을 유지하고자 하는 사회구성원 대다수의 이익추구 욕구의 발현인 것이다(Hayek, 1960 : 285-6, 303).

이와 같이 국가에 의한 공공부조의 제공을 인정하기는 하지만, 신자유주의는 공공부조의 수급을 빈곤층의 권리로 간주하는 데 대해서는 반대한다. 공공부조의 제공은 사회적 자선의 표현이지 빈곤층이 국가에 대해 요구할 수 있는 권리는 될 수 없다는 것이다. 신자유주의에 따르면, 공공부조는 근로동기의 약화와 복지의존을 초래할 수 있기 때문에 급여수준을 최저한도로 억제해야 하고, 수급자격을 까다롭게 해야 하며, 수급자에 대해서는 사회적 낙인이 부과되어야 한다고 한다(Griggs, 1991 : 39; Hayek, 1960 : 301, 303-4; Turner, 2008 : 152).

이 부분적으로 나에게도 귀속되는 것이다. 우리는 모든 사람들이 그렇게 한다면 기꺼이 빈곤의 구제에 기여할 것이다. 그러한 보장이 없다면 우리는 [빈곤의 구제]에 보다 덜 적극적이 될 것이다"(Friedman, 1962 : 191).

(2) 사회보험

신자유주의에 따르면, 국가가 제공할 수 있는 재화나 서비스는 원칙적으로 공공재에 속하는 것이어야 하며, 시장에서 제공되는 연금이나 의료보험 등은 공공재가 아니라는 점에서 국가가 제공할 수 없는 것이다. 이에 따라, 신자유주의는 사회보험을 폐지하고 연금과 의료보험 등을 완전히 민영화하여 시장에서만 제공되도록 해야 한다고 주장한다. 실제로, 프리드리히 폰 하이에크와 밀턴 프리드먼은 칠레연금의 완전민영화 정책을 이론적으로 주도하였고, 미국을 비롯한 몇몇 중남미 국가들에서의 연금민영화 정책 구상에 막대한 영향을 미치기도 했다.[10)]

신자유주의이론가들에 따르면, 사회보험이 민영화 내지는 상업화되면 다음과 같은 장점이 있다고 한다. 첫째, 사회보장부문에 대한 정부의 재정지출이 줄어들고 시민들이 부담해야 할 세금이 줄어들어서 국가적으로 경제가 활성화된다. 둘째, 서로 치열한 경쟁을 해야 하는 영리기업이 서비스를 제공함으로써 서비스의 질이 높아질 뿐 아니라 보험료가 더 효율적으로 운용됨으로써 급여수준이 더 높아진다. 셋째, 개인들은 소비자로서 자신이 원하는 회사를 선택할 수 있게 되어 자율성과 만족도가 높아진다. 이와 같이 사회보험의 민영화는 사회 전체적으로 많은 혜택을 가져온다고 한다(Friedman and Friedman, 1980 : 124).

그렇다면, 신자유주의는 모든 형태의 사회보험에 반대하는가? 이 질문에 대답하기 위해서는 신자유주의가 복지국가에 반대하는 이유를 다시 검토해 볼 필요가 있다. 신자유주의는 정부 독점적이고, 개인의 선택의 자유를 제한하며, 결과의 평등 정책을 통해 시장의 자유로운 작동을 방해한다는 점에서 복지국가를 비판한다. 대부분의 사회보험은 국가에 의해 재원과 전달체계가 독점되고, 모든 시민들이 하나의 체제에 강제로 가입되며, 일정 정도의 소득재분배 효과를 가진다는 특징을 지닌다. 신자유주의가 복지국가를 비판하는

---

10) 이에 대해서는 (조영훈, 2004 : 5장)을 참조하시오.

논리가 사회보험에 대한 비판에 그대로 적용되는 것이다. 신자유주의의 이론적 관점에서 볼 때 사회보험은 공공재가 아니라는 사실 말고도 이상과 같은 부정적인 요인들 때문에 폐지되어야 하는 것이다.

그렇지만, 신자유주의 이론가들 대다수는 사회보험의 완전폐지를 주장하지는 않는다. 그 이유는 신자유주의가 공공재로서의 공공부조를 인정한 것과 관련이 깊다. 예를 들어서, 연금이 완전히 민영화되어서 개인들이 연금에 가입할 의무를 갖지 않고 자신의 노후생활을 스스로 준비해야 한다고 가정해 보자. 어떤 이들은 개인연금에 가입하고, 어떤 이들은 저축을 열심히 하겠지만, 어떤 이들은 소득이 없거나 소득을 모두 소비해 버릴 것이다. 이와 같이 노후준비를 전혀 하지 않은 사람들은 퇴직 후에 결국은 공공부조에 의존하여 생활할 수밖에 없을 것이며, 이것은 곧 근면하게 일하고 노후준비를 열심히 한 사람들에게 세금을 더 내도록 강제하는 결과를 가져온다. 이와 같은 부당한 결과를 방지하려면 세금이나 징병제도처럼 모든 사람들에게 강제로 적용되는 사회보험이 필요하다는 것이다(Hayek, 1960 : 286).

신자유주의의 관점에서 볼 때 이론적으로는 사회보험을 완전 민영화하여 개인들이 시장에서 자신이 필요로 하는 민영보험을 자유롭게 구입하는 것이 옳지만, 현실적으로는 그러한 자유방임이 새로운 문제를 초래하기 때문에 노령, 질병, 실업 등의 사회적 위험에 대해서는 모든 개인에게 보험가입을 강제할 수밖에 없다. 따라서 신자유주의는 사회보험의 완전폐지가 아니라 사회보험의 운영방식의 변화를 추구한다.

사회보험의 폐해들을 방지하면서 모든 시민들이 자신에게 닥칠 사회적 위험을 스스로 준비하도록 하기 위해서는 우선 사회보험을 개인보험으로 만들되 그것을 의무화하는 것이다. 연금의 예를 들면, 공적연금을 개인연금으로 전화시키되 가입과 급여수준 등 연금운영 전반에 대한 중요한 사항들은 정부가 법률로 정하는 것이다. 이렇게 되면, 국가독점의 폐해를 피하고 시장의 장점을 살리면서도 개인의 노후생활을 스스로가 준비하도록 만들 수 있는 것이다. 프리드리히 폰 하이에크와 밀턴 프리드먼이 1980년에 칠레정부에게 조언

하여 연금민영화를 통해 강제가입식 개인연금을 도입하도록 만든 것은 신자유주의 사회정책의 현실적 적용사례를 잘 보여준다.

나아가서, 신자유주의는 시장의 자유로운 작동을 크게 방해하지 않는 한 사회보험 자체에도 반대하지 않는다(Antonio, 2012 : 584). 프리드리히 폰 하이에크가 지적하고 있듯이, 사회보험에서 문제가 되는 것은 정부가 보험을 운영하는 것 자체가 아니라 정부가 독점적인 지위를 가지고 사회보험을 평등주의적 재분배의 도구로 사용하는 데 있다(Hayek, 1960 : 257-262). 따라서 사회보험이 위험도에 비례하여 보험료를 책정하고 보험료에 비례하여 보험금을 제공한다는 민영보험의 수리원칙에 따라 운영된다면 신자유주의는 사회보험을 용인할 것이다. 이런 식의 사회보험은 국가에 의해 강제되기는 하지만 신자유주의가 혐오하는 소득재분배 효과를 전혀 갖지 않으며, 모든 시민들로 하여금 자신에게 닥칠 수 있는 위험에 스스로 대비하도록 만듦으로써 신자유주의가 선호하는 자조와 자립의 정신을 실천하게 하는 것이기 때문이다.

다만, 신자유주의는 사회보험을 중앙정부가 독점하는 데 대해서는 여전히 반대한다. 정부가 독점하는 단일체제는 경쟁에서 완전히 자유롭기 때문에 비효율적일 뿐 아니라 국가가 모든 중요한 것을 결정하고 모든 정보를 통제함으로써 개인의 자유와 자율성에 대해 심각한 위협이 되기 때문이다(Hayek, 1960 : 287-91). 또한, 정부독점의 단일체제는 개인들의 욕구를 정확하게 파악하기 어렵고 개인들의 욕구변화나 상황의 변화에 대처하여 변경되기도 어렵다. 이런 점에서 신자유주의는 합리적으로 계획된 국가주도적인 사회보험 대신에 지역단위의 분권화된 운영체제를 선호한다(Barry, 1997 : 341; Hayek, 1960 : 22-25; Miller, 2010 : 152).

(3) 이상적인 복지사회

복지체제와 관련하여 신자유주의가 반대하는 것은 결과의 평등을 목적으로 하는 소득재분배, 국가독점, 개인선택의 제한 등이고, 신자유주의가 찬성하는 것은 공공재로서의 공공부조와 수리원칙에 충실한 사회보험, 혹은 강제적 개인보험이다. 이런 것들을 종합해 보면 신자유주의는 이층 체제의 복지제도를 선호하고 있다고 할 수 있다. 여기서 일층은 소득심사를 통해 제공되는 공공부조프로그램으로 구성되며, 이 부분은 시장에서 실패한 시민들을 위한 최소한의 기본생활 보장기능을 한다. 이층은 사회보험으로 구성되는데, 여기서 사회보험은 수리원칙이 엄격하게 적용되어 소득재분배 효과를 갖지 않고, 개인의 경제적 자유를 침해하지 않는 것이다.

신자유주의의 관점에서 볼 때 공공부조프로그램을 중심으로 복지제도를 재편할 때 가장 문제가 되는 것은 다음의 두 가지이다. 첫째, 공공부조프로그램은 의존문화의 조장을 통해 근로윤리를 저하시키고 빈민들을 영속적인 빈곤상태에 묶어두는 결과를 낳는다(Friedman and Friedman, 1980 : 106-9). 둘째, 공공부조프로그램은 소득심사 등의 각종 조사를 위해 많은 인력을 필요로 하며, 이에 따라 복지기구를 비대화시키는 경향이 있다. 게다가 복지서비스를 현물(식료품, 의료서비스 등)로 지급할 경우 복지기구는 더욱 비대화한다.

이런 문제를 해결하기 위해 밀턴 프리드먼은 기존의 복잡다단한 공공부조프로그램들을 NIT(Negative Income Tax : 負의 소득세)라는 단일 프로그램으로 대체할 것을 제안한다. NIT는 가족 수와 연령 등을 감안하여 가구당 일정 수준의 기준선을 계산한 다음, 가구당 소득이 그 수준을 넘으면 소득세를 징수하지만 그 수준 이하일 경우에는 일정 정도의 비율(예를 들어, 지급기준과 소득간의 차이의 50%)로 수당을 제공하는 것이다. 가구당 소득은 이미 국세청을 통해서 조사되는 것이며 저소득층에 대해서는 현금을 지급하기 때문에 NIT는 기존의 공공부조프로그램과는 달리 과도한 복지기구를 필요로 하지 않는다.

또한, NIT는 근로소득이 있을 경우 지급되는 수당을 줄이기는 하지만 그 감소의 정도가 근로소득의 증가분에 비해 작기 때문에(즉, 급여감소율을 낮게 하여 시장소득의 상당부분이 실질적인 이득이 되도록 함으로써) 일반적인 공공부조프로그램과는 달리 수급자들의 근로의욕을 자극하는 효과를 갖는다.[11] 나아가서,

---

11) NIT의 작동원리에 대해서 프리드먼은 다음과 같은 예를 가지고 설명한다. 근로소득의 증가분에 대한

NIT는 현금으로만 지급함으로써 수급자들이 자신이 원하는 서비스를 시장에서 자유롭게 구입하도록 함으로써 수급자의 선택의 자유를 향상시킨다.

다음에, 사회보장프로그램들 가운데에는 공공부조와 사회보험 이외에도 복지욕구를 지닌 모든 시민들에게 제공되는 보편주의 사회프로그램(보편급여)이 있다. 보편급여는 수급조건으로 시민권과 복지욕구만을 요구하며, 공공부조와 같은 소득심사나 사회보험과 같은 보험료납부를 필요로 하지 않는다. 서구에 일반적인 아동수당이나 영국의 NHS가 대표적인 보편급여이다. 보편급여는 누진적 성격의 일반조세를 재원으로 하여 모든 복지욕구를 지닌 시민들에게 동등하게 제공된다는 점에서 소득재분배 효과가 크며, 이런 점에서 신자유주의가 매우 혐오하는 사회프로그램이다. 또한 시민권을 기초로 제공된다는 점에서 보편급여는 복지급여를 사회적 자선이나 보험료납부에 따른 보상으로 간주하는 신자유주의의 복지개념과도 충돌한다. 신자유주의가 이상적으로 생각하는 복지국가에서 보편주의 사회프로그램의 자리는 존재하지 않는 것이다.

이와 같이 신자유주의가 그려내는 이상적인 복지사회의 특징은 사회보장부문에 대한 정부의 재정지원이 최소화되고 시민과 기업에 대한 조세부담이 크게 줄어든다는 것이다. 기존의 복지국가에서 가장 커다란 비중을 차지하는 사회보장프로그램은 사회보험이고, 그 다음은 보편급여이다. 신자유주의 사회정책이론에서는 사회보험이 소득재분배 효과 없이 가입자의 보험료로만 운영되기 때문에 정부지원이 최소화되고, 보편급여는 철폐되어 조세부담이 크게 낮아진다. 공공부조는 최소한의 인원에 대해 최저한의 급여를 제공한다는 점에서 정부에 대해 커다란 재정 부담을 주지 않는다. 이와 같이 신자유

수당의 감소분의 비율을 50%로, 그리고 4인 가족의 수당지급 기준선을 7,200달러로 하면, 가구의 소득이 없을 경우 지급되는 수당은 3,600달러이고, 근로소득이 1,000달러일 경우에는 수당이 3,100달러로 줄지만 근로소득이 1,000달러이기 때문에 가구의 총수입은 4,100달러가 된다. 이와 같이 NIT는 근로소득이 많아질수록 지급되는 수당은 줄어들지만 가구의 총수입은 더 늘어나도록 설계되어 있는 것이다 (Friedman and Friedman, 1980 : 121-2).

주의가 그려내는 이상적인 복지사회에서는 시장에 대한 국가의 개입이 최소화되고 있는 것이다.

신자유주의는 개인의 복지를 위한 국가부문의 역할을 극도로 축소하는 대신에 시장과 시민사회의 역할을 강조한다. 신자유주의는 공공부문과 민간부문의 이층으로 구성된 복지체제를 선호한다. 공공부조와 사회보험으로 구성된 공공부문은 기본욕구를 충족시키는 데 한정시키고, 민간부문은 부가적인 욕구들을 총족시키도록 하는 것이다. 여기서 민간부문에는 기업복지와 민간보험이 포함되며, 이것들은 시장의 자유로운 작동과 개인의 경제적 자유를 훼손하지 않으면서 시민들의 다양한 욕구를 충족시키는 역할을 한다.

4. 비교와 평가

1) 평 가

신자유주의에 있어서 빈곤층을 위한 최선의 복지정책은 시장의 자유로운 작동을 바탕으로 한 강력한 경제성장이다. 경제가 활성화되면 고용이 늘어나고 임금도 인상되며 사회이동의 기회가 더 많아질 것으로 예상하기 때문이다. 낙수효과(trickle-down effect)라는 용어가 잘 보여주듯이, 경제성장의 결과 상위계층의 소득이 증가하면 소비와 투자가 늘어나서 하위계층의 고용기회가 증가하고, 이에 따라서 전반적으로 하위계층의 소득수준이 높아진다는 것이다. 신자유주의의 관점에서 볼 때 복지국가는 결과의 평등을 지향한다는 명목으로 시장경제에 개입함으로써 이러한 경제의 선순환을 차단하고 사회적 자원을 낭비한다. 그 결과, 복지국가는 경제성장을 둔화 내지는 정체시키고, 결국에 가서는 자신에게 먹이를 주는 주인의 손을 물어버리는 개처럼 사회적으로 재분배할 자원을 고갈시켜버린다는 것이다.

이러한 신자유주의의 관점에서 볼 때 사회프로그램들은 꼭 필요한 것 이외에는 모두 폐지되거나 민영화되어야 한다. 모든 시민들에게 동등한 급여를 제공하는 보편주의 사회프로그램은 폐지되어야 하고, 사회보장프로그램 가운데서 가장 비중이 큰 사회보험은 강제적인 개인보험이나 수리원칙에 충실한 사회보험으로 재편되어야 한다. 공공재로서 제공되는 공공부조는 수급자의 권리로서가 아니라 사회적 자선으로 재정립되어야 하며, 수급조건을 까다롭게 하고 사회적 낙인을 극대화해야 한다.

이러한 복지개혁의 결과는 시장에 대한 국가 개입의 최소화, 혹은 재정지출과 조세부담의 최소화이며, 시장의 자유로운 작동의 회복이다. 신자유주의가 이상으로 생각하는 것은 국가의 역할이 최소화하고 시장의 역할이 극대화하는 잔여적 모형의 복지국가인 것이다. 이러한 신자유주의 복지이론에 대해서는 다음과 같은 문제점들이 제기된다.

우선, 신자유주의 복지이론은 시장만능주의를 기반으로 한다. 시장에서는 모든 필요한 서비스가 가장 효율적인 방식으로 산출되고 제공된다는 것이다. 그렇지만, 시장의 실패라는 용어가 잘 나타내듯이 시장이 모든 것을 잘 할 수 있는 것은 아니며, 사회적으로 필요한 모든 서비스를 제공할 수 있는 것도 아니다. 신자유주의 스스로도 시장에서는 제공되지 않는 공공재가 있다는 것을 인정하고 공공부조의 필요성을 강조하고 있다.

게다가, 공공부조 이외에도 사회적으로는 필요하지만 시장에서는 제공되지 않는 서비스들이 많이 있다. 예를 들어서, 실업보험이나 아동수당 같은 것들이다. 신자유주의는 가장의 실업이나 태어날 아동의 양육에 대비하여 개인들이 저축을 열심히 해둘 것을 요구하겠지만, 현실적으로 소득수준이 낮은 사람들이 미래에 닥칠지 모를 위험에 대비하여 미리 저축해 둘 수는 없는 일이다. 신자유주의 복지이론은 사회적으로 꼭 필요한 서비스들을 모든 사람들에게 제공하는 데 대해 관심이 없다.

다음에, 신자유주의가 기반으로 하고 있는 시장만능주의는 참여자들 모두가 시장체제에서 최대의 만족을 얻을 수 있다는 가정에 서있다. 시장은 모든 자원을 가장 효율적으로 배분하여 모든 시장참여자들의 이익을 최대화한다는 것이다. 그렇지만, 현실적으로 시장은 이윤이 남는 서비스만을 산출하여 비용을 지불할 능력이 있는 사람들에게만 제공한다. 비용을 부담할 능력이 뛰어난 사람에게는 양질의 서비스를 제공하지만, 적절한 비용을 부담할 능력이 없는 사람들에게는 저질의 서비스를 제공하거나 아예 서비스를 제공하지 않는 것이다. 시장경제에서의 소득불평등도를 감안할 때 시장에서 제공되는 서비스로부터 최대의 만족을 얻을 수 있는 사람들은 소수에 불과하다.

셋째로, 신자유주의이론은 저소득층이 보험료를 제대로 납부하지 못할 경우 어떻게 해야 하는가에 대해 뚜렷한 방안이 없다. 신자유주의이론은 소득수준이 낮은 사람들도 다른 사람들과 똑같이 근로기간 동안의 소득에서 일정 부분을 개인보험료나 사회보험료로 납부하도록 강제되어야 한다고 주장한다. 그렇지만, 생계비 정도의 소득을 얻는 사람들에게 어느 정도의 금액을 보험료로 강제할 수 있을지, 그리고 생계비가 충분하지 않은 사람들에게 일정 수준 이상의 보험료를 강제하는 것이 과연 정당한 일인지 의심스럽다. 그들은 보험료를 매우 불충분하게 납부하여 개인보험이나 사회보험의 혜택을 거의 받을 수 없게 되고, 결국은 공공부조에 의존할 수밖에 없다. 신자유주의는 시장에서 실패한 소수의 사람들만이 공공부조의 수급대상이 되길 바라지만, 실제로는 훨씬 많은 사람들이 공공부조에 의존하게 될 것이다. 신자유주의는 개인생활에 대한 개인의 책임을 강조하기만 할 뿐, 그러한 책임을 어떤 이유로든지 완수하지 못한 개인의 생활을 국가나 사회가 어떻게 보장할 것인가에 대해서는 관심이 없다.

넷째로, 신자유주의의 복지이론은 복지수급의 양극화를 지향한다. 시장에서 성공한 사람들은 자신이 낸 보험료에 기초하여 각종 사회보험의 혜택을 충분히 받을 수 있고, 이에 더하여 민영보험과 기업복지의 수급을 통해 풍족한 생활을 영위할 수 있다. 반면에, 시장의 실패자들은 보험료를 낼 여력이 없기 때문에 노령, 질병, 실업 등의 사회적 위험에 제대로 대비할 수 없으며, 민영보험이나 기업복지의 혜택과도 거리가 멀다. 이들이 기댈 수 있는 곳은 최저한의 급여만을 제공하는 공공부조뿐인 것이다. 신자유주의가 그려내는 이상적인 복지사회는 복지급여를 절실하게 필요로 하지 않는 계층에게는 과도한 급여를 제공하는 반면에 그것을 절실하게 필요로 하는 계층에게는 최소한의 것만을 제공하는 기형적인 사회이다.

다섯째로, 신자유주의 복지이론은 복지서비스를 시장에서 거래되는 상품으로 간주한다. 복지서비스가 시장에서 제공되면 공공부문에서 제공될 때에 비해 훨씬 효율적이고 수급자에게 보다 나은 혜택을 제공한다는 것이다. 이것은 서비스를 제공하는 민간기업들이 경쟁에서 이기기 위해 생산비를 절감하고 서비스의 질을 높인다는 가정에 기초해 있다. 이러한 경쟁의 이점이 일정 정도 있는 것은 사실이지만, 그렇다고 해서 시장에서 제공되는 복지서비스가 언제나 더 효율적이거나 질이 높다고 할 수는 없다. 무엇보다도, 제조업과는 달리 복지서비스와 같은 개인서비스는 기술혁신의 여지가 매우 작으며, 서비스종사자들의 임금을 낮추는 것 이외에는 생산비를 절감할 수 있는 방법이 거의 없다. 저임금에 시달리는 서비스종사자에게 질 좋은 서비스를 기대하기는 어려울 것이다.

여섯째로, 이와 비슷하게 신자유주의는 국가가 독점하는 사회보험에 비해서 시장에서 제공되는 개인보험의 효율성이 훨씬 높다고 가정한다. 연금의 예를 들면, 경쟁에서 자유로운 공적연금은 연금적립금의 운용이나 관리기구의 운영, 혹은 연금지급에 있어서 효율성 향상에 관심이 없는 반면에, 시장에서 경쟁하는 민간기업들은 보다 많은 가입자를 유치하기 위해 연금운영의 효율성을 극대화하고 연금급여액을 조금이라도 더 주려고 노력한다는 것이다. 이러한 시장경쟁의 논리를 전면 부정할 수는 없지만, 신자유주의의 주장을 액면 그대로 받아들일 수도 없다. 사회보험연금의 경우 국가독점으로 인해서 규모의 경제효과가 클 뿐 아니라 민간기업들처럼 경쟁에서 이기기 위해 과도한 사업비를 사용하지도 않는다. 또한 사회보험연금은 민간기업과는 달리 기업에게 이윤을 제공하지 않고 연금기금의 운영수익 전부를 연금급여의 재원으로 사용한다. 게다가, 공적연금에서도 기금의 운용은 민간에 위탁하는 추세가 지배적이라는 점을 고려할 때, 개인보험이 사회보험보다 더 나은 급여를 제공할 것이라는 신자유주의의 주장은 그 근거가 매우 미약하다.

마지막으로, 신자유주의는 사회불평등을 개인의 차이를 반영한다는 점에서 당연시하고, 사회의 역동성과 지속적인 성장을 위해 필수적인 것으로 간주한다. 그렇지만, 현실적으로 사회불평등은 하위계층의 사람들이 자신의 잠재력을 충분히 발휘하지 못하도록 하고, 스스로가 원하는 것을 할 수 있는 자유를 억제한다. 시장의 자유로운 작동을 보장하기 위해서 다수의 사회구성원들이 인간다운 생활을 영위할 권리를 빼앗길 수는 없는 일이다. 게다가 사회불평등을 그대로 방치하면 사회양극화가 심화되어 사회계층 간의 갈등이 표출되며, 사회가 매우 불안정해진다. 사회가 분열되고 혼란스러워지면 신자유주의가 중시하는 시장도 설 자리가 없어지게 될 것이다.

2) 허버트 스펜서와의 관련성

신자유주의이론은 경제학에서 출발하였고, 모든 신자유주의 이론가들은 고전경제학의 태두인 아담 스미스를 따르고 있다. 그들은 시장의 자유가 완전하게 보장되는 한 모든 개인들이 자신의 이익을 극대화할 수 있고, 사회전체의 복리가 극대화된다는 아담 스미스의 주장을 계승하고 있는 것이다.

이에 반해서, 신자유주의이론과 허버트 스펜서의 관계는 그다지 분명하지 않다. 신자유주의 이론가들 대부분이 경제학자이기 때문에 사회학자인 허버트 스펜서를 잘 모르기 때문이다. 신자유주의 이론가들은 야경국가론의 이론적 근거를 찾을 때에나 허버트 스펜서를 약간 언급한다. 다만, 경제학자이면서도 경제학의 좁은 틀을 벗어나 사회이론분야에서 대가의 반열에 선 프리드리히 폰 하이에크는 『예종에의 길』 등의 몇몇 저작에서 허버트 스펜서에 대해 여러 차례 언급하고 있다.

그렇지만, 복지국가이론의 측면에서 신자유주의이론은 아담 스미스보다는 허버트 스펜서에 더 가깝다. 신자유주의이론은 아담 스미스의 경제학이론을 바탕으로 출발했지만, 복지국가이론을 전개하는 데 있어서 자유, 민주주의, 사회불평등, 복지관료기구, 공공부조 및 사회보험, 민간복지 등 아담 스미스의 세계를 뛰어넘는 매우 다양한 주제들을 다루고 있다. 신자유주의 이론가들 스스로는 인정하지 않겠지만 이러한 주제들에 대한 신자유주의의 주장은 허버트 스펜서의 복사판이라고 할 만큼 유사하다.

우선, 신자유주의와 허버트 스펜서는 자유를 남으로부터 간섭받지 않을 자유, 즉 소극적 자유로 한정하고, 여러 형태의 자유 가운데서 경제적 자유를 최고의 가치로 간주한다. 신자유주의에 따르면, 자신의 소득과 재산을 외부의 간섭 없이 자신의 뜻대로 사용할 수 있다는 의미의 경제적 자유가 모든 형태의 자유의 기초를 이룬다고 한다. 허버트 스펜서도 자유로운 경제적 거래가 개인적 자유의 정도를 나타내는 지표일 뿐 아니라 사회를 최고의 단계로 발전시키는 밑거름이라고 주장한다. 허버트 스펜서와 신자유주의는 이와 같이 중요한 소극적 자유와 경제적 자유를 침해한다는 점에서 복지국가에 반대한다.

이와 함께, 허버트 스펜서와 마찬가지로 신자유주의는 경제적 자유를 제한할 수도 있는 민주주의의 다수결원칙에 반대한다. 신자유주의는 다수가 소수에게 무엇인가를 강제하는 것을 의미하는 다수결의 원칙이 모든 사람에게 동등하게 보장된 소극적 자유를 침해하는 것이라는 점에서 다수결원칙에 반대한다. 허버트 스펜서도 경제적 자유가 정치적 자유와 충돌할 경우 경제적 자유를 위해 보편선거를 제한할 수 있는 것으로 보았고, 다수결주의가 개인의 자유를 제한하는 새로운 전제주의가 될 수 있다고 비판하였다. 허버트 스펜서와 신자유주의는 경제적 자유를 제한하는 민주주의체제보다는 시장의 자유를 보장하는 독재체제 내지는 엘리트체제가 더 바람직한 것이라는 주장을 똑같이 내놓고 있다.

다음에, 사회적 평등의 문제에 대해서도 신자유주의는 허버트 스펜서의 것과 매우 유사한 주장을 내놓는다. 허버트 스펜서에 따르면, 사회불평등은 개인들의 능력과 선택의 차이를 반영하는 것으로서 도덕적으로 전혀 문제가 되지 않으며, 개인들을 더욱 노력하고 근로하도록 만든다는 점에서 개인과 사회의 진화를 가져오는 긍정적인 요소라고 한다. 이와 마찬가지로, 신자유주의는 모든 개인들이 능력과 소질에서의 차이로 인해 서로 다른 소득이나 재산을 갖는 것은 당연한 것이고, 사회불평등으로 인해서 경제성장과 사회의 역동성이 유지된다고 주장한다. 이러한 관점으로부터 허버트 스펜서와 신자유주의는 사회불평등의 완화를 지향하는 복지정책에 반대한다.

복지국가에 대한 비판에서도 신자유주의는 허버트 스펜서와 비슷한 견해를 제시한다. 우선, 복지국가에 대한 신자유주의의 비판은 다음과 같은 여섯 가지로 요약된다. 첫째, 복지국가는 중앙집권적인 관료적 권위에 대한 개인의 복종을 강요함으로써 복지수급자의 자율성을 침해한다. 둘째, 복지관료들은 수급자의 이익보다는 자기이해를 추구한다. 셋째, 복지국가는 국가기구의 합리적인 계획을 통해 개개인의 복지욕구가 모두 충족될 수 있다는 비현실적인 가정을 전제로 한다. 넷째, 복지국가는 빈곤층의 근로동기를 약화시키고 의존성을 강화하며, 빈곤층을 영구적인 빈곤상태에 묶어둔다. 다섯째, 사회보험의 영역에서 복지국가는 국가독점에 따른 비효율성과 비효과성의 문제를 초래한다. 여섯째, 복지국가는 세금을 증대시키고 사회전체의 경제효율성을 떨어뜨린다.

다음에, 사회정책과 빈민구제제도에 대한 허버트 스펜서의 비판은 다음과 같다. 첫째, 사회정책의 발달로 인해 관료기구가 발달하게 되면 개인의 자유와 자율성이 침해된다. 둘째, 관료들은 응집된 단체로서 자신들의 이해관계가 분명하며 권력과 소득을 둘러싼 투쟁에서 조직되는 않은 대중들에 비해 훨씬 유리하다. 셋째, 개인들의 자유로운 행동으로 구성되는 사회생활은 매우 복잡하기 때문에 사회정책을 통해 사회문제를 합리적으로 해결하려는 국가의 노력은 실패할 수밖에 없다. 넷째, 사회정책은 그 목적과는 달리 사회적 약자들의 의존성 증가와 도덕적 해이 등의 부작용만을 낳았다. 다섯째, 연금과 의료보험 등 비스마르크가 도입한 사회보험은 중앙집권적인 관료제가 사회의 자원을 독점하는 체제이다. 여섯째, 공적빈민제도는 일반시민들에게 막대한 세금을 부담시키며 사회적 생산수준을 떨어뜨린다.

이상에서 보듯이 복지국가에 대한 신자유주의의 비판은 마치 허버트 스펜서의 견해를 그대로 베껴온 것처럼 똑같다. 개인의 자유와 자율성에 대한 위협, 국가에 의한 합리적인 계획의 비현실성, 관료주의의 문제, 근로동기의 약화, 국가독점체제의 문제, 세금증가와 생산성 하락 등 양자는 똑같은 주장을 하고 있다. 이에 더하여 민주주의의 역기능문제와 결과의 평등 정책의 부작용에 대해서도 허버트 스펜서와 신자유주의가 동일한 주장을 내세우는 것까지 고려하면, 신자유주의는 복지국가를 비판하는 데 있어서 허버트 스펜서의 견해를 반복하는 것 이외에 스스로가 어떤 것을 더 첨가했는지 의심스러울 정도이다.

다만, 20세기의 선진산업사회를 배경으로 출발한 신자유주의는 자유방임주의의 만개를 배경으로 했던 허버트 스펜서에 비해 개인의 자유와 국가의 역할 문제에 대해 다소 온건한 입장을 보인다는 점에서 차이가 있다. 허버트 스펜서는 최고의 가치인 개인의 자유를 지키기 위해 국가의 역할을 치안과 국방 정도에 한정했던 데 반해서, 신자유주의는 사회생활에서 국가가 개입할 수 있는 영역을 그보다는 더 확대한 것이다. 특히, 허버트 스펜서가 자유방임주의의 원칙에 따라서 공적빈민구제제도를 거부했던 데 반해서 신자유주의는 공공부조의 필요성을 인정하고 있다. 그렇지만, 이런 정도의 차이는 복지국가에 대해 양자가 놀라울 정도로 비슷한 견해를 나타내고 있는 데 비해 본다면 별다른 의미가 없다. 오히려, 신자유주의의 복지이론은 복지국가에 대한 허버트 스펜서의 고전적 견해를 현대사회에 맞게 재정립한 것이라고 할 수 있을 것이다.

경제학에서 출발한 신자유주의는 기본적으로는 아담 스미스를 따르면서도 점차 사회이론으로 확립되는 과정에서 허버트 스펜서의 사회이론과 유사해져 갔다. 허버트 스펜서가 아담 스미스의 자유주의 경제학으로부터 부분적으로 영향을 받았다는 점을 고려하면, 시장과 복지에 대해 아담 스미스가 뿌린 씨앗은 허버트 스펜서에게서 싹을 피웠고, 신자유주의에 와서 열매를 맺었다고 할 수 있다. 이와 같이 신자유주의에게 사상적 원류를 제공했음에도 불구하고 허버트 스펜서는 신자유주의 이론가들의 관심을 그다지 많이 받지 못했다. 허버트 스펜서에 대한 신자유주의이론의 심도 있는 재평가가 필요하다.

Chapter 12

신보수주의

1. 신보수주의의 개념과 배경

1) 신보수주의의 개념

신보수주의(neoconservatism)는 18세기 서구의 보수주의와 마찬가지로 기존 사회질서의 유지를 가장 중시하는 이데올로기이다. 다만, 18세기의 보수주의가 그 당시 새롭게 등장하고 있었던 시장경제와 시민사회에 반대하고 봉건제도와 공동체사회를 보존하려고 했던 데 반해서, 시장경제체제가 굳건하게 확립된 20세기에 등장한 신보수주의는 자본주의 시장경제를 보존하고 방어하고자 한다는 차이가 있다. 신보수주의는 시장경제체제를 위협하는 모든 이데올로기와 정치체제를 비판하며, 특히 사회주의와 복지국가를 반대한다.

신보수주의는 국가와 시대에 따라 매우 다양한 모습을 보인다. 신보수주의는 기존 사회질서와 전통가치의 보존이라는 원칙을 기반으로 하는 다양한 사상과 이론들의 복합체인 것이다.[1] 신보수주의 핵심적인 주장은 다음과 같이

---

1) 신보수주의는 신우익(New Right)이라고도 하는데, 신우익은 영국의 마가렛 대처 수상이나 미국의 로널드 레이건 대통령이 주도한 정치운동 혹은 사회개혁운동을 지칭하는 데 주로 사용된다(Pratt, 1997 : 31). 또한, 어떤 학자들은 신보수주의를 사회주의와 자유주의 모두에 반대하면서 시장경제를 옹호하는 특정 사조를 지칭하는 용어로 사용한다. 그들에 따르면, 신보수주의는 경제에 대한 정부의 온건한 수준의 개입

정리될 수 있다. 첫째, 인간은 불완전하고 나약하며, 사회적 의무를 지닌다. 둘째, 가족(가부장적 권위), 지역사회(공동체적 결속), 기독교 및 교회(신의 도덕적 권위), 국가(법적 통치)는 개인을 통제하고 개인에게 도덕적 간섭을 해야 한다. 셋째, 개인복지를 위한 가족(및 가장)과 지역사회의 역할이 위축되지 않도록 복지국가의 확대는 억제되어야 한다.[2)] 넷째, 대외적으로 국가는 시장경제와 기독교에 반하는 사회주의와 이슬람 국가들에 대해 단호한 대처를 해야 한다. 여기에서 보듯이, 신보수주의는 가족주의, 공동체주의, 국가주의, 기독교 근본주의, 애국주의 내지는 군국주의 등의 특징을 지닌다(Brown, 2006 : 696-7).

신보수주의가 현대적 의미로 처음 사용된 곳은 1960년대 말의 미국이며, 이때에는 주로 신좌파와 흑인민권운동가들의 반이스라엘 정책에 반대하는 지식인 중심의 정치운동을 지칭했다. 신보수주의는 주로 공화당 정부에 일정 정도의 영향을 미쳤으며, 2001년의 911 사태 이후에는 강력한 내부집단인 네오콘(Neocon : Neoconservative의 약자)을 형성하여 이슬람을 비롯한 반미성향의 국가들과의 대립을 부추기는 확장주의적 외교정책을 이끌었다.

국내정치의 측면에서 신보수주의는 진보주의 및 자유주의에 반대되는 정책들을 지지해 왔다. 대표적으로 신보수주의는 마약, 매춘, 낙태, 동성애결혼에 반대한다. 신보수주의는 이러한 것들이 개인의 도덕적 타락에서 연유하는 것으로 간주하며, 이를 방지하기 위해서 가부장주의와 전통적인 핵가족의 회복, 교회와 각종 사회집단들의 도덕적 가르침, 국가의 도덕적 개입이 필요하다고 주장한다. 이와 함께, 신보수주의는 실업과 빈곤을 개인의 잘못에서 연유하는 것으로 간주하고, 빈곤층에게는 국가복지가 아니라 국가와 교회 등의

을 선호하고, 건전한 사회의 필수적인 구성물로서 가족과 종교의 역할을 강조한다고 한다. 이러한 견해에 따라 안소니 기든스는 신보수주의를 신자유주의와는 다른 개념으로 간주한다(Giddens, 1994 : 28-33).

2) 한 연구자에 따르면, 신보수주의는 복지국가의 성장으로 인해 가족, 자원단체, 지방정부, 교회 등과 같은 사회의 전통적인 조직들이 쇠퇴한다는 점에서 복지국가에 반대한다고 한다(Krauthammer, 1995). 또 다른 연구자에 따르면, 신보수주의가 복지국가에 반대하는 이유는 복지권에 대한 주장이 공동체사회의 특징인 제공자와 수혜자 간의 상호연대성을 파괴하기 때문이라고 한다(Barry, 1997 : 336).

도덕적 지도가 제공되어야 한다고 주장한다.

일반적으로 사회정책에서 신보수주의는 신자유주의와 상호 교환될 수 있는 개념으로 사용된다. 예를 들어서, 학계에서는 로널드 레이건 대통령과 마가렛 대처 수상의 사회정책을 신보수주의라고도 하고 신자유주의라고도 한다. 그렇지만, 신보수주의와 신자유주의는 약간의 공통점에도 불구하고 기본적으로는 서로 상반되는 가치체계이다. 신보수주의는 보수주의의 전통을 이어받았기 때문에 가족의 가치, 사회통합, 위계질서, 집단주의, 도덕주의, 개인의 사회적 의무를 강조한다. 이에 반해서 신자유주의는 자유주의의 전통대로 개인주의, 개인들 간의 경쟁, 능력주의, 개인의 선택과 이익추구, 시장의 자유 등을 중시한다. 사회정책상의 한 가지 예를 들면, 신자유주의자들은 마리화나를 개인의 선택에 맡기고 시장에서 자유롭게 유통되어야 한다고 주장하는 반면에, 신보수주의자들은 개인의 도덕심 함양과 사회질서의 유지를 위해 금지시켜야 한다고 주장한다.

이러한 상반된 가치체계들이 사회정책에서는 서로 교환될 수 있는 개념으로 사용되는 이유는 신보수주의와 신자유주의가 공통적으로 국가복지에 대해 반대하기 때문이다. 신자유주의는 시장에 대한 국가의 개입을 반대하기 때문에 복지국가의 축소와 민영화를 주장한다. 신보수주의는 국가복지의 확대로 인해서 가족이나 이웃, 교회 등의 전통적인 사회기제들이 위축된다는 점에서 복지국가에 반대한다. 로널드 레이건 대통령과 마가렛 대처 수상은 국가복지의 축소와 같은 신자유주의적 사회개혁을 추진하는 동시에 개인의 복지를 위해 가족과 공동체의 역할을 강조하였는데, 이것은 신자유주의와 신보수주의가 상호 보완적이고 상호 친화력을 갖는다는 것을 보여주는 것이다.

2) 신보수주의 사회정책의 발흥

사회정책에서 신보수주의는 신자유주의와 마찬가지로 1970년대 중후반에 도래한 복지국가의 위기 시대를 배경으로 급부상하였다. 다만, 신자유주의가 선진산업국가 전반에 걸쳐 영향을 행사한 데 반해서, 신보수주의의 영향력은 주로 앵글로색슨 국가들, 특히 미국에 한정되었다. 이것은 서로 깊게 연관된 두 가지 요인 때문이다. 첫째, 신보수주의 사회정책이론가들은 주로 미국의 연구자들이었다. 둘째, 미국은 공공부조 중심의 사회보장제도를 갖고 있으며, 신보수주의의 관점에서 볼 때 서구국가들과는 달리 근로의욕 약화나 의존성 강화와 같은 복지국가의 문제들이 매우 심각하였다.

신보수주의는 1980년대 초 로널드 레이건 행정부가 국가복지의 축소를 중심으로 한 복지체제의 개혁을 추진하면서 미국정치에서 득세하였고, 1996년에 빌 클린턴 민주당 정부가 단행했던 공공부조 개혁안의 청사진을 제공하기도 하였다. 또한 조지 W. 부시 대통령은 신보수주의와 밀접한 관련을 갖는 온정적 보수주의(compassionate conservatism)를 사회정책의 핵심과제로 설정하였는데, 이 정책의 핵심은 국가복지를 축소하는 대신에 복지서비스 제공에서 민간 지역단체들, 특히 교회와 종교단체의 역할을 강화하는 것이었다.[3)]

신보수주의 사회정책을 대표하는 연구자들로는 조지 길더(George Gilder), 로렌스 미드(Lawrence Mead), 찰스 머레이(Charles Murray)를 들 수 있다. 사회평론가인 조지 길더는 1981년에 『부와 빈곤』(Wealth and Poverty)이라는 베스트셀러를 출간하였다. 뉴욕대학교 정치학과 교수인 로렌스 미드는 1986년에 『복지권을 넘어서 : 시민권의 사회적 의무』(Beyond Entitlement : The Social Obligations of Citizenship)라는 저서를 발표하였다. 정치학박사이자 사회평론가인 찰스 머레이는 1984년에 『회복불능 : 1950년에서 1980년까지의 미국의 사회정책』(Losing Ground : American

---

3) 조지 W. 부시 행정부는 교회와 종교단체들에게 보조금을 지급하여 지역수준의 사회서비스를 제공하도록 하였다. 이들에게는 2003년에서 2005년 사이에 약 1억 5천만 달러가 지급되었다(Béland and Waddan, 2007 : 773-4).

Social Policy, 1950~1980)을 출간하였다. 그들의 책들은 모두 커다란 사회적 반향을 얻었고, 학문적 논쟁을 불러일으켰다.

신자유주의와 신보수주의를 동일한 개념으로 사용하는 일부 학자들은 위의 세 명의 학자들이 시장경제를 중시하고 부분적으로 신자유주의와 비슷한 주장을 내놓는다고 평가하면서 그들을 신자유주의 이론가로 분류한다. 그렇지만, 그들은 기본적으로 복지국가의 문제를 시장의 효율성 저하나 재정문제의 관점에서가 아니라 수급자의 도덕적 해이나 전통적인 가족의 해체 등과 같은 보수적 관점에서 분석한다는 점에서 신자유주의와 뚜렷이 구분된다.

2. 신보수주의의 복지국가 비판

신보수주의 사회정책론이 주로 미국을 중심으로 발전되었기 때문에 신보수주의의 복지국가 비판은 미국의 사회보장제도, 특히 공공부조에 맞추어져 있다. 위의 세 연구자들의 공통적인 주장은 다음과 같다. 첫째, 1960년대의 '빈곤과의 전쟁'(War on Poverty) 정책 이래로 미국의 공공부조는 지나치게 관대해져 수급자들의 근로동기를 저하시켰다. 둘째, AFDC(Aid to Families with Dependent Children)로 대표되는 미국의 공공부조는 아동을 양육하는 어머니에게 급여를 제공함으로써 여성 한부모가정을 양산했고 전통적인 핵가족을 해체시켰다. 셋째, 공공부조의 급여수준이 기본생활 유지에 충분할 정도로 높기 때문에 빈곤층 십대(주로 흑인) 여성들은 낙태 대신에 출산을 선택할 수 있게 되었다.

그들에 따르면, 미국 정부는 빈곤문제 해결을 위해 공공부조를 확대했지만, 빈곤정책들이 실제로는 빈곤층을 더 증가시켰다고 한다. 관대한 공공부조로 인해서 근로보다는 복지를 선호하는 복지의존층이 양산되었고, 빈곤탈출에 유리한 일부일처제 결혼관계가 무너졌으며, 십대 소녀들이 고등학교도 마치기 전에 출산을 하도록 유도함으로써 제대로 된 직업을 갖지 못하게 되었다는 것이다. 빈곤층 아동들은 성장하면서 열심히 근로하는 성인들을 본적이 없기 때문에 자신들의 부모세대와 똑같은 길을 걷게 되고, 이로 인해 빈곤의 대물림이 지속된다고 한다.

1) 조지 길더

조지 길더가 볼 때 관대한 공공부조의 가장 커다란 문제점은 여성에게 급여를 제공하여 남성가장을 무력화시키고 전통적인 핵가족을 해체하는 데 있다. 그에 따르면, 빈곤가정이 빈곤에서 탈출하려면 강력한 계층상승 욕구를 지니고 열심히 근로하는 남성가장이 필요하다. 결혼한 남성은 가족부양의 책임감 때문에 결혼한 여성에 비해서뿐 아니라 미혼남성에 비해서도 훨씬 더 열심히 일하기 때문이다. 일부일처제의 결혼과 전통적인 핵가족 형태가 유지되는 한 빈곤층의 계층상승 가능성은 높은 것이다.[4)]

그렇지만, 미국의 대표적인 공공부조인 AFDC는 아동을 양육하는 편모(남편이 실업 중일 경우에 지급하는 주들도 일부 있음)에게 급여를 제공함으로써 혼외임신한 여성으로 하여금 결혼을 회피하게 하고, 가정 내에서 남성가장의 자리를 뺏어버린다. 미혼여성의 입장에서는 결혼하게 되면 AFDC의 수급권이 박탈 내지는 크게 제한되는데다가 AFDC와 메디케이드(의료부조)를 포함한 모든 공공부조들의 급여의 합계가 잠재적 남편이 벌어올 소득(빈곤지역의 일반적인 임금수준)보다 높기 때문에 결혼을 회피하게 되는 것이다(Gilder, 1981 : 118).

게다가, 설사 혼외임신의 당사자들이 결혼을 하더라도 남성은 근로를 통한 가족부양의 의무를 회피하게 된다. 일부 주의 경우 남편이 실업한 경우에 AFDC를 지급하는데, 대부분의 빈곤지역에서 근로소득이 AFDC 급여수준보다 작은데다가 남성의 근로소득을 AFDC 급여에서 전액 삭감하기 때문에 남

---

4) 조지 길더는 다음과 같은 통계수치를 제시한다. 결혼한 남성은 결혼한 여성보다 2.3에서 4배 정도 더 열심히 일하고, 여성가장보다 두 배 더 열심히 일한다. 결혼한 남성의 근로노력은 연령이나 아이의 출산 등에 따라 증가하는 반면에, 결혼한 여성의 근로노력은 육아부담 등으로 인해 오히려 점진적으로 감소한다. 또한, 결혼한 남성은 독신남성보다 50% 더 열심히 일한다(Gilder, 1981 : 69).

성은 일하기보다는 노는 쪽을 선택한다. 이와 같이 미국의 공공부조는 결혼을 회피하게 하고, 남성가장을 무가치한 존재로 만들며, 부부 모두가 근로하지 않도록 만들어버린다. 조지 길더에 따르면, "남성가장의 역할을 선택적인 것으로 만듦으로써 복지는 계층상승의 주요 동력을 약화시키고 배제"시키며(Gilder, 1981 : 122), "혼외출산과 가족붕괴는 남성에게 자기의 아이를 부양해야 한다는 의무감을 빼앗음으로써 지속적인 빈곤의 충분조건이 될 수 있다"고 한다(Gilder, 1981 : 72).

미국의 연구자들은 공공부조가 근로동기를 약화시키고 복지의존성을 높이는 것을 방지하기 위해서 수급자들의 근로동기를 강화하거나 강제하는 방안을 추진해야 한다고 주장한다. 예를 들어서, 많은 연구자들은 사회적 일자리를 만들어서 빈곤층에게 제공하고, 공공부조의 수급조건으로 수급자가 근로를 하거나 직업훈련을 받도록 하는 워크페어(workfare)를 주장했다. 그리고 이러한 주장들은 미국정부의 정책으로 현실화되었다.

이에 반해서, 조지 길더는 워크페어나 사회적 일자리 정책은 실패할 수밖에 없다고 진단한다. 우선, 워크페어는 많은 경우 정부가 제공하는 사회적 일자리에 의존하는데, 이러한 일자리는 시장의 일자리와는 달리 사람들에게 열심히 일하지 않으면 해고당한다는 위기의식을 주지 않고, 열심히 일하고 자신의 기능을 향상시켜 다른 사람보다 더 나은 대우를 받으려고 하는 동기를 부여하지 않는다. 이와 같이 정부가 제공하는 보장된 일자리는 근로의욕이나 계층상승의 의욕을 불러일으키지 않는다는 점에서 공공부조의 의존성과 도덕적 해이 문제를 해결하지 못하는 것이다(Gilder, 1981 : 158-160).

더욱 중요한 것으로, 워크페어는 근로능력을 지닌 편모들을 대상으로 한다는 점에서 AFDC와 마찬가지로 남성가장을 무력화시킨다. 국가에 의해 사회적 일자리를 제공받는 등 피고용 가능성이 높아진 여성들은 더욱더 결혼의 필요성을 느끼지 않으며, 이렇게 해서 만들어진 여성 한부모가정은 남성가장의 근면을 통해 계층상승할 수 있는 길이 차단되는 것이다. 게다가, AFDC하에서는 아동들이 아버지만을 빼앗겼지만, 편모에게 노동을 강제하는 워크페어 제도하에서는 어머니마저 빼앗기게 되어 가정 내에서 제대로 된 사회화 과정을 받을 수 없게 된다. 이런 점에서 조지 길더는 워크페어가 기존의 수동적인 성격의 공공부조에 비해 훨씬 나쁜 것으로 평가한다(Gilder, 1995 : 25-27).

가정 내에서의 아버지의 역할은 가족의 부양과 계층상승에만 그치지 않는다. 아버지는 가부장의 권위를 가지고 남녀 청소년의 행동을 규제하고 훈육하며, 특히 남자아이에게는 열심히 일하고 가족을 돌보는 롤 모델을 제공한다(Gilder, 1995 : 25). 이러한 가정의 아동들은 계층상승의 열망을 갖고 자조 자립하는 사회인으로 성장한다. 반면에, 미국의 공공부조는 가정 내에서 남성 가장의 자리를 빼앗아 버렸고, 결국 수많은 청소년들을 사회적 일탈자로 길러내었다.

조지 길더에 따르면, 복지제도는 도덕적 해이, 근로동기 약화, 국가복지에 대한 의존성 강화를 특징으로 하는 복지문화를 만들어 내고, 빈곤층의 빈곤상태를 영구적인 것으로 만든다. 빈곤지역의 복지문화에서 소득은 남성이 근로를 통해 버는 것이 아니라 여성이 자신의 권리로 국가에게 받는 것이 되고, 공공부조에 의존하는 어머니(welfare mother)의 부양을 받으면서 성장한 소년들은 성인이 되어도 다시 공공부조 수급자인 미혼모에게 의존하여 생활하게 된다고 한다(Gilder, 1981 : 115).

2) 로렌스 미드

로렌스 미드는 빈곤이 개인적 요인들 때문이라고 주장한다. 사회적 차별이 일부 남아 있기는 하지만, 이제 미국사회에서 인종이나 사회계층에 따른 불평등한 대우는 거의 존재하지 않는다. 개인이 빈곤한 이유는 학업을 제대로 하지 않거나, 범죄에 빠지거나, 열심히 일하지 않거나, 결혼을 통해 안정된 생활을 유지하지 않기 때문인 것이다. 그는 이러한 특징을 지닌 빈곤층을 하층계급(underclass)이라고 부르면서 그들이 조기 혼외임신, 여성 한부모가정, 복지의존 등의 특징을 지닌다고 한다. 로렌스 미드에 따르면, 하층계급은 남성

가장의 부재로 인해 경제적 전망이 매우 불투명한데다가 가정 내에서 부모역할이 제대로 수행되지 않고 자아존중감이나 계층상승에의 욕구가 낮기 때문에 빈곤에서 벗어날 수 없다고 한다(Mead, 1986 : 22, 36; Mead, 2011 : 40).

이러한 점들을 고려할 때 빈곤문제의 해결을 위해서 정부는 빈곤층의 행태를 변화시키는 방안을 시행했어야만 한다. 그렇지만, 1960년대 이래로 미국정부의 빈곤정책은 빈곤층 개인들의 기능상의 문제들을 도외시한 채 소수집단 우대제도(affirmative action)의 적용과 같은 사회구조적인 변화나 공공부조 수급권의 강화에 초점을 두고 있으며, 이로 인해서 막대한 비용을 사용함에도 불구하고 빈곤문제를 전혀 해결하지 못하고 있는 것이다(Mead, 1986 : ix, 18-19).

로렌스 미드의 관점에서 특히 문제가 되는 것은 미국정부가 공공부조의 수급을 빈곤층의 권리로 인정한 것이다. 빈곤층은 생존과 빈곤탈출을 위해서 열심히 근로를 해야 하며, 꼭 필요한 경우에 한해 자선단체의 도움을 받고, 그것도 부족하면 정부의 도움을 받아야 한다. 그럼에도 불구하고, '빈곤과의 전쟁' 정책 이래로 미국정부는 빈곤층에게 정부로부터의 도움을 자선으로서가 아니라 권리로 요구할 수 있도록 만들었고, 빈곤층 개인에 대해 아무런 책임도 묻지 않고 어떤 의무도 부과하지 않았다. 이와 같이 빈곤층 개인의 행태를 변화시키기 위한 어떤 조치도 취하지 않는 가운데 기본생활을 보장해준다는 데 미국 복지제도의 근본적인 문제가 있는 것이다(Mead, 1986 : 9, 46).

로렌스 미드는 조지 길더만큼은 아니지만 AFDC와 같은 공공부조가 청소년의 혼외임신과 여성 한부모가정의 증가에 일정 정도 영향을 미친 것으로 본다. 그에 따르면, 공공부조의 제공으로 인해서 특히 흑인저소득층에서 여성 한부모가구가 증가했으며, 그들은 대부분 복지의존층이라고 한다(Mead, 1986 : 36). 1996년의 복지개혁으로 AFDC가 TANF(Temporary Assistance for Needy Families)로 변경되었지만 여전히 미혼모는 가능한 한 근로를 회피하고, 설사 근로를 하더라도 낮은 인적자본으로 인해 저임금직종에 종사할 수밖에 없다. 혼외출산 아동의 생부는 본인이 없더라도 공공부조와 자선 등으로 여성 한부모가정의 기본적인 생활이 가능하다는 것을 알기 때문에 부양의 책임을 덜 느끼고 근로를 회피하고자 한다. 여성 한부모가정에서 성장한 빈곤층 아동은 자신의 부모의 행태를 반복하며, 중산층에서 성장한 아동과는 달리 부모의 통제를 많이 받지 않고 사회적 성공에의 열망을 별로 갖지 않기 때문에 청소년기에 사회적 일탈자로 전락하기 쉽다. 빈곤은 이런 식으로 대물림되는 것이다 (Mead, 2011 : 28-30, 34-35; Mead and Haskins, 2011 : 3).

신자유주의자들은 복지국가의 확대 자체가 문제라고 지적한다. 복지국가가 확대되면 그만큼 세금을 많이 걷어야 하고, 이로 인해서 시장경제가 위축된다는 것이다. 이에 반해서, 로렌스 미드는 복지국가의 확대보다는 공공부조 수급자에 대해 어떤 사회적 의무도 부과하지 않는 정부정책이 문제라고 한다 (Mead, 1986 : ix-x, 3). 정부가 빈곤층에 대해 일하지 않아도 살 수 있도록 보장해 준다는 메시지를 보내게 되면, 빈곤층은 빈곤에서 탈출하기 위해 어떤 개인적인 책임을 질 필요가 없게 되고 자신의 생활을 전적으로 정부에만 의존하게 됨으로써 빈곤상태에 그대로 머무르게 된다는 것이다(Mead, 1986 : 1, 46).

3) 찰스 머레이

찰스 머레이는 미국 공공부조의 문제점으로 1960년대의 진보적인 빈곤정책들의 결과 만들어진 높은 급여수준과 관대한 수급자격을 지적한다. 공공부조의 급여수준이 높아짐에 따라서 근로보다는 복지를 선택하는 빈곤층이 많아졌고, 수급자격의 조건으로 소득수준만이 고려됨으로써 공공부조가 저소득층이 아무런 수치감 없이 누릴 수 있는 권리처럼 되었다는 것이다. 이렇게 되면 근로를 통해 빈곤에서 탈출하고자 하는 의지가 희박해지고, 빈곤은 지속될 수밖에 없다는 것이다(Murray, 1984 : 184-5; Murray, 1985 : 443-4).

관대한 공공부조의 제공으로 인해 빈곤이 확대된 이유 중 하나는 여성 한부모가구의 증대 때문이다. AFDC는 상대적으로 높은 급여를 제공함으로써 빈곤한 독신 여성이 임신했을 경우 특별히 아이를 원하지 않더라도 출산을 선택하도록 유도하고, 아동의 생부와 결혼하지 않거나 생부가 근로하지 않는 것이

경제적으로 가장 합리적인 선택이 되도록 만든다는 것이다. 이렇게 해서 만들어진 복지의존가정은 남성가장의 부재나 실업으로 인한 경제적 결핍과 잘못된 부모역할 등으로 인해서 빈곤상태를 반복하게 된다(Murray, 1984 : 160-1; Murray, 2008 : 23).

찰스 머레이에 따르면, 1960년대의 관대한 빈곤정책은 빈곤층에게 혼외출산과 여성 한부모가정을 선택하도록 유도하였다. 이러한 선택은 AFDC를 통해 기본적인 생활이 유지된다는 점에서 수급자에게는 단기적으로 이익이 되는 것이었다. 그렇지만, 이러한 선택은 여성 한부모가정의 빈곤탈출 가능성을 차단하고 빈곤을 영속화시킨다는 점에서 장기적으로는 수급자 자신을 파괴하는 것이다. 또한, 이러한 선택을 하는 사람들이 많아지게 되면 빈곤지역을 중심으로 근로회피를 당연시하는 풍조가 만연하게 된다는 문제도 있다. “관대한 빈곤정책의 확대를 통해 미국정부는 빈곤에서 탈출하기 위한 장애물을 제거하려고 했지만 의도하지 않게도 덫을 설치했고”(Murray, 1984 : 9), “사회프로그램들은 좋은 행실을 자극하여 해결책을 제공하지 않고 나쁜 행실을 산출하도록 유도하여 결국은 빈곤문제를 더욱 악화시켰다”는 것이다(Murray, 1984 : 218).

찰스 머레이가 볼 때 신자유주의 이론가인 밀턴 프리드먼의 주장과는 달리 AFDC를 근로동기를 강화하는 NIT(Negative Income Tax)로 대체한다고 해서 공공부조의 문제가 해결되는 것은 아니다. NIT의 핵심 목표가 공공부조의 대체가 아니라 보강에 있기 때문이다. 실제로 대부분의 NIT 수급자들(공공부조 수급자의 남편이나 동거인)은 공공부조 급여수준에 맞추어 근로시간을 오히려 줄이고 있는 것이다. 게다가, NIT 참여자집단은 그렇지 않은 집단에 비해 이혼이나 별거 등 가족해체의 가능성이 훨씬 높다는 문제가 있기도 하다. 적지 않은 공공부조 수급가정이 근로소득의 획득으로 인해 공공부조급여가 줄어드는 것을 원하지 않기 때문이다(Murray, 1984 : 149-153).

이것은 복지국가의 문제가 단순히 공공부조 정책상의 문제가 아님을 시사한다고 찰스머레이는 주장한다. 그가 볼 때 어떤 식으로 정책을 변경하든 복지국가는 다른 사람의 세금으로 살면서 계속 빈곤층으로 남기를 바라는 사람들, 즉 하층계급을 양산한다. 또한, 복지국가는 사회의 작동을 가능하게 했던 근로, 검약, 이웃관계라는 전통을 약화시키고, 스스로 해결할 수 없는 사회경제적 문제들을 산출해 낸다. 이런 점에서 공공부조프로그램이나 몇몇 복지정책이 아니라 복지국가 자체가 문제인 것이다(Murray, 2006 : 3-4).

3. 신보수주의 복지이론

위의 세 학자는 모두 관대한 성격의 공공부조가 근로동기의 약화와 가족해체 내지는 여성 한부모가정의 증가와 같은 문제점을 가져왔다고 지적하면서 이에 대한 적극적인 대책이 필요하다고 주장한다. 이들은 각자의 강조점에 따라서 서로 다른 복지개혁 방안을 내세우는데, 이러한 방안들이 신보수주의 복지이론의 주요 내용이 된다.

1) 공공부조 급여의 축소와 남성가부장주의의 회복

조지 길더에게 있어서 미국 복지국가의 가장 커다란 문제점은 AFDC와 같이 아동을 부양하는 여성에게 주어지는 공공부조의 급여수준이 빈곤지역의 일반적인 임금수준보다 높아서 여성 한부모가정이 발생하고 수급자(및 잠재적 남편)가 도덕적 해이에 빠지는 것이다. 그의 관점에서 볼 때, 남성가장이 없는 한 여성 한부모가정은 지속적인 빈곤에 시달릴 수밖에 없고, 이를 방지하는 길은 여성에게 제공되는 공공부조의 급여수준을 크게 낮추고 수급자에 대해 사회적 낙인을 찍음으로서 공공부조의 매력을 최소화하는 데 있다.

조지 길더가 밝히는 보다 구체적인 방안은 다음과 같다. 첫째, 공공부조급여는 물가연동제(물가인상에 따라 급여를 인상)를 도입하지 않음으로써 장기적으로 실질가치의 하락을 유도하고, 위급상황이 아니라면 급여의 지급을 일정기간 이내로 한정해야 한다. 둘째, 현물급여인 메디케이드는 위급한 상황이 아니라면 수급자가 일부 비용을 부담하는 방식으로 전환되어야 하며, 빈곤층에 대한 임대료보조금은 수급자에게가 아니라 집주인에게 직접 제공되어야 한다. 셋째, 이상과 같이 급여를 축소하고 통제하면 빈곤아동의 건전한 성장에 문제가 발생할 수 있기 때문에 모든 가정에 대해 보편적인 성격의 아동수당을 제공할 필요가 있다. 보편적인 아동수당을 제공하면 AFDC와는 달리 급여를 받기 위해 결혼하지 않거나 이혼하는 행태가 방지될 수 있을 것이다(Gilder, 1981 : 125-7).

조지 길더가 공공부조급여의 축소를 주장하는 이유는 그것이 근로동기의 강화 이외에 남성가장의 복권이라는 긍정적 결과를 가져오는 것이기 때문이다. 공공부조 급여만으로는 기본생활이 되지 않기 때문에 혼외임신한 독신여성의 결혼 기피는 줄어들게 될 것이고, 아동의 생부는 가족부양의 책임감 때문에 열심히 일하게 될 것이다. 이와 같이 가족생활이 정상적인 상태로 유지되면 그 가정은 남성가장의 근면과 계층상승의 욕구를 통해 빈곤에서 탈출할 가능성이 높아진다(Gilder, 1981 : 118). 이런 점에서 빈곤정책의 핵심목표는 가족을 부양하는 남성의 소득을 향상시키고, 현재의 빈곤층을 정부가 제공하는 일자리와 보조금의 달콤한 덫에서 푸는 데 두어져야 하는 것이다(Gilder, 1981 : 152).

2) 근로의 강제

조지 길더가 공공부조의 축소를 주장하는 데 반해서, 로렌스 미드는 시민생활에 대한 국가의 개입의 정도를 줄일 필요는 없다고 주장한다. 그에 따르면, 현재 미국 복지제도의 문제는 개입의 크기가 아니라 개입의 방식에 있기 때문이다. 현재와 같이 관대한 급여를 제공하는 대가로 수급자에게 아무런 의무도 부과하지 않게 되면 도덕적 해이가 발생할 수밖에 없다는 것이다. 또한, 사회보장제도를 축소하거나 폐지하는 것은 수급자의 독립성을 강요할 수는 있겠지만 정치적 지지를 받기 어렵다는 문제가 있기도 하다. 대부분의 미국인들과 정치지도자들은 인도주의적인 사회정책이 유지되길 바라고 있으며, 현실적으로 볼 때 대부분의 복지의존층이 즉각적으로 자립할 수 있는 것도 아니다(Mead, 1986 : 4).

로렌스 미드는 미국 복지제도의 문제점 해결을 위해서 복지축소가 아니라 수급자에 대한 정부의 가부장주의적인 개입을 주장한다. 이러한 개입의 핵심은 수급자에게 근로라는 사회적 의무를 부과하고 근로를 강제하는 데 있다. 그에 따르면, 이러한 근로강제는 빈곤층을 특별히 차별하는 것이 아니다. 오히려 이러한 조치는 사회의 다른 구성원들이 생활을 위해 근로하는 것을 고려할 때 빈곤층을 다른 사람들과 똑같은 존재로 대우하는 것이다. 현재의 공공부조체제하에서 사회적 배제를 경험하고 있는 빈곤층은 근로를 통해 소득을 획득하면서 사회에 자연스럽게 통합될 수 있는 것이다(Mead, 1986 : 10-12).

빈곤층에 대한 근로강제가 빈곤층의 자유를 속박하는 것이라는 우려가 있을 수 있다. 이에 대해서 로렌스 미드는 현재와 같은 체제에서 빈곤층에게 자유를 주는 것은 의존성만 늘리고 사회질서를 어지럽히는 것이 되기 때문에 바람직하지 않다고 한다.[5] 국가 위급 시에 징병이 강제되는 것처럼 저임금 근로도 강제될 필요가 있고, 모든 시민들에게 세금납부와 법률준수의 의무가 있는 것처럼 근로도 빈곤층을 포함한 모든 시민들에게 사회적 의무로 부과되어야 한다는 것이다(Mead, 1986 : 82-87).

근로를 의무화하거나 강제하기 위해서는 연방정부에서부터 지방 사무소에 이르는 관료적 명령체계를 만들어낼 필요가 있고, 수급자의 관리는 지역정부의 사무소가 맡게 된다. 부모가 아동의 사회화 역할을 떠맡는 것과 비슷하게 지역정부들이 빈곤층의 행태를 지도하며, 이와 더불어서 사회복지사나 고용상담사가 공적인 권위와 개인적인 설득을 통해 수급자들에게 근로의무를 수행하도록 동기화하고 감시한다(Mead, 1986 : 247).[6]

---

5) 로렌스 미드에 따르면, 자유로운 사회는 사회질서가 분명하게 확립되어 있을 때에만 가능하며, 사람들은 스스로를 부양할 수 없거나 불안정할 때 정부로부터의 자유보다는 간섭을 더 원한다고 한다(Mead, 1986 : 6).

6) 로렌스 미드는 위스콘신 주의 사례를 가지고 가부장주의적 개입 프로그램의 작동 방식을 설명한다. 이에 따르면, 지방정부는 수급자를 감시하는 특별한 직원을 선발하여 수급자의 관리를 맡긴다. 이 케이스

로렌스 미드는 사회질서의 확립이라는 사회정책의 고유한 목적이 제대로 성취되려면 정부가 이상주의적인 자유주의 정책을 포기하고 보다 권위주의적이고 가부장주의적으로 빈곤층의 개인생활에 개입해야만 한다고 주장한다. 그가 볼 때 현재의 공공부조와 같이 기본적인 생활과 개인의 자유를 보장한다는 명목으로 빈곤층을 사회생활에서 배제하고 빈곤상태에서 빠져나오지 못하게 하는 것은 제대로 된 빈곤정책이 아니다. 그에 따르면, 정부에 의한 근로강제와 가부장주의적인 프로그램은 빈곤층으로 하여금 근로참여를 통해 생활향상을 꾀하도록 유도할 뿐 아니라 사회구성원으로서의 일반적인 관계를 수행할 수 있도록 한다는 점에서 사회 전체적으로나 빈곤층 자신을 위해 필요불가결한 것이다(Mead, 2011 : 95).

3) 지역복지의 활성화

찰스 머레이는 미국사회의 복지문제를 해결하기 위해서는 모든 빈곤층에 대해 관대한 공공부조를 지급하는 것을 포기하고 진정으로 사회의 도움이 필요한 사람들에게 대해 지역사회 차원의 서비스를 제공해야 한다고 주장한다. 이러한 '자격 있는 빈자'의 범주에는 질병이나 노령 등으로 인해 근로할 수 없는 빈곤층, 부모 등 의존할 사람 없는 미혼모, 가족의 도움을 받지 못하는 장애인, 일을 하고 싶어도 일자리를 찾을 수 없는 장기실업자 등이 포함된다.

이러한 '자격 있는 빈자'들은 지방정부가 중심이 되어 형성한 지역사회 네트워크를 통해 필요한 서비스를 제공받는다. 이러한 네트워크에는 지역사회의 보건소, 긴급구호시설, 고용서비스 등이 참여한다. 지역사회 네트워크의 운영에 필요한 재원은 연방정부의 보조금을 필두로 하여 지방세와 지역주민

매니저들은 수급자에게 필요한 모든 현금급여 및 사회서비스가 무엇인지를 탐색하여 제공하는 한편, 이들에게 근로하도록 설득하고 일자리를 찾거나 근로하고 있는지를 감시한다. 이와 같이 케이스 매니저들은 수급자에 대해서 부모와 같은 역할을 수행하는데, 특히 십대 미혼모, 홈리스, 학교중퇴자, 아동양육비를 부담해야 하는 빈곤층 남성에 대해 많은 주의를 기울인다(Mead, 2011 : 88-90).

의 기부금으로 충당된다. 찰스 머레이에 따르면, 이러한 지역서비스는 과거의 사회프로그램들에 비해 보다 적절하고 관대한 급여를 제공하여 '자격 있는 빈자'의 생활보장에 유리하다고 한다(Murray, 1984 : 230).

지역복지서비스는 연방정부 중심의 사회프로그램들에 비해서 장점이 많다. 우선, 복지관료들이 '자격 있는 빈자'와 '자격 없는 빈자'를 실질적으로 구분해내지 못하는 데 반해서, 지역사회 네트워크는 지역 주민들 간의 밀접한 관계를 통해 진정으로 도울 만한 사람들을 찾아낼 수 있다. 다음에, 연방정부의 복지관료들은 수급자의 도덕적 해이에 관심이 없기 때문에 복지의존층을 양산해내지만, 지역사회 네트워크는 원조와 도덕적 의무를 결합하여 수급자의 도덕적 해이의 최소화시킨다. 연방차원의 복지관료기구와는 달리 지역주민으로 구성된 지역사회 네트워크는 수급자의 행태를 감시하고 통제하며 도덕적 교화를 제공할 수 있는 것이다.

지역서비스 체제는 기부자와 수급자 모두에게 보다 많은 선택의 자유를 제공한다는 장점을 지니고 있기도 하다. 기부자는 자신이 원하는 사람이나 단체에 기부하고 자신의 기부금이 초래한 결과를 직접 알 수 있으며, 수급자는 다양한 서비스들 가운데서 자신이 필요로 하는 것을 선택할 수 있는 것이다. 또한, 복지관료기구가 조직 확대 등 자신의 이익을 위해 예산을 사용하는 반면에, 지역사회 네트워크는 조직상의 이해관계를 갖지 않기 때문에 예산을 온전히 빈곤층 지원에만 사용한다는 장점을 지니기도 한다(Murray, 2006 : 117-120, 120-125).

4. 비교와 평가

1) 평 가

신보수주의 사회이론가들은 빈곤의 원인이 개인의 특성이나 능력부족에 있는 것으로 간주하고, 빈곤문제의 해결을 빈곤층의 근로윤리의 회복에서 찾는다. 또한, 그들은 미국의 공공부조 프로그램이 관대성으로 인해서 수급자와 빈민지역사회에 근로회피와 복지의존의 문화를 조장하고, 미혼모 중심의 급여제공으로 인해서 여성 한부모가정의 양산과 전통적인 핵가족의 해체를 가져온다고 주장한다. 다만, 그들은 사회의 건강성을 회복하기 위한 주도적인 역할을 어떤 전통적인 사회기제가 맡아야 하는가에 대해 가족(조지 길더), 국가(로렌스 미드), 혹은 지역공동체(찰스 머레이)로 서로 차이를 보이고 있다.

우선, 조지 길더는 사회정책의 초점이 남성가부장주의와 전통적인 핵가족의 회복에 두어져야 한다고 주장한다. 그가 볼 때 남성가장이 존재하는 가족은 빈곤을 비롯한 어떤 곤경에서도 탈출할 가능성이 높기 때문이다. 남성가장은 자신의 가족을 부양하려는 책임감으로 열심히 근로하고, 이를 통해서 가족의 생활을 보다 윤택한 것으로 만든다. 게다가, 남성가장의 존재는 아동들에 대한 적절한 통제와 훈육을 제공하고, 정상적인 사회화를 가능하게 하며, 빈곤아동들로 하여금 근면한 생활태도와 성공에의 열망을 갖도록 이끈다.

이와 같이 남성가부장주의와 가족의 가치를 전면에 내세우고 있다는 점에서 조지 길더는 전통적인 보수주의의 견해를 대변한다. 이러한 보수주의적 견해는 급속하게 변화하고 있는 현대사회에는 거의 적용될 수 없는 방안이다. 잘 알려진 대로 미국 등 선진산업국가에서는 지난 몇십 년에 걸쳐 개인주의화와 핵가족의 해체가 급진전되어 왔고, 전업주부로서의 여성의 이미지는 자취를 감춘 지 오래이다. 이러한 거시사회적인 흐름을 무시한 채 사회정책을 통해 전통적인 가족관계의 회복을 주장하는 것은 시대착오적일 뿐 아니라 문제의 해결과는 거리가 멀다.

다음에, 로렌스 미드는 시민생활에 대한 국가의 개입을 강조한다는 특징을 지닌다. 조지 길더나 찰스 머레이와는 달리 그는 공공부조의 축소나 폐지를 주장하지는 않는다. 다만 현재와 같은 공공부조의 운영방식으로는 근로동기의 약화와 의존성의 강화가 필연적이기 때문에 국가의 개입방식을 바꾸어야 한다는 것이다. 이와 같이 개인에 대한 국가의 도덕적 지도와 시민생활에 대한 국가의 개입을 강조한다는 점에서 로렌스 미드는 세 이론가들 가운데서 신보수주의를 가장 잘 대변하는 것으로 평가된다.

복지국가의 문제에 대한 로렌스 미드의 진단과 해법에서 문제가 되는 것은 빈곤층을 일반시민과 구분하고 차별한다는 것이다. 아무리 빈곤탈출을 돕는다는 명목을 내세운다고 하더라도 국가가 빈곤층에 대해서만 가부장주의적인 개입을 하는 것은 정당화될 수 없다. 자유민주주의사회에서는 사회적 지위에 관계없이 모든 시민들에게 인권과 자유가 보장되어야 하기 때문이다. 이러한 기본적인 원칙을 무시하는 데서 알 수 있듯이 로렌스 미드는 빈곤층의 진정한 이해를 대변하는 것이 아니라 빈곤층의 통제를 통해 사회질서를 유지하는 데 더 큰 관심이 있다.

다른 신보수주의 이론가들과 비교할 때 찰스 머레이의 특징은 개인복지의 향상을 위해 지역사회(community)의 역할을 강조한다는 점이다. 지역사회에는 지역정부와 같은 공공기관도 포함되지만 찰스 머레이가 특히 관심을 갖는 것은 자발적 단체들과 이웃이다. 이와 같이 개인들 간의 긴밀한 관계와 호혜성을 바탕으로 하는 지역사회의 역할을 강조한다는 점에서 찰스 머레이는 전통적인 사회기제들의 영향력을 회복시키는 데 관심을 두고 있는 것이다.

지역사회의 역할 강화라는 찰스 머레이의 해법은 지역 간 격차의 문제를 등한시한다는 문제가 있다. 그가 말하는 지역사회 네트워크는 중산층 밀집지역에서는 어느 정도 작동할 수 있을 것이다. 반면에, 지역자원이 결핍된 빈곤층 밀집지역에서는 네트워크 활동을 수행할 인원이나 재원(지방세 및 주민의 기부금)이 부족하다. 이런 점에서 지역사회 네트워크는 빈곤층 복지에 기여하기보다는 지역 간 부익부 빈익빈 현상을 더욱 부추기게 될 것이다. 중앙정부의 전국 통일적인 복지정책이 없는 한 도시와 농촌, 그리고 부촌과 빈촌 간의 복지수준은 더욱더 벌어질 수밖에 없다.[7)]

---

7) 찰스 머레이는 세 명의 사회이론가들 가운데서 신자유주의에 가장 가깝다. 그는 사회불평등을 개인과 사회의 향상에 기여하는 것으로 간주하고, 사회보험을 포함하는 모든 사회보장제도의 축소 내지는 폐지를 주장했기 때문이다. 그렇지만, 그는 신자유주의자가 아니라 신보수주의 이론가이다. 신자유주의가 시민생활에 대한 국가의 개입을 최소화할 것을 주장하는 반면에, 찰스 머레이는 일정 정도의 국가개입을

이상의 세 명의 신보수주의 사회이론가들은 모두 공공부조를 권리로서 제공하는 데 대해서 반대한다. 빈곤이 나태 등의 개인적 문제들에서 비롯된다는 점을 고려하면 공공부조를 권리로서 빈곤층에게 제공하는 것은 빈곤에 대한 개인의 책임을 전혀 묻지 않는 것이 되기 때문이다. 또한 공공부조가 권리로서 제공되면 낙인효과가 줄어들어 근로를 회피하는 복지의존문화가 광범하게 확립되기 때문이다. 이와 같이 빈곤층을 개인적 문제가 많은 낙오자로, 그리고 공공부조를 낙오자들에 대한 사회적 자선으로 간주한다는 점에서 이들은 기독교 근본주의를 따르고 있다.[8)]

또한, 그들은 모두 복지국가가 수급자에게 의존성을 심어주는 것을 비판하면서 근로윤리의 회복과 근로동기의 강화를 중심으로 복지제도를 재구성할 것을 주장한다. 그들에게 있어서 근로와 자립생활은 모든 시민들의 의무이고, 근로능력이 있음에도 불구하고 일하지 않는 사람들은 도덕적인 결함이 있는 존재로 간주된다. 바꾸어 말하면, 그들에게 있어서 사회적으로 성공한 사람들은 도덕적으로 결함이 없는 사람들인 반면에, 빈곤한 사람들은 어떤 이유 때문에서든지 도덕적 해이에 빠진 사람들인 것이다. 이와 같이 근로를 도덕과 결부시키고 빈곤층을 도덕적 결함이 있는 사람들로 비판한다는 점에

주장하기 때문이다. 그에 따르면, 사회프로그램들은 개인들에게 의존성을 심어준다는 점에서 폐지되어야 하지만, 그 대신 보편적 성격의 현금급여가 지급되어야 한다는 것이다. 이것은 찰스 머레이가 국가개입 자체를 반대하는 것이 아니라 현재와 같은 국가개입의 방식에 반대하고 있음을 나타낸다. 한 연구자는 찰스 머레이를 고전적인 자유주의자이면서도 집단주의적이고 보수주의적인 색채를 지닌다고 평가하면서 공동체주의적 개인주의자(communitarian individualist)라고 명명하기도 한다(Hudson, 1995 : 175, 199).

8) 기독교 근본주의는 성서의 가르침을 현실 생활의 윤리와 지침으로 삼는 사상이다. 이에 따르면, 세속적인 성공은 개인적 근면성의 표현이고, 스스로가 게으르고 나태하여 빈곤하게 된 사람은 고통을 받아야 하며, 열심히 일을 하여 그 고통에서 벗어나야 한다고 한다. 기독교 근본주의는 빈곤층에 대한 원조를 신의 명령에 따른 개인적 결단의 문제로 간주하고, 빈곤층에게는 권리가 아니라 자선이 주어져야 한다고 주장한다. 이런 점에서 기독교 근본주의는 복지권이나 복지국가에 대해 반대한다. 신보수주의 이론가들 가운데서 조지 길더는 자본주의의 성공을 기독교적 선의 위대한 승리로 간주하고, 빈곤층이 진정으로 필요로 하는 것은 도덕을 파괴하는 물질적인 소득이 아니라 근면을 강조하는 기독교의 가르침이라고 주장한다(Gilder, 1994). 로렌스 미드도 빈곤정책은 복지권과 같은 사회정의가 아니라 자선행위 중심으로 변화되어야 하며, 미국인들(기독교인들)은 신의 명령에 따라 빈곤층에게 자선을 베풀어야 한다고 주장한다(Mead, 2011 : 106-7).

서 신보수주의자들은 도덕적 다윈주의자(Moral Darwinist)라고 평가될 수 있다(Rury, 1986 : 319).

신보수주의 이론가들은 미국의 공공부조프로그램에서 파생하는 문제들에 초점을 맞추고 있다. 그런데, 다른 선진산업국가들에 비해 공공부조가 유난스럽게 발달한 미국에서도 사회보장제도에게 차지하는 공공부조의 비중은 20~30% 정도이고, 그들이 관심을 갖는 근로연령층에 대한 직접적인 현금급여(AFDC 혹은 TANF)의 비율은 3% 정도에 불과하다.[9] 이런 점에서 신보수주의 이론가들은 미국이라는 다소 특이한 국가를 대상으로 하여 복지국가의 매우 한정된 측면만을 분석했다는 평가를 피할 수 없다.

신보수주의자들의 주장대로 공공부조가 근로동기의 약화와 의존성 강화라는 도덕적 해이의 문제를 불러일으키는 것은 어느 정도 사실이다. 그렇지만, 공공부조나 실업수당이 근로동기를 어느 정도나 약화시키는가에 대해서는 논란의 여지가 많고, 특히 공공부조 수급자들 대다수가 도덕적 해이에 빠지는 것처럼 묘사하는 것은 지나친 비약이다. 다수의 빈곤층은 적절한 직업이 주어진다면 사회적 낙인을 받아가면서 빈곤층으로 살기보다는 근로를 통한 생활향상을 원하기 때문이다. 게다가, 미국의 공공부조가 기본생활을 보장할 수 있을 정도로 그렇게 관대하지 않다는 점을 고려하면(Ginsberg, 1998 : 81), 빈곤층 대다수가 공공부조의 관대성으로 인해서 복지의존층이 된다는 신보수주의의 주장은 현실과 크게 동떨어진 것이다.[10]

---

9) 이에 대해서는 이 책의 9장 사회통제론의 4절의 각주를 보시오.

10) 공공부조의 총급여액은 아무리 많아도 빈곤선을 넘을 수 없다. 미국의 공공부조 급여수준은 부양아동의 수와 거주 지역에 따라 차이가 큰데, 1994년에 소득이 전혀 없는 3인 가족을 기준으로 할 때 전국의 AFDC의 중앙값은 월 366달러였고, 최대로 받을 수 있는 푸드스탬프는 월 295달러였다. 이 두 급여를 합친 값이 연방 빈곤선의 69%에 불과했다는 점에서 공공부조는 빈곤층에게 기본적인 생활도 보장해 주지 않는 것이다. 신보수주의자들은 공공부조 급여액에 메디케이드와 주택임대보조금까지 포함시킨다. 그렇지만, 메디케이드는 가계의 지출을 줄여주는 것이지 소득을 높여주는 것이 아니며(즉, 집안에 아픈 사람이 있으면 의료비를 줄여주지만, 그렇지 않으면 아무런 도움이 되지 못하며), AFDC 수급자의 9%만이 공공주택에 거주했고 12%만이 주택임대보조금을 받았다(Page and Larner, 1997 : 21-22).

공공부조가 여성 한부모가정의 양산을 통해 전통적인 핵가족을 붕괴시킨다는 신보수주의의 주장도 액면 그대로 받아들이기 어렵다. AFDC처럼 아동을 부양하는 빈곤층 여성에게 일정 생활을 보장하는 공공부조가 존재한다면 독신여성이 출산을 선택할 때 가질 수 있는 경제적인 걱정은 다소 감소할 수 있다. 그렇다고 해서 공공부조가 미혼모 출산의 직접적인 원인이라고 생각할 수는 없다.

우선, 여성 한부모가정의 증가는 AFDC와 같은 여성 한부모가정 대상의 공공부조가 없는 선진산업국가들 모두에서 일반적으로 관찰되는 사회현상이다. 또한, 여성 한부모가정의 증가는 빈곤층에서만이 아니라 중산층 전문직 여성들에게서도 빈번하게 나타나며, 여성의 지위 향상이라든가 개인생활의 다양화와 같은 거시사회적인 변화를 반영하는 것이다. 게다가, 공공부조의 급여수준이 빈곤선을 넘지 못한다는 점에서, 혼외임신한 독신여성이 빈곤층으로 살기 위해 학업, 미래에의 꿈, 커리어 추구, 자유, 유복한 생활, 이상적인 사람과의 사랑과 결혼 등과 같이 스스로에게 가치 있는 것들을 모두 포기한다는 것은 신보수주의자들의 주장과는 달리 그다지 합리적인 선택이 될 수 없다.[11)]

2) 허버트 스펜서와의 관련성

허버트 스펜서는 극단적인 개인주의자이자 자유지상주의자로서 집단주의와 전통적 가치를 강조하는 보수주의와는 정반대의 입장에 서있다. 그는 국가, 지방정부, 교회, 민간단체 등 모든 형태의 조직들을 혐오했고, 국가를 비롯한 모든 공식 조직들이 복지의 제공을 위해서든 아니면 도덕적 지도를 위

11) 조지 길더와 로렌스 미드는 공공부조가 여성 한부모가정의 증가를 가져왔다는 주장을 내세우기는 하지만 그 관계를 실증적으로 분석하지는 않았다. 찰스 머레이는 빈곤층, 특히 흑인빈곤층에서의 여성 한부모가정 증가율이 다른 계층에 비해 높다는 점을 들어 공공부조가 여성 한부모가정 증가의 원인이라고 주장하고 있지만, 이에 대해서는 찰스 머레이가 통계적 실수(내지는 조작)를 했다든가, 실제로는 계층 간에 여성 한부모가정 증가율의 유의미한 차이가 없다든가 하는 비판들이 다수 제기되어 있다 (Dolbeare and Lidman, 1985; McLanahan, 1985; Seavey and Miller, 1996).

해서든 개인생활에 대해 개입하는 것에 반대하였다. 그는 개인복지에 대한 가족의 역할을 인정하기는 했지만, 그렇다고 해서 보수주의가 선호하는 가부장주의를 지지하지는 않았다. 이런 점에서 허버트 스펜서가 신보수주의 사회정책이론에 어떤 직접적인 영향을 주었다고 보기는 어려울 것이다.

그렇지만, 신보수주의는 허버트 스펜서와 몇 가지 공통점을 지니고 있다. 우선, 허버트 스펜서는 빈곤을 게으름이나 무능력, 혹은 정신적·육체적 결함 등 개인적인 문제에서 연유하는 것으로 간주하고, 빈곤에 대한 책임을 온전히 개인이 져야 한다고 주장한다. 이와 비슷하게, 신보수주의는 빈곤의 원인을 사회구조나 사회적 편견 등 외부에서 찾는 진보적 견해에 반대하고, 빈곤에서의 탈출은 국가의 도움이 아니라 개인의 의식이나 행태의 변화를 통해 가능한 것으로 본다.

다음에, 허버트 스펜서와 마찬가지로 신보수주의는 관대한 복지국가에 대해 반대한다. 대부분의 신보수주의 이론가들은 복지국가로 인해 전통적인 가족관계와 이웃관계가 무너지고 근로윤리가 쇠퇴한다는 점을 들어 복지국가에 반대한다. 신보수주의는 허버트 스펜서만큼 그렇게 극단적으로 개인생활에 대한 국가의 개입을 반대하지는 않지만, 관대한 복지국가를 비판하고 복지국가의 축소 내지는 폐지를 주장한다는 점에서 허버트 스펜서과 같은 견해를 보이고 있다.

셋째로, 허버트 스펜서와 신보수주의는 모두 시장경제체제를 옹호한다. 허버트 스펜서는 개인의 자유를 최상의 가치로 여기면서 특히 시장의 자유를 중시하였다. 이런 관점에서 허버트 스펜서는 공산주의와 사회주의뿐 아니라 시장의 정상적인 작동을 방해하는 노동조합과 복지국가에도 반대하였다. 이와 비슷하게, 신보수주의는 기존 사회질서로서의 시장경제체제를 옹호하고, 이를 위협하는 것으로 간주되는 사회주의와 복지국가에 반대한다.

넷째로, 허버트 스펜서가 그랬던 것처럼 신보수주의자들은 개인의 근로윤리를 중시하고, 개인생활의 유지와 향상을 위해 자립과 자조의 정신을 강조한다. 그들에게 있어서 최상의 복지는 개인들이 근로를 통해 시장에서 소득을 획득하는 데 있는 것이다. 신보수주의와 허버트 스펜서가 공공부조나 사회보장프로그램들에 대해 반대하는 가장 커다란 이유는 그것들이 근로윤리를 약화시키고 의존성을 조장하는 것으로 간주되기 때문이다.

다섯째로, 허버트 스펜서는 가족 구성원들 간의 호혜적인 관계를 강조한다. 경제적 곤경에 처했을 때 국가나 각종 단체의 도움은 의존성을 조장하여 수급자에게 해가 되지만, 가족으로부터의 도움과 지원은 수급자에게 책임감과 근로의식을 불러일으키는 이로운 존재라는 것이다. 이와 비슷하게, 신보수주의는 가족구성원들이 서로 부양하고 돕는다는 전통적인 가족의 가치를 내세운다. 신보수주의가 복지국가에 반대하는 이유 중의 하나는 복지국가가 이러한 전통적인 가족관계를 훼손하는 것이기 때문이다.

마지막으로, 허버트 스펜서는 개인의 복지를 위한 지역주민들의 선행을 강조한다. 이런 식의 선행은 가족이나 친지의 도움과 비슷하게 제공자와 수급자 간의 개별적이고 밀접한 상호작용을 통해 수급자의 자조 노력을 부추긴다는 점에서 바람직하다는 것이다. 신보수주의도 전통적인 사회관계, 특히 이웃과 교회 및 지역사회의 역할을 중시하며, 국가복지 대신에 지역사회수준에서의 서비스 확대를 주장한다. 비록 신보수주의가 허버트 스펜서와는 달리 지역정부나 민간단체의 역할을 중시하기는 하지만, 양자는 모두 친밀감과 호혜성에 기초한 지역사회의 복지역할을 강조한다는 공통점을 지닌다.

이상에서 서술했듯이, 허버트 스펜서와 신보수주의는 자유주의와 보수주의라는 사상적 원천의 차이에도 불구하고 복지국가이론의 측면에서는 매우 유사한 견해를 보이고 있다. 이것은 신보수주의가 과거의 전통적인 보수주의와는 달리 시장경제체제를 옹호하게 된 것과 밀접한 관련이 있다. 시장경제체제를 옹호하고 시장의 자유를 중시하기 때문에 신보수주의는 복지국가에 반대하게 되었고, 이를 통해 허버트 스펜서에게 가까워졌다. 신보수주의는 사회정책분야에서 신자유주의와 마찬가지로 허버트 스펜서의 이론적 계승자가 된 것이다.

참고문헌

김근홍 외(2007). 사회복지 역사와 철학. 서울 : 학지사.

김영화 외(2008). 사회복지정책론. 경기 : 공동체.

김종일(2009). 사회복지정책론. 경기 : 학현사.

김태성(2012). 사회복지정책입문. 서울 : 청목출판사.

박병현(2011). 사회복지정책론. 경기 : 학현사.

박영신 외 편역(1986). 역사 사회학자 뒤르케임을 아는가?. 역사사회학의 방법과 전망. 서울 : 대영사.

박영신(1978). 현대사회의 구조와 이론. 서울 : 일신사.

박영신(1992). 사회학이론과 현실인식. 서울 : 민영사.

원석조(2012). 사회복지정책론. 경기 : 공동체.

조영훈(2001). 유교주의, 보수주의, 또는 자유주의? 한국의 복지유형 검토. 한국사회학, 35(6) : 169-91.

______(2003). 복지다원주의의 확대와 복지국가의 미래 : 닐 길버트의 뒤르케임식 해석에 대한 평가. 현상과인식, 27(4) : 54-75.

______(2004). 변화하는 세계, 변화하는 복지국가. 서울 : 집문당.

______(2010). 복지국가 발달에 대한 문화주의적 해석과 그 평가. 한국사회학, 44(1) : 98-122.

______(2011). 캐나다 복지국가 연구. 서울 : 집문당.

______(2014a). 허버트 스펜서의 복지이론. 사회와 이론, 25 : 217-243.

______(2014b). 에밀 뒤르케임 복지이론의 재구성. 현상과인식, 38(3) : 151-170.

______(2014c). 신보수주의 복지이론의 이해. 한국사회정책, 21(3) : 9-36.

______(2015). 리차드 팃머스의 사회양심론. 사회보장연구, 32(1) : 83-101.

______(2016a). 칼 맑스와 사회정책. 한국사회정책, 23(3) : 1-15.

______(2016b). 산업화론의 재검토. 공공정책연구, 32(2) : 109-131.

______(2016c). 국가중심이론에 대한 평가 : 테다 스카치폴을 중심으로. 공공정책연구, 33(1) : 71-92.

칼 맑스(1869). 하만과의 대화. Der Volksstaat(1869.1.17.). 이경숙 편역(1988). 맑스 · 엥겔스

의 노동조합이론. 서울 : 새길.

프리드리히 엥겔스(1850) 영국의 10시간노동법. 신라인신문-정치경제평론. 제4호(1850년 4월)(MEW Bd.7, S.233-43). 이경숙 편역(1988). 맑스・엥겔스의 노동조합이론. 서울 : 새길.

Abel-Smith, B. and Titmuss, K.(1987). Preface. B. Abel-Smith and K. Titmuss. *The Philosophy of Welfare : Selected Writings of Richard Titmuss*. London : Allen and Unwin.

Adams, B. N. and R. A. Sydie(2001). *Sociological Theory*. London : SAGE.

Adams, P.(1985). Social Policy and the Working Class. *Social Service Review 59*(3) : 387-402.

Alber, J. et al.(1987). Studying the Welfare State : Issues and Queries. M. Dierkes et al.(eds). *Comparative Policy Research*. Aldershot : Gower.

Alber, J.(1981). Government Responses to the Challenge of Unemployment : The Development of Unemployment Insurance in Western Europe. P. Flora and A. Heidenheimer(eds). *The Development of Welfare States in Europe and America*. New Brunswick, NJ : Transaction Books.

Albritton, R. B.(1979). Social Amelioration Through Mass Insurgency? A Reexamination of the Piven and Cloward Thesis. *American Political Science Review 73* : 1003-1011.

Alcock, P. and Oakley, A.(2001). Introduction. P. Alcock et al.(eds). *Welfare and Wellbeing : Richard Titmuss's Contribution to Social Policy*. Bristol : Policy Press.

Alcock, P. et al.(eds)(2001). *Welfare and Wellbeing : Richard Titmuss's Contribution to Social Policy*. Bristol : Policy Press.

Alexander, J.(ed)(1988). *Durkheimian Sociology : Cultural Studies*. New York : Cambridge University Press

Armingeon, K. and Bonoli, G.(eds)(2006). *The Politics of Post-Industrial Welfare States : Adopting Post-War Social Policies to New Social Risks*. London/New York : Routledge

Aron, Raymond.(1971). Max Weber and Power-Politics. O. Stammer(ed). *Max Weber and Sociology Today*. Oxford : Oxford University Press.

Arrow K. J.(1972). Gifts and Exchange. *Philosophy and Public Affairs 1*(4) : 343-362.

Ashford, D.(1986). *The Emergence of the Welfare State*. Oxford : Basil Blackwell.

__________(1991). Bringing the Welfare State Back In. *Comparative Politics 23*(3) : 351-75.

Avineri, S.(1968). *The Social and Political Thought of Karl Marx*. Cambridge : Cambridge

University Press.

Baccaro, L.(2003). What is Live and What is Dead in the Theory of Corporatism. *British Journal of Industrial Relations 41*(4) : 683-706.

Baehr, P.(1988). Max Weber as a Critic of Bismarck. *European Journal of Sociology 29*(1) : 149-164.

________(2008). Caesarism, *Charisma and Fate : Historical Sources and Modern Resonances in the Work of Max Weber*. New Brunswick, NJ : Transaction.

Baker, J.(1979). Social Conscience and Social Policy. *Journal of Social Policy 8*(2) : 177-206.

Baldwin, P.(1988). How Socialist is Solidaristic Social Policy? : Swedish Postwar Reform as a Case in Point. *International Review of Social History 33*(2) : 121-47.

________(1989a). The Scandinavian Origins of the Social Interpretation of the Welfare State. *Comparative Studies in Society and History 31*(1) : 2-24.

________(1989b). Class, Interest and the Welfare State : A Reply to Sven E. Olsson. *International Review of Social History 34*(3) : 471-84.

________(1990). *The Politics of Social Solidarity : Class Bases of the European Welfare State 1875-1975*. Cambridge : Cambridge University Press.

Barbalet, J.(1988). *Citizenship : Rights, Struggle and Class Inequality*. Minneapolis : University of Minnesota Press.

________(2008). *Weber, Passion and Profits : 'The Protestant Ethic and the Spirit of Capitalism' in Context*. Cambridge : Cambridge University Press.

________(2010). Citizenship in Max Weber. *Journal of Classical Sociology 10*(3) : 201-216.

Barker, P.(ed.)(1984). *Founders of the Welfare State*. London : Heinemann.

Barnes, J. and T. Srivenkataramana.(1982). Ideology and the Welfare State : An Examination of Wilensky's Conclusions. *Social Service Review 56*(2) : 230-245.

Barry, N.(1997). Conservative Thoughts and the Welfare State. *Political Studies 45* : 331-345.

________(1999). *Welfare*(2nd Edition). Twin City : University of Minnesota Press.

Bauman, Z.(2005). Durkheim's Society Revisited. J. Alexander and P. Smith(eds). *Cambridge Companion to Durkheim*. Cambridge : Cambridge University Press.

Bean, P. and S. MacPherson(eds)(1983). *Approaches to Welfare*. New York : Rutledge and Kegan Paul.

Beetham, D.(1974). *Max Weber and the Theory of Modern Politics*. London : George Allen &

Unwin.

Béland, D. and A. Waddan.(2007). Conservative Ideas and Social Policy in the United States. *Social Policy and Administration 41*(7) : 768-786.

Bellah, R.(ed)(1973). *Emile Durkheim on Morality and Society*. Chicago : University of Chicago Press.

Bellamy, R.(1992). Liberalism and Nationalism in the Thought of Max Weber. *History of European Ideas 14*(4) : 499-507.

Bendix, R.(1971). Charismatic Leadership. R. Bendix and G. Roth(eds). *Scholarship and Partisanship : Essays on Max Weber*. Berkeley : University of California Press.

Berlin, I.(1963). *Karl Marx : His Life and Environment*. Oxford : Oxford University Press.

Bernstein, E.(1909). *Evolutionary Socialism : A Criticism and Affirmation*. London : Independent Labour Party.

Beveridge, W.(1942). *Social Insurance and Allied Services*(The Beveridge Report). New York : Macmillan.

Börner, S.(2013). *Belonging, Solidarity and Expansion in Social Policy*. London : Palgrave Macmillan.

Bowles, S. and H. Gintis.(2000). Reciprocity, Self-Interest, and the Welfare State. *Nordic Journal of Political Economy 26* : 33-53.

Breiner, P.(1997). *Max Weber and Democratic Politics*. Ithaca, NY : Cornell University Press.

Briggs, A.(1967). The Welfare State in Historical Perspective. C. I. Schottland(ed). *The Welfare State*. New York : Harper Torchbooks.

Brown, W.(2006). American Nightmare : Neoliberalism, Neoconservatism, and De-Democratization. *Political Theory 34*(6) : 690-714.

Brubaker, R.(1984). *The Limits of Rationality : An Essay on the Social and Moral Thought of Max Weber*. London : Allen & Unwin.

Bruce, M.(1966). *The Coming of the Welfare State*. London : Batsford.

Calhoun, C.(2002). *Classical Sociological Theory*. Oxford : Wiley-Blackwell.

Cameron, D.(1978). The Expansion of the Public Economy : A Comparative Analysis. *American Political Science Review 72*(4) : 1243-361.

Cammack, P.(1989). Review Article : Bringing the State Back In. *British Journal of Political Science 19* : 261-90.

Carneiro, R. L. and Perrin, R. G.(2002). Herbert Spencer's Principles of Sociology : a Centennial Retrospective and Appraisal. *Annals of Science 59* : 221-61.

Carneiro, R. L.(1967). *The Evolution of Society : Selections from Herbert Spencer's Principles of Sociology*. Chicago : University of Chicago Press.

Carrier, J. and I. Kendall.(1977). The Development of Welfare States : The Production of Plausible Accounts. *Journal of Social Policy* 6(3) : 271-90.

Castles, F. G.(1978). *The Social Democratic Image of Society*. London : Routledge and Kegan Paul.

__________(1982). The Impact of Parties on Public Expenditure. F. Castles(ed.). *The Impact of Parties*. Beverly Hills, CA : Sage.

__________(1986). Working Class and Welfare : Reflection on the Political Development of the Welfare State in Australia and New Zealand, London : Allen and Unwin.

Chernilo, D.(2007). *A Social Theory of the Nation-State*. London : Routledge.

Collins, R.(1980). Weber's Last Theory of Capitalism : A Systematization. *American Sociological Review 45*(6) : 925-42.

Cooper, M. and A. Culyer.(1968). *The Price of Blood*(Hobart Paper no. 41). London : Institute of Economic Affairs.

Corning, P. A.(1982). Durkheim and Spencer. *The British Journal of Sociology 33*(3) : 359-382.

Coser, L. A.(1996). *Masters of Sociological Thought : Ideas in Historical and Social Context*. Jaipur, India : Rawat Publications.

Cristi, M.(2012). Durkheim on Moral Individualism, Social Justice, and Rights : A Gendered Construction of Rights. *Canadian Journal of Sociology 37*(4) : 409-438.

Culyer, A.(1973). Quids without Quos : a Praxeological Approach. IEA(eds). *Economics of Charity*. London : IEA. pp. 33-62.

Cutright, P.(1965). Political Structure, Economic Development and National Social Security Programs. *American Journal of Sociology 70* : 537-50.

Davis, K. and W. Moore.(1945). Some Principles of Stratification. *American Sociological Review 10*(2) : 242-249.

Dawson, M.(2012). Against the Big Society : A Durkheimian Socialist Critique. *Critical Social Policy 33*(1) : 78-96.

Deacon, A.(1993). Richard Titmuss Twenty Years On. *Journal of Social Policy 22*(2) : 235-542.

________(1996). The Dilemmas of Welfare : Titmuss, Murray and Mead. S. J. D. Green and R. C. Whiting(eds). *The Boundaries of the State in Modern Britain*. Cambridge : Cambridge University Press.

________(2002). *Perspectives on Welfare*. Buckingham : Open University Press.

Derman, E.(1973). Have the Poor Been Regulated? Toward a Multivariate Understanding of Welfare Growth. *Social Service Review 47*(3) : 339-359.

________(2010). Skepticism and Faith : Max Weber's Anti-Utopianism in the Eyes of His Contemporaries. *Journal of History of Ideas 71*(3) : 481-503.

Derman, J.(2012). *Max Weber in Politics and Social Thought*. Cambridge : Cambridge University Press.

Dickinson, J.(1986a). Spiking Socialist Guns : The Introduction of Social Insurance in Germany and Britain. *Comparative Social Research 9*.

Dixon, T.(2004). Herbert Spencer and Altruism : The Sternness and Kindness of a Victorian Moralist. G. Jones and R. Peel(eds). *Herbert Spencer : the Intellectual Legacy*. London : Galton Institute.

Doherty, G. and T. Gray.(1993). Herbert Spencer and the Relation between Economic and Political Liberty. *History of Political Thought 54*(3) : 475-493.

Dolbeare, K. M. and R. M. Lidman.(1985). Ideology and Public Research : The Case of Charles Murray. *Policy Studies Review 4*(4) : 587-595.

Durkheim, E.(1885). Review of A. Schaeffle. *Revue philosophique* XIX : 84-101.(Lamanna, 2002 : 60-61)에 재인용.

________(1933). *The Division of Labour in Society*. New York : Free Press.

________(1950). *Leçon de sociologie*. Paris : Presses Universitaires de France. (Lamanna, 2002 : 152)에 재인용.

________(1960[1893]). *The Division of Labor in Society*. New York : Free Press.

________(1961[1912]). *The Elementary Forms of the Religious Life*. New York : Collier Books.

________(1962[1928]). *Socialism*. New York : Collier Books.

________(1963a[1897]). *Suicide*. London : Routledge and Kegan Paul.

________(1963b[1921]). La Famille Conjugale. M. Mauss(ed). Legon D'Emile Durkheim. *Revue Philosophique 91*.(Steeman, 1963 : 179)에 재인용.

__________(1964[1895]). *The Rules of Sociological Method*. New York : Free Press.

__________(1973[1898]). Individualism and the Intellectuals. R. Bellah(ed). *Emile Durkheim on Morality and Society*. Chicago : University of Chicago Press.

__________(1978). *On Institutional Analysis*. Chicago : University of Chicago Press.

__________(1979[1910]). A Discussion on the Notion of Social Equality. W. S. F. Pickering(ed). *Durkheim : Essays on Morals and Education*. London : Routledge and Kegan Paul.

__________(1986). *Durkheim on Politics and the State*. Cambridge : Polity Press.

__________(1992[1950]). *Professional Ethics and Civic Morals*. London : Routledge.

Eliason, S.(2000). Constitutional Ceasarism : Weber's Politics in Their German Context. S. Turner(ed). *The Cambridge Companion to Weber*. Cambridge : Cambridge University Press.

Elliott, P.(2003). Erasmus Darwin, Herbert Spencer, and the Origins of the Evolutionary World View in British Provincial Scientific Culture, 1770-1850. *ISIS*(The History of Science Society) 94(1) : 1-29

Engels, F.(1881a). The Wage System. *Frederick Engels' Articles for the Labour Standard*(1881.5.21.) http://www.marxists.org/archive/marx/works/download/pdf.htm

________(1881b). A Workingmen's Party. *Frederick Engels' Articles for the Labour Standard* (1881.7.23.) http://www.marxists.org/archive/marx/works/download/pdf.htm

________(1969a[1850]). Introduction. K. Marx. *Class Struggle in France*. Moscow : Progress Publishers.

________(1995[1887]). *The Housing Question. Cooperative Publishing Society of Foreign Workers*. http://www.marxists.org/archive/marx/works/1872-hq/index.htm.

________(Engels, F.(1969c[1847]). The Principles of Communism. *Selected Work*. Volume One. Moscow : Progress Publishers. http://www.marxists.org/archive/marx/works/1847/11/prin-com.htm

Esping-Andersen, G. and R. Friedland.(1982). Class Coalitions in the Making of West European Economies. M. Zeitlin(ed). *Political Power and Social Theory*. vol. 3. Greenwich, Conn. : JAI Press.

Esping-Andersen, G. and W. Korpi.(1984). Social Policy as Class Politics in Postwar Capitalism. J. Goldthorpe(ed). *Order and Conflict in Contemporary Capitalism*. Oxford : Oxford University Press.

______________________________(1987). From Poor Relief to Institutional Welfare States :

The Development of Scandinavian Social Policy. R. Erikson(ed). *The Scandinavian Model*. Armonk, NY : M. E. Sharpe.

Esping-Andersen, G.(1978). Social Class, Social Democracy, and the State. *Comparative Politics 11*(1) : 42-58.

________________(1981). From Welfare State to Democratic Socialism. M. Zeitlin(ed). *Political Power and Social Theory*. vol 2. Greenwich, Conn. : JAI Press.

________________(1985). *Politics Against Market*. Princeton : Princeton University Press.

________________(1987). Citizenship and Socialism : De-Commodification and Solidarity in the Welfare State. G. Esping-Andersen et al(eds). *Stagnation and Renewal in Social Policy : The Rise and Fall of Policy Regimes*. Armonk, NY : N. E. Sharpe.

________________(1990). *The Three Worlds of Welfare Capitalism*. Princeton, NJ : Princeton University Press.

Evans, P., D. Rueschemeyer and T. Skocpol.(1985). On the Road Toward a More Adequate Understanding of the State. P. Evans et al(eds). *Bringing the State Back In*. Cambridge : Cambridge University Press.

Farris, B.(1996). A Sociological Look at Caritas : A Dialogue with Durkheim. *The International Journal of Sociology and Social Policy 16*(1/2) : 70-87.

Ferguson, I. et al.(2002). *Rethinking Welfare : A Critical Perspective*. London : SAGE.

Filloux, J.(1993). Inequalities and Social Stratification in Durkheim's Sociology. S. Turner(ed). *Emile Durkheim : Sociologist and Moralist*. London : Routledge.

Fitzpatrick, T.(2011). *Welfare Theory : An Introduction to the Theoretical Debates in Social Policy*(2nd edition). London : Palgrave Macmillan.

Flora, P. and A. J. Heidenheimer.(1981). The Historical Core and Changing Boundaries of the Welfare State. P. Flora and A. Heidenheimer(eds). *The Development of Welfare States in Europe and America*. London : Transaction Books.

Flora, P. and J. Alber.(1981). Modernization, Democratization and the Development of Welfare States in Europe. P. Flora and A. Heidenheimer(eds). *The Development of Welfare States in Europe and America*. London : Transaction Books.

Flora, P.(1981). Solution or Source of Crises? The Welfare State in Historical Perspective. W. J. Mommsen et al(eds). *The Emergence of the Welfare State in Britain and Germany*. London : Croom Helm.

_______(1985). On the History and Current Problems of the Welfare State. S. N. Eisenstadt and O. Ahimeir(eds). *The Welfare State and Its Aftermath*. London : Croom Helm.

Fontaine, P.(2002). Blood, Politics, and Social Science : Richard Titmuss and the Institute of Economic Affairs, 1957-1973. *ISIS*(The History of Science Society) *93*(3) : 401-434.

Francis, M.(2011). Herbert Spencer. G. Ritzer and J. Stepnisky(eds). *The Wiley-Blackwell Companion to Major Social Theorists*. vol. 1. Classical Social Theorists. London : Blackwell Publishing.

Freeman, D.(1974). The Evolutionary Theories of Charles Darwin and Herbert Spencer. *Current Anthropology 15* : 211-37.

Friedman, K. V.(1981). *Legitimation of Social Rights and the Western Welfare State : A Weberian Perspective*. Chapel Hill : University of North Carolina Press.

Friedman, M. and R. Friedman.(1980). *Free to Choose*. New York : Harcourt Brace Jovanovich.

Friedman, M.(1962). *Capitalism and Freedom*. Chicago : University of Chicago Press.

__________(1976). The Line We Dare Not Cross. *Encounter*(November 1976).

Gamble, A.(2001). Neo-Liberalism. *Capital and Class 75* : 127-134.

Gane, M.(1992). Introduction : Emile Durkheim, Marcel Mauss and the Sociological Project. M. Gane(ed). *Radical Sociology of Durkheim and Mauss*. London : Routeledge.

George, V. and P. Wilding.(1994). *Welfare and Ideology*. New York : Harvester.

George, V.(2010). *Major Thinkers in Welfare : Contemporary Issues in Historical Perspective*. London : Policy Press.

Gerth, H. and H. I. Gerth.(1949). Bibliography on Max Weber. *Social Research 16*(1) : 70-89.

Giddens, A.(1971a). Durkheim's Political Sociology. A. Giddens(ed). *Politics, Sociology and Social Theory : Encounters with Classical and Contemporary Social Thought*. Cambridge : Polity Press.

_________(1971b). *Capitalism and Modern Social Theory : An Analysis of the Writing of Marx, Durkheim and Max Weber*. Cambridge : Cambridge University Press.

_________(1976). Functionalism : Aprè la lutte. *Social Research 43*(2) : 325-366.

_________(1977). *Studies in Social and Political Theory*. London : Hutchinson.

_________(1986). Introduction. *Durkheim on Politics and the State*. Cambridge : Polity Press.

_________(1994). *Beyond Left and Right*. Cambridge : Polity Press.

_________(1995). *Politics, Sociology, and Social Theory : Encounters with Classical and*

Contemporary Social Thought. Palo Alto, CA : Stanford University Press.

Gilbert, N.(2002). *Transformation of the Welfare State : the Silent Surrender of Public Responsibility*. New York : Oxford University Press.

Gilder, G.(1980). The Coming Welfare Crisis. *Policy Review 11* : 25-36.

________(1981). *Wealth and Poverty*. New York : Basic Books.

________(1982). Why I am Not a Neo-Conservative. *National Review 34*(4) : 218

________(1987). Welfare's New Consensus. *Public Interest 89* : 20-35.

________(1994). Freedom From Welfare Dependency. *Religion and Liberty 4*(2).

________(1995). End Welfare Reforms as We Know It. *The American Spectator*(June 1995) : 24-27.

Ginsberg, L.(1998). *Conservative Social Welfare Policy*. Chicago : Nelson-Hall.

__________(2009). Conservative Approaches to Social Policy. J. Midgley and M. Livermore. *The Handbook of Social Policy*. Thousand Oaks, CA : Sage.

Ginsburg, N.(1979). *Class, Capital and Social Policy*. London : Macmillan.

Glennerster, H.(2000). *British Social Policy Since 1945*(2nd Edition). Oxford : Blackwell.

Godels, G.(2004). Revolution without Pain : A Critique of Uri Zilbersheid's Welfare State and Democracy in Marx's Theory of Revolution. *Nature, Society and Thought 16*(1) : 101-110.

Golden, M.(1993). The Dynamics of Trade Unionism and National Economic Performance. *American Political Science Review, 87* : 439–54.

Gondermann, T.(2007). Progression and Retrogression : Herbert Spencer' Explanations of Social Inequality. *History of the Human Sciences 20*(2) : 21–40.

Goodin, R. E.(1988). *The Political Theory of the Welfare State*. Princeton University Press.

Goodwin B. and D. Mitchell(2000). *The Foundations of the Welfare State*. Northampton, MA : Edward Elgar.

Gordon, L.(1988). What Does Welfare Regulate?. *Social Research 55*(4) : 609-630.

Gough, I. and A. Steinberg.(1981). The Welfare State, Capitalism and Crisis. M. Zeitlin(ed). *Political Power and Social Theory*. Vol. 2. Greenwich, Conn. : JAI Press.

Gough, I.(1975). State Expenditures in Advanced Capitalism. *New Left Review 92* : 53-92.

________(1979). *The Political Economy of the Welfare State*. London : Macmillan.

Gouldner, A.(1962). Introduction. Emile Durkheim. *Socialism*. New York : Collier Books.

Gowing, M.(1975). Richard Morris Titmuss 1907–1973. *Proceedings of the British Academy 61*

: 401–428.

Green, D.(1987). *The New Right : The Counter-Revolution in Political, Economic and Social Thought*. Brighton : Wheatsheaf.

Green, S. J. T.(1989). Emile Durkheim on Human Talents and Two Traditions of Social Justice. *British Journal of Sociology 40*(1) : 97-117.

Griggs, E.(1991). Hayek on Freedom and the Welfare State. *Politics 11*(1) : 37-42.

Guizzardi, L.(2009). Durkheim's Dream : A Society of Justice and Charity. *Durkheimian Studies 15* : 85-98.

Hage, J. and R. Hanneman.(1977). *The Growth of the Welfare State in Four Western European Societies*. Madison, Wis : Institute for Research on Poverty.

Hawkins, M. J.(1994). Durkheim on Occupational Corporations : An Exegesis and Interpretation. *Journal of the History of Ideas 55*(3) : 461-481.

Hayek, F. V.(1944). *The Road to Serfdom*. London : Routledge & Kegan Paul.

__________(1960). *The Constitution of Liberty*. London : Routledge & Kegan Paul.

__________(1976). *Law, Legislation and Liberty*. Vol. II(The Mirage of Social Justice). London : Routledge & Kegan Paul.

Hearn, F.(1985). Durkheim's Political Sociology : Corporatism, State Autonomy, and Democracy. *Social Research 52*(1) : 151-177.

Heclo, H.(1974). *Modern Social Politics in Britain and Sweden*. New Haven : Yale University Press.

Henderson, J. et al.(2007). Bureaucratic Effects : 'Weberian' State Agencies and Poverty Reduction. *Sociology 41*(3) : 515–32.

Herrnstein, R. and C. Murray.(1994). *The Bell Curve : Intelligence and Class Structure in American*. Life. New York : Free Press.

Hewitt, C.(1977). The Effect of Political Democracy and Social democracy on Equality in Industrial Societies. *American Sociological Review 42* : 450-64.

Hicks, A. and D. Swank.(1983). Civil Disorder, Relief Modernization, and AFDC Caseloads : A Reexamination of the Piven and Cloward Thesis. *American Journal of Political Science 27*(4) : 695-716.

Hicks, A. et al.(1989). Welfare Expansion Revisited : Policy Routines and Their Mediation by Party, Class and Crisis, 1957-1982. *European Journal of Political Research 17* : 401-430.

Hicks, A.(1988). Social Democratic Corporatism and Economic Growth. *Journal of Politics 50* : 677-704.

Higgins, J.(1978). The Regulating the Poor Revisited. *Journal of Social Policy* 7(2) : 189-198.

Hocutt, M.(2008). In Defense of Herbert Spencer. *The Independent Review 12*(3) : 433-445.

Hollander, S.(2010). Marx and Engels on Constitutional Reform vs Revolution : Their Revisionism Reviewed. *Theoria*(2010.03) : 51-91.

Holton, R. J. and B. S. Turner.(1989). *Max Weber on Economy and Society*. London : Routledge.

Hou, J. and J. D. Stephens(2012). The Corporatist Political Economies : From Industrial Corporatism to the Social Investment State in the Knowledge Intensive Service Economy. *Working Paper, 388*. The Helen Kellogg Institute for International Studies. Notre Dame, IN : University of Notre Dame.

Hudson, J.(1995). Individual and Community : Charles Murray's Political Philosophy. *Journal of Politics and Society 8*(2) : 175-216.

Ikenberry, G. and T. Skocpol.(1987). Expanding Social Benefit : The Role of Social Security. *Political Science Quarterly 102*(3) : 389-416.

Isaac, L. and W. R. Kelly.(1981). Racial Insurgency, the State, and Welfare Expansion. *American Journal of Sociology 86* : 1348-1386.

Iversen, T.(1999). *Contested Economic Institutions*. New York : Cambridge University Press.

Jenkins, J. C. and B. G. Brents.(1989). Social Protest, Hegemonic Competition, and Social Reform : A Political Struggle Interpretation of the Origins of the American Welfare State. *American Sociological Review 54* : 801-909.

Jennings, E. T.(1979). Civil Turmoil and the Growth of Welfare Rolls : A Comparative State Policy Analysis. *Policy Studies Journal 7* : 739-45.

Jessop, B.(2001). Bringing the State Back In (Yet Again?). *International Review of Sociology 11*(2) : 149-173.

Jones, G. and Peel, R. A.(eds)(2004). *Herbert Spencer : The Intellectual Legacy*. London : Galton Institute.

Jones, G.(1980). *Social Darwinism and English Thought*. Brighton, Sx : Harvester.

Jordan, B.(1976). *Freedom and the Welfare State*. London : Routledge.

Jordan, Z. A.(ed)(1971). *Karl Marx : Economy, Class and Social Revolution*. New York : Charles Scribner's Sons.

Kalberg, S(2011). Max Weber. G. Ritzer(ed). *The Blackwell Companion to Major Classical Social Theorists*. Malden, MA : Blackwell.

Karl Marx and Jules Guesde.(1880). Introduction to Programme of French Workers' Party(The Programme of the Parti Ouvrier). http://www.marxists.org/archive/marx/works/1880/05/parti-ouvrier.htm.

Kaufman-Osborn, T.(1986). Emile Durkheim and the Science of Corporatism. *Political Theory 14*(3) : 638-659.

Kautsky, K.(1909). *The Road to Power*. Chicago : Samuel A. Bloch.

__________(1971). *The Class Struggle(Erfurt Program)*. New York : W. W. Norton & Company.

Kazamias, A. M.(1966). Spencer and the Welfare State. *History of Education Quarterly* 6(2) : 73-95

Kelly, D.(2003). *The State of the Political : Conceptions of Politics and the State in the Thought of Max Weber, Carl Schmitt and Franz Neumann*. Oxford : Oxford University Press.

Kerr, C. et al.(1960). *Industrialism and Industrial Man*. Cambridge : Harvard University Press.

Kerr, C.(1983). *The Future of Industrial Societies : Convergence or Continuing Diversity?*. Cambridge : Harvard University Press.

Kincaid, J.(1984). Richard Titmuss 1907-1973. P. Barker(ed). *Founders of the Welfare State : A Series From 'New Society'*. London : Heinemann.

King, D. and S. Wood.(1999). The Political Economy of Neoliberalism : Britain and the United States in the 1980s. Herbert Kitschelt et al.(eds). *Continuity and Change in Contemporary Capitalism*. Cambridge : Cambridge University Press.

King, D.(1999). I*n the Name of Liberalism : Illiberal Social Policy in the United States and Britain*. Oxford : Oxford University Press.

Kirwin, B.(ed)(1991). *Intellectual Roots of the Welfare State*. Toronto : Canadian Scholars' Press.

Klein, R.(1993). O'Goofe's Tale. C. Jones(ed.). *New Perspectives on the Welfare State in Europe*. London : Routledge. 6-15.

Korpi, W. and M. Shalev.(1979). Strikes, Industrial Relations and Class Conflict in Capitaist Societies. *British Journal of Sociology 30*(2) : 164-87.

____________________(1980). Strikes, Power, and Politics in the Western Nations, 1900-1976. *Political Power and Social Theory 1*.

Korpi, W.(1978a). *Working Class in Welfare Capitalism*. London : Routledge & Kegan Paul.

________(1978b). Social Democracy in Welfare Capitalism : Structural Erosion, Welfare Backlash and Incorporation?. *Acta Sociologica 21*(Supp.) : 97-110.

________(1980). Social Policy and Distributional Conflict in the Capitalist Democracies. *West European Politics 3*(3) : 296-316.

________(1983). *The Democratic Class Struggle*. London : Routledge & Kegan Paul.

________(1985). Economic Growth and the Welfare State : A Comparative Study of 18 OECD Countries. *Labour and Society 10*(2) : 195-209.

________(1987). *Class, Power and State Autonomy in Welfare State Development*. Stockholm : Swedish Institute for Social Research Reprint Series.

________(1989). Power, Politics and State Autonomy in the Development of Social Citizenship : Social Rights During Sickness in Eighteen OECD Countries Since 1930. *American Sociological Review 54* : 309-28.

________(1990). *The Development of Swedish Welfare State in a Comparative Perspective*. Stockholm : The Swedish Institute.

Krauthammer, C.(1995). A Social Conservative Credo. *Public Interest 121*(Fall 1995) : 15-25.

Kristol, I.(1978). *Two Cheers for Capitalism*. New York : Basic Books.

________(2004). The Neo-Conservative Persuasion : What It Is and What It Was. I. Stelzer(ed). *Neo-Conservatism*. London : Atlantic Books.

Lamanna, M. A.(2002). *Emile Durkheim on the Family*. London : SAGE.

Lavalette, M.(1997). *Marx and the Marxist Critique of Welfare*. M. Lavalette and A. Pratt(eds.). *Social Policy : A Conceptual and Theoretical Introduction*. London : SAGE.

Le Grand, J.(1990). The State of Welfare J. Hills(ed). *The State of Welfare*. Oxford : Clarendon Press.

__________(2003). *Motivation, Agency and Public Policy : Of Knights and Knaves, Pawns and Queens*. Oxford : Oxford University Press.

Lee, P. and C. Raban.(1988). *Welfare Theory and Social Policy : Reform or Revolution?*. London : SAGE.

Lichtheim, G.(1964). *Marxism : An Historical and Critical Study*. London : Routledge and Kegan Paul.

Lipset, S.(1990). *Continental Divide : The Values and Institutions of the United States and*

Canada. London : Routledge.

Lister, R.(2010). *Understanding Theories and Concepts in Social Policy*. London : Policy Press.

Löwenstein, K.(1966). *Max Weber's Political Ideas in the Perspective of Our Time*. Amherst : University of Massachusetts Press.

Lukes, S.(1973). *Emile Durkheim : His Life and Work*. London : Penguin.

MacEwan, A.(1999). *Neo-Liberalism or Democracy?*. London : Zed Books.

MacRae, D.(ed)(1969). *Herbert Spencer : The Man versus the State with Four Essays on Politics and Society*. London : Penguin.

Maley, T.(2004). Democratic Values and Political Realities in the Thought of Max Weber. Ph. D. Dissertation. University of Toronto.

Mann, K.(2008). Remembering and Rethinking the Social Divisions of Welfare : 50 Years On. *Journal of Social Policy 38*(1) : 1–18.

Marshall, T. H.(1963). *Class, Citizenship, and Social Development*. Garden City, NY : Anchor Books.

____________(1973). Richard Titmuss : an Appreciation. *British Journal of Sociology 24*(2) : 138-9.

Marx, K. and F. Engels.(1848). Demands of the Communist Party of Germany. http://www.marxists.org/archive/marx/works/1848/03/24.htm.

________________(1849). Wage Labour and Capital. *Neue Rheinische Zeitung*(1849. 4. 5) http://www.marxists.org/archive/marx/works/download/pdf.htm.

________________(1850). Address of the Central Committee to the Communist League. http://www.marxists.org/archive/marx/works/1847/communist-league/1850-ad1.htm.

________________(1883[1848]). *Communist Manifesto*(5th Edition). London : William Reeves.

Marx, K.(1937). *The Eighteenth Brumaire of Louis Napoleon*. Moscow : Progress Publishers. https://www.marxists.org/archive/marx/works/download/pdf/18th-Brumaire.pdf.

______(1947). *The German Ideology*. New York : International Publishers.

______(1970[1875]). *Critique of the Gotha Programme*. Moscow : Progress Publishers. http://www.marxists.org/archive/marx/works/1875/gotha/index.htm.

______(1971a[1872]). Report of Marx's Speech at a Meeting in Amsterdam. *La Libere*(1872.9.15.). Z. A. Jordan(ed). *Karl Marx : Economy, Class and Social Revolution*.

New York : Charles Scribner's Sons.

________(1971b[1844]). Critical Marginal Notes on the Article 'The King of Prussia and Social Reform By a Prussian'. MEW B.1. Z. A. Jordan(ed). *Karl Marx : Economy, Class and Social Revolution*. New York : Charles Scribner's Sons.

________(1971c[1852]). The Chartists. *NYDT*(1852. 8. 25.). Z. A. Jordan(ed). *Karl Marx : Economy, Class and Social Revolution*. New York : Charles Scribner's Sons.

________(1987[1867]). *Capital*. Vol. 1. New York : International Publishers.

________(2000a[1864]). Inaugural Address of the International Workmen's Association. http://www.marxists.org/archive/marx/works/1864/10/27.htm.

________(2000b[1867]). Instructions for the Delegates of the Provisional General Council. *The International Courier* No.6/7, 8/10. The First International. http://www.marxists.org/archive/marx/works/download/pdf.htm.

________(2010[1849]). Wage Labour and Capital. *Neue Rheinische Zeitung*(1849. 4. 5). http://www.marxists.org/archive/marx/works/download/pdf.htm.

Mauss, M.(1967[1923]). *The Gift : Forms and Functions of Exchange in Archaic Societies*. New York : The Norton Library.

McCann, C. R.(2004). *Individualism and the Social Order : the Social Element in Liberal Thought*. London : Routledge.

McLanahan, S. et al.(1985). Losing Ground : A Critique. *IRP Special Report No. 38*. Institute for Research on Poverty(University of Wisconsin-Madison).

McLean, I. and J. Poulton.(1986). Good Blood, Bad Blood, and the Market : The Gift Relationship Revisited. *Journal of Public Policy* 6(4) : 431-445.

McLellan, D.(1973). *Karl Marx : His Life and Thought*. New York : Harper & Row.

Mead, L. and R. Haskins.(2011). Restoring Work by Poor Fathers. *CCF Brief #44*. Center on Children and Families, Brookings Institute.

Mead. L.(1986). *Beyond Entitlement : The Social Obligations of Citizenship*. New York : The Free Press.

_______(1989). The Logic of Workfare : The Underclass and Work Policy. *Annals of the American Academy of Political and Social Science 501* : 156-169.

_______(1992). *The New Politics of Poverty*. New York : Basic Books.

_______(1997). The Rise of Paternalism. L. Mead(ed). *The New Paternalism : Supervisory*

Approaches to Poverty. Washington, D.C. : Brookings Institution Press. pp.1-38.

_______(2011). *From Prophecy to Charity : How to Help the Poor*. Washington, D.C. : AEI Press.

Meadowcroft, J.(1995). *Conceptualizing the State : Innovation and Dispute in British Political Thought 1880-1914*. New York : Oxford University Press.

Meckstroth, T. W.(2000). Marx and the Logic of Social Theory : The Capitalist State. *Science and Society 64*(1) : 55-86.

Mehring, F.(2003). *Karl Marx : The Story of His Life*. London : Routledge.

Meyer, T.(2007). *The Theory of Social Democracy*. London : Policy Press.

Meyerson, A.(1989). Adam Smith's Welfare State. *Policy Review 50* : 66-7.

Midgley, J. and M. Livermore.(2009). *The Handbook of Social Policy*. Thousand Oaks, CA : Sage.

Milbrandt, T. and F. Pearce.(2011). Emile Durkheim. G. Ritzer and J. Stepnisky(eds). *The Wiley-Blackwell Companion to Major Social Theorists*. vol. 1 Classical Social Theorists. London : Blackwell Publishing.

Miller, E.(2010). *Hayek's The Constitution of Liberty : An Account of Its Arguments*. London : The Institute of Economic Affairs.

Miller, S. M.(1987). Introduction : the Legacy of Richard Titmuss. B. Abel-Smith and K. Titmuss(eds). *The Philosophy of Welfare : Selected Writings of Richard M. Titmuss*. London : Allen and Unwin.

Miller, W. L.(1972). Herbert Spencer' Theory of Welfare and Public Policy. *History of Political Economy 4*(1) : 207-231.

Mills, C. W. and Gerth, H.(eds)(1946). *From Max Weber : Essays in Sociology*. Oxford : Oxford University Press.

Mishra, R.(1972). Welfare and Industrial Man : A Study of Welfare in Western Industrial Societies in Relation to a Hypothesis of Convergence. *Sociological Review 21* : 535-66.

________(1976). Convergence Theory and Social Change : The Development of Welfare in Britain and the Soviet Union. *Comparative Studies in Society and History 18*(1) : 28-56.

________(1981). *Society and Social Policy : Theories and Practice of Welfare*(2nd Edition). Atlantic Highlands, NJ : Humanities Press.

________(1984). *The Welfare State in Crisis : Social Thought and Social Change*. Hemel Hempstead : Harvester Wheatsheaf.

_________(1986). The Left and the Welfare State : A Critical Analysis. *Critical Social Policy 15*.

_________(1989). The Academic Tradition in Social Policy : the Titmuss Years. M. Bulmer, J. Lewis and D. Piachaud(eds). *The Goals of Social Policy*. London : Unwin Hyman.

_________(1990). *The Welfare State and Capitalist Society*. Hemel Hempstead : Harvester Wheatsheaf.

Mommsen, W. J.(1984). *Max Weber and German Politics, 1890 - 1920*. Chicago : University of Chicago Press.

______________(1989). *The Political and Social Theory of Max Weber : Collected Essays*. Cambridge : Polity Press.

Montanari, I.(2001). Modernization, Globalization and the Welfare State : a Comparative Analysis of Old and New Convergence of Social Insurance Since 1930. *British Journal of Sociology 52* : 469–4.

Mooney, G.(1997). Quasi-Markets and the Mixed Economy of Welfare. Michael Lavalette and Alan Pratt(eds). *Social Policy*. London : SAGE.

Morrison, K.(1995). *Marx, Durkheim, Weber : Formations of Modern Social Thought*. London : SAGE.

Morrow, R.(2009). *Rethinking the Classical Sociological Imagination*. Edmonton : University of Alberta.

Mullard, M. and P. Spicker.(1998). *Social Policy in a Changing Society*. London : Routledge.

Muller, H.(1993). Durkheim's Political Sociology. S. Turner(ed). *Emile Durkheim : Sociologist and Moralist*. London : Routledge.

Murray, C.(1984). *Losing Ground : American Social Policy, 1950-1980*. New York : Basic.

_________(1985). Have the Poor Been Losing Ground?. *Political Science Quarterly 100*(3) : 427-445.

_________(1988). I*n Pursuit : Of Happiness and Good Government*. New York : Simon & Schuster.

_________(1994). The Ideal of Equality, the Reality of Difference. *AEI Bradley Lecture Series*(April 11, 1994).

_________(2006). *In Our Hands : A Plan to Replace the Welfare State*. Washington, DC : AEI Press.

_________(2008). Poverty and Marriage, Income Inequality and Brains. *Pathways* (Winter,

2007) : 21-24.

Myles, J. and J. Quadagno.(2002). Political Theories of the Welfare State. *Social Service Review* 76(1) : 34-57.

Niskanen, W. A.(1996). *Bureaucracy and Public Economics*. Glos : Edward Elgar.

Nozick, R.(1977). *Anarchy, State and Utopia*. New York : Basic Books.

O'Connor, J. and G. M. Olsen.(1998). Power Resources Theory and the Welfare State : A Critical Approach. *Power Resources Theory and the Welfare State*. Toronto : Toronto University Pres.

O'Connor, J.(1973). *The Fiscal Crisis of the State*. New York : St. Martin Press.

__________(1988). Convergence or Divergence? : Change in Welfare Effort in OECD Countries 1960-1980. *European Journal of Political Research 16* : 277-299.

Oakley, A. and J. Ashton.(1997). Introduction to the New Edition. R. M. Titmuss. *The Gift Relationship*. New York : The New Press.

Obler, J.(1981). Private Giving in the Welfare State. *British Journal of Political Science 11* : 17-48.

Offe, C.(1972). Advanced Capitalism and the Welfare State. *Politics and Society* 2(4) : 479-88.

______(1984). *Contradictions of the Welfare State*. Cambridge, Mass. : MIT Press.

______(1985). *Disorganized Capitalism*. Cambridge, Mass. : MIT Press.

Offer, J.(1999). Spencer's Future of Welfare : a Vision Eclipsed. *The Sociological Review* 47(1) : 136-162.

______(2006). *An Intellectual History of British Social Policy : Idealism versus Nonidealism*. Bristol : Policy Press.

______(2010a). *Herbert Spencer and Social Theory*. New York : Palgrave Macmillan.

______(2010b). Social Change and Selectionist Thought : on Spencer, Darwin and Runciman. *The Sociological Review* 58(2) : 305-326.

Orloff, A. and T. Skocpol.(1984). Why Not Equal Protection? Explaining the Politics of Public Social Spending in Britain, 1900-1911 and the United States, 1980s-1920. *American Sociological Review* 49(6) : 726-750.

Page, R. M.(1996). *Altruism and the British Welfare State*. Aldershot : Avebury.

Page, S. B. and M. B. Larner.(1997). Introduction to the AFDC Program. *The Future of Children* 7(1) : 20-27.

Pakulski(2012). The Weberian Foundations of Modern Elite Theory and Democratic Elitism. *Historical Social Research 37*(1) : 38-56.

Parkin, F.(1979). *Marxism and Class Theory : A Bourgeois Critique*. New York : Columbia University Press.

Parsons, T.(1955). Family Structure and the Socialization of the Child. T. Parsons and R. Bales(eds). *Family Socialization and Interaction Process*. Glencoe, IL : Free Press.

_________(1961). Introduction. Herbert Spencer. *The Study of Sociology*. Ann Arbor : University of Michigan Press.

_________(1968). *The Structure of Social Action*. New York : Free Press.

Pearce, F.(2001). *The Radical Durkheim*(2nd Edition). Toronto : Canadian Scholars.

Peel, J. D. Y.(1971). *Herbert Spencer : The Evolution of a Sociologist*. New York : Basic Books.

Pemberton, A.(1983). Marxism and Social Policy : a critique of the contradictions of welfare. *Journal of Social Policy 12*(3) : 289-307.

Pereira, P. A.(2013). The Concept of Equality and Wellbeing in Marx. *Revista Katalyst 16*(1) : 47-56.

Perrin, R. G.(1976). Herbert Spencer's Four Theories of Social Evolution. *American Journal of Sociology 81* : 1339–59.

Petersen, K. and J. H. Petersen.(2013). Confusion and Divergence : Origins and Meanings of the Term 'Welfare State' in Germany and Britain, 1840–1940. *Journal of European Social Policy 23*(1) : 37–51.

Pierson, C. and Francis G. Castles(eds)(2000). *The Welfare State Reader*. Cambridge : Cambridge University Press. pp.90-95.

Pierson, C.(1991). *Beyond the Welfare State?*. University Park : The Pennsylvania State University Press.

_________(1999). Marxism and the Welfare State. A. Gamble et al.(eds). *Marxism and Social Science*. University of Illinois Press.

Pierson, P.(1994). *Dismantling the Welfare State?*. Cambridge : Cambridge University Press.

Pinker, R.(1971). *Social Theory and Social Policy*. London : Heinemann Educational Books.

________(1977). Preface. D. Reisman. *Richard Titmuss : Welfare and Society*. London : Heinemann.

________(1993). Social Policy in the Post-Titmuss Era. R. Page and J. Baldock(eds). *Social*

Policy Review. Canterbury : Social Policy Association.

________(2006). From Gift Relationships to Quasi-markets : An Odyssey along the Policy Paths of Altruism and Egoism. *Social Policy and Administration* 40(1) : 10-25.

Piven, F. F. and R. A. Cloward.(1971). *Regulating the Poor : The Functions of Public Welfare*. New York : Pantheon Books.

__________________________(1974). Reaffirming the Regulation of the Poor. *Social Service Review* 48(2) : 147-169.

__________________________(1979[1977]). *Poor People's Movements : Why They Succeed, How They Fail*. New York : Pantheon Books.

__________________________(1987). The Historical Sources of the Contemporary Relief Debate. F. Block et al. *The Mean Season : The Attack on the Welfare State*. New York : Pantheon Books. 3-43.

__________________________(1991). A Critique of Resource Mobilization Theory. *International Journal of Politics, Culture, and Society* 4(4) : 435-458.

Piven, F. F.(2008). Can Power From Below Change the World? : 2007 Presidential Address. *American Sociological Review* 73 : 1-14.

Plant, R.(2010). *The Neo-Liberal State*. Oxford : Oxford University Press.

Poggi, G.(2000). *Durkheim*. New York : Oxford University Press.

Polanyi, K.(1957). *The Great Transformation*. Boston : Beacon.

Pontusson, J.(1984). Behind and Beyond Social Democracy in Sweden. *New Left Review* 143. 69-96.

Pratt, A.(1997). Neo-Liberalism and Social Policy. M. Lavalette and A. Pratt(eds.). *Social Policy*. London : SAGE.

Pryor, F. L.(1968). *Public Expenditures in Communist and Capitalist Nations*. London : Allen & Unwin.

Quadagno, J.(1984). Welfare Capitalism and the Social Security Act of 1935. *American Sociological Review* 49(3) : 632-47.

__________(1985). Two Models of Welfare State Development : Reply to Skocpol and Amenta. *American Sociological Review* 50(4) : 575-8.

Radkau, J.(2009). *Max Weber : A Bibliography*. Cambridge : Polity Press.

Raison, T.(1990). *Tories and the Welfare State : A History of Conservative Social Policy Since the Second World War*. Basingstoke : Macmillan.

Regini, M.(1982). Changing Relations Between Labour and the State in Italy : Toward a Neo-Corporatist State?. G. Lehmbruch and P. Schmitter(eds). *Patterns of Corporatist Policy Making*. London : SAGE.

Reisman, D.(2001). *Richard Titmuss : Welfare and Society*(2nd Edition). London : Palgrave.

__________(2004). Richard Titmuss : Welfare as Good Conduct. *European Journal of Political Economy 20* : 771-794.

Remlinger, G. V.(1971). *Welfare Policy and Industrialization in Europe, America and Russia*. New York : John Wiley & Sons.

Ritzer, G. and B. Smart.(2001). *Handbook of Social Theory*. London : SAGE.

Room, G.(1979). *The Sociology of Welfare*. New York : St. Martin's.

Rose, H.(1981). Rereading Titmuss : the Sexual Division of Welfare. *Journal of Social Policy 10*(4) : 477-502.

Rothstein, B.(1987). Corporatism and Reformism : The Social Democratic Institutionalization of Class Conflict. *Acta Sociologica 30*(3-4) : 295-311.

Rumney, J.(1966). *Herbert Spencer's Sociology*. New York : Atherton Press.

Rury, J.(1986). Review Essay : The New Moral Darwinism. *Urban Education 21*(3) : 316-324.

Salam, R.(2003). Habermas vs Weber on Democracy. *Critical Review 15*(1) : 59-85.

Sanderson, J.(1963). Marx and Engels on the State. *The Western Political Quarterly 16*(4) : 946-955.

Scanlon, E.(2005). Critical Perspectives on Welfare and Poverty : A Review Essay of Regulating Poor and Flat Broke. *Qualitative Social Work 4*(1) : 114-122.

Schram, S. F. and T. P. Turbett.(1983a). Civil Disorder and the Welfare Expansion : A Two-Step Process. *American Sociological Review 48*(3) : 408-414.

______________________________(1983b). The Welfare Explosion : Mass Society versus Social Control. *Social Service Review 57*(4) : 614-625.

Seavey, D. K. and B. M. Miller.(1996). Getting to the Big Picture : Anti-Welfare Fertility Politics in Context. *Society 33*(5) : 33-36.

Shalev, M.(1983a). Class Politics and the Western Welfare State. S. E. Spiro and E. Yuchtman -Yaar(eds). *Evaluating the Welfare State*. New York : Academic Press.

________(1983b). The Social-Democratic Model and Beyond : Two Generations of Comparative

Research on the Welfare State. R. F. Tomasson(ed). *Comparative Social Research*. vol. 6. Greenwich, Conn. : JAI Press.

Sinfield, A.(1978). Analyses in the Social Division of Welfare. *Journal of Social Policy* 7(2) : 129–56.

________(2013). Why Do We Need to Keep Reading Titmuss?. A Contribution to the Symposium Richard Titmuss Forty Years On at the 2013 SPA Conference. Univeristy of Sheffield(July 9, 2013).

Singler, P.(1973). Altruism and Commerce : A Defense of Titmuss against Arrow. *Philosophy and Public Affairs* 2(3) : 312-320.

Skocpol, T. and E. Amenta.(1985). Did Capitalists Shape Social Security?. *American Sociological Review* 50(4) : 572-5.

______________________(1986). States and Social Policies. *Annual Review of Sociology 12* : 131-57.

Skocpol, T. and J. Ikenberry.(1983). The Political Formation of the American Welfare State : In Historical and Comparative Perspective. R. Tomasson(ed.). *Comparative Social Research*. vol. 6. Greenwich, Conn. : JAI Press.

Skocpol, T. and K. Finegold.(1982). State Capacity and Economic Intervention in The Early New Deal. *Political Science Quarterly* 97(2) : 255-78.

Skocpol, T.(1979). *States and Social Revolutions*. Cambridge : Cambridge University Press.

________(1980). Political Response to Capitalist Crisis : Neo-Marxist Theories of the State and the Case of the New Deal. *Politics and Society 10*(2) : 155-201.

________(1985). Bringing the State Back In : Strategies of Analysis in Current Research. P. Evans et al(eds). *Bringing the State Back In*. Cambridge : Cambridge University Press.

________(1992a). State Formation and Social Policy in the United States. *American Behavioral Scientist 35*(4/5) : 559-584.

________(1992b). *Protecting Soldiers and Mothers : The Political Origins of Social Policy in the United States*. Cambridge : Harvard University Press.

________(2008). Bringing the State Back In : Retrospect and Prospect. *Scandinavian Political Studies 31*(2) : 109-124.

Smith, A.(1977[1776]). *The Wealth of Nations*. University of Chicago Press.

Sowell, T.(2006). *On Classical Economics*. New Haven & London : Yale University Press.

Spencer, H.(1855). *The Principles of Psychology*. London : Longmans.

_________(1864). *First Principles*. New York : Appleton.

_________(1888[1851]). *Social Statics : or, the Conditions Essential to Human Happiness Specified and the First of them Developed*. New York : D. Appleton.

_________(1891). *Essays : Scientific, Political, and Speculative*(Revised Edition). vol. 3. New York : Appleton.

(1898). *The Principles of Ethics*. vol. 2. Indianapolis : Liberty Classics.

_________(1902). *The Principles of Ethics*. vol. 2. New York : D. Appleton.

_________(1961[1894]). *The Study of Sociology*. Ann Arbor : University of Michigan Press.

_________(1969[1884]). *The Man versus the State*. (MacRae, 1969)에 재수록.

_________(1975[1897]). *Principles of Sociology*. vol. 3. Westport, CT : Greenwood Press.

_________(1994a[1836]). Poor Laws : Reply to 'T.W.S'. The Bath and West of *England Magazine*(March) : 81-83. (Offer, 1994)에 재수록.

_________(1994b[1842]). The Proper Sphere of Government. (Offer, 1994)에 재수록.

SSA(Social Security Administration).(1997). *Social Security Programs in the United States*. Washington, D.C : SSA.

Stark, W.(1961). Herbert Spencer's Three Sociologies. *American Sociological Review 26* : 515-21.

Starke, P, H. Obinger and F. G. Castles.(2008). Convergence towards Where : in What Ways, If Any, Are Welfare States Becoming More Similar?. *Journal of European Public Policy 15*(7) : 975-1000.

Stedman, J, S.(2001). *Durkheim Reconsidered*. Cambridge : Polity Press.

Steeman, T. M.(1963). Durkheim's Professional Ethics. *Journal for the Scientific Study of Religion 2*(2) : 163-181.

Steiner, P.(2003). Gifts of Blood and Organs : The Market and 'Fictitious' Commodities. *Revue française de sociologie 44*(Supplement : An Annual English Selection) : 147-162.

Stephens, J. and E. Huber Stephens.(1982). The Labor movement, Political Power, and Workers' Participation in Western Europe. M. Zeitlin(ed). *Political Power and Social Theory 3*. Greenwich, Conn. : JAI Press.

Stephens, J.(1979). *The Transition from Capitalism to Socialism*. London : Macmillan.

_________(1981). Impasse and Breakthrough in Sweden. *Dissent*(Summer) : 308-18.

Stinchcome, A. L.(1985). The Functional Theory of Social Insurance. *Politics and Society 14*(4) : 411-30.

Sullivan, M.(1987). *Sociology and Social Welfare*. London : Allen and Unwin.

__________(1994). *Modern Social Policy*. London : Harvester Wheatsheaf.

Swedberg, R.(1998). *Max Weber and the Idea of Economic Sociology*. Princeton : Princeton University Press.

__________(2005). *The Max Weber Dictionary : Key Words and Central Concepts*. Stanford : Stanford University Press

Szelenyi, I.(1991). Karl Polanyi and the Theory of a Socialist Mixed Economy. M. Mendell and D. Salee(eds). *The Legacy of Karl Polany : Market, State and Society at the End of the Twentieth Century*. New York : St. Martins Press.

Therborn, G.(1986). Neo-Marxist, Pluralist, Corporatist, Statist Theories and the Welfare State. A. Kazancigil(ed). *The State in Global Perspective*. Paris : Unesco.

Thompson, K.(2002). *Emile Durkheim*(Revised Edition). New York : Routledge.

Tiryakian, E. A.(1978). Emile Durkheim. T. Bottomore and R. Nisbet(eds). *A History of Sociological Analysis*. London : Heinemann.

Titmuss, R.(1950). The Social Services(에딘버러에서의 미발표 강연원고). (Reisman, 2001 : 74)에서 재인용.

__________(1962). *Income Distribution and Social Change*. London : Allen and Unwin.

__________(1963[1958]). *Essays on the Welfare State*(New Edition). London : Allen and Unwin.

__________(1965). Social Welfare and the Art of Giving. E. Fromm(ed). *Socialist Humanism*. London : Allen Lane. (P. Alcock et al., 2001)에 재수록.

__________(1967). The Right to Social Security. Lecture to a Conference of the Child Poverty Action Group(1967년 12월 3일). (Reisman, 2001 : 182)에서 재인용.

__________(1968). *Commitment to Welfare*. London : Allen and Unwin.

__________(1970). *The Gift Relationship : From Human Blood to Social Policy*. London : Allen and Unwin.

__________(1972). Developing Social Policy in Conditions of Rapid Change : The Role of Social Welfare. Proceedings of the XVIth International Conference on Social Welfare. The Hague(August 13, 1972). (P. Alcock et al., 2001)에 재수록.

__________(1974). *Social Policy*. London : Allen and Unwin.

Tole, L. A.(1994). Durkheim on Religion and Moral Community in Modernity. *Sociological Inquiry* 63(1) : 1-29.

Tomlinson, J.(1995). Hayek. V. George and R. Page(eds). *Modern Thinkers on Welfare*. Hertfordshire : Prentice Hall/Harvester Wheatsheaf.

Turner, B.(1992a). Preface. Emile Durkheim. *Professional Ethics and Civic Morals*. London : Routledge.

_________(1992b). *Max Weber : From History to Modernity*. London : Routledge,

_________(1999). *Classical Sociology*. London : SAGE.

Turner, C.(1992). *Modernity and Politics in the Work of Max Weber*. London : Routledge.

Turner, J. H.(1985). *Herbert Spencer : A Renewed Appreciation*. Beverly Hills, CA : Sage.

Turner, R. S. 2008. *Neo-Liberal Ideology : History, Concepts and Policies*. Edinburgh University Press.

Ulmen, G. L.(1985). The Sociology of the State : Carl Schmitt and Max Weber. *State, Culture and Society 1*(1) : 3-57.

Van Voorhis, R. A.(1998). Three Generations of Comparative Welfare Theory : From Convergence To Convergence. *European Journal of Social Work 1*(2) : 189-202.

Watson, D.(1980). Richard Titmuss : Social Policy and Social Life. N. Timms(ed). *Social Welfare : Why and How?*. London : Routledge and Kegan Paul.

Webb, S. and B. Webb.(1902). *Industrial Democracy*. London : Longmans.

Weber, M.(1924a). *Gesammelte Aufsätze zur Soziologie und Sozialpolitik*. (Mommsen, 1984 : 167)에서 재인용.

_________(1924b). *Gesammelte Aufsätze zur Soziologie und Sozialpolitik*. (Mommsen, 1984 : 102 및 각주 47)에서 재인용.

_________(1974). *From Max Weber : Essays in Sociology*. H. H. Gerth and C. W. Mills(eds). New York : Oxford University Press.

_________(1978). *Economy and Society : An Outline of Interpretive Sociology*. Berkeley : University of California Press.

_________(1981). *General Economic History*. New Brunswick, NJ : Transaction.

_________(1988). *The Agrarian Sociology of Ancient Civilizations*. London : Verso.

_________(1994a). Suffrage and Democracy in Germany. P. Lassman and R. Speirs(eds). *Weber : Political Writings*. Cambridge : Cambridge University Press.

_________(1994b). Parliament and Government in Germany under a New Political Order. P. Lassman and R. Speirs(eds). *Weber : Political Writings*. Cambridge : Cambridge University Press.

_________(1994c). Socialism. P. Lassman and R. Speirs(eds). *Weber : Political Writings*. Cambridge : Cambridge University Press.

_________(1999a[1921]). Charity in Ancient Palenstine. R. Swedberg(ed). *Max Weber : Essays in Economic Sociology*. Princeton : Princeton University Press.

_________(1999b[1917]). The Bureaucratization of Politics and the Economy. R. Swedberg(ed). *Max Weber : Essays in Economic Sociology*. Princeton : Princeton University Press.

_________(1999c[1895]). The National State and Economic Policy(Freiburg Address). R. Swedberg(ed). *Max Weber : Essays in Economic Sociology*. Princeton : Princeton University Press.

Weed, F. J.(1979). Industrialization and Welfare Systems : A Critical Evaluation of the Convergence Hypothesis. *International Journal of Comparative Sociology 20*(3/4) : 282-292.

Weir M. and T. Skocpol.(1985). State Structures and the Possibilities for Keynesian Responses to the Great Depression in Sweden, Britain, and the United States. P. Evans et al.(eds). *Bringing the State Back In*. Cambridge : Cambridge University Press.

Welshman, J.(2004). The Unknown Titmuss. *Journal of Social Policy 33*(2) : 225-47.

Werhane, P. H.(2000). Business Ethics and the Origins of Contemporary Capitalism : Economics and Ethics in the Work of Adam Smith and Herbert Spencer. *Journal of Business Ethics 24*(3) : 185-198.

Wilding, P.(1976). Richard Titmuss and Social Welfare. *Social and Economic Administration 10*(3) : 147-166.

_________(1995). Titmuss. V. George and R. Page(eds). *Modern Thinkers on Welfare*. Hemel Hempstead : Prentice Hall.

Wilensky, H. and C. N. Lebeaux.(1958). *Industrial Society and Social Welfare : The Impact of Industrialization on the Supply and Organization of Social Welfare Services in the United States*. New York : Russell Sage Foundation.

Wilensky, H. and L. Turner.(1987). *Democratic Corporatism and Policy Linkages*. Berkeley : Institute of International Studies.

Wilensky, H. et al.(1987). Comparative Social Policy : Theories, Methods, Findings. M. Dierkes et al.(eds). *Comparative Policy Research : Learning from Experience*. Aldershot : Gower.

Wilensky, H.(1975). *The Welfare State and Equality*. Berkeley and Los Angeles : University of California Press.

__________(1976). *The New Corporatism, Centralization, and the Welfare State*. Beverly Hills, CA : Sage.

__________(1981). Leftism, Catholicism and Democratic Corporatism : the Role of Political Parties in Recent Welfare State Development. P. Flora and A. Heidenheimer(eds). *The Development of Welfare States in Europe and America*. London : Transaction Books.

__________(2002). *Rich Democracies : Political Economy, Public Policy, and Performance*. Berkeley and Los Angeles : University of California Press.

Williamson, J. B. and J. J. Fleming.(1977). Convergence Theory and the Social Welfare Sector : A Cross-National Analysis. *International Journal of Comparative Sociology 20*(3/4).

Williamson, J. B. and J. W. Weiss.(1979). Egalitarian Political Movements, Social Welfare Effort and Convergence Theory : A Cross-National Analysis. *Comparative Social Research 2* : 289-302.

Wilson, F. L.(1983). Interest Groups and Politics in Western Europe : The Neo-Corporatist View. *Comparative Politics 16*(1) : 105.

Wiltshire, D.(1978). *The Social and Political Thought of Herbert Spencer*. Oxford : Oxford University Press.

Wolf, C. P.(1970). The Durkheim Thesis : Occupational Groups and Moral Integration. *Journal for the Scientific Study of Religion 9*(1) : 17-32.

Wolfson, A.(2005). Conservatives and Neoconservatives. *Public Interest 154* : 32-48.

Wood, E. M.(1998). Class Compact, the Welfare State and Epochal Shift : A Reply to Frances Fox Piven and Richard Cloward. *Monthly Review 49*(8) : 24-43.

Zeitlin, I.(1981). *Ideology and the Development of Sociological Theory*. Englewood Cliffs, NJ : Prentice-Hall.

Zilbersheid, U.(2004). Welfare State and Democracy in Marx's Theory of Revolution. *Nature, Society and Thought 16*(1) : 67-100.

Zimmerman, S. L.(1991). The Welfare State and Family Breakup : The Mythical Connection. *Family Relations 40* : 139-147.

저/자/약/력

■ **조영훈**(曺永薰)
연세대학교 정치외교학과 졸업
연세대학교 대학원 사회학과 졸업
미국 UCLA 대학원 졸업(사회학 박사)
삼성금융연구소 선임연구원 역임
현 동의대학교 사회복지학과 교수
저서 : 『변화하는 세계, 변화하는 복지국가』, 『일본복지국가의 어제와 오늘』, 『캐나다복지국가 연구』 등

복지국가의 사회이론
고전이론부터 현대이론까지

|저자| 조영훈

|1판 1쇄| 발행 2017년 6월 15일
|1판 2쇄| 발행 2018년 12월 28일
|1판 3쇄| 발행 2021년 3월 30일

|발행인| 김동훈
|발행처| 공동체

|주소| 경기도 고양시 일산동구 호수로 358-39, 동문타워 I 905호(백석동)
|전화| 031) 920-8305(대표)
|팩스| 031) 920-8308
|e-mail| compub@naver.com
|출판등록| 2005년 10월 6일
|등록번호| 제396-2005-36호

|ISBN| 979-11-6105-114-7
정가 19,000원